U0134183

万川
reflections

一步万里阔

1918年11月：
德国革命

［德］
罗伯特·格瓦特
著

November 1918:
The German Revolution
Robert Gerwarth

朱任东
译

中国工人出版社

献给贡迪和海尔格

——魏玛共和国的女儿

前

言

1918 年 11 月在德国历史上有着特殊的启示意义和地位。
它包含了深刻改变欧洲最大国家命运的两个重大且紧密交织的事
件：德国在第一次世界大战中的失败，以及随后推翻君主制并将
该国转变为世界上最进步的民主国家之一——魏玛共和国——的
革命。然而，诞生于战败和意识形态冲突中的十一月革命并没
有被今天的德国民主主义者引以为豪。相反，在现存的历史文
献、政治演讲和新闻评论中，1918 年年末的事件通常被称为
"失败的"或"不真诚的"革命，长期以来一直被视为德国走
向第三帝国深渊的"特殊道路"的一部分。有观点认为，因为
这场革命与德国的帝国历史没有完全决裂，所以它没能激发德
国公民对民主的真正忠诚，并给了希特勒这样的法西斯分子利
用制度弱点的机会。

这本书提出了对十一月革命的另一种解释——对 1918—
1919 年所取得的成就做了更为公允的评价：这是 1989—1990 年
中东欧剧变之前，世界上一个高度工业化国家所发生的第一次

也是最后一次革命。其他发生在 1918 年前后的革命——1789 年法国大革命、1848 年泛欧洲革命、俄国布尔什维克革命都发生在非工业化或工业化进行中的社会，然而，到了 20 世纪初，关于如何实现共产主义的争论在马克思主义阵营中产生。列宁等人认为，工业化不是无产阶级革命的先决条件，在俄国这样拥有由职业革命者组成的"先锋群体"的国家，即使处在工业化进行阶段，仍可以实现无产阶级革命，"先锋群体"随后会传播阶级意识，推动国家工业化进程。另一方，如德国著名理论家、社会民主党政治家爱德华·伯恩施坦（Eduard Bernstein）认为，在德国这样的高度工业化国家，经济已经变得十分复杂，无法进行革命，社会主义可以在没有暴力革命的情况下通过渐进的立法改革来实现。

诸如此类的辩论造成了左翼内部的紧张局势——1914 年欧洲爆发战争，所有欧洲国家（除意大利外）的社会主义政党都支持各自的国家进行战争，这表明在民族主义的动员面前，国家间的阶级团结是脆弱的，这种紧张局势被进一步加剧了。尽管聚焦于 1917 年之后发生的事件，我们仍将在书中回顾欧洲左翼内部的这些重要分歧和争论。

这本书从 1917 年写起，这一年美国参战、俄国爆发了两次革命，引发了这场期待结束战争和建立战后秩序的德国革命；写到 1923 年结束，德国迎来了革命之后一段较为稳定的历史时期。本书想达到两个目的：第一，对导致德意志帝国军事崩溃和德国第一个民主政体建立的动荡史实进行新的叙事分析；第二，避免落入陷阱——魏玛之后的德国历史给我们留下的先入为主的印象，即透过 1929 年大萧条后希特勒掌权和 1933 年魏玛共和国最终"失败"的棱镜来看待 1918 年 11 月的事件。为了实现这些目标，本书更为重视那些生活在"一战"晚期和魏玛共和国早期的德国人的观点。"注定要灭亡的共和国"已经被写进历史教科书，并成为有关两次世界大战之间德国公众的常识，但我认为魏玛共和国在存在之初，其前景是开阔的——失败和成功都有可能，普遍存在对未来的乐观、悲观情绪，不能把事后诸葛亮看作理所当然。进一步将导致德国革命爆发的诸多因素置于当时中欧的大背景中，可以说十一月革命是 1917—1923 年最成功的革命之一。毕竟在那个时期，欧洲发生了超过 30 次试图推翻统治的暴力革命，其中不乏成功者。与奥地利、捷克革命相似，德国十一月革命初期用和平的方式达到了目标——和平、民主，从而避免了俄国十月革命导致的难以想象的激烈的内战。

　　由于"1918 年德国革命"经常被描绘成一场"小革命"，这个术语的实际含义值得反思。鉴于革命的性质在不同时间、地点各不相同，历史学家们就如何定义它进行了无休止的辩论。大多数人都认为革命需要大众参与，并且对原有的政治体系进行重大变革（成功与否未知）。然而，一些人认为革命需要暴力才有资格称为革命。根据托马斯·潘恩（Thomas Paine）、儒勒·米什莱（Jules Michelet）、卡尔·马克思等人以不同的方式对革命所做的带有浪漫色彩的"最高标准"的解释，革命必须

IX

是暴力的，才能摧毁旧政权及其把持者。然而，这种解释忽视了现实中并不存在"标准的革命"，一些最具变革性的革命，其中大部分都是非暴力的（罗马尼亚除外）。

其他经常被强调的革命的典型特征是"快速性"和财富分配的剧烈变化。美国革命从 1765 年持续到 1783 年，虽然它导致了非常重大的政治变革，但没有发生财富的再分配。尽管暴力显然是美国革命的特征，但没有"快速性"这一特征。墨西X哥革命和随后的内战（1913—1920）也是如此。一般来说，当革命者的核心要求之一超越政治变革，触及财富、土地和"生产资料"的再分配时，革命往往会变得更加暴力，因为任何再分配都可以通过使用武力来实现，并会引发那些即将被剥夺财产的人的暴力反制。

如果革命采取截然不同的形式，它们也可以产生截然不同的结果：革命之后建立的政权可以是民主政体——就像 1918—1919 年，或者是新的极权主义政权取代野蛮的独裁政权。

鉴于我们认为被称为"革命"的事件，其爆发的原因、形式和结果的范畴广大，最好采用一个更清晰简明的定义，即以围绕现有政治体系进行的大众变革为核心。在德国，引发 1918 年十一月革命的最初核心要求是立即结束战争（1917 年春的俄国也是如此）。国家没能做到这一点，于是"结束战争的革命"很快变成了更大的事件，水手、士兵和罢工工人要求德皇退位，因为他被视为停战的障碍。德皇拒绝退位，又导致人们呼吁进行更为重大的系统性变革，尽管革命者之间在德国应该成为苏维埃共和国还是实行议会民主制的问题上仍存在重大分歧。因此，战争和中央政权趋于失败是革命的主要导火索。没有这根导火索，德国、奥地利或匈牙利等地都不会发生革命。在所有这些情形中（1917 年的俄国也是如此），革命都源于现有政治秩序的合法性的危机，而不是马克思所预言的社会状况。

　　这也是本书从 1917 年写起的原因。如果不承认在 1917 年以各种方式转变的大战，是 1918 年前后在欧洲展开的各个社会或国家革命的无意的推动者，就不可能理解德国的革命，也不可能理解 1918 年的人们对未知将来的期盼。在战争的最后阶段，从 1917 年开始，战争的性质发生了变化，1917 年的布尔什维克革命和军事失败的威胁导致俄国退出了战争，同年美国参战后，西线协约国的力量将得到加强，迫使德国要在美军大量抵达之前发动对西线的决定性进攻——这一举动最终将被证明是德意志帝国崩溃的开端。与此同时，俄国的事件产生了双重影响：彼得格勒承认战败提高了人们对德国速胜的预期（几个月后，德国迎来了最后的失败，引发了对"内部敌人"的清算）；同时在德国社会经历了四年战争后渴望和平和政治改革之时，极左翼势力被注入了强大的新力量。

　　为这本书找到一个合适的结束日期要困难得多。至少对当时的人来说，可以从众多事件中选择一件被为德国革命的结束，或以此为开端改变革命的进程和性质：1919 年 1 月，自由军团士兵在柏林杀害罗莎·卢森堡（Rosa Luxemburg）和卡尔·李卜克内西（Karl Liebknecht）；1919 年 5 月初，慕尼黑苏维埃共和国覆灭；1919 年 6 月，《凡尔赛和约》签署；1919 年 8 月，《魏玛宪法》得到通过，以及 1920—1923 年极左翼和极右势力数次推翻共和制行动的失败。最终，1923 年 11 月——希特勒的慕尼黑啤酒馆政变失败，法国—比利时对鲁尔的占领结束，以及魏玛共和国的政治和经济转向稳定——似乎是这本书的逻辑终点。这本书更多地关注十一月革命的过程、后果和遗产，而不是纳粹掌权的过程。

这本书对把德国从半独裁帝国转变为民主民族国家的动荡事件进行了与众不同的叙事分析，并强调了这些事件在随后几年中被铭记和利用的方式。本书遵循了牛津大学出版社"现代世界的诞生"丛书的方向，本丛书包括艾伦·克雷默（Alan Kramer）的《毁灭的动力》（2007 年）等著作。

自从我十多年前签署这本书的合同以来，就一直被其他项目所"干扰"，尤其是莱因哈德·海德里希（Reinhard Heydrich）的传记（《希特勒的刽子手》，耶鲁大学出版社，2011 年）和最近的一本书《战败者：一战为何未能结束》（企鹅出版集团，2016 年）。最终，这些"干扰"帮助我重新思考了 1918 年 11 月发生在德国的事件，并从更广阔的地域和时间背景以及更光明的角度来看待这一事件。

写这本书是一项令人愉快的任务，部分是因为丛书的形式使我能够广泛地借鉴重要的专业研究（我希望这些作者能明白我在资料和概念上从他们那里获益良多），同时也因为我与许多鼓舞人心的同事和朋友就这本书进行了多次讨论，他们都以某种方式为这本书的完成做出了贡献。在此感谢一路上帮助过我的人，对他们的感激之情无以言表。在过去的10年里，我有幸在都柏林生活和工作，都柏林已经成为德国和欧洲历史研究（本书涉及的时间段）的主要学术中心。我与在爱尔兰工作的才华横溢的同事、朋友们进行了无数次讨论，特别是约翰·霍恩（John Horne）、马克·琼斯（Mark Jones）、艾伦·克雷默、斯蒂芬·马林诺夫斯基（Stephan Malinowski）、托尼·麦克埃利戈特（Tony McElligott）、威廉·穆里根（William Mulligan）和珍妮弗·威灵顿（Jennifer Wellington），他们对我扬弃一些论点提供了很大帮助。当然，这本书里出现的全部事实或判断错误都完全由我负责。

这本书的写作工作让我有机会去了许多图书馆，我感谢所有图书馆的所有工作人员。在马尔堡（Marburg）的赫尔德研究所（Herder Institut），我有幸作为亚历山大·冯·洪堡（Alexander von Humboldt）高级研究员度过了一个学期。研究所所长彼得·哈斯林格（Peter Haslinger）的热情款待使我受益匪浅，他提供了极好的工作条件和思考空间。虽然这本书在很大程度上不是大规模档案研究的结果，而是一个综合性的工作，但我还是想感谢扬·博克曼（Jan Bockelmann）和乌苏拉·法尔奇（Ursula Falch）在确定一些关键档案来源方面的重要帮助，他们整理了德奥两国各种档案馆和图书馆的大量文献。

我对与牛津大学出版社保持长期而富有成效的关系深感幸运，我正与该出版社合作出版我的第七本书，我是其中两本的唯一作者。我特别感谢"现代世界的诞生"丛书的主编理查德·伊文思爵士（Sir Richard Evans），以及克里斯托弗·惠勒（Christopher Wheeler，时任牛津大学出版社历史方面的责任编辑），他最初建议写这样一本书是个好主意。理查德对草稿的反馈意见也是无价的。2013 年克里斯托弗退休后，罗伯特·费伯（Robert Faber）接任牛津大学出版社的历史编辑，罗伯特也在本书完成之前退休了，这也是我花了很长时间完成这本书的一个证明。我感谢牛津大学出版社的整个编辑团队在全程中表现出的非凡的耐心。各位匿名的同行评审者在百忙之中通读了草稿，并发表了非常有帮助的评论，在此我谨向他们表示感谢。

最后的感谢一如既往地归于我的家人。在我频繁访问柏林期间，我的父母提供了各种方便。我的母亲伊芙琳·格瓦特（Evelyn Gerwarth）总是对我的工作表现出极大的兴趣，在我完成这本书的时候，她去世了，令人悲伤。在都柏林，我的妻子波尔莎（Porscha）是一位浪漫主义文学教授，她在百忙之中抽出时间在各种场合提供批评性的反馈和写作风格建议。远离办公桌的快乐时光通常是在她的陪伴下度过的，还有我们的两个儿子奥斯卡（Oscar）和卢西恩（Lucian），两个 7 岁男孩对本书漠不关心再正常不过了，但他们在写作过程中给我带来了精彩而丰富的纷扰。最后但同样重要的是，我要感谢在世的两位最年长的亲戚，我的祖母贡迪·阿尔特（Gundi Arndt）和我的姑姑海尔格·芬尼格（Helga Fennig）——出生在魏玛共和国的两位坚强的女性。她们教会了我很多关于未来的偶然性和根据当时的实际情况来评价历史的必要性。这本书是献给她们的。

罗伯特·格瓦特
都柏林，2020 年 1 月

目 录

插
图
目
录

引言 "就像一个美丽的梦"

1918 年 11 月 10 日凌晨，一支小型车队在艾杰斯登村（Eijs-den）附近越过比利时–荷兰边境，最后一位德意志皇帝、普鲁士国王威廉二世（Wilhelm II）开始流亡。前一天，他的政府首相马克斯·冯·巴登（Max von Baden）未经德皇授权就公开宣布威廉已经退位。几个小时后，德国最大的政党——多数社会民主党（MSPD）的领导人之一菲利普·谢德曼（Philipp Scheidemann）在国会大厦的阳台上宣布德意志共和国成立。当晚晚些时候，在确认荷兰女王和政府愿意给予他政治庇护后，忧心忡忡的威廉带着亲随乘坐皇家列车逃往位于德占比利时城市斯帕（Spa）的陆军最高司令部前线指挥部。威廉害怕被革命士兵逮捕，因为他认为自己注定会遭遇和远房亲戚俄国沙皇尼古拉二世（Nicholas II）同样的命运，沙皇一家在不到四个月前被布尔什维克杀害——这一事件可能影响了荷兰政府给予威廉政治庇护的决定。[1]

威廉希望在穿越边境时不被认出，当他接近荷兰边境时，从皇家列车换乘到一辆没有标记的汽车上。他隐藏身份的希望很快破灭了，因为当地居民认出了他，并开始辱骂他是战犯。威廉最终得以乘坐火车继续他的荷兰之旅。两个星期后，他正式放弃了——

"一劳永逸"地——对德国和普鲁士王位的要求。然而德国民众
已经不再关心这位前皇帝要说什么，几乎没有人注意到他的
声明。[2]

图 0.1   威廉二世被德国的革命形势所震慑，他和随行人员在荷兰边境的一
个火车站停留，等待踏上火车流亡之旅。前一天，帝国首相马克斯·冯·巴登没
有等到威廉二世同意，便宣布德皇退位。

对于维多利亚女王的长外孙，一个占据德意志皇位近 30 年
的男人来说，这是一个不光彩的结局。在接下来的 30 年里，他
的命运——或者说，当他在荷兰多恩（Doorn）城堡里回忆自己
的一生时，他一定这样认为——反映了他领导了 30 年的国家的
命运：快速崛起又戏剧性地衰落。19 世纪末日益繁荣的德意志帝
国——欧洲大陆上的霸主——与这个国家在 1918 年的军事崩溃
相比，两者之间的反差太大了。早在 1871 年，当奥托·冯·俾斯

麦（Otto von Bismarck）建立德意志民族国家时，它是一个联邦君主制国家，由大大小小 25 个邦国组成，其中大多数国家继续由国王、亲王和公爵统治，他们接受普鲁士国王作为至高无上的德意志皇帝。在政治方面，德意志帝国不是英国、法国或美国那样的议会民主制国家，但也肯定不是沙皇俄国那样的不受欢迎的专制国家。德意志帝国有一部宪法，一个活跃的国会，以及控制各州预算的独立州议会。尽管有半独裁的政治制度（政府决议不依靠议会多数，而是需要王室的批准），并且其中最大的邦（普鲁士）执行三级选举制度，但国家有一个繁荣的民间社会，越来越多的人通过选举或日益活跃的工会运动参与政治生活。在 1914 年之前的几十年里，德意志帝国作为欧洲最年轻的大国，也是最具文化和经济活力的欧洲大陆国家。它的人口大规模增加，从 1890 年的 4 900 万增加到 1913 年的 6 700 万；城市发展迅猛，人口预期寿命、识字率和生活水平显著提高。[3] 在经济方面，德国在世纪之交取代英国成为欧洲第一大工业强国，引领了"第二次工业革命"，化学、电气工业取得了巨大进步。人均收入和国内生产总值也呈指数级增长，生活水平蒸蒸日上，同时国家为公民提供了法律保障和越来越严密的社会福利网。明显的社会经济不平等依然存在，但到了 1914 年，同样明显的是，如果工人阶级未能通过暴力推翻现有制度，他们就有失去不仅仅是锁链的危险，他们失去的不仅仅是已经获得的利益。代表工人利益的最大政党社会民主党（SPD）承认了这一现实，逐渐远离正统的马克思主义革命理论。社会民主党领导层并不打算发动政治革命，而是更多地倡导渐进改良，以改善其主要支持者——普通劳动人民——

的工作条件和生活水平。[4]

　　基于上述原因，德国在第一次世界大战前夕是一个非常稳定的国家——肯定不是人们经常说的"紧张"或受到"持久性危机"的困扰。[5] 它的政治和社会环境当然不是非常平静的，但也绝不是革命或煽动的温床。[6]

4　　大战的爆发改变了一切。1914 年，威廉二世不遗余力地将奥匈帝国与塞尔维亚的地域冲突升级为欧洲大战，他认为这场战争必然会巩固他的国家在欧洲大陆的霸权。绝大多数德国人在 1914 年 8 月都有这种乐观情绪，并带着自信（尽管并不一定是热情）参战。[7] 许多德国人期待速胜。皇帝向他们承诺战争将在秋天结束，这是众人皆知的。一些公共知识分子甚至欢呼这场战争是一次"清洗风暴"，它将为光明的未来铺平道路。[8]

　　大战初期德国军队取得的惊人胜利鼓舞了这种碾压一切的情绪。在西线，至少在 1914 年 9 月初德军向巴黎的推进在马恩河停止之前，军事行动似乎已经胜利在望。这一严重的挫折意味着"施里芬计划"的失败，导致西线陷入僵局——德国的战略计划是在与东线俄军作战之前，在西线赢得对英法的决定性胜利。从此开始，在战争余下的大部分时间里，大约 800 万军队在从北海到瑞士边境的 700 公里战线上相互对峙，无法取得重大突破。与此同时，在东线，俄国对东普鲁士的入侵被保罗·冯·兴登堡（Paul von Hindenburg）将军和他的天才参谋长埃里希·鲁登道夫（Erich Ludendorff）击退。兴登堡是 1870—1871 年普法战争的老兵，在接下来的几年里，这两个人掌管着最高陆军司令部（OHL），逐渐把德国变成一个军事独裁国家——在这个国家里，

1917 年的《和平决议》集中反映了议会多数派的愿望，即结束战争。实现没有赔偿或领土兼并的和平，但这个决议被搁置一边，甚至完全被忽视。厌战和不满情绪日益高涨之时，德国军方领导层在东线取得了意想不到的胜利，设法安抚了大部分民众。1917年发生在彼得格勒的两次革命，加之夏天命运多舛的克伦斯基攻势，使得德国军队迅速向俄国首都前进，这使得列宁有必要寻求以谈判的方式结束战争，1918 年 9 月初，双方签署了苛刻的《布列斯特-立托夫斯克和约》。[9]

德国在东线的胜利很重要，原因有二：第一，它提高了德国军事精英和大部分民众对西线取得军事胜利的期望值。第二，它 5 使德国战争的主谋、军需总监埃里希·鲁登道夫冒险在西线发动春季全面攻势，目的是在大量美国军队到达欧洲并改变战场力量平衡之前迫使英法退出战争。[10]

如果说在俄国退出战争后，德国国内仍普遍对赢得战争表示乐观，那么到了 1918 年夏天，鲁登道夫在西线的进攻失败，以及柏林的盟友保加利亚、奥匈帝国和奥斯曼帝国的军事崩溃，使得德国的失败成为不可避免的结局。德国的大后方在四年的战斗中筋疲力尽，面对军事崩溃的前景，他们果断地反对继续战争，甚至反对君主制本身。1918 年 10 月，这个政权在最后一刻引入宪法改革，在马克斯·冯·巴登亲王的领导下建立一个更自由的新政府，试图以此来实现政治民主化，但这已不足以拯救皇帝。几天之内，基尔的水兵哗变，拒不执行要求德国公海舰队（High Seas Fleet）与英国皇家海军进行自杀式交战的命令。战斗蔓延到德国的 26 个邦，所有的统治都被推翻。最终，德国在 11 月 9 日宣布成立共和国，威廉在第二天早上流亡国外。[11]

　　1918 年秋，异常迅速的德国政治变革震惊了当时的观察家们，因为革命的第一阶段基本上没有流血。1918 年 11 月 10 日，也就是威廉二世流亡的那一天，自由派报纸《柏林日报》（*Berliner Tageblatt*）的著名主编西奥多·沃尔夫（Theodor Wolff）发表了一篇热情洋溢的著名评论，对正在发生的事情进行了讴歌，"就像一场突如其来的风暴，有史以来最伟大的一场革命彻底推翻了帝国政权。之所以被称为最伟大的一次，是因为如此坚固森严的巴士底狱被一举推倒是前所未有的⋯⋯至少在柏林，昨天早上一切都还在。到下午，一切都消失了"[12]。沃尔夫觉得特别值得称赞的是，帝国政权几乎被一扫而空却没有发生暴力，"每一个渴望获得真正自由的人都必须看到这个榜样。对我们来说，古老的精神就像胜利大道上排列的大理石雕像，一个成熟、明智的人会把它们移到一边，而不会打碎它们"[13]。

　　沃尔夫对十一月事件的热情评价可能会令人惊讶，因为在标准的历史书上，1918 年的革命充其量是一场"不彻底"的革命，当然没有被今日的德国民主主义者引以为傲。相反，它经常被称为"不热心"的革命，未能创造一个强大到足以抵抗 20 世纪 30 年代初纳粹主义冲击的民主制度。然而这个判断似乎并不公平，站在 1933 年的角度来回顾更有意义。相反，作为 1989 年之前高度工业化国家唯一成功的革命，可以说十一月革命成就卓著：几天之内，德国和平地从一个议会有限参与政治的君主立宪国家转变为可能是那个时代最进步的共和国。尽管这个民主国家的内政、外交面临着巨大挑战（其中大部分是战败导致的结果），但它坚持了 14 年，几乎比所有 1918 年建立的欧洲民主国家的存在时间都要长。近年来，关于魏玛共和国的更积极或者至少是更多元化的叙事历史图书已经出版，但是人们仍然普遍认为孕育共和国的十一月革命充斥着可悲的缺陷和丧失的机会，而这些缺陷和机会被认为是 14 年后民主灭亡的决定性因素。[14]

当人们认识到 1918 年十一月革命既是一场政治革命，也是一场影响两性关系和公民权利的文化与社会革命时，这一时期德国发生的戏剧性转变就更为明显。[15] 这场革命不仅标志着霍亨索伦王朝和其他所有德国贵族统治者的崩溃，而且体现了大部分人口的政治化和动员，特别是妇女，从前她们被从投票群体中排除，但是由于 200 多万名德国男子在战争中死亡，她们突然成为全体选民中的大多数。虽然魏玛共和国的历史往往是从男性的角度来书写的，但妇女在创建民主的革命事件中发挥了突出的作用。考虑到男性在战争中的死亡，因此造成了超过 200 万"过剩"的女性，这一点就不足为奇了。1918 年，德国是世界上第一个实行妇女普选的高度工业化国家。虽然在战争期间要求获得平等的选举权的呼声越来越高，但妇女如此之快就获得投票权仍然令人吃惊。然而多数社会民主党的多数支持者对此有些冷淡——该党的首要任务是坚决改革普鲁士三级选举法，直到 1918 年 10 月，其领导层似乎还愿意放弃对女性选举权的要求，以换取在普鲁士实行男性普选，以此在选举中获得更多选票。[16] 然而，随着帝国危机的加深，革命推翻了现政权，提供了对公民权利进行更深刻的思考的机会。

当妇女第一次参加全国选举时——1919 年 1 月的国会选

举——女性选民比男性选民多 280 万人。[17] 战争及其结果造成的国家和社会的结构转型为女性选举权开辟了空间，这在 1914 年之前是不可想象的。[18]

1918 年还给德国人带来了 1914 年之前无法想象的其他自由，远远不只是官方审查制度的终结。[19] 除保证所有德国成年人获得平等的参与权的政治改革之外，异性恋妇女现在有了更大的性自由和更好的节育途径。与此同时，同性恋群体至少在一个时刻看到了希望，同性恋将被合法化。虽然人们广为议论的从德国刑法典中删除第 175 条（将两个男人之间的性行为定为犯罪）之事并未发生，但在同性恋权利活动人士之间仍存在广泛的共识，即战后存在更大的言论自由。[20] 同性恋权利活动人士立即以相当高的热情响应了十一月革命，并将其视为同性恋非罪化的性解放新时代的黎明。"从我们的角度来看，过去几周发生的伟大革命应该受到欢迎"，1918 年 11 月，世界上第一个男女同性恋、双性恋和变性者权利组织"柏林科学人道主义委员会"的领导人马格努斯·赫希菲尔德（Magnus Hirschfeld）写道："新时代给我们带来了言论和出版自由，随着所有以前受压迫者得到解放，我们可以肯定地认为，我们多年来为之努力的对象——同性恋和其他'中性人'——也将得到公正的评价。"[21]

当然，并不是每个人都像沃尔夫或赫希菲尔德一样热情。可以想象当时的人们对德国 1918 年 11 月发生的事件的反应差异极大。尽管许多前线军官和军士对这场革命感到不满，但绝大多数士兵在经历了四年史无前例的战争后松了一口气，部队一回到德国土地上他们就立刻回家了。许多参加过"一战"的老兵成了和平主义者，并坚持不想让任何人重复他们在 1914—1918 年的经历。其他人积极地参加了推翻德国君主制的革命，特别是战争的大部分时间里一直在德国北海港口中闲坐的公海舰队水手，以及在后方服役的士兵们。[22]

大后方也存在严重分歧，主要是关于政党的政治路线。住在海德堡的保守的中世纪历史学家卡尔·汉普（Karl Hampe），从一个中产阶级知识分子的角度描述了 11 月 9 日的革命。对于他来说，1871 年俾斯麦建国是德国国家历史的最高点，11 月 9 日是"我一生中最悲惨的一天！皇帝和德意志帝国后来怎么样了？外部，我们面临着被肢解［……］被债务所奴役；内部，我们面临着……内战、饥饿、混乱"[23]。他在柏林的同事汉斯·德尔布吕克（Hans Delbrück）是德意志帝国最有影响力的历史学家之一，也是君主制的坚定信徒，有同样的想法。1918 年 11 月 11 日，一些著名知识分子为德尔布吕克庆祝 70 岁生日时，气氛异常阴沉，正如在场的一位人士回忆的那样，"这是一次奇怪的庆祝，更像是一场葬礼。每个人都压低了声调"。德尔布吕克本人对君主制的终结表达了深深的遗憾，"他所有的政治信仰和对德国未来的信念都与君主制密不可分"[24]。

极端保守的政治家埃拉德·冯·奥尔登堡-雅努绍（Elard von Oldenburg-Januschau，他在 1933 年 1 月的政治事件中扮演了一个积极而不幸的角色，即建议他的老朋友保罗·冯·兴登堡总统任命希特勒为总理）也憎恨这场革命，并代表许多德国贵族发言。他写道，"找不到语言来表达我对 1918 年 11 月事件的悲痛，来描述我是多么的崩溃。我感到世界正在坍塌，把我为之生活的一切和父母从小教导我珍惜的一切都埋在废墟下"[25]。其他人在绝望中走得更远。由于对德意志帝国的崩溃感到心烦意乱，并在财务上面临无法预料的未来，犹太航运巨头、威廉二世的私人朋友艾伯特·巴林（Albert Ballin）于 1918 年 11 月 9 日自杀。这位世界上最大的航运公司——赫伯公司——的总裁根本无法应付黯淡的现实和未来。[26]

与此同时，至少在 1918 年的秋天和冬天应该铭记，德国从一个议会有限参政的君主立宪国家向一个现代共和国的革命性转变得到了绝大多数德国人的支持，有的人是出于信仰，有的人认为国内的民主化将会使德国在即将举行的巴黎和会上得到更为宽大的处理。[27] 女权活动家安妮塔·奥格斯普格（Anita Augspurg）和丽达·古斯塔夫·海曼（Lida Gustava Heymann）成为库尔特·艾斯纳（Kurt Eisner）在慕尼黑进行的社会主义革命的支持者，她们对 1918 年 11 月后经历的"新生活"充满热情，"接下来的几个月似乎是一个美丽的梦，如此神奇和光荣！战争年代的沉重负担被解除，人们迈着春天的步伐，对未来充满乐观！时光飞逝，废寝忘食，一团炽热的火焰在我们心中燃烧，燃起了我们共同创造一个更美好社会的愿望……那个冬天充满了努力、希望和幸福……"[28]。

社会民主党人、未来的两任帝国总理赫尔曼·穆勒（Hermann Müller）也回忆起人们对 11 月 9 日革命中充满热情，"1918 年 11 月 9 日晚上 9 点左右，当我到达柏林的莱特火车站（Lehrter Train Station）时……夜色中群众仍在街上涌动。从他们的脸上，你可以看到他们为革命已经完成而感到高兴，这场革命将给饱受考验的德国人民带来渴望已久的和平"[29]。

莱昂哈德·弗兰克（Leonhard Frank）的自传体小说《离开心脏所在的地方》（1952）也很好地捕捉到了这一时刻的乐观情绪。弗兰克是和平主义者，他对战争的公开批评迫使他在 1915 年流亡瑞士。在这本书里，他描述了在文学上的另一个自我"迈克尔·维尔康德"，以及奥地利妻子"丽莎"，是如何在柏林一家餐馆第一次知道巴伐利亚革命的，"一个卖报纸的人走了进来，喊道：'巴伐利亚是一个自由的社会主义共和国！库尔特·艾斯纳是总理！''现在一切都会不同，一切都会好起来的。'迈克尔兴奋地说：'一切都会好起来的，我们正当其时。'他紧紧握住丽莎的手。她说：'为什么之前要让数百万人死去呢？'他试图安慰她：'至少他们没有白白死去，现在一切都会好起来的。'"[30]。即使是通常持怀疑态度的无政府主义理论家古斯塔夫·兰道尔（Gustav Landauer），也在 1918 年 11 月 28 日热情地给他的朋友弗里茨·毛特纳（Fritz Mauthner）写信，说他之所以能够忍受最近结束的"恐怖战争"，只是因为"现在已经到来的希望［……］热烈而深刻的生活、几个世纪未有的成就、正在缔造的历史"[31]。

不管人们认为 1918 年 11 月发生的事件是危险还是机遇，所有人都同意：1918 年 11 月发生的事件构成了一场真正的革命，或者用君主主义报纸《十字报》（Kreuzzeitung）的话说，是一场"历史上从未见过的大灾难"[32]。从极右翼到共产主义左翼，没有人在 1918 年秋天严肃地质疑德国发生了一场大革命——这一判断与之后几代政治评论家和历史学家的观点有很大不同。[33] 他们对 1918 年 11 月事件的评价明显比当时的人更具有批判性，称之为"失败的""不彻底的"，甚至"背叛"革命。这一判断主要来自他们对魏玛共和国终结的追溯。[34] 由于 1918 年的新政治领导人没有触及原有的经济和社会关系、国家官僚和司法机构，也由于魏玛共和国在 1933 年的覆亡，十一月革命经常被视为不太重要的"不彻底"革命，缺乏 1789 年和 1917 年那些"伟大"革命的戏剧性、暴力和意识形态色彩。[35] 有些人甚至怀疑 1918 年 11 月发生的事件是否有资格被称为一场革命。[36]

对 1918 年年末德国革命定义的明显转变是如何发生的？事实上这一转变开始于 1919 年，当时，对 1918 年革命的压倒性支持由于种种原因被削弱了，尤其是因为许多德国人对革命能取得什么样的成就，以及民主化将如何令协约国在 1919 年 1 月巴黎和会上对德国宽大处理抱有不切实际和难以企及的期望。虽然极左翼人士一直渴望革命，但他们渴望的并不是这样一场革命。就像 1918 年他们的领导人卡尔·李卜克内西和罗莎·卢森堡一样，许多极左翼人士认为 1918 年 11 月德意志帝国的军事崩溃是一个独一无二的历史性机会，可以建立一个由工人和士兵委员会管理的社会主义国家，当时随着旧帝国体系的瓦解，这些委员会在全国各地涌现出来。他们并非完全赞成列宁在俄国的布尔什维克革命，但他们渴望进行一场更彻底的政治和社会革命，从根本上打破德意志帝国的旧精英和等级制度。弗里德里希·艾伯特（Friedrich Ebert）坚定地以举行制宪议会大选来回答德国未来政府形式的问题，被极左翼视为一种根本性的"背叛"，因为这阻碍了他们实现重组德国社会政治制度的理想。

然而，在 1918 年年底和 1919 年年初，他们的立场只得到了一小部分人的支持。因此，1918—1919 年发生的事件标志着德国（实际上是国际）劳工运动内部的长期分裂发展到高潮，从 20 世纪初正统马克思主义革命者与社会民主改革家之间的"修正主义"冲突，到那些支持战争与反战的社会主义者之间的冲突，最终导致了 1917 年多数社会民主党（MSPD）和左翼独立社会民主党（USPD）之间的决裂。1918—1919 年的"背叛"使这场冲突尤为激烈，因为极左翼人士认为，在时机成熟的时候，多数社会民主党却阻止了一场"真正的"革命。这一指责的论调直到今天仍然存在。直到 2008 年，左翼党（民主德国执政党德国统一社会党的极左翼继承者）主席仍然宣称，艾伯特 1918 年对工人运动的背叛"决定了魏玛共和国灾难性的历史进程"。[37]

弗里德里希·艾伯特领导下的多数社会民主党领导层在 1918 年秋天也抱有很高的期望：如果军队复员和民主化能够不受旧精英的抵抗而实现，德国将获得宽大的和平条件，因此他们相信，这将使德国作为一个强大的民主国家和战后国际秩序中的平等伙伴重新崛起。这是许多资产阶级自由主义者的共同希望，尽管他们最初并不支持政治革命。[38] 他们中的许多人对 1918 年 11 月间激进主义没有登场、没有发生暴力感到非常惊讶，并欣慰地注意到，11 月 9 日政权交接后，混乱和内战都没有蔓延开去。这场革命离激进主义很远，其务实性经常受到时人的称赞。11 月 14 日，柏林威廉皇帝物理研究所（Berlin-based Kaiser-Wilhelm-Institute for Physics）所长阿尔伯特·爱因斯坦（Albert Einstein）在和一位瑞典同事的谈话中给予了完全正面的评价，称这种"灵活性"是前几天"所有惊喜中最令人惊讶的"。[39]

对于著名神学家、哲学家恩斯特·特洛尔奇（Ernst Tro-eltsch）来说，所有的不确定性已经在 11 月 10 日消失了，他的《观察家快报》使得我们能够窥见自由主义者对革命的看法，"经过一个多灾多难的夜晚，晨报呈现了一幅清晰的画面：皇帝在荷兰，革命在大多数城市取得了胜利……没有一个人为皇帝和帝国而死！现在所有公务员都在为新政府工作！国家仍在履行所有职责，银行没有发生挤兑"[40]。著名小说家托马斯·曼（Thomas Mann）在 11 月 10 日的阳光下漫步于慕尼黑，他回忆起前一天发生的事件，也有类似的印象。"德国革命是一场非常德式的革命，当然它是一场真正的革命。没有法国的野蛮，也没有俄国的共产主义行为。"他欣慰地说。[41]

革命的进一步发展，特别是 1919 年年初的暴力升级改变了上述看法，也改变了时人对十一月革命的普遍评价。1919 年 1 月"斯巴达克运动"兴起，同年春天成立的慕尼黑苏维埃共和国以及右翼自由军团的野蛮镇压，对当时许多人来说，似乎是俄国内战的不祥回声。同样令最初支持德国民主化的人们失望的是，对达成宽大和约的期望与 1919 年夏《凡尔赛和约》中战胜国强加给年轻民主国家的现实条件，两者形成了残酷的对照。事实上，在战争结束后，协约国为了确保德国有"良好表现"，继续实行经济上的封锁，和约的起草进一步疏远了德国与西方的关系。尽管每个人都知道不接受和约将导致重启战端，但右翼民族主义者很快就将此描绘为共和国无力为德国争取更美好未来的"证据"。在集体记忆中，革命、战败及其主要后果《凡尔赛和约》，逐渐融合成一个故事，在这个故事中，革命——前线将士的背叛行为——造成了不必要的军事失败，并对巴黎和会的苛刻安排负有全部责任。

　　没有人比阿道夫·希特勒更坚决、更成功地利用了这个后来大为流行的关于背叛和失败的故事。德意志共和国宣布成立整整五年后，1923年11月9日，希特勒在慕尼黑"啤酒馆政变"中首次试图进行"民族革命"，但没有成功。他有意识地选择了这个日子，徒劳地试图改变"1918年11月"的结果，并煽动德国人民"重生"。在随后被监禁在巴伐利亚兰茨贝格（Landsberg）监狱期间，希特勒写下了《我的奋斗》，其中对1918年11月9日的个人化的回忆，显然被描述为他政治觉醒的重要时刻：在战争的最后几周，毒气使他失去了知觉、暂时失明。1918年11月12日，他在普鲁士城镇帕塞瓦尔克（Pasewalk）的军队医院病床上醒来，感到周围的世界已经变得面目全非。曾经强大的德意志帝国军队崩溃了，他曾在该军队中担任传令兵。皇帝在面对革命动乱时选择了退位。他的祖国奥匈帝国已经不存在了。一听到同盟国战败的消息，希特勒就崩溃了，"我扑倒在床上，把滚烫的头埋在枕头和羽绒被里。自从我站在母亲的墓前那天起，我就没有哭过。现在我什么都做不了了"[42]。对纳粹来说，11月9日成了一年一度动员人们反对共和国的日子。在这一天，希特勒号召追随者们纪念"失败的政变"的死难者，努力用神话般的第三帝国取代1918年建立的令人憎恨的体制。[43]

　　因此，在20世纪20年代，希特勒的"首席理论家"阿尔弗雷德·罗森堡（Alfred Rosenberg）将11月9日称为"命运日"，这是一个为"德国的未来"这一紧迫问题而发生"激烈斗争"的

日子：他问道，这一未来将要由"十一月罪犯"还是由希特勒周
14　围的"民族革命者"塑造？[44] 无论是在 1933 年之前还是在希特
勒被任命为帝国总理之后，纳粹的政治话语都与十一月革命以及
改变这一结果的野心密切相关。在无数次讲话中，"元首"宣称，
"1918 年 11 月"将永远不会重演，那些对"十一月罪行"负有
责任的人——左翼人士与"犹太人"——必须受到惩罚。希特勒
本人一直对他所认为的 1918 年 11 月 9 日的"叛国行为"念念不
忘，直到他死亡。在希特勒 1945 年 5 月发布的最后命令中，他坚
持说 1918 年 11 月的"罪行"不会重演，决不投降，也不会发生
革命，只有无损于"荣誉"的死亡。这一无损于"荣誉"的死
亡，即使意味着整个德意志民族及其人民的毁灭，对希特勒来说
也比可耻的投降要好。[45]

　　纳粹德国在"二战"中的彻底失败并没有结束关于 11 月 9
日革命历史意义的纷争。随着时间的推移，这些争论的性质发生
了变化，但仍然非常激烈。实际上这更多地反映了德国政治文化
的变迁，而非革命本身。在民主德国（东德），十一月革命在政
治话语和历史编纂中占据了非常突出的位置，主要是它似乎可以
证明统一社会党存在的合法性，该党是 1946 年苏占东德地区社会
民主党和德国共产党（KPD）被迫合并的产物。官方的解读是，
正因为 1918—1919 年没有出现这样一个团结的工人阶级政党，所
以真正的"无产阶级革命"注定要走向失败。民主德国的马列主
义史学支持这种解释，把十一月革命称为资产阶级起义，而不是
对 1918 年的事件进行严肃而开放的探讨。在这样的叙事中，多数
社会民主党的领导人扮演了抛弃和背叛无产阶级革命的叛徒的角

色。只有斯巴达克联盟和德国共产党是进步的英雄，他们富有远见的革命抱负被艾伯特、古斯塔夫·诺斯克（Gustav Noske）这样的资产阶级反动暴徒所阻挠。[46]

尽管联邦德国（西德）的学术较少受国家干预，但关于十一月革命的历史评价也从根本上受到时代思潮的影响。1945年之后的几年里的史学争论，主要是由寻找纳粹主义这一"德国大灾难"的根本原因和冷战的思想环境所决定的。客观上说，1933年第三帝国的出现与1918年的革命只相隔了15年，这一事实使人们对"注定失败的"共和国进行了十分吸引人（但具有误导性）的解释性叙事：这是一个仓促建立的临时性的民主国家，惶恐地夹在德意志帝国与希特勒独裁统治之间。[47] "魏玛"被描绘成一个历史的警告，即民主可能会失败；同时相较于联邦德国，它也是一个黑暗的榜样，联邦德国是一个更稳定、更西化、经济更成功的民主国家。[48]

联邦德国对1918年的评价也在不断变化，存在明显的差异。1945年后，史学界和公众的争议主要围绕1918年11月的主要历史人物——特别是多数社会民主党——是否还有其他选择。[49] 这场辩论中的不同立场奇特地反映了魏玛共和国时期多数社会民主党和独立社会民主党之间的对立。有人认为，取代艾伯特建立议会民主制（通过与反对民主的旧的德意志帝国精英妥协）的唯一选择，是走上布尔什维克专政的俄国路线（这是1918—1919年多数社会民主党的看法）；[50] 而更多的左翼评论家认为，苏维埃有很大的民主化潜力，这显然艾伯特没有很好的挖掘（独立社会民主党的看法）。[51] 在赛巴斯蒂安·哈夫纳（Sebastian Haffner）

15

看来，1918 年的事件被一些人描述为"遭到背叛的革命"，这反映了 20 世纪 20 年代和 30 年代早期极左翼人士对艾伯特和多数社会民主党的指责。[52]

指责艾伯特和多数社会民主党未能为德国民主建立稳定的基础，与这样一种假设是一致的，即如果 1918—1919 年的革命是"彻底"的，那么德国和世界就可以避免被希特勒戕害。[53] 事实是，直到 1929 年年末大萧条暴发之前，魏玛的民主成功地抵抗了几次极左翼和极右势力暴力夺权的企图，这些事实被有意地忽略了，主要是因为它们不利于对社会民主党"背叛""真正"革命的描述。

最近，关于"1918 年 11 月 9 日"和魏玛共和国在德国历史中的地位的公开辩论变得不那么激烈了，以至于一些人将十一月革命称为"被遗忘的革命"，[54] 但对这一时期的历史研究绝不是停滞不前的，一些重大的范式转变改变了我们对十一月革命的看法。例如，历史学家们达成了一种新的共识，即德国民主的第一段历史不应该从其结果来看待，而应该以一种不加预设的态度来探讨。尽管这一共识富有成果，但尚未开始对十一月革命进行名副其实的全面研究。[55] 革命一百周年纪念日提供了一个清醒审视这一事件的机会，可以进行一种新的历史叙事，更认真地看待时人对他们身边的世界和未来的感知、体验以及叙述。如果说他们中的许多人使用"危机"一词来描述德国战败的后果，这样做是为了表达未来的不确定性或模糊状态——当时的人们不断猜测但必然无法预见的未来。[56]

史学上的第二个趋势是跨国研究的兴起，它应对我们关于

1918年11月德国事件的看法产生更大的影响。传统史学将十一月革命严格限定在国别背景下进行研究,或者偶然提及西欧同时发生的事件。然而,这一时期的德国历史是否可以在"西方"的历史背景下进行有意义的探索是有争议的,最值得注意的是所谓的法国和英国的发展模式。这两个国家是从第一次世界大战的胜利中崛起的历史悠久的民主国家,而德国则不是;相反,这一时期的德国历史遵循的是中东欧模式,即战败、革命、帝国崩溃和民主重建。与1918年之后欧洲其他帝国的继承国家和新的民主国家(如匈牙利和波罗的海国家)相比,魏玛共和国不仅特别稳定,而且相对长寿。毕竟,从20世纪30年代初开始,民主被越来越多的欧洲人视为一种过时且不完善的政府形式,无法应对大萧条对社会经济和政治的影响。在1918年之后中东欧建立的所有议会民主制国家中(除了芬兰和捷克斯洛伐克这两个明显的例外),在"一战"后建立的实行民主的帝国继承国家中,魏玛共 17和国是最后一批让位于极权主义的国家之一。

为了理解1918年11月发生的事件是多么彻底的变革,人们还需要更认真地看待"威廉的德意志"作为一个帝国的概念——一个在1918年崩溃的帝国,让位于一个民族多样性远不如其前身的共和民族国家。事实上,德意志帝国是一个有不止一种意义的帝国:第一,"德意志帝国"的边界由奥托·冯·俾斯麦和威廉一世在1871年确定,帝国拥有多民族居民及严格的等级制度。[57]然而,尽管称为"德意志",而且帝国认为自己是一个单一民族国家,但帝国境内还是居住着大量非德意志少数民族,特别是大约350万波兰人、180万阿尔萨斯-洛林人和大约15万北部石勒苏益格丹麦人，他们是法律意义上的德国公民，但是经常被德国民族主义者描述并认为是潜在的不忠和分离主义者。[58]

第二，该词意指德意志是一个全球性帝国，在非洲、亚洲和太平洋拥有海外领土，这些领土主要是在 19 世纪后期殖民占领的。自 19 世纪 80 年代以来，有影响力的民间团体，如殖民联盟、海军联盟和泛德意志联盟等，一直游说政府夺取海外殖民地，使得德意志帝国成为与英法一样的全球性帝国。最终，这种公众压力迫使本不情愿的首相奥托·冯·俾斯麦将其付诸实施，于是德国在中国、太平洋地区和非洲侵占殖民地。[59]

第三，与第二点相关，当它的军队占领了广大的中东欧领土后，德意志在 1914 年以后成为一个欧洲大陆帝国。俄国退出战争及《布列斯特–立托夫斯克和约》于 1918 年年初签订，让德国获得了曾经被罗曼诺夫王朝控制的大片土地，进而扩大了帝国的统治范围。1918 年 11 月，帝国的霸权战争戛然而止，导致柏林的"欧洲—全球"双轨帝国幻想破灭了，但是中东欧仍然是未来殖民征服的重要目标。[60]

18　　从更广阔的地理角度来看，英国和法国——两个主要的欧洲战胜国——的历史轨迹绝不是典型的，而是非常特殊的。1918—1919 年的德国革命是更大范围的欧洲政治变革的一部分，这场变革包括在俄国、奥匈帝国和奥斯曼帝国崩溃后形成的广阔的"破碎地带"上发生的多次暴力变革，也是革命时代的一部分，即始于 1917 年的彼得格勒，直到 1923 年本土革命将残余的奥斯曼帝国转变为共和的土耳其民族国家才告结束的革命时代。仅在 1917—1920 年，欧洲就经历了大约 27 次政权的暴力变革，其中许多变革伴随着公开或潜在的内战。[61] 尤其是俄国，在不到一年的时间内经历了两次革命，最终内战夺去了成千上万人的生命。其邻国芬兰曾是罗曼诺夫王朝的一个自治公国，"一战"期间是中立国，1918年，一场短暂但极其血腥的内战在不到三个月的时间里减少了该国1%以上的人口。1918—1923年，战后的欧洲有超过400万人死于武装冲突，超过了"一战"时英国、法国和美国伤亡的总和。此外，来自中欧、东欧和南欧的数百万贫困难民在西欧饱受战争蹂躏的土地上游荡，寻求安身之地。[62] 一些历史学家有充分的理由将1918年之后的几年定义为"欧洲内战延长时期"。[63]

与欧洲其他地方发生的政权革命以及随后由俄国、乌克兰、芬兰甚至匈牙利等地革命引发的内战相比，德国革命显然是不流血的。然而，欧洲大背景对当时的德国人如何看待德国内部的事件产生了深远的影响：例如，旧文化对革命威胁的担心因1917年俄国革命以降的消息而加剧（或改变），导致人们担心（或希望）德国将成为下一个由布尔什维克接管的国家。[64] 这种担心绝不仅限于极右翼。例如，非常慎重的左派艺术家凯绥·珂勒惠支（Käthe Kollwitz）在1918年年末的日记中表达了她对"俄国糟糕状况"的厌恶，同时反思了德国可能的黯淡未来："德国是否面临着与俄国类似的无政府状态的威胁？"[65] 只有将德国的事件置于更广泛的欧洲（中东欧）背景下，才能理解当时普遍存在的想法，即德国正处于陷入"俄国状况"的边缘——这一印象也左右了艾伯特在1918—1919年的决定。

在确定德国革命在现代欧洲历史中的"地位"时，更广阔的视角也很重要。欧洲的大革命，无论是西方的（1789 年的法国大革命）还是东方的（1917 年的俄国革命），都迅速导致了内战和独裁，却没有任何人否认其历史重要性。即使与欧洲其他地方的革命相比——1918 年和 1919 年发生在芬兰和匈牙利的革命，德国革命不仅很少流血，而且就其实现目标而言也非常成功，即恢复和平和以民主政权取代君主制。反革命势力在芬兰和匈牙利取得了胜利，暴力水平飙升，而艾伯特政府却成功地引导了革命能量，在历史上前所未有的战败面前维护了公共秩序，并和平地遣散了数百万全副武装的士兵。在短短几天之内，德国就从一个有限民主的君主立宪制国家转变为共和国，并在内外交困中存续了十四年之久。

鉴于新兴的魏玛共和国面临的巨大挑战，前述西奥多·沃尔夫的话"最伟大的一场革命"可能有些过于乐观，甚至天真。但是，这是反映当时人们普遍情绪的一个很好的例子，在对十一月革命的目的论的解读中，这样的情绪常常被略去或忽视。本书不是为了思考 1918 年"失去的机会"，或站在当代的角度去看历史，而是希望通过那个时代人们的视角客观地看待德国历史上一个激动人心的、开放的时期，至少初期充满了巨大的希望和期盼。为了理解这些充满希望和乐观的看法，有必要回到 1917 年，这一年深刻地改变了第一次世界大战的性质，塑造了德国人对未来的期望。

1. 1917 年和所期待的革命

1917 年 1 月 19 日，由德国外交部部长亚瑟·齐默尔曼（Arthur Zimmermann）签署的一份引人注目的电报抵达墨西哥城。在那封电报中，齐默尔曼指示德国驻墨西哥大使海因里希·冯·埃克哈特（Heinrich von Eckardt）探讨与墨西哥当局建立军事联盟的可能性。双方商讨内容的一部分就是如果墨西哥政府对美国发动进攻，柏林将在财政和后勤上支持墨西哥，支持其夺回 1848 年割让给美国的领土，即得克萨斯州、新墨西哥州和亚利桑那州。除了向墨西哥提出极具挑衅性的战争建议，电报还称可以通过在大西洋"无情地使用我们的潜艇"来提供军事支持。在 2 月 5 日的后续信息中，齐默尔曼敦促大使立即与墨西哥总统贝努斯蒂亚诺·卡兰萨（Venustiano Carranza）联系。[1]

这一看似荒谬的提议——这是外交部一名低级官员汉斯·亚瑟·冯·克姆尼茨（Hans Arthur von Kemnitz）提出的，随后得到了德国最高军政当局的认可——值得做进一步说明。正是由于"齐默尔曼电报"和几天前德国宣布的无限制潜艇战，导致美国加入了第一次世界大战。[2] 齐默尔曼是一名职业外交官，1916 年11 月被任命为德国外交部部长。他从 1914 年后就一直强烈主张在协约国领土上煽动叛乱。大战爆发以后，德国外交部就制定了秘密计划，通过支持不同政治派别的革命运动来破坏协约国后方的稳定，包括希望脱离伦敦的爱尔兰共和主义者、英法国内的圣战分子以及密谋推翻彼得格勒沙皇统治的俄国革命者。[3] 尽管柏林对他们各自的政治野心并不关心，但把他们视为临时的战略伙伴，可以从内部削弱协约国军队。[4] 齐默尔曼是这些计划的核心人物，早在 1914 年就和人权活动家、爱尔兰共和主义者罗杰·凯斯门特（Roger Casement）会面，讨论武装这些共和分子的可能性，以暴力结束英国对爱尔兰的统治。然而，令德国外交部的战略家们感到气馁的是，他们的努力似乎都没有取得预想的成效。有大约 3 000 名穆斯林战俘最初被拘留在德国首都附近搓森（Zossen）的一个特殊的"新月营"（Half Moon Camp）里，然后被派往美索不达米亚和波斯前线进行宣传鼓动，但并没有成功地动员多少人参加圣战。1916 年春，德国支持的"复活节起义"未能在爱尔兰引发全国革命，德国外交部又一次遭受挫折。凯斯门特在大战爆发后的两年中留在德国，试图在战俘中建立一支"爱尔兰旅"，但他从爱尔兰凯里郡海岸外的一条德国 U 型潜艇下船后不久，就以叛国罪被捕。[5]

尽管遭受了这些挫折，齐默尔曼还是在 1916 年 11 月下旬被任命接替戈特利布·冯·贾戈（Gottlieb von Jagow）担任外交部部长。贾戈下台是因为抗议德国军事领导层升级潜艇战的计划，这是整个战争期间一直有争议的话题。1915 年 5 月，英国邮轮"卢西塔尼亚"号被一艘德国 U 型潜艇击沉，1 200 人丧生，德国海军这才不情愿地限制了对 U 型潜艇的使用，以避免激怒华盛顿参战。这个问题仍然是 1915 年和 1916 年德国首相贝特曼·霍尔维格（Bethmann Hollweg）和海军部之间争论的焦点，但贝特曼·霍尔维格暂时占了上风。在他看来，美国是唯一一个有可能促成和谈，打破 1916 年后西线僵局的西方大国，让美国保持中立在政治和军事上是有利的。

然而，到 1916 年年底，和谈的前景越来越黯淡，德国陆海军领导层想动用 U 型潜艇对英国进行决定性打击，贝特曼·霍尔维格承受的压力越来越大。1917 年 1 月 9 日，贝特曼·霍尔维格终于屈服于最高陆军司令部的压力，同意恢复无限制潜艇战。外交部部长齐默尔曼之前就支持最高陆军司令部的计划，并为美国对德宣战做了准备，"齐默尔曼电报"就是这些准备工作的一部分。

然而，对齐默尔曼来说不幸的是，他给墨西哥的电报被英国情报部门截获，并立即告诉了美国驻伦敦大使沃尔特·海因斯·佩奇（Walter Hines Page），大使又将电报转交给了美国总统伍德罗·威尔逊（Woodrow Wilson）。[6] 关于德国提议建立军事同盟的情报令华盛顿一片哗然，原因有二：第一个原因是，在威尔逊看来，这封电报证实了德国政府的不诚实，一面假装欢迎美国的调解以寻求妥协与和平，一面又在秘密策划建立反美同盟。[7] 德国非但不积极寻求和平，还在向墨西哥这个动荡的热点地区火上浇油。1910—1917 年，墨西哥处于革命动乱之中，美国军队曾在 1914 年和 1916 年两次进行干涉，以维护美国在该地区的利益。[8] "齐默尔曼电报"引发如此轰动效应的第二个原因是时机不对。1917 年 2 月 1 日，德国刚刚恢复了无限制潜艇战，英国情报机构就把这封电报送到了华盛顿，这进一步推动了公众舆论支持美国参战。

德国升级潜艇战的决定由来已久。1916 年 3 月 24 日，英国客轮"苏塞克斯"号在英吉利海峡被鱼雷击沉，造成约 80 人死亡，几名美国人受伤，华盛顿作出了强硬的回应。德国人这段时间加强了对英国船只的潜艇攻势，他们怀疑有很多船只装载了战争物资。作为对"苏塞克斯"号被击沉的回应，威尔逊向柏林发出了最后通牒，要么停止对客轮和商船的攻击，要么美德断交——这几乎就要宣战了。贝特曼·霍尔维格首相以停止升级潜艇战作为回应。5 月 4 日，他做出"苏塞克斯誓言"，遵守"巡弋守则"，即潜艇必须浮出水面，艇员必须搜查商船是否装载违禁品，并在击沉船只前保证"敌国"船员的安全，除非对方船只拒绝停船接受检查。之前，因为英国部署了装备隐藏甲板炮的所谓 Q 舰，把潜艇诱出水面再进行攻击，德国人已不再遵守"巡弋守则"。在整个战争中，Q 舰总共击沉了 14 艘 U 型潜艇，击伤了 60 艘。不过，贝特曼·霍尔维格也在 5 月 4 日坚持主张，美国应该对英国的非法海上封锁采取行动，在德国人看来，华盛顿方面对这一封锁的态度要比对 U 型艇问题缓和得多。[9]

1916 年 8 月底，最高陆军司令部参谋长法尔肯海恩（Falkenhayn）由于未能在西线取得决定性的突破，被深受爱戴的"坦能堡胜利者"保罗·冯·兴登堡所取代，战略重心再次发生了变化。很快兴登堡和他的得力助手埃里希·鲁登道夫更为直接地插手政府事务，建立了事实上的军事独裁。他们违背文官政府的意志，强迫他们接受采用无限制潜艇战来打破给德国大后方造成严重食物短缺的海上封锁。在兴登堡和鲁登道夫看来，无限制潜艇战会给英国带来巨大压力，最终迫使伦敦退出战争。[10]

　　持续的封锁和 1917 年年初协约国越来越步调一致的攻势，刺激了德国最高陆军司令部的新领导人——总参谋长兴登堡和军需总监鲁登道夫——寻找打破僵局的方法，方法之一就是莱因哈德·舍尔（Reinhard Scheer）上将领导下的德国海军积极鼓吹了一段时间的无限制潜艇战。德国潜艇的数量从 1916 年 1 月的 41艘增加到 1917 年 1 月的 103 艘，并在 10 月达到 140 艘的巅峰。[11]此时，协约国掌握了大部分海域的制海权，就算封锁敌国进展缓慢，总还可以利用它们的大帝国并通过中立国——尤其是美国——来获取产品、食物和原料。德国海军领导层认为，破坏敌人运输的唯一方法就是解除潜艇的枷锁，不受应该浮出水面、在击沉船只前发出警告的约束。美国总统坚持他对于海商法的解释，这激怒了德国人，因为这些来自美国的补给都会变成落在西线德军头上的雨点般的炸弹。[12]

　　德国海军领导层估计，他们的潜艇每月可击沉约 60 万吨货船，将严重地削弱英国的供应，并迫使伦敦在 5 个月内退出战争。在这一高度乐观的估计下，美国是否参战并不重要，因为在美国军队被大量派往欧洲之前，战争已经结束了。相反，如果不能采用无限制潜艇战，将导致德国被慢慢扼杀。兴登堡、鲁登道夫和威廉二世都同意赌一把，这违背了包括外交部长冯·贾戈和贝特曼·霍尔维格在内的文职领导者的意愿，他们都认为这会令美国加入一场导致德国失败的战争，风险太大。[13]

　　1917 年 1 月 31 日，一则消息震惊了世界各地：德国将于次日重新开始无限制潜艇战。在不列颠群岛和法国周围的"禁区"，几乎所有船只都有可能在没接到警告的情况下被鱼雷击中。1917年 2 月 1 日，德国对大西洋上所有悬挂美国国旗的船只，包括客轮和商船，开始了无限制潜艇战。2 月，有两艘船被击沉，大多数美国航运公司都将其船只停泊在港口内。[14]

当时很多德国人都意识到，宣布无限制潜艇战将使美国参战，至少是极有可能参战。住在莱比锡的澳大利亚音乐家埃塞尔·库珀（Ethel Cooper）设法通过瑞士给她在阿德莱德的姐姐艾米（Emmie）寄了一封信。"2 月 1 日匆匆来去，潜艇战已经宣布，我们和世界其他地方的人们一样正在等待事态的进一步发展。"她说自己的美国邻居已经"第四次打包行李并通知房东，我认识的两个荷兰和丹麦家庭正在讨论是否应该做同样的事情，他们都认为目前是自 1914 年 8 月 1 日以来最关键的时刻。美国人说，如果威尔逊先生再做一次妥协，他们会羞愧而死"[15]。不确定就会带来焦虑，消息灵通的哈里·凯斯勒伯爵（Harry Count Kessler）在中立国瑞士的伯尔尼观察事态进展，他在 1917 年 2 月 1 日的日记中写道："大多数担忧都是关于美国的立场……总的来说，我们的心情是阴郁的，但我们仍然很坚定；正如一个男人面对一场有生命危险但不可避免的战斗。"[16]

25　　　德国向墨西哥提出结盟的消息，加上柏林宣布开启无限制潜艇战，在华盛顿引发了很大的震动。考虑到公众情绪已经变为支持参战，以及威尔逊关于大西洋潜艇战的众所周知的立场，他除了参战别无选择。1917 年 4 月 2 日，威尔逊向国会宣布他即将对德国宣战。四天后，签署了正式声明。[17] 德国领导人知道无限制潜艇战几乎肯定会导致美国卷入战争，但他们认为，在美国发挥全部影响力之前，英国和法国可能会被打败。他们严重低估了美国直接介入战争的影响，即使是在 1918 年春美军大批抵达法国之前，威尔逊对德宣战也改变了战场的平衡而有利于协约国。

威尔逊的背景以及他对德国和美国中立的态度转变值得做进一步的解释，因为美国的参战对于德国的失败具有决定性的作用，而威尔逊的"十四点"计划以及他广为人知的"没有胜利的和平"从根本上塑造了德国对战后秩序的期待。

威尔逊不是一个传统意义的职业政治家，他通往美国最高权力之位的道路非同寻常。他并没有走一条常规的美国从政之路，即作为一名成功的商人进入政界，而是先在普林斯顿大学度过了学术生涯。威尔逊于 1856 年出生在弗吉尼亚州，是一位长老会牧师的儿子，他是按照严格的加尔文教派戒律长大的，在孩提时代经历了美国内战（1861—1865）。他的政治思想是由新教神学和 19 世纪的自由主义塑造而成的。[18] 他在普林斯顿大学学习法律后，于 1885 年写了一篇关于"国会政府"的政治学论文，在论文中他批评了美国代议制政体中不符合民主原则的做法。这篇论文为他赢得了全国学术界的极大尊重，他的第二本书《国家》（1899 年）也是如此。由于他懂德文，所以书中广泛引用了德国政治学文献。1902 年，46 岁的威尔逊成为普林斯顿大学的校长，但他的任期在 1910 年提前结束，因为他与大多数教授发生了矛盾，教授们拒绝接受他有些武断的热情和过于刻板的作风。[19]

威尔逊在精英大学的校长任期突然终结并没有对未来的职业生涯造成损害。就在这一年，他当选新泽西州州长，并迅速成为

26

民主党"改革派"的领导人之一，主张实行社会福利措施和加强国家对经济事务的监管。在他担任州长期间，支持为工人设立意外保险。在 1912 年的总统选举中，他被提名为民主党候选人并获胜。1916 年，他再次当选总统，这次他在全国竞选活动中打出了"他让我们远离战争"的标语。几个月后，他就要违背这个诺言了。[20]

尽管威尔逊从 1914 年夏天开始就坚持严格的中立，但事实上美国并没有能够完全置身事外。许多有英国、爱尔兰、德国和意大利血统的欧洲移民多次公开表达他们对祖国的同情，并就干涉与不干涉战争的利益进行了辩论。[21] 美国总人口的 15% 出生在国外。无论是爱尔兰裔美国人（他们经常支援爱尔兰脱离英国独立，在 1916 年复活节起义失败、领导人被处决后，他们更加仇视伦敦）还是东欧犹太人（他们逃离了沙皇俄国及发生在"犹太人定居区"中的反犹大屠杀），并不同情协约国。此外，德裔美国人构成了该国最大的少数族群。1910 年，在 9 200 万美国人中，250 万人是在德国出生的，580 万在美国出生的人的父母中，至少有一位是德国人。[22] 尽管威尔逊认为 90% 的美国人支持协约国，但他有充分的理由担心这一对立的种族认同会引发内乱。对美国来说，更重要的是第一次世界大战的经济后果。英国对德国及其盟国的海上封锁严重地限制了美国的出口。早在 1914 年，为了弥补这些出口损失，威尔逊就允许英国和法国以信贷购买货物，贷款数额在战争中急剧增长。战争持续得越久，英法就越依赖美国的支援和贷款，而华盛顿则依靠武器出口和与英法的其他贸易来推动其持续的经济繁荣。[23]

战争期间，美国对德国的政策确实发生了重大变化。1915 年
5 月至 1916 年 5 月，柏林和华盛顿因潜艇战而发生冲突。即便
1915 年 5 月 7 日英国邮轮"卢西塔尼亚"号被鱼雷击沉（1 100
名遇难者中有 128 名美国公民）以及德军在西线首次使用毒气，
让德国在美国国内失分不少，但大多数美国人仍然支持不干涉政
策。尽管 U 型潜艇的阴影挥之不去，威尔逊仍然对德国愿意配合
他的计划以谈判来和平解决问题很有信心。在 1916 年年底以微弱
优势再次当选美国总统后，威尔逊继续致力于和谈，甚至与德国
和奥匈帝国保持秘密接触。[24] 为此，威尔逊派遣他信任的非官方
顾问、得克萨斯商人爱德华·豪斯（Edward House）前往欧洲，
以试探在不分胜负的情况下达成和平妥协的可能性。这些谈判的
结果令人失望，威尔逊开始相信，美国只有站在法国和英国一边
积极干预战争，才能真正实现未来的条约和平，重建战后秩序，
因为美国与法国、英国有着密切的经济联系，两者的政治制度比
同盟国更能让威尔逊接受。然而，威尔逊也对伦敦和巴黎利用美
国来获得私利保持警惕，并坚持美国的独立政策和自己的
目标。[25]

1918 年 1 月 8 日，威尔逊向国会两院发表了演讲，向公众宣
布了他的世界新秩序概念，也是一张和平解决争端的蓝图。他对
未来世界秩序的愿景——那天的演讲就是著名的"十四点"——
基本上以民族自决的概念为基础，集合了一些具体的要求，如波
兰独立、同盟国撤出自 1914 年以来占领的所有土地和阿尔萨斯-
洛林回归法国，还有实行"海上航行自由"等抽象概念，以及建
立国际联盟。

1917 年 1 月 22 日，在美国参战的几个月前，威尔逊在参议院发表了同样著名的"没有胜利的和平"演讲，宣布他打算通过谈判实现和平，重建未来的世界秩序。其指导原则是公正而不是复仇，是和解而不是胜利，"胜利意味着和平是强加给失败者的，是强迫失败者接受胜利者的条件。这样的和平是在屈辱和胁迫中被接受的，是在无法忍受的牺牲下被接受的，会留下刺痛、怨恨和苦涩的回忆。那些和平条款将会建立在流沙之上，绝不会长久。只有平等的和平才能长久，和平的唯一原则就是平等和共同参与、利益均沾"[26]。

威尔逊明确地将这场战争视为民主十字军东征。如果说这场糟糕的战争还有些好处的话，那就是国际秩序以及主权基本原则的根本性变革。威尔逊对于未来强权的愿景在很大程度上受到了 18 世纪晚期、19 世纪的自由主义思想的影响，并且建立在个人是理性、自主、承担道德责任的观念基础之上。历史学家伦纳德·V. 史密斯（Leonard V. Smith）强调，威尔逊受到亚当·斯密的《国富论》（1776 年）很深的影响，威尔逊认为"自由的"个体能够在全球市场中理性、高效地分配资源。威尔逊还是约翰·斯图亚特·穆勒《论自由》（1859 年）的拥趸，他认为理性、自由的个人能通过负责任地投票来建立一个合理的政体。威尔逊将上述思想运用于对国际政治事务的处理，他认为当战争结束后，后专制主义体系中的接受良好教育的个人，能够建立一个更好的世界。[27]

威尔逊的政治思想受到自身宗教信仰的很深的影响。受美国殖民地朝圣者，或许是受其 17 世纪苏格兰长老会先辈的影响，威尔逊相信，政治人物能够并应该立下"契约"，对彼此和上帝做出神圣和不可撤销的"誓言"，以捍卫共同的信念。虽然"契约"的概念在美国的公共话语中没有扮演重要的角色，但在威尔逊的思想中占据了突出的位置。对于威尔逊来说，一项契约以一种准宗教的纽带，将一个群体凝聚起来，并向群体成员承诺集体利益的美好未来。[28]

威尔逊总是以美国的模式来对国家的未来秩序进行政治思考，试图将这种模式扩展到战败国及其继承者。然而，在 1917—1918 年，世界各地的人们对威尔逊的观点"各取所需"。在帝国主义世界，一些人错误地认为"威尔逊和平"将结束殖民统治，当时许多德国人对不分胜利者和失败者的"公正和平"抱有不切实际的期望——这种幻想很快就会破灭。

在华盛顿对德宣战后的 72 小时内，第二个重大事件发生在中立的瑞士，这一事件将对战争未来的进程和人们对战后世界的普遍预期产生同样深远的影响。1917 年 4 月 9 日（复活节日），弗拉基米尔·伊里奇·乌里扬诺夫（Vladimir Ilyich Uly-anov）——他的化名"列宁"更为人所知——与他的妻子、革命同志克鲁普斯卡娅，以及 30 名最亲密的同事乘火车离开了苏黎世火车站。回到俄国的漫长旅程要带领他们穿过德国和瑞典。[29]

当列宁在 1917 年 4 月踏上他的命运列车之旅时，他已经 45 岁了，足可以回顾几十年来的革命历程。弗拉基米尔来自伏尔加河上的辛比尔斯克（乌里扬诺夫斯克），他的父亲是一个小贵族，也是辛比尔斯克省公立学校的学监，1886 年因脑出血去世，于是列宁和家人搬到了喀山附近他母亲的庄园居住。一年后，弗拉基

31　米尔的哥哥亚历山大因参与暗杀沙皇亚历山大三世而被捕并被处决。在哥哥死后，弗拉基米尔越来越多地融入马克思主义圈子。他因参加反沙皇示威而被喀山国立大学开除，在俄国首都攻读法律期间，他坚持自己的政治兴趣，并积极参与革命运动。1897年，他从欧洲旅行回来后，作为一名政治煽动者被流放西伯利亚三年。[30] 在此期间，他开始使用化名"列宁"——可能是以西伯利亚的勒拿河（Lena）命名的。[31]

从 1900 年起，列宁生活在西欧，先是在瑞士，然后是在慕尼黑。他在那里编辑《火星报》（Iskra），并在报上发表了他著名的纲领性文章《怎么办？》（1902）。尽管列宁坚定地追随卡尔·马克思对资本主义的分析，但两者关于创建共产主义社会的观点至少有一个重要方面有所不同。对马克思来说，资本主义社会的最后阶段和资本主义经济秩序会导致由阶级对立引起的自发的民众起义，而列宁不想等待这个革命时刻自然到来。这一时刻是建立在先进的工业社会和同样发达的产业工人阶级意识的基础上的，这两者在俄国都不存在。相反，列宁计划通过由职业革命者组成的无产阶级先锋发动政变，以暴力夺取政权。[32] 在 1905 年的革命过程中，俄国许多大城市中自发成立了苏维埃组织（工人和士兵委员会），它在列宁设想的未来无产阶级专政的权力结构中扮演了重要角色，当时俄国的农民和工人大部分仍是文盲，阶级意识有待灌输。[33]

在 1917 年之前，列宁在大部分时间中都是一名职业鼓动家——大部分时间都在流亡中。自 1914 年以来，他一直住在苏黎世，这是欧洲少数几个没有卷入战争的地方，也是一座长期庇护激进人士的城市。苏黎世不仅有伏尔泰酒馆，那里是以雨果·鲍尔（Hugo Ball）和特里斯唐·查拉（Tristan Tzara）为中心的达达主义的发源地，还是无数欧洲杰出左翼人物的临时家园，他们梦想革命，但经常在如何实现这一目标的问题上意见不一。[34]

　　社会主义左派之间的争论并不新鲜。自从 1889 年第二国际成立以来，不同的派别一直在无休止地争论如何实现无产阶级乌托邦。在 20 世纪初，主张改良者和坚持革命者之间的分歧进一步加深。就俄国的社会民主工党而言，分为两个最重要的派别——列宁的布尔什维克和较温和的孟什维克，后者（遵循马克思的理论）主张在无产阶级革命发生之前对俄国实行资产阶级民主改组。两者之间不可调和的立场导致了该党在 1903 年分裂。[35]

　　1914 年战争的爆发进一步加深了欧洲劳工运动的裂痕。大多数社会民主党在 1914 年批准了自己国家的战争债券，从而将对国家的忠诚置于国际的阶级团结之上。[36] 德国也是如此，战争爆发使社会民主党陷入严重分裂。支持该党的选民人数大幅增加，从 1890 年的 140 万人增加到 1912 年的 420 多万人。然而，社会民主党越是成功，明确其最终目标就越是紧迫：是通过传统的马克思主义定义的革命推翻德意志帝国，还是对现有制度逐步改革？这种制度相比俄国确实给予了公民更多的自由、参政权和社会保障。果然，1905 年的俄国革命（及其被沙皇政权血腥镇压）在社会主义运动中引发了一场大辩论。

　　虽然俄国社会主义者如列宁或列夫·托洛茨基（Leon Trotsky）得出结论，像沙皇那种专制政权永远无法改革，只能通过暴力革命来推翻，但德国的一些社会主义领袖拒绝接受这种做法适用于德国的观点。在 1906 年社会民主党曼海姆党代表大会上，该党主席奥古斯特·倍倍尔（August Bebel）指出了俄国和德国之间的深刻差异："在俄国，人们正在为建立新的政治秩序而斗争；但在德国，俄国还在争取的这种条件早已经具备了。"他的话被听众"完全正确！"的呼声打断。倍倍尔继续说："这就是为什么德国的情况不能与俄国相比。尽管我们无法接受目前的情况，但在这里，没有人会说在我们的斗争中需要采取和俄国同志类似的办法。"[37]

33　　即便推翻现有的阶级制度仍是社会民主党的意识形态目标，未来的社会主义社会究竟采用什么形式仍然存在争议。该党的主要右翼理论家爱德华·伯恩施坦一直致力于打破无产阶级暴力革命的马克思主义信条。早在 1899 年，伯恩施坦在其著名的论著《社会主义的前提和社会民主的任务》中，呼吁社会民主党正式宣布"自己已经成为一个民主社会主义改良的政党"[38]。这听起来很像卡尔·考茨基（Karl Kautsky）在 1893 年的著作中所说的："对于无产阶级专政，我只能设想为一个以英国模式为基础的强大的议会，其背后是社会主义民主派占多数，还有一个强大而自觉的无产阶级……在德国，议会制意味着无产阶级的胜利，反之亦然。"[39]

自 1913 年倍倍尔去世后，由弗里德里希·艾伯特和雨果·哈泽尔（Hugo Haase）领导的党在是否应该支持这场战争的问题上分歧尤其严重，德皇为批准战争债券称之为"自卫战争"。随着战争延续，党内的不同意见导致领导人在战争态度问题上的分歧越来越大。如果说在 1914 年 12 月，只有一个社会民主党国会议员卡尔·李卜克内西拒绝同意战争债券，那么随着战争的进行，反对者的数量将会不断增加。

这一矛盾体现在社会民主党的两位主席艾伯特和哈泽尔身上，1913 年，他们作为该党不同派别的代表仍在正常合作。艾伯特是社会民主党的一名资深干部，有着无可挑剔的工人出身，1918 年 11 月，他作为第一个"人民的人"就任帝国总理，将在十一月革命中扮演核心角色。随后他成为魏玛共和国的第一任总统，并一直担任这一职务，直到 1925 年去世。

艾伯特出身贫寒，很难想象他会有一个如此模范的社会民主党人生涯。1871 年，他出生于海德堡大学城，在九个兄弟姐妹中排行第七。他的父亲是一名裁缝，要努力干活才能维持生计。年轻的艾伯特最初在马鞍匠那里做学徒，后来成为一名熟练工。他通过参加当时仍然稚嫩的工会运动进入了政界，并于 1889 年加入社会民主党，这一年他搬到了德国北部城市不来梅，担任社会民主党《公民报》（*Bürger - Zeitung*）的编辑。不过他开了一家酒店——大概是出于经济原因，这里很快成为政治同志们的集会地点。艾伯特越来越积极地参与了不来梅当地的政治活动，并成为社会民主党不来梅支部的主席，并于 1912 年被选为国会议员——这一年社会民主党成为德国议会中最强大的政党。他在党多年，意味着他非常熟悉社会民主党的结构及其重要人物。作为该党中间派的领军人物，他肯定会得到大多数党员的支持。[40]

就他的政治观点而言，艾伯特和社会民主党中许多"二代"领导人一样，是个实用主义者。尽管他自称是马克思主义者，但他在第一次世界大战前的主要目标是通过改革逐步改善工人阶级

34

的生活条件。在资深的领袖奥古斯特·倍倍尔于 1913 年去世后，艾伯特和更为激进的哈泽尔一起当选为社会民主党联合主席。哈泽尔是来自东普鲁士的著名律师、和平主义者和社会主义政治家。当时，社会民主党拥有 100 多万名党员，也是全欧洲最大的政党。[41]

哈泽尔出生于 1863 年，是一个犹太鞋匠、小店主的儿子，住在东普鲁士靠近前德俄边境的阿伦施泰因镇（Allenstein）。他的天赋很高，在拉斯滕堡（Rastenburg）的高中上学，随后在柯尼斯堡（Königsberg）攻读法律。由于见到很多不公正的社会现象，他较早就对政治产生了兴趣。还是一名实习生的时候，他就加入了社会民主党。作为一名年轻的律师，他常常为那些"政治犯"辩护，他们大多是与当局发生冲突的社会主义者。如果工人没有钱聘请律师，他经常无偿代理他们的案件。[42]

第一次世界大战的爆发将永久地改变两个人的关系。1914 年，笃信和平主义的哈泽尔不情愿地服从党的纪律，与艾伯特一起投票支持战争债券。但在这之后，他不想再违背自己的良心去低头妥协。过了两年，1916 年，他离开了党的路线，投票反对政府的紧急预算，与艾伯特决裂。他和另外 17 名反对艾伯特"政党休战"政策（Burgfrieden policy）的党员被社会民主党议员小组开除。被开除者随后建立了"社会民主党工作小组"（SAG）。下一年人们就会看到，社会民主党的团结不复存在。1917 年 4 月 8 日，就在列宁坐上从苏黎世前往俄国的火车前一天，一个新的社会民主党在哥达诞生了：这就是由雨果·哈泽尔和格奥尔格·莱德布尔（Georg Ledebour）领导的德国独立社会民主党（US-

35

PD），后者是一位 67 岁的反战主义者，1916 年和哈泽尔一同被驱逐出社会民主党议会小组。新的党团结了那些在社会主义运动中反对战争的人，但他们对其他问题的意见往往不一致。该党的创始人中有像爱德华·伯恩施坦这样的改革派，他强烈反对把革命作为推进德国社会主义的一种手段；有像卡尔·考茨基这样的中间派；还有像卡尔·李卜克内西这样的主张革命的马克思主义者。到 1917 年年底，独立社会民主党有大约 10 万名党员，虽然比多数社会民主党的党员少得多，但他们绝不是可以被忽略的。[43]

在某种程度上，1917 年的政党分裂是左派内部意识形态矛盾日益不可调和的必然结果。早在 1915 年，德国右翼民族主义者就在公然叫嚣实现"胜利者的和平"，即击败协约国后，在西线永久吞并比利时和法国沿英吉利海峡的海岸，在东方占领俄国波罗的海沿岸（以及要求大量赔款）。越来越多的社会民主党党员开始反对支持战争的党的路线，他们对公开的扩张主义叫嚣感到愤怒，意识到这不是社会民主党在 1914 年支持的"自卫战争"。1915 年 6 月 19 日，社会民主党著名领袖爱德华·伯恩施坦、雨果·哈泽尔和卡尔·考茨基提出，鉴于极右翼的要求，社会民主党应重新考虑其 1914 年"政党休战"的立场，拒绝再支持战争债券。[44]

由于看不到战争尽头，德国国内外的左翼社会民主党人试图重提社会主义的和平主张，并恢复因 1914 年战争爆发而中断的国际合作。1915 年 9 月 5 日至 8 日，在距伯尔尼不到 10 公里的瑞士小村庄齐美尔瓦尔德（Zimmerwald）举行了一次国际会议，会议

36

由瑞士社会民主党人罗伯特·格林（Robert Grimm）主持。这是大战期间三次国际社会主义会议中的第一次，目的是恢复工人阶级的团结，明确表示反对继续战争。[45]

会议产生的第一份文件是由德国社会主义者格奥尔格·莱德布尔率领德国代表团与法国代表团共同起草的，莱德布尔在1870—1871 年普法战争期间当过担架手，这一经历使他成为一名坚决的反军国主义者，法国代表团的领导人、工会主义者阿尔方斯·梅雷希姆（Alphonse Merrheim）也是如此。他们发布的联合声明指出，他们不支持两国之间正在进行的战争，这场战争是由帝国主义政府造成的，政府根本没有考虑两国人民的最大利益。这一声明促成了一个全体决议，在内部讨论后通过，并发出了《告欧洲工人书》。在联合声明中，他们要求结束对比利时的占领，并在自决原则的基础上实现无条件的全面和平。为此，他们决定在各自国家内恢复阶级斗争，以迫使政府结束战争。

然而，自 1889 年第二国际成立以来，一直困扰着第二国际的社会主义革命派（即所谓的齐美尔瓦尔德左派）与改良派之间的内部分歧很难弥合。列宁和季诺维也夫（Grigory Zinoviev）在会议上代表布尔什维克，他们呼吁将国家之间的战争转变为国际阶级战争，即被压迫者与压迫者之间的人民战争，但这种观点遭到了持温和意见的代表们的批评。[46]

会议结束时，成立了一个"国际社会主义者委员会"，它受代表们委托在伯尔尼建立一个"临时秘书处"，作为所有附属团体之间的联络处。委员会成员包括齐美尔瓦尔德会议的主要组织者罗伯特·格林、意大利社会主义记者奥多诺·莫尔加里（Oddi-

no Morgari)、瑞士社会民主党人查尔斯·奈恩（Charles Naine）
和俄裔意籍活动家安吉莉卡·巴拉巴诺夫（Angelica Balabanoff）。 **37**
然而，不同社会主义派别之间的紧张关系仍然明显存在，1916 年
在瑞士昆塔尔村（Kienthal）、1917 年在斯德哥尔摩又举行了两次
后续会议，气氛更为紧张。[47]

　　1917 年，分裂已经成为既成事实，新的政党如德国独立社会
民主党成立，布尔什维克正着手让1917 年俄国二月革命进一步发
展。事实上，二月革命令列宁深感惊讶。[48] 尽管列宁明白战争、
饥饿和效率低下、不受欢迎的政府使得沙皇政权的合法性大为削
弱，但他和当时大多数观察家一样，没有料到尼古拉二世会迅速
倒台。[49] 他远远地观察事态发展，只能猜测俄国在战争中惊人的
伤亡和罗曼诺夫王朝西部各省社会和经济结构的崩坏，使得革命
成为最有可能的结果。革命爆发最关键的原因是粮食短缺——俄
国是这样，次年的中欧也是如此。1916 年，一家俄国报纸就描述
了战时“粮食供应危机”的破坏性影响，这在很大程度上归咎于
政府管理不善，“一个粮食产量富足的国家——世界上最大的粮
食出口国——在战争的第三个年头发现自己面临粮食短缺”[50]。

　　战争导致的粮食危机是 1917 年 3 月（俄历二月）推翻沙皇
政权的革命的催化剂。3 月 8 日（俄历二月二十三日），维堡区
（Vyborg）纺织厂的 7 000 多名女工在国际妇女节这一天放下了她
们的工具：革命爆发了。她们抗议不断恶化的食品供应状况，到
那天晚上，有 8 万—12 万人走上街头。[51] 在接下来的几天里，
抗议者的人数继续增加。[52] 对于统治者来说，情况变得更糟糕，
以抱怨粮食短缺开始的示威很快转向政治诉求，人们要求民主、

结束战争，并批评沙皇政权和尼古拉二世本人的无能。[53]

38

3 月 11 日，沙皇政权不明智地试图用武力镇压抗议，但是没料到越来越多的军队加入了抗议者的队伍。[54] 在彼得格勒，沙皇的部长们辞职逃走了。尼古拉二世在莫吉廖夫（Mogilev）被说服让位于他的弟弟米哈伊尔·亚历山德罗维奇大公（Grand Duke Mikhail Alexandrovich），但大公担心自己的安全，拒绝接过这个烫手的山芋。[55]

随着尼古拉的退位，罗曼诺夫王朝和俄国长达一千年的君主统治宣告结束。俄国内外都强烈地感到了这一政权更迭的影响。二月革命为饱受战争蹂躏的欧洲注入了一种新的强大动力，这将在一个又一个国家引发对未来政权合法性的深刻质疑。虽然还不清楚这场革命将走向何方，但 1917 年二月革命标志着欧洲自 1789 年以来一个大国政权的首次颠覆。

随着旧秩序的崩溃，杜马成员组成了所谓的临时政府，由自由派的格奥尔基·叶夫根尼耶维奇·李沃夫亲王（Prince Georgy Yevgenyevich Lvov）担任总理。[56] 然而，与此同时，一股对立的政治力量正在以地方苏维埃的形式出现，这种形式遵循了 1905 年革命的模式，旨在表达街上人群的"未经过滤"的观点和声音。[57] 苏维埃的建立标志着一个被称为"双重权力"的时期，这是一种临时状态，直到制宪会议的民主选举能够决定国家的政治未来。[58]

革命的确切结果在 1917 年 3 月和 4 月仍然没有定论，但列宁发现了他的机会。在他看来，这个临时政府由"资产阶级"组成，还决定把可怕的战争继续进行下去，那么它并不比尼古拉二世好多少。1917 年 3 月，列宁写的第一封《远方来信》强调，"帝国主义世界大战"加速了历史进程，推翻了沙皇，加剧了资产阶级和无产阶级的斗争，从而将俄国的矛盾转变为国际"敌对阶级之间的内战"。他斥责临时政府是一个傀儡政权，英国和法国只是"为了继续帝国主义战争"才允许它存在，并预言一场"为了面包，为了和平，为了真正的自由"的真正的革命运动将会获得胜利。[59]

与 1905 年不同，当时他错过了影响革命进程的机会，列宁不想浪费这次机会。他需要尽快回到俄国。

火车很快进入德国领土。在法兰克福和柏林的火车站，这些来自中立国瑞士的旅行者们第一次看到了瘦弱的士兵和疲惫的平民，这让列宁更加希望这场战争很快也会引起德国的革命——这是无产阶级全球革命扩大的关键一步。在波罗的海德国吕根岛（Rügen）上，列宁和随行人员被送上了前往瑞典特瑞堡（Trelleborg）的渡轮，然后继续前往赫尔辛基，登上了另一列开往俄国首都的火车。1917 年 4 月 16 日——在流亡了 12 年之后——列宁回到了俄国首都，在那里他受到了一群热情的布尔什维克支持者的欢迎，他们演奏了《马赛曲》，挥舞着红旗，并在火车进入彼得格勒的芬兰车站时献上鲜花。[60]

当列宁 4 月初回到俄国时，政权更迭业已发生，而且临时政府无法满足人民对和平和土地改革的高度期盼，这两点都对他有利。列宁借此机会进一步阐述了自己的革命思想，在他著名的《四月提纲》中，开篇就宣称，第一次世界大战是一场必须无条件结束的"帝国主义掠夺战争"[61]。

图 1.1   1917 年 4 月中旬，列宁抵达彼得格勒时受到欢欣鼓舞的支持者们的迎接。仅仅 6 个月后，布尔什维克通过革命夺取了俄国政权。此后不久，他们签署了苛刻的《布列斯特-立托夫斯克和约》。

与此同时，在 1917 年夏天，临时政府最新任命的战争部部长亚历山大·克伦斯基（Alexander Kerensky）希望将革命士气引入军队，并下令发动新的攻势。从 1917 年 7 月 1 日开始，俄军向奥匈帝国和德国军队发起进攻，向加利西亚的首府伦贝格（Lemberg）推进。攻占伦贝格和将奥匈帝国赶出战争的双重目标类似于一年前的布鲁西洛夫攻势。然而，俄军在 1917 年 7 月初的进攻很快遇到了德军的顽强抵抗，伤亡惨重。不断上升的伤亡率削弱了部队的战斗士气，到了 7 月的第二周，攻势戛然而止。[62]

7 月中旬，当德国和奥匈帝国军队发起反击时，俄军的攻势完全瓦解。同盟国军队几乎没有遇到俄军的抵抗，迅速穿过加利

西亚、乌克兰和波罗的海诸国。几天之内，俄国人撤退了大约
240 公里。9 月，俄国的第二大港口城市里加向德国军队投降。[63]
随着同盟国军队的推进，俄军开始崩溃。到 1917 年年底，逃兵人
数多达 37 万人。[64] 对临时政府来说，比逃兵更成问题的是驻扎
在内地各处的 100 多万士兵，他们越来越反对临时政府，转而支
持布尔什维克。[65]

　　如此大规模的军事失败使国内开始发动起来推翻临时政府。　41
7 月中旬，布尔什维克赤卫队、彼得格勒驻军士兵和喀琅施塔得
岛（Kronstadt）海军基地的水兵试图在首都发动暴动。布尔什维
克支持者和忠于临时政府的军队之间的战斗导致大约 400 人死
亡，政府军最后攻占了彼得格勒苏维埃的会场——塔夫利宫
（Tauride Palace）。虽然政变被粉碎，迫使列宁和他的亲密伙伴季
诺维也夫暂时流亡芬兰，但布尔什维克仅在几个月后就发动了第
二次成功的暴动。[66]

　　这一次的情况更为有利。克伦斯基在 7 月布尔什维克暴动失
败后成为总理，当他的夏季攻势以彻头彻尾的灾难结束时，他失
去了军队仅剩的支持。德军占领里加 6 天后，俄军总司令拉夫
尔·科尔尼洛夫将军（General Lavr Kornilov）试图发动一场反对
临时政府的政变，但他面对的是彼得格勒和莫斯科苏维埃的武装
反抗，以及铁路和电报工人的抵抗，政变迅速失败。科尔尼洛夫
和其他几名将军被捕。[67]

　　科尔尼洛夫事件的主要受益者是布尔什维克。克伦斯基为了
从科尔尼洛夫手中"拯救"革命，向布尔什维克寻求帮助，向彼
得格勒以前手无寸铁的工人分发了大约 4 万支步枪。他还将他们

的领导人从监狱中释放出来（尽管列宁出于对安全的考虑仍留在芬兰）。布尔什维克出人意料地发现他们恢复了实力，而克伦斯基则失去了保皇派、自由主义者、军队高层甚至大多数温和的左翼人士的支持。[68]

布尔什维克还受益于一位极富才华的组织者，从美国流亡归来的列夫·托洛茨基。他出生时的名字叫列夫·布隆施泰因，是扬努夫卡村（Yanovka）一个比较富裕的犹太农民的儿子。他和列宁一样，曾经流亡过几年，最早是在西伯利亚，然后去了国外。他曾是一名左翼孟什维克，在纽约度过几年，和另一名杰出的共产主义者、后来的共产国际执行委员会秘书长尼古拉·布哈林（Nikolai Bukharin）一起编辑一份移民报纸。随着后来逐渐转向布尔什维主义，他的才华和组织能力，以及对布尔什维主义敌人的冷酷无情和暴力镇压得到了列宁的欣赏。正是他提出了"不断革命"的理论，强化了列宁的关于革命可以在俄国这样一个相对落后的国家发生，然后再向外"输出"的理论。托洛茨基从流放地回到彼得格勒，立即就在建立布尔什维克准军事组织赤卫队的过程中发挥了关键作用。几个月后，托洛茨基和他的赤卫队在彼得格勒暴动中起了决定性的作用。[69]

列宁此时仍然在芬兰，撰写他的纲领性文章《国家与革命》（1917 年），批判国内社会民主党和孟什维克的妥协态度。他引用马克思关于建立无产阶级专政并最终实现无阶级社会的话，号召革命"先锋"要更为彻底地打碎国家机器。[70]

那年秋天，这一理论付诸实践的机会来了：俄历十月二十五日和二十六日（公历 11 月 7 日、8 日），布尔什维克在一场大胆的小规模暴动中推翻了临时政府。在这场暴动中，列宁的支持者控制了彼得格勒的驻军，并占领了首都一些最具战略意义的重要地点，包括发电厂、邮政总局、国家银行和中央电报局，以及重要的桥梁和火车站——这种革命模式很快将在东欧和中欧的许多地方变得耳熟能详。在"阿芙乐尔号"巡洋舰提供的炮火掩护下，布尔什维克领导的军队占领了冬宫，那里是完全孤立的临时政府所在地。克伦斯基伪装成水兵，设法逃到美国大使馆，然后离开了这个国家。[71]

　　与随之而来的激烈的内战相比，这几乎是一场和平的革命。对冬宫的进攻造成 6 人死亡——这是俄国首都十月革命中仅有的死亡事件。[72] 然而，列宁充分意识到布尔什维克对权力的掌握是脆弱的，他必须在整个古老帝国巩固政权，考虑到广袤的土地和众多的人口，这不是一件容易的事。[73]

　　十月革命的影响远远超出了俄国本身——它立即引起了欧洲以及更远地方的关注。在德国，历史上第一个社会主义国家成立给了激进左派极大的鼓励。被关在波森（Posen）附近的弗龙基（Wronke）监狱里的罗莎·卢森堡以极高的热情观察着俄国事态的进展，"俄国的辉煌进步对我来说就如一剂灵丹妙药，这是拯救我们所有人的消息"[74]。

　　相比之下，多数社会民主党对俄国布尔什维克的崛起相当担忧。列宁在没有大规模群众运动支持的情况下夺取了政权，并向更温和的孟什维克和社会革命党发动进攻，将社会主义阵营内部的分裂推向了一个新的高度。列宁仅凭少数坚定的革命者，就可以推翻临时政府，把更为强大的社会革命党排斥在外，这种能力

43

始终困扰着德国多数社会民主党人，特别是当卡尔·李卜克内西和斯巴达克联盟在 1919 年 1 月挑战他们的政府时。对于艾伯特和其他多数社会民主党政治家来说，李卜克内西似乎是在仿效列宁建立少数人专政的榜样。

列宁以暴力推进革命是许多社会民主党人憎恨布尔什维克的另一个原因。未来的普鲁士总理、著名的多数社会民主党政治家奥托·布劳恩（Otto Braun）对此确定无疑，他在党报《前进报》（*Vorwaerts*）上发表了对布尔什维主义的强烈谴责："必须明确声明，我们社会民主党人以最强烈的方式谴责布尔什维克的暴力手段。社会主义不是靠刺刀和机枪就能实现的。社会主义要持久，只能通过民主手段来实现……"布劳恩坚持认为，俄国正在经历的是一场独裁统治，"就像沙皇的卑鄙政权一样残酷无情"[75]。

回到俄国，列宁试图通过兑现他的一些重要承诺来争取民心：立即实现和平、民主政体、削弱军队中的等级制度、全体人民和民族的自决权、工人对工厂的控制以及将贵族、资产阶级、教会和政府拥有的所有土地交到"人民"手中。[76]

列宁的政权很快开始兑现这些承诺，尤其是在土地和财产制度改革方面。1917 年 11 月 8 日颁布的《土地法令》废除了土地私有制，被剥夺者的损失得不到补偿。[77]《土地法令》没有鼓动农民抢夺土地，而是认可并赞成既成事实。到 1918 年 2 月，俄国所有财产的大约 75% 被没收。[78] 受害者不仅仅是贵族地主和东正教会，"富裕"农民的财产也被重新分配。[79] 此外，在 1917 年11 月中旬至 1918 年 3 月初，列宁颁布了大约 30 项法令，将私营企业、银行和工业国有化。[80] 所有这些措施在德国都引起了极大的关注，有些令人高兴，有些令人恐惧。

列宁的第二项同样受欢迎的承诺是结束战争。他知道俄国的军事失败已经不可避免，他确实乐于见到这一点。早在 1904 年，日俄战争开始时，列宁就明确表示希望俄国失败，从而加速沙皇政权的崩溃。结果，预期的崩溃没有发生，但列宁继续坚持这种"革命失败主义"的观念。1917 年，他在失败中看到了一个非常重要的时机：俄国的军事失利不仅让布尔什维克获得了权力，而且现在拯救布尔什维克革命的唯一选择就是完全退出战争。通过让俄国退出战争，他可以集中精力对付许多内部敌人。与此同时，他预计中欧和西欧的厌战情绪和物质匮乏将很快导致其他交战国家爆发革命，为布尔什维主义的泛欧化（甚至是全球化）胜利铺平道路。1917 年 12 月 15 日，列宁的使节与同盟国签署了停战协定。

随着俄国事实上退出了战争，德国国内两种互相矛盾的预期都变得水涨船高，深刻地影响了大战最后几个月的局势：对极左翼来说，列宁的政变使人们对德国也可能发生激进革命的期望变得更大了，即使多数社会民主党党员并不赞同；对右翼民族主义者来说，俄罗斯退出战争提振了乐观情绪，因为德国可以在西线发动进攻，哪怕战争升级（特别是在海上）会让美国卷入战争。不管怎样，德国在 1917—1918 年的政治和军事决策都受到国际事件的严重影响，那就是美国参战和俄国革命。

2. 胜利的希望

就在俄国和同盟国列强之间的停战协定生效几天后，一场和平会议在要塞城市布列斯特-立托夫斯克开始举行，当时那里是德军在东线的司令部。在布尔什维克坚持下，这成为公开进行的和平谈判。布尔什维克旨在以此举进行宣传，揭露"德意志帝国主义"的行径。[1]

这次和平会议的成分的复杂性也是独一无二的，体现了旧帝国势力和新兴革命国家之间的冲突。同盟国的 14 位代表（德国 5 人，奥匈帝国 4 人，奥斯曼帝国 3 人，保加利亚 2 人）中，既有代表了旧制度的辉煌与荣耀的人，就像神经过敏的奥匈外长奥托卡尔·切尔宁伯爵（Ottokar Count Czernin），他不停地抱怨布尔什维克们的餐桌礼仪；也有极端的民族主义者，就像在幕后推动亚美尼亚大屠杀的塔拉特帕夏（Talaat Pasha）。在布列斯特-立托夫斯克的苏俄代表团起初由阿道夫·越飞（Adolf Joffe）率领，后来改为新任命的外交人民委员列夫·托洛茨基，他们显然是代表了完全不同的另一方：托洛茨基代表团的组成反映了是谁支持布尔什维克取得了政权，代表团共 28 人，包括穿着随便的工人、士兵、水手、妇女和一个农民。德国人及其盟友从未在正式的外交场合见过这样的阵势。[2]

以德国外交部国务秘书理查德·冯·屈尔曼（Richard von Kühlmann）为首的同盟国代表团试图在东线尽快实现停战，同时希望能在中东欧成立一个松散的帝国，它由从俄国西部领土上新独立出来的单一民族国家组成，从而将来能受德国控制。有趣的是，可以通过德国在布列斯特－立托夫斯克的立场看到关于其战争目标的巨大争议是如何演变的。1914 年 9 月，外交官库尔特·列兹勒（Kurt Riezler）记下了德国首相贝特曼·霍尔维格臭名昭著的"九月方案"，该计划反映了德国在确保战胜俄国和法国后的领土野心。尽管领导人的意见并不完全一致，而且方案的重要性也许被高估了，但它的确反映了领导层的野心，即把比利时变成一个永久的附庸国，大幅削弱法国，使其"永远无法重新成为一个大国"，并推翻俄国对其西部非俄语地区的占领。显然，这一想法与为获得议会中间派及左翼政党支持而公开宣扬的德国正在打一场"自卫战争"不一致。在之后德国政治和军事精英内部关于吞并的辩论中，更倾向在东方容易获得机会，西线正陷入僵局，看不到实现吞并的明确前景。不管怎么说，在东线，进攻东普鲁士的俄军被成功击退，随后沙俄军队从中东欧"大撤退"，这使得人们对于在中欧建立一个大德意志帝国的期望值大大提高。正如泛德联盟的著名成员弗里德里希·冯·施韦林（Friedrich von Schwerin）在 1915 年 3 月为首相办公室写的一份备忘录中所说的那样，这场战争意味着"德国有机会——也许是历史上最后一次——重新完成在东方建立帝国的使命"。[3] 德意志祖国党自 1917 年成立以来，党员迅速增加到 100 万人，它主张扩

46

大战争目标。它将"东方"视为未来德国殖民和帝国建设的主要
地区——这一愿望基于 1914 年前的梦想，即把分散在东欧的德意
志民族群体统一成一个更大的德意志"帝国"，特别是波罗的海
沿岸、乌克兰、罗马尼亚和俄占波兰的大部分地区。[4] 尽管德国
在东方建立欧洲大陆帝国的战时梦想有着更为古老的根源，但它
在 1914 年以后的战争中意外地实现了。[5]

在布列斯特-立托夫斯克，德国和奥匈帝国的代表都热切地
47 希望乌克兰获得独立，主要是为了确保同盟国的其他战线能够得
到谷物和矿石的持续供应。[6] 当东线德军总参谋长马克斯·霍夫
曼（Max Hoffmann）将军表示柏林支持波兰、立陶宛和库尔兰的
民族自决权时，托洛茨基正确地认为这是德国帝国主义的虚伪，
对此深感愤怒，并威胁要中断谈判。10 天之后，在俄国代表团和
彼得格勒政府讨论后，会谈恢复。[7]

在布尔什维克领导层中，对于下一步该怎么走存在不同的意
见。列宁意识到恢复敌对行动是不可能的，因此以务实的态度评
估了形势，并主张不惜任何代价达成和平协议，以稳定布尔什维
克在自己国家的地位，确保革命取得成功。与列宁的意见相反的
布尔什维克领导层中的一些人的意见与列宁相反，他们和托洛茨
基一样，认为欧洲其他地方爆发革命只是几周之内的事情。因此
在这种情况发生之前，应该拖延与同盟国的谈判。当托洛茨基回
到布列斯特-立托夫斯克时，他按照自己的想法行事。他反对同
盟国的吞并、呼吁德国人民追求和平的演讲被广泛报道，当然产
生了影响：1 月 14 日，奥地利社会民主党呼吁举行大规模示威，
罢工迅速蔓延到奥匈帝国和德国。[8] 仅在柏林，就有大约 40 万

工人放下了他们的工具——这是迄今为止规模最大的一次战时罢工。独立社会民主党主席哈泽尔在给他女儿艾尔丝（Else）的信中称这次罢工是"德国工人阶级历史上最伟大的事件。很长时间以来，我们都没有看到这么多自我牺牲和理想主义的表现了"[9]。

　　哈泽尔确实有理由乐观。1 月举行的罢工主要是由革命工会干事组织的——一直以来，革命工会代表是社会民主党在大型工厂中的可靠联络员，他们在那里完成动员工人罢工的任务。然而，到了 1918 年年初，大批革命工会代表成为独立社会主义者的支持者，并在多数社会民主党领导层不知情的情况下进行准备工作。在一月份的罢工活动中，参与组织的关键人物之一是 37 岁的理查德·穆勒（Richard Müller），他是柏林金工行业的资深工会会员。[10] 像许多其他左翼社会主义者一样，穆勒在 1914 年拒绝支持社会民主党批准战争债券，并从 1917 年起在独立社会民主党找到了新的政治家园。现在，1918 年 1 月，作为革命工会代表的领袖，穆勒和他的手下成功地动员了成千上万名工人举行示威活动，反对战争及《布列斯特–立托夫斯克和约》中的兼并主义条款。[11]

　　尽管与独立社会民主党存在重大分歧，但在 1 月 30 日，多数社会民主党也宣布支持罢工，不过他们这么做主要是为了防止事态升级从而导致革命爆发。罢工期间多数社会民主党的关键人物是该党的联合主席菲利普·谢德曼，他甚至比艾伯特更为重要，是与协约国实现"妥协和平"的著名提倡者之一。1865 年，谢德曼出生在黑森州北部富尔达河畔卡塞尔（Kassel）一个收入微薄的家庭。在童年时期，他的父亲弗里德里希是一名装潢师，一直

48

是这个家庭的经济支柱，1879 年父亲早逝，使这个家庭一贫如洗。同年，14 岁的菲利普开始了印刷工学徒生涯。1883 年，当俾斯麦旨在阻止社会民主思想传播的《反社会主义法》还在实施的时候，谢德曼结束了他的学徒生涯，加入了当时仍然非法的社会民主党。到 1895 年，谢德曼开始进入新闻行业，此前他一直从事印刷和校对的工作。谢德曼为吉森（Giessen）、纽伦堡、奥芬巴赫（Offenbach）和卡塞尔的各种社会主义报纸写了许多文章，获得了解决紧迫社会问题的声誉。他将越来越多的精力投入政治活动，最后决定全力以赴从政，在 1903 年的大选中，谢德曼作为索林根（Solingen）选区的社会民主党代表在国会中赢得一个席位，这个席位一直保留到德意志帝国终结。[12]

　　正如记者兼社会民主党政治家威廉·凯尔（Wilhelm Keil）指出的，谢德曼作为一名成功的政治家，应当部分归功于他的平易近人、乐观和修辞天赋。根据凯尔的说法，谢德曼是一位"才华横溢、举止热情的演说家"，他慷慨激昂的演讲总是带有"戏剧性的成分"。[13] 1911 年，谢德曼成为社会民主党执行委员会委员。经历了社会民主党在 1912 年取得压倒性胜利，以及该党资深领袖奥古斯特·倍倍尔于 1913 年去世，1913 年谢德曼和雨果·哈泽尔一道当选为社会民主党主席。

49　　从政治上讲，谢德曼是一个实用主义者。1914 年战争爆发时，他投票赞成战争债券。尽管如此，他还是交战国之间妥协和平的主要支持者之一，即一种没有兼并或赔偿的和平协议。这一立场使他成为右翼人士恶意批评的目标，他们指责他叛国。随着社会民主党内部不同派别针对该党是否应该继续支持战争的矛盾

加剧，谢德曼试图在该党温和派与正统派之间进行调解，但他的
"妥协和平"无法阻止 1917 年党的最终分裂。对谢德曼来说，这
尤其困难，因为他所在的索林根选区的社会民主党人支持独立社
会民主党，并要求他辞去议员职位（没有成功）。

在整个 1917 年，谢德曼一直是社会民主党、左翼自由进步党
和天主教中央党在议会密切合作的驱动者之一，这三个政党在国
会中占有了大多数席位，但在政府中没有代表。他的努力最终导
致了 1917 年 7 月国会的《和平决议》。尽管德皇及其政府，以及
最高陆军司令部的高级将领都无视这一决议，但这传递了一个强
有力的信息，即大多数议员都支持"妥协和平"的想法。

在多数社会民主党和独立社会民主党分道扬镳之后，谢德曼
和弗里德里希·艾伯特一起成为多数社会民主党主席。最初他对
1918 年 1 月罢工的规模感到震惊，担心极左翼推动的不受控制的
革命可能会招致军事镇压。谢德曼向革命工会表示支持罢工，和
东普鲁士多数社会民主党主席奥托·布劳恩一起成为组织罢工的
"执行委员会"委员，主要是为了缓和局势，用谢德曼自己的话
来说，是为了"将一项很难被接受但可以理解的事业引入平静的
渠道，并通过和政府的谈判来尽快结束……"。[14] 在接下来的几
天里，军火工厂、造船厂和矿山中的 100 多万德国工人加入了
罢工。

然而，在警察和军队的镇压下，起义失败了。2 月 4 日，罢
工领导人放弃了努力，许多罢工领导人被逮捕。在 1917 年年底俄
国战败后，大部分德国人对未来仍然保持乐观，在这样的情况下
罢工不太可能获得成功。数百人入狱，数千人被发配到前线的惩

50

戒营，其中包括罢工的主要组织者理查德·穆勒，还有利奥·约基希斯（Leo Jogiches）——在他的同伴罗莎·卢森堡被监禁期间成为小而精悍的斯巴达克联盟的主要领袖，以及威廉·李卜克内西（Wilhelm Liebknecht）。

尽管 1 月在德国发生的大规模罢工最终失败了，但进一步鼓励了列宁和托洛茨基关于布尔什维克革命将很快向西蔓延到工业更发达的中欧国家的看法。然而，屈尔曼（Kühlmann）和在布列斯特-立托夫斯克的其他同盟国代表却并不同意。他们失去了耐心，于 2 月 9 日与乌克兰签署了一项单独的条约。根据所谓的面包和平，乌克兰同意每年向德国和奥匈帝国供应 100 万吨面包，以换取它们承认乌克兰人民共和国（UNR）独立。[15]

托洛茨基一听到单独缔约的消息，就怒气冲冲地退出了会议，拒绝下一步谈判。同盟国的对策是恢复战争。2 月 18 日，100 万德国和奥匈帝国军队向东推进。他们乘火车飞驰向前，征服了大片土地，在占领多帕特（Dorpat，爱沙尼亚塔尔图）、瑞韦尔（Reval，爱沙尼亚首都塔林）和纳尔瓦（Narva）时几乎没有遇到任何抵抗。拉脱维亚、利沃尼亚、爱沙尼亚和白俄罗斯全部被席卷，乌克兰也是如此，其首都基辅在 3 月 1 日被占领。[16]

这次进攻迫使彼得格勒接受了没有商量余地的新条约。基辅沦陷后，布尔什维克立即签署了《布列斯特-立托夫斯克和约》。列宁威胁说，如果政府不愿意不惜一切代价接受条约，他就辞去党的领导人和人民委员会主席的职务。这一条约的签署是德国自 1914 年以来最接近实现称霸欧洲战争目标的时刻。在柏林看来，这是一场非凡的胜利。在德国国内针对战争目标的辩论中，很明显在东方的兼并扩张主义带来了惊人的成果，如果《布列斯特–立托夫斯克和约》能够实现，将标志着一个新的德意志大陆帝国的出现。

相较于此时柏林设想的吞并计划，那些将要被写进《凡尔赛和约》的内容看上去要宽松得多。德国人要求彼得格勒放弃对蕴藏着重要自然资源的大片前沙俄领土的主权。"独立"的地方（很多独立的地区都驻有强大的德军）有芬兰、俄占波兰、爱沙尼亚、利沃尼亚、库尔兰（Courland）、立陶宛、乌克兰和比萨拉比亚。此外，布尔什维克还将把阿尔达汉、卡尔斯和巴统这些在1877—1878 年俄土战争后占领的省份归还给奥斯曼帝国。苏俄几乎被剥夺了曾经的罗曼诺夫王朝西部所有非俄罗斯人居住的领土——共 160 万平方公里，足足是德意志帝国领土的两倍，以及战前人口的 1/3。俄国 73% 的铁矿石和高达 89% 的煤炭产量，连同其主要的工业设施，都丢掉了。[17]

德国民族主义者欢欣鼓舞。东线德军总司令利奥波德·冯·拜仁（Leopold von Bayern）在 1918 年 3 月初写道："在我们看来，布列斯特–立托夫斯克的和平将成为世界历史的转折点。"[18] 令利奥波德·冯·拜仁没想到的是，俄国退出战争也有意想不到的后果，那就是将加速中欧的革命。1918—1919 年冬天，俄国释放了数十万战俘，特别是奥匈帝国军队的战俘，在其国内产生了巨大的影响。[19] 在返回家园的士兵中，许多人将成为未来中欧和东南欧的左翼领袖，例如奥地利社会主义者奥托·鲍威尔（Otto Bauer）、匈牙利共产党人库恩·贝拉（Béla Kun）和克罗地亚军士长约瑟普·布罗兹（Josip Broz），后者以其未来的名字铁托而闻名于世。[20]

　　当然，有理由乐观地认为，军事形势已经发生了有利于德国的变化。在《布列斯特–立托夫斯克和约》签署之前，德国军队在地理上分为东西两部分。1918 年年初在战场上的 600 万德国士兵中，大约有 350 万部署在西线。《布列斯特–立托夫斯克和约》给德国留下了一个巨大的保护国，这个保护国被俄国军队所环伺，为了确保这个帝国的安全，鲁登道夫不得不在东方留下大量的军队：有大约 75 万德国军队驻扎在从波罗的海海岸延伸到格鲁吉亚的前哨地带。[21] 然而，他也调走了东线最好的部队，将几个师转移到了西线，留下了规模较小的驻防部队，主要是年龄较大的士兵以及来自阿尔萨斯–洛林的士兵，他们被认为不够可靠，不能在西线与法军作战，还有以前久伤不愈的士兵。正如东线德军总参谋长马克斯·霍夫曼将军所说："我们在东线的部队是由年龄最老的部队组成的，还有来自阿尔萨斯–洛林的大部分士兵。所有还算不错的人都被我们调走了。"[22]

　　俄国战败还不是 1917 年年底令同盟国军事领导层感到乐观53 的唯一原因。尽管美国在 1917 年 4 月向德国宣战，12 月向奥匈帝国宣战，但此时抵达欧洲的美军不超过 17.5 万人，其中许多人还没有作战经验。[23] 相反，有充分的理由相信，同盟国现在掌握着战略主动权——至少在西线的协约国防线得到美国士兵补充之前。此外，俄国退出战争使另一个协约国罗马尼亚被孤立，遭到强大的德国、奥匈帝国和保加利亚军队包围。1917 年 12 月 9 日，布加勒斯特接受了现实，签署了苛刻的《福克沙尼停战协定》。[24]

1917 年 11 月 11 日，也就是西线战争结束的前一年，德国军事战略家、军需总监埃里希·鲁登道夫将军乐观地展望了未来，认为可能会形成西线势均力敌的对决："俄国和意大利的局势让我们有可能在新的一年里在西线战场发起进攻。双方的力量将大致均衡。大约 35 个师和 1 000 门重炮可以用于进攻……整个形势要求我们尽早出击，最好是在 2 月底或 3 月初，抢在美国人投入强大兵力之前。"[25]

他的一位参谋军官阿尔布雷希特·冯·泰伊尔（Albrecht von Thaer）上校也同样乐观，他在 1917 年新年夜的日记中这样写道："我们的形势真的从来没有像现在这样好过，军事巨人俄国彻底完结，乞求和平；罗马尼亚亦是如此。塞尔维亚和黑山已经不复存在。意大利靠着英国和法国在苦苦支撑，我们已经占领了它最好的省份。英法还在准备战斗，但都已筋疲力尽（尤其是法国），英国人承受的来自 U 型艇的压力非常大。"[26]

甚至连温和派政治家也开始乐观起来。1918 年 1 月，刚刚当选科隆市长的 42 岁的康拉德·阿登纳（Konrad Adenauer）写道，1917 年结束时，"自战争开始以来，我们现下的处境是最有利的，有可能按照国会多数党派于 1917 年通过的《和平决议》实现美好体面的和平"。[27]

如果阿登纳和其他中间派（甚至是温和的左派）的政治家们希望的主要是"体面的和平"和迅速结束战争，那么军方高层的胃口还要大。对于他们来说，《布列斯特-立托夫斯克和约》意味着中东欧附庸国的效忠，以及丰富的谷物、棉花和石油供应。最重要的是，在美军大量到达之前，德军有了发动最后攻势以赢得西线战争的可能性。

可以肯定的是，德国最高统帅部非常清楚必须迅速取得胜利。[28] 厌战情绪和无纪律行为正在包括德国在内的所有参战国蔓延。1917 年年底和 1918 年年初，后方出现了越来越多的疲惫迹象和反对声音。1914 年以来国会所有政党的 "政党休战" 开始崩溃。1917 年 7 月，大多数议员——在多数社会民主党、左翼自由党和天主教中央党的支持下——通过了《和平决议》，他们在决议中要求实现没有赔偿和兼并的和平。

当德国国会通过《和平决议》时，不仅引起了最高陆军司令部对国会的 "失败主义" 的强烈愤慨，而且导致了一个极右翼新政党的出现——德国祖国党。[29] 即便是新任命的首相格奥尔格·米切里斯（Georg Michaelis）——他是在贝特曼·霍尔维格被解职后在最高陆军司令部的授意下上任的——也选择无视《和平决议》。这一情况向所有人表明，无论之前德国社会存在什么样的共识，战争的目的已经渐入歧途。虽然德国祖国党要求 "胜利的和平"，但国会多数派主张谈判和平，这反映了很多德国人的厌战情绪，以及对一个 "沉默的" 军事独裁越来越多的批判——这个政权既不能减轻平民的苦难，也不能使战争取得预期的胜利。[30]

到 1917 年，大部分德国平民正经历严重的饥饿，这加剧了政权的合法性危机。早在 1914 年年底，德意志帝国的人民就迅速感受到了战争带来的经济影响，尤其是英国皇家海军和其他协约国军舰实施的经济封锁，完全将德国海军和商船队禁锢在港口中。[31] 德国在经济上从未实现过自给自足——直到 2014 年，德国消费的食品中有 25%—30% 是进口的，急需的智利硝石等化肥也是如此。这些进口产品中有 70% 以上是通过海路抵达德国的，这使得德国特别容易受到海上封锁的影响。[32] 协约国的封锁最初　55
旨在防止"绝对违禁品"——武器、爆炸物和战争所需的其他物品——到达德国和其他同盟国，后来范围逐渐扩大。到 1917 年年初，协约国已经成功地"说服"了像瑞典和荷兰这样的中立国向自己而不是德国出口食品和原材料（在战争的头几年，这些中立国向德国大量出口这些物资）。像罗马尼亚这样的农产品净出口国加入战争也是对德国的进一步打击。[33] 但是协约国的封锁并不是越来越多德国人挨饿的唯一原因。国内的生产也在急剧下降。此外，当兵打仗使得在田地里工作的男工人数急剧下降，军队的征用使得农场马匹数量锐减。[34]

　　局势的发展产生了重大影响。1915 年 3 月，面包必须定量供应，面包店外长长的队伍成为德国城镇和乡村中的常见景象。与此同时，粮食价格大幅上涨，在战争的第一年内上涨了 50%，工人家庭首当其冲面临粮食短缺的危险。[35] 富人能够在黑市上买到稀缺的食物，农民可以直接获得他们所需的食材，士兵是国家在分配食物时最优先考虑的对象，因此城市贫民受到的影响最大。早在 1915 年 10 月，工人阶级妇女就在德意志帝国的各个城市举行了多次抗议食品短缺的活动。到 1916 年冬天，所有主要食物——土豆、玉米、鸡蛋和牛奶等——都实行定量供应，饥饿已经成为一种普遍现象，特别是（但绝不仅仅是）在较大的城市。[36] 粮食危机在 1916—1917 年的"萝卜之冬"达到顶峰，当年一个异常潮湿的秋天毁掉了马铃薯的收成。于是瑞典萝卜——

非常难吃且营养不高——被当成了替代品。在那个冬天，平均每人每天分配口粮的热量低于 1 150 卡路里，还不到今天推荐的成年男子每天 2 500 卡路里的一半。[37] 1917 年流传的一张明信片向挨饿的德国人提供了嘲讽性的建议："拿着肉类配给卡，把它涂在鸡蛋卡上，用黄油卡煎至漂亮的棕色。"[38] 第二年情况略有改善，但在 1918 年夏天局势再次恶化。[39]

56　　　到战争结束时，数十万德国平民死于粮食供应危机的直接和间接后果。虽然德国当局在战后声称封锁导致 76.3 万平民死亡的说法很可能被夸大了，但人们普遍认为，与战争有关的德国平民死亡人数约为 50 万。[40] 历史学家亚历山大·沃森（Alexander Watson）等人令人信服地指出，大多数人并非是饿死的，而是由营养不良的副作用导致了死亡：食物匮乏击垮了人们的身体，引起的肺结核、肺炎和流感（1918 年在德国导致 18 万人死亡）等疾病更加致命。[41]

　　粮食短缺对儿童等弱势群体产生了特别有害的影响。1916—1917 年慕尼黑的医生发现，与战前儿童的身高和体重相比，现在的儿童平均矮了 2 厘米—3 厘米，轻了 2 公斤—3.5 公斤。[42] 甚至在战争期间得到最优先供给的士兵也感受到了这种影响。1917 年在波森对新兵进行医疗检查时发现，15% 的年轻士兵在开始服兵役后一个月内体重减轻，其中一些人减重多达 7 公斤。[43] 向他们提供的食物显然不足以满足高强度的体力要求。

　　随着冲突的持续，军事审查人员越来越意识到，士兵和平民的不满情绪在加剧。士兵与亲属之间的信件证明了，军队士气的崩溃只是时间问题。1917 年夏天，战争即将进入第四个年头，位于卡尔斯鲁厄的陆军司令部报告：

> 只要一个人能够从来自军队的信件、谈话和其他一
> 些地方看到士兵们的士气，那么他就知道，预言下一次
> 政治选举的结果将会让某些政治家大跌眼镜绝不是夸大
> 其词。那些穿着灰色制服的人十分愤怒，如果他们最终
> 有机会表达对于在新政治取向下人们合理要求的感想，
> 那么所有公开和不公开反对这种取向的人都会经历他们
> 生命中的震惊时刻。[44]

　　然而在这方面，德国并不孤单。大多数交战国都出现了类似的不满迹象，有些甚至让统治阶级更加担忧。在法国，1916 年 7 月至 1918 年 5 月，冶金工业发生了一波又一波的罢工，1917 年春天，罢工蔓延到所有法国工人中，要求提高工资和结束战争；1917 年 5 月和 6 月，法国军队遭遇了兵变，一场"军纪危机"影响了西线大约一半的法国师。士兵们举行示威游行，拒绝上前线。[45] 1917 年的春夏，在意大利北部也发生了针对物价上涨、粮食短缺和战争持续的抗议和混乱，最终导致了 1917 年 8 月由面包短缺引发的都灵大骚乱。[46] 在英国，战争期间罢工的程度和频率都有所增加，但只有在爱尔兰都柏林，爱尔兰志愿者和"市民军"于 1916 年 4 月 24 日发起的复活节民族主义起义，才真正算得上是一场在战时英国爆发的革命运动。[47]

　　在德国，厌战情绪和对政治的不满在 1918 年 1 月的大规模罢工中达到顶峰，但骚乱被警察的镇压和即将迎来胜利的新许诺遏

制了。在这种情况下，东线的军事胜利是至关重要的，因为它至少有助于暂时缓解战争的疲劳，并为对英法的最后一击提供舆论支持。为此，最高陆军司令部从东线调动了 48 个师。[48] 被误导的乐观主义和对同盟国速胜的高度期望形成了战争最后一年中所有事件的决定性背景。虽然即将胜利的可能性提高了部队的士气，但如果不能取得决定性的胜利，希望越大，则失望和士气彻底崩溃的可能性也就越大。[49]

因此，鲁登道夫发起春季攻势的目的是在士气完全耗尽和大量美军抵达欧洲之前，迅速结束战争。计划将英国远征军逼向英吉利海峡，使其撤走，然后对法国人进行决定性的打击。这场代号为"米迦勒行动"的进攻，主要目标是突破索姆河–阿拉斯地区的英军防线，该地区德军与英军的人数比约为 2∶1。[50]

3 月 21 日凌晨，惊人的攻势在前所未有的猛烈炮击下拉开序
58 幕。在 5 个小时里，大约 6 000 门德军火炮向英军前线阵地发射了 100 多万发炮弹。德国步兵中尉恩斯特·荣格尔（Ernst Jünger）在日记中写道（这成为其于 1920 年出版的国际畅销书《钢铁风暴》中的主要内容），猛烈炮轰引起了"飓风般的"大火，它是"如此可怕，与之相比，我们曾经历的最重大的战役就像儿童嬉戏一般"。在几乎 5 个小时不间断的炮火之后，步兵向敌人的防线推进。"伟大的时刻到来了，一条蜿蜒的枪焰火光在战壕间滚过，我们持续前进。"[51]

32 个德国师迅速突破了南面的战线，仅仅第一天德国的三个集团军就俘虏了 2.1 万人，毙伤敌军 1.75 万人。[52] 协约国大为恐慌，至少暂时是这样。3 月 24 日，"索姆河屠夫"道格拉斯·

黑格（Douglas Haig）元帅向法军总司令菲利普·贝当（Henri-Philippe Pétain）表示，英国的战线已经无法继续坚守下去，他将不得不放弃亚眠的防御。次日，他果真下令英军撤退到 1916 年的旧阵地上。[53] 在混乱的撤退中，英军制定了从法国沿着海峡的港口撤退的计划，就像鲁登道夫所希望的那样。这是英国在整个"一战"中所遭受的最大挫折。为了克服内部的不团结，协约国不得不建立了一个由斐迪南·福煦（Ferdinand Foch）将军领导的联合最高司令部。[54]

德国初步的胜利似乎坚定了最高统帅部的希望，一切好像都在按计划进行。早在 3 月 23 日，德皇威廉二世就已经坚信"战役已经获胜""英国人已被完全击败了"。[55] 胜利即将到来的乐观情绪也笼罩着德国的大后方，这是德国后来如何理解其失败的一个关键因素。3 月 26 日，克虏伯公司董事长阿尔弗雷德·胡根贝格（Alfred Hugenberg）给兴登堡发来贺电，称"与俄国的停战……和这两天对英国的重大胜利像是两只巨大的响锤，震撼着所有德国人的心灵……那些胆怯地怀疑或是从没相信过德国将会获胜的人正在目睹这种可能成为现实，他们必将向胜利的意志低头"。[56] 甚至一些社会民主党人，如工会成员海因里希·奥夫德斯特拉斯（Heinrich Aufderstrasse）也表现出了真正的热情。在给朋友的一封信中，他指出"目前的胜利势头只有战争的头几个月可与之相比"。[57]

然而实际上，德军在"米迦勒行动"中的进军——虽然令人印象深刻——并未取得任何决定性的胜利。当行动于 4 月 5 日结束时，德国第 18 集团军已经深入敌境五十余公里，这一战果超

59

过了 1914 年以来的任何一场战役。协约国有 25.5 万人伤亡，其
中大部分是英国人，近 17.8 万名英国军人在战斗中死亡、受伤和
失踪。有 9 万名协约国士兵投降，缴获大炮 1 300 门。[58] 但它在
战略上的收获是微不足道的，英国受了伤，但没有崩溃。德国人
虽然占领了大片土地，但那都是饱经战火蹂躏而毫无价值的荒
地，而且德军不得不拉长本来已经很紧张的后勤供应线。[59] 更糟
糕的是，德军在进攻中损失了约 24 万人，特别是不可替代的精
英突击队伤亡极为惨重。[60] 相比之下，英军立刻补充了大部分损
失，新招募的士兵已经渡过海峡，其中 10 万人已在四月末抵达
法国港口。[61]

　　就在这个节骨眼上，在孤注一掷的春季攻势必须胜利的压力
之下，鲁登道夫开始犯下奇怪的错误。当他看到"米迦勒行动"
没有达到击溃英国人的目的后，他决定在前线的另一个地区碰碰
运气。他在 1917 年年末策划春季攻势时，起初曾把主攻方向选在
佛兰德斯，代号为"乔治行动"，后来被"米迦勒行动"所替代。
随着"米迦勒行动"的失败，"乔治"又被重新摆上了桌面。这
个计划有了一个新名字"乔吉特"（Georgette），反映了这是一次
规模较小的作战行动。两个德国集团军奉命向九个协约国师发起
进攻，其中八个是英国师，还有一个是葡萄牙师，这些协约国军
队位于德军阵线与具有战略意义的重要铁路枢纽阿兹布鲁克
（Hazebrouck）之间，控制着协约国的补给线。进攻在 4 月 9 日凌
晨开始，重炮的轰击似乎是相当成功的。德军突破了葡萄牙人的
防线，至夜幕降临时前进了约 10 公里。之后进攻持续了几天，
但在离阿兹布鲁克只有几公里的地方戛然而止。鲁登道夫的失

60

败，一方面是由于英军的顽强抵抗，另一方面也是由于德军已普遍疲惫不堪，许多人已参加过"米迦勒行动"。[62]

没有实现迅速和决定性的胜利开始让越来越多的国内民众感到担忧。人脉广泛的德国历史学家弗里德里希·梅尼克（Friedrich Meinecke）经常与高层政治家会面，他在 1918 年 5 月 1 日记录了自己对胜利日益增长的怀疑。梅尼克曾在春季攻势开始时表达过"复苏的乐观主义"，但他现在突然感到更加悲观，"我必须不断抗拒黑暗的念头，这场战争可能变成伯罗奔尼撒战争或是三十年战争的模样：欧洲文明……衰落的开始……现在被释放出来的力量让我害怕……平等的投票权是必要的，就如同在另一个方面，一定程度的军国主义也同样必要，但两者的结合可能不会成功。强硬镇压［针对民主化要求——罗伯特·格瓦特］或由此引起的革命可能会发生。然后，就像在俄国一样，所有的事情都会乱成一锅粥？"[63]

然而，鲁登道夫还不愿意接受春季攻势没有带来任何决定性胜利的后果，随着"乔吉特行动"未能击溃英国远征军，德国的进攻开始变得越来越支离破碎。在放弃了对英军的进一步行动之后，鲁登道夫把进攻矛头又指向另一个地区。5 月下旬，针对法国埃纳省（Aisne）的攻势开始，德军进行了大战中最猛烈的一次炮击，在四个半小时内倾泻了 200 万发炮弹。这是德国夺取胜利的最后一次绝望的尝试，也是他们在西线进攻的顶峰。德国人在攻占了马恩河上的蒂耶里堡（Château-Thierry）之后，形势就像 1914 年，法国的首都触手可及，部署在那里的远程火炮炸死了约 900 名巴黎人。[64]

德军在 1918 年春夏发动的攻势是得不偿失的。通信和后勤线被拉得更长，储备很难送到前线。在敌人匆忙放弃的战壕中，他们发现了协约国的供给——白面包、咸牛肉、饼干、酒，的确让一无所有的德军官兵们明白了敌人的经济优势。此外，除战争头两个月外，人员损失从未如此惨重——到 1918 年年底已经损失了

61   91.5 万名士兵。鲁登道夫孤注一掷的豪赌没有获得相应的成功。德国人失去的往往是最优秀、最有经验的战士，这是难以靠新兵来补充的，而协约国的力量却在增强，每个月都有 25 万名美国士兵抵达欧洲。[65]

在军事损失达到最大的同时，第一波"西班牙流感"也在夏天来到了德军前线。这是一种极具威胁的传染病，最终造成全世界超过 5 000 万人丧生。[66] 7 月上半月，仅在阿尔萨斯的第 6 集团军每天报告的新感染人数就达 1 万人。1918 年 5—7 月，总共有超过 100 万名德军士兵染病。相比之下，六七月间，英军的流感病例只有 5 万名。[67] 其他疾病，如肺炎、痢疾甚至疟疾，也进一步削弱了德国军队的力量。[68]

从盛夏开始，已被之前的进攻和各种疾病削弱的德国军队面临协约国持续的反击。法军的反攻始自 1918 年 7 月的第二次马恩河战役，英军于 8 月 8 日在亚眠外围发动攻势，说明胜利的天平已开始向协约国倾斜。反攻中德军有 16 个师被消灭，虽然避免了崩溃，但普遍士气低落、疲惫不堪，他们发现自己身处可怕的境地，对指挥的不满与日俱增。[69] 例如第 6 集团军邮件审查办公室报告说，越来越多的士兵公开反对"普鲁士军国主义"和"嗜血的皇帝"本人。[70]

　　补给缺乏、疲惫不堪，又被进攻的惨重损失和疾病削弱，德军无法有效地抵抗协约国的进攻。协约国成功地使用坦克来支援进攻，这让德国更加清楚地看到，对手在发展新的战略武器方面占了上风。在 1918 年春夏攻势中得到的土地很快又全部丢失了。8 月 8 日，第 2 集团军遭受了沉重打击（德国军队"黑色的一天"），一周以后，鲁登道夫告诉德皇，德国应该通过谈判寻求和平——这是他在整个战争期间从未有过的姿态。[71]

3. 停战

    1918 年 8 月 14 日，德意志帝国首相乔治·冯·赫特林（Georg von Hertling）与军队领导人一起召开了一次紧急会议（由德皇主持），讨论新的形势和必要的措施。兴登堡和鲁登道夫坚持认为，野战部队将成功地在法国领土上站稳脚跟。然而，他们警告赫特林，只有后方支持，军队才能成功。[1] 因此，早在 1918 年 8 月，就出现了这样一种观点，它在战争的最后几天成为最高陆军司令部的主流论调：军事崩溃不能归咎于最高军事领导人的失败，而应归咎于后方，失败主义在后方占了上风，而在战场上保持不败的军队遭到了背叛。

    现实并非如此，德军战线被一再逼退。从 8 月 21 日开始，英国人在阿拉斯（Arras）和佩罗讷（Péronne）重新获得了主动权，夺取了相当多的土地。越来越多的德军士兵厌倦了去打一场显然要输的战争，选择向协约国投降。9 月 5 日，兴登堡和鲁登道夫将司令部从阿韦讷（Avesnes）撤到比利时的斯帕，可见局势之严重了。他们慢慢意识到这场战争不可避免地要失败了，可能是因为他们看到了太多关于部队士气低落的报告。一封来自第 6 集团军战地邮件检查处的报告说"厌战和沮丧是普遍的"。[2] 此时此刻，鲁登道夫正处于精神崩溃的边缘，因为他目睹了自己辉煌的军事生涯的崩溃。自 1914 年以来，他在把俄军从东普鲁士驱逐出去的坦能堡之役（1914 年）和第一次马祖里湖会战（1915 年）中发挥了核心作用，因而在德国总参谋部青云直上，尽管当时出面接受荣誉的是他的上司、普法战争老兵保罗·冯·兴登堡。兴登堡在 1916 年就任总参谋长时，把天才的鲁登道夫擢升为军需总监。在接下来的两年中，兴登堡正式掌权，但实际经营战争的是鲁登道夫。如果说 1917 年俄国（以及罗马尼亚）的战败巩固了他的地位，那么西线攻势的失败——基本上还是鲁登道夫的主意——彻底把他拉下了神坛。[3]

　　1918 年夏末秋初，德国盟友在其他战线上的崩溃加剧了最高统帅部的危机感。在东线，协约国军队于 9 月 14 日发动进攻，击溃了保加利亚军队，迫使其在两周内寻求停战。这一崩溃令许多人大吃一惊。自 1915 年保加利亚参战以来，它的军队奋勇作战，在初期取得过重大胜利，如 1915 年在尼什（Nish）、奥维智（Ovche Pole）、科索沃、克里沃拉克（Krivolak），1916 年在莱林（Lerin）、切根（Chegan）、比托拉（Bitola）、斯特鲁米察（Strumitsa）、切尔纳河谷（Cherna）、图特拉坎（Tutrakan）、多布里奇（Dobrich）、科巴丁（Kobadin）和布加勒斯特。1918 年之前，保加利亚人从未输掉任何重大战役，在马其顿的一个小城镇多伊兰（Dorian），保加利亚军队曾坚守一条坚固的防线，击退了英国、法国和俄国军队的轮番攻击。[4]

　　不过，协约国最终还是在保加利亚的西南战线找到了一个突破口。1918 年夏，协约国军队在萨洛尼卡以北的马其顿战线上集

结了 31 个师超过 65 万人。9 月 14 日，法国和塞尔维亚军队开始
进攻，而保加利亚人补给匮乏，士兵和平民越来越无法忍受食物
的短缺，筋疲力尽。法国和塞尔维亚军队在多布洛（Dobro
Pole）、英国和希腊军队在多伊兰湖突破了保加利亚防线。尽管还
有一些小股部队在拼命抵抗，但大部分人都溃散了。9 月 25 日，
保加利亚政府决定向协约国乞求停战。[5]

　　仅仅四天之后，保加利亚在萨洛尼卡签署了停战协议，这个
最后加入同盟国的国家，成为第一个退出战争的德国盟友。在协
议中，保加利亚同意复员全部军队（只为守备和土耳其的边界以
64　及铁路线留下少量部队）；几处重要的战略要地由协约国军队把
守；军事装备向协约国移交；对于索非亚政府来说，最有争议的
是完全撤出在战争中占领的希腊和塞尔维亚领土，包括曾在 19
世纪末独立、后来保加利亚声称拥有其主权的马其顿。停战协议
还包括秘密条款，即协约国临时占领保加利亚，以确保其退出战
争。另一个严重的打击是，为了确保索非亚政府"表现良好"，
大批保加利亚士兵（8.6 万—11.2 万人）被作为战俘遥遥无期地
拘押起来。[6] 对仍在作战的同盟国来说，更糟糕的是协约国军队
现在来到了多瑙河，这使得奥匈帝国可能很快就将面临来自新的
方向的打击。

　　当时人们立刻意识到事态发展的重要性。"关于保加利亚的
灾难性的消息，"弗里德里希·梅尼克在当天的日记中写道，"是
终结的开始。"[7] 在柏林的艺术家凯绥·珂勒惠支也表达了类似
的观点："可怕的压抑气氛……极其矛盾的感受。准备死战到底
的爱国情绪会不会再次爆发？在我看来，如果已经输了，还不去

终结它以拯救还能拯救的东西，这就是疯狂。德国必须让年轻人活下去，否则它将一贫如洗。这就是为什么一旦认识到大势已去，就不该再多打一天的仗。"[8]

对当时大多数政治家来说，保加利亚在 1918 年 9 月下旬的失败无疑加剧了战争已经失败的感觉。这一失败不仅导致奥斯曼帝国与其他同盟国之间的陆路联系被切断，还打开了从西面进入君士坦丁堡和从东面进入哈布斯堡王朝占领下的塞尔维亚和匈牙利的道路。[9] 没有一个同盟国——包括德国——有能力在另一条战线上作战，布达佩斯方面不得不从阿尔卑斯山战线撤军，以保卫匈牙利免受协约国可能的进攻。

与此同时，在意大利战线上，奥匈帝国决定在 6 月中旬进行所谓的第二次皮亚韦河（Piave）战役，6 月 15 日，哈布斯堡王朝军队在一条 80 公里长的战线上展开了愚蠢和仓促的进攻。[10] 由于意军的顽强抵抗，进攻很快就被瓦解了。意大利统帅是阿曼多·迪亚兹（Armando Diaz）将军，在前一年的卡波雷托（Caporetto）惨败后被任命为意大利的最高指挥官。[11]

第二次皮亚韦河战役意味着哈布斯堡王朝军队覆灭的开始，14.2 万人死伤，2.5 万人被协约国俘虏。[12] 双元帝国再也无法弥补这样的损失，即便是长期担任总参谋长、后于 1918 年 7 月中旬被解职的康拉德·冯·赫岑多夫（Konrad von Hötzendorf）将军对此也毫无异议。[13] 9 月 14 日，奥匈帝国皇帝卡尔一世发出了求和呼吁。然而，英法首脑却认为他的行动只是在试图分裂协约国，美国则回应说已经表明了自己的和平条件，因此无须赘言。[14]

65

随着哈布斯堡王朝军队因皮亚韦河战役的失败而被削弱，罗马政府试图利用已经恢复的战略优势来为自己在战后的谈判桌上争取更有利的地位。10 月 24 日，意大利军队向格拉巴山（Monte Grappa）、皮亚韦河对岸的维托里奥威尼托（Vittorio Veneto）发起进攻。五天之内，哈布斯堡军队全面撤退，至少 30 万名士兵和 24 名将军被俘虏。10 月 30 日，意军占领了维托里奥威尼托。在这样的背景下，匈牙利政府决定在 11 月 1 日召回自己的军队，这加速了哈布斯堡王朝其余军队的崩溃。[15] 11 月 2 日，奥地利最高统帅部请求停战。阿曼多·迪亚兹向他的军队发出了充满喜悦的"捷报"："奥匈帝国军队已被击败……世界上最强大军队的残兵败将正在绝望和混乱中退回他们曾满怀自负而来的山谷。"[16]

当与奥匈帝国的停战协定于 11 月 4 日生效时，同盟国中的另一个关键角色奥斯曼帝国已经接受了失败。1918 年 10 月 30 日签署的《穆德洛斯停战协定》结束了奥斯曼人漫长而痛苦的战争。这场战争实际上始于 1911 年 9 月，当时意大利军队入侵并占领了奥斯曼帝国的黎波里塔尼亚省（今利比亚），标志着七年不间断

66　战争的开始，其中包括巴尔干战争（1912—1913 年）和第一次世界大战。继英国在巴勒斯坦突破防线（1918 年 9 月 20 日）和英国-阿拉伯联军进军大马士革（1918 年 10 月 1 日）之后，君士坦丁堡的投降只是时间问题，德国人很清楚这一点。[17]

到 11 月初，最后一个还在作战的同盟国就是德国。值得注意的是，尽管军事形势越来越严峻，但在盟友保加利亚崩溃后，西线的德国军队继续沿着 400 公里的战线坚守了近一个半月。尽管如此，几乎没有人怀疑战争的结果。对于从西线败退的士兵来

说，在战争的最后几周中主要是努力活下去。正如德国犹太人中尉奥托·迈耶（Otto Meyer）在给妻子格特鲁德（Gertrud）的一封信中所说的："现在我知道战争究竟是什么样的了……我们在地上爬着，跑着，跳进被铁丝网包围的弹坑或残破的战壕。在我们周围，到处都是各种口径火炮的射击声，硫黄和各种毒气的味道。即便天亮了，也不可能透过烟雾看到两米以外的地方。"[18]

图 3.1　在 1918 年德国春季攻势失败后，协约国发动了一次成功的反攻。在战争的最后几个月里——1918 年 8 月到 11 月——超过 38.6 万名德国士兵被协约国囚禁。

正当前线的士兵忍耐着出自某处的决策导致的致命后果时，保加利亚的失败给了鲁登道夫一个可以结束战争并且不必承担责任的好借口。在 9 月 29 日保加利亚停战当天，鲁登道夫和兴登堡向德皇威廉二世提交了对军事形势及其政治后果的估计："我已请求陛下把那些令我们陷于如此境地的政客纳入政府。"10 月 1 日，鲁登道夫对最高陆军司令部的高级军官们这样说。他坦承协约国即将获胜，德军的抵抗意志已被击垮，坚称"对军队已不能再寄予任何期望"[19]。然而，鲁登道夫同样坚信德国"不可避免并且迫在眉睫"的失败应该归咎于国会中的左派政党代表而非军队的领导层，"我已经建议陛下把这些政客纳入政府，要感谢他们让事情到了这步田地。现在我们来看看这些先生搬进国家的各部，让他们来实现迫在眉睫的和平，让他们来尝尝自己亲手做的肉汤"[20]。除最高陆军司令部可以推卸责任以外，这种实行"上层革命"的建议还有一个好处：协约国中最有可能宽大为怀的是威尔逊总统，他更倾向与一个柏林的民主政府来缔结和平协定，这一协定将基于 1918 年 1 月 8 日他向国会发表的"十四点"讲话。[21] 在那次演讲中，威尔逊强调了"自决"和公正的和平是未来国际秩序的关键原则，他在 2 月重申了这一点。2 月 11 日他在对国会的讲话中指出：

> 不应该有兼并，不应该有献金，不应该有惩罚性赔偿……国民的愿望必须得到尊重；人民现在只接受他们自己同意的支配和管理。"自决"是……一个势在必行的行动原则，从今以后，政治家们忽视它就要冒风险。[22]

1918 年 1—9 月，威尔逊关于"公正和平"的主张对于兴登堡和鲁登道夫的战争思维无足轻重。然而，一个温和的"威尔逊式的和平"，没有胜利者和战败者，是德国现在所能祈求的最好结果。德国公然无视比利时的中立，在法国、比利时和俄国领土上造成了严重破坏，无数英国商船沉没，数百万协约国士兵死亡，鲁登道夫和兴登堡知道伦敦和巴黎绝不可能提出慷慨的和平提议，特别是他们的军队仍在前进。他们明白，美国人只有看到德国国内出现一些改革的迹象，才会与之认真谈判。只有在这样的背景之下，才能理解最高陆军司令部为何突然对德国政治制度的议会化"改变主意"了。

根据最高陆军司令部的建议，威廉二世于 9 月 30 日公开宣布："人民信任的人应当更多地分享政府的权利和责任。"[23] 由此开启了一个有点可笑的"民主化"进程，其目的是化解德国国内汹涌的革命形势，避免出现类似于俄国推翻沙皇政权的局势。

这一迅速变革的直接后果之一是起用 51 岁的马克斯·冯·巴登亲王取代了首相冯·赫特林——赫特林是改革的强烈反对者，本质上是最高陆军司令部的傀儡。马克斯亲王是一位来自德国南部的自由主义知识分子，与他的前任有很大不同。他的政府也是如此，得到了政党广泛的支持。[24] 马克斯亲王可以依靠人民进步党、民族自由党、天主教中央党和社会民主党的支持——这些政党在议会中占压倒性多数。弗里德里希·艾伯特虽然不是冯·巴登政府的成员，但他强烈主张自己的政党参与进来，主要是为了防止发生一场俄式革命，"为了无产阶级的利益，任何经历过俄国革命的人都不希望类似的情况在这里发生。相反，我们必须投身其中，我们必须看看能否获得足够的影响力来坚持自己的诉求，可以说，这些诉求是在拯救我们的国家，因为这是我们义不容辞的责任"[25]。

图 3.2　1918 年 10 月 3 日，德皇任命自由派贵族马克斯·冯·巴登亲王为帝国首相。任命一名社会民主党、中央党和人民进步党支持的首相是"十月改革"的一部分，旨在让德国在美国总统伍德罗·威尔逊眼中显得更为民主。

　　是菲利普·谢德曼而非艾伯特加入了冯·巴登政府，成为一名没有职务的国务秘书。他是由支持国会《和平决议》的三个政党——多数社会民主党、进步党和中央党——主要人物组成的"跨党派委员会"的主席，一直是和平谈判的主要倡导者。尽管他最初对支持一个贵族领导的政府持保留态度，还担心在军事失败显而易见的时候让多数社会民主党参加政府有风险，但他最终接受了艾伯特的观点，希望实行有意义的改革，让布尔什维克革命在德国不会发生。在整个十月，谢德曼致力于一系列政策问题的解决，特别是进行影响深远的"十月改革"，包括德国的议会民主化，与美国政府交换关于停战条件的外交照会，以及特赦政治犯，包括颇具争议的德国革命领袖、马克思主义者卡尔·李卜克内西。

艾伯特、谢德曼和其他多数社会民主党政治家参与巴登新政府的目标是，在不要求其支持者走上街头的前提下具有足够的革命性：彻底废除与罗马尼亚和俄国的强迫和平，同时撤出比利时、黑山和塞尔维亚；在国内，社会民主党人要求实现自由、广泛和平等的选举，包括还在实行三级选举制的普鲁士。他们还希望代表国会多数的党派，即多数社会民主党、自由党和天主教中央党的党员能够被任命为内阁阁员。这些诉求加在一起，超过了社会民主党几十年以来追求德国政治完全议会化、民主化所取得的成就。正是1918年军事命运的逆转使得这些诉求得以实现，即使这种逆转令新政府不得不身处不幸境地——必须结束一场已经输掉的战争。[26]

10月3日，就在冯·巴登被任命的当天，在坚持"尽快"停战的鲁登道夫的催促下，巴登首相与威尔逊政府（但不包括其他协约国政府）接触，要求立即停战。[27] 德国政府在给美国总统的照会中提到，以威尔逊总统在1918年1月提出的"十四点"和于9月27日发表的"弗农山演讲"作为未来谈判的基础。[28]

在柏林，像弗里德里希·梅尼克这样的政界人士担心迫在眉睫的后果。10月3日，他在日记中写道："如果被击溃并惊慌失措的前线部队向后方奔来，如潮的人群向我们涌来，那将会是怎样的景象……大多数人还不知道事情有多么严重。"[29] 一些军官还对与威尔逊接洽的结果持怀疑态度。例如，1918年10月7日，马克斯·霍夫曼少将在他的日记中写道："我在等着听威尔逊如

何回应我们的请求——我认为他提出这样的条件就相当于说
'不'……这时代并不美好。"[30]

沟通并没有冯·巴登或霍夫曼想象得那么简单。起初，威尔
逊在 10 月 8 日的答复使人们有理由保持谨慎乐观，因为它要求进
一步澄清德国政府现在是否代表了人民的意愿，以及它是否愿意
接受"十四点"作为和平的基础。[31]

在德国方面，10 月 11 日，内阁开始审议对美国照会的回应。
内阁不确定德国对威尔逊"十四点"建议的承诺实际上意味着什
么，应毫无保留地接受其作为未来和平条约的基础，或者它仅仅
是谈判的起点？来自外交部的国务秘书威廉·索尔夫（Wilhelm
Solf）指出，毫无保留地接受"十四点"将立即使阿尔萨斯-洛林
和德国东部各州成为未来和平会议的议题。相比之下，他的内阁
同僚、来自天主教中央党的国务秘书马提亚斯·厄兹伯格（Mat-
thias Erzberger）则认为，帝国应该接受"十四点"作为未来和平
条约的基础。他认为它们不够明确，足以为谈判留出空间。如果
在那些更详细的谈判中，对"十四点"的解读对德意志帝国越来
越不利，那么德国政府只要让谈判失败就可以了。与最高陆军司
令部一样，内阁仍然认为"没有胜利者的和平"是可能的。[32]

即使是最高陆军司令部也同意从法国和比利时撤军，但撤军
的先决条件必须是签署停战协定。兴登堡和鲁登道夫希望军队随
后返回帝国，以便在和谈期间维持 1914 年时的军事状况。从东欧
占领土地上撤军更有争议，最高陆军司令部和外交部都希望德国
军队在和谈期间仍能留在那里。关于停止潜艇战的问题，由于海
军司令部没有回应，因此无法发表声明。但在外交上可以向美国

表明，美国海岸线的潜艇战将停止。关于威尔逊询问第一份德国照会是以谁的名义发出的问题，内阁做出了一个含糊其词的答复：之前和现在（得到议会多数支持）的政治领导人都支持实行停战。[33] 德国的照会中还有一段话，即华盛顿的协约国盟友也要承诺遵守"十四点"协议，并以此作为进一步谈判的基础。10月12日，内阁与最高陆军司令部之间的讨论结束，德国做出了答复。[34]

　　事实证明，10月14日威尔逊的回应是对德国通过谈判实现不分胜负的和平的愿望的沉重打击。他的语气比第一次照会要尖锐得多，清楚地表明停战的条件要由协约国而不是由德国人来决定。威尔逊的第二封照会还激烈地批评柏林继续进行"非法和不人道的战争"。在国内两院共和党人以及巴黎和伦敦盟友的压力下，威尔逊进一步指出，在他看来，德国仍然被一个"专断的权力"所控制——大概是指德皇和兴登堡、鲁登道夫及其周围的军事领导层，这是让他们退位和辞职的暗示。[35]

　　威尔逊一改之前的态度有许多原因。第一，在国会中期选举之前，国内政治是一个重要的因素。威尔逊的共和党反对者们没有忘记提醒他，1918年9月27日所做的关于德国政府"非法"的演讲——他现在却希望与这个政府和解。国内压力使得威尔逊必须要求德国进行不可逆转的政权更迭，以此作为停战谈判的先决条件。威尔逊立场强硬的第二个原因是德国似乎对潜艇战采取了自相矛盾的态度。10月11日，也就是德国政府向威尔逊发出第二份照会的前一天，德国U-123号潜艇在都柏林湾外击沉了一艘英国客轮"莱因斯特"号，造成大约500名乘客丧生。威尔逊政府感到震惊，并在第二份照会中强调了这一点："当德国政府向美国政府提出和平建议时，其潜艇正忙着在海上击沉客轮，不仅是客轮本身，连乘客和船员用于求生的船只也不放过。德国军队在被迫从佛兰德斯和法国撤军的过程中进行肆意的破坏，直接违反了文明战争的规则和惯例。"[36]

第三个也可以说是最重要的原因，是华盛顿的欧洲盟友开始干预此事。法国特勤局截获了德国给威尔逊的第一封照会，并立即与协约国首相们分享了这一信息。伦敦和巴黎疑心为什么德国人只与威尔逊接触（福煦元帅领导下的协约国最高司令部也有同样的担忧），并立即着手制定停战条件目录。其中包括德国立即从法国和比利时撤军，德国军队撤离莱茵河，协约国军队占领德军撤离的非德意志地区，扣押德国海军，以及交出 60 艘潜艇。[37]

当威尔逊 10 月 9 日对德国政府的第一次回应在巴黎流传开来时，聚集在巴黎的官员们对他的温和语调感到震惊。他们明确要求停战的条件只能由最高战争委员会来决定。为了确保协约国之间的统一，威尔逊按要求派他的顾问爱德华·豪斯前往巴黎，与英国首相劳合·乔治、法国总统克列孟梭和意大利总理奥兰多联系。[38] 因此，威尔逊在 10 月 14 日向德国政府提交第二份照会时，不仅要安抚国内的批评者，还要试图向欧洲的盟友们保证，他不会做伤害他们利益的事。

威尔逊第二封照会的语气打击了帝国政府和最高陆军司令部的信心。仅与威尔逊沟通，绕过更具敌意的伦敦和巴黎政府的策略似乎并不奏效。对鲁登道夫、兴登堡和冯·巴登来说，威尔逊第二封照会唯一令人安慰的地方是德皇威廉二世的退位至今还没有成为停战条件之一。[39] 德国公众也认为威尔逊的第二封照会是德国遭受的一次严重挫折。例如，凯绥·珂勒惠支在 1918 年 10 月 15 日的日记中写道："威尔逊回应了。非常令人失望。将防御战争进行到底的情绪正在增长，我要写文章反对它。"[40]

德国对威尔逊第二封照会的回应算得上是一场止损演习。该照会签署的日期是 10 月 20 日，但是在次日上午发出，它强调了德国国内已经实施的影响深远的政治改革：结束战争的决策权已经移交给国会。照会进一步指出，德国将停止击沉客轮。然而，照会同时指出，在西线没有出现国家允许的违反国际法的行为。"德国军队接到严格的命令，要保护私有财产，并尽其所能为人民提供所需。不过，如果发生过激行为，有罪的一方将受到惩罚。"此外，该照会强调，德国不准备接受"与德国人民的荣誉和实现公正和平的理想不相容"的和平。[41]

美国政府反应很快。10 月 23 日，威尔逊的第三封也是最后一封照会抵达柏林。德国人对第二封照会的反应令威尔逊相当满意，10 月 21 日，共和党人提出的一项阻止威尔逊在德国人投降前与他们谈判的动议在参议院被否决，威尔逊的地位得到了进一步加强。[42] 在之前的换文中，德国政府接受了"十四点"作为停战的基础。在威尔逊看来，现在是要求协约国做出同样承诺的时候了，以使"他们［不会］贪图得到法律规定之外的东西"[43]。威尔逊相信，如果停战不能尽快实现，伦敦和巴黎就会主导和平条款，并无视自己对"公正和平"条约的主张。[44]

威尔逊也越来越担心德国政治的不稳定，他认为这可能会导致布尔什维克式的革命。10 月中旬，美国政府第一次从驻瑞士大使馆得知了独立社会民主党左翼团体"斯巴达克团"的相关消息。在华盛顿，人们担心德国可能成为"第二个俄国"。这种可能性也软化了威尔逊对威廉二世退位的态度。在此之前，美国给德国的照会暗示了——含蓄地而非明确地——退位可能是停战谈判的有利先决条件。现在威尔逊把德皇看作可以防止布尔什维克主义进一步蔓延的助手。正如他的内政部部长富兰克林·奈特·莱恩（Franklin Knight Lane）所指出的，他在 10 月 23 日表示："他害怕欧洲的布尔什维克主义，需要德皇来压制它——维持一定的秩序。"[45] 威尔逊并不是想把德皇置于民主政治之下，而是想把德国军队置于民主政治之下，他认为德国军队应该服从人民的意志。[46] 威尔逊坚持认为："美国只能与德国人民的真正代表打交道……如果一定要面对德国的军阀和君主专制……那就必须要求它投降，而不是和平谈判。"[47]

德国最高陆军司令部断然拒绝了威尔逊 10 月 23 日的照会，并命令其部队准备好"战斗到底"，以避免可耻的和平。在它看来，威尔逊要求的是投降，而不是通过谈判实现"体面"的和平。[48] 一些高级官员表示同意。正如 10 月马克斯·霍夫曼少将私下所说："全面失败的可怕之处在于，它根本没有理由发生。我们的部队保持良好的状态，只要下命令，我们就可以控制西线。如果有必要，我也可以在没有军队的情况下控制东线。相反，每个人都失去了勇气。"[49]

随着德国外交的选择越来越少，最高陆军司令部和巴登政府的分歧变得越来越无法调和。10 月 26 日上午，鲁登道夫和兴登堡不顾巴登要他们留在斯帕的指示，来到柏林，要求政府立即断绝与美国人的任何往来。巴登受到了挑战，他让威廉二世做出选择：要么让他来更换最高陆军司令部的首脑，要么接受他辞去首相一职。[50] 收到这份最后通牒后，威廉二世准备支持他的新首相去反对最高陆军司令部。[51] 10 月 26 日上午，皇帝召见鲁登道夫和兴登堡，鲁登道夫被解职。[52]

正如霍夫曼少将次日所说："昨天晚上我们接到电话，鲁登道夫已经辞职，即将卸任……鲁登道夫无疑对目前的崩溃负有责任——他本不应该发动进攻——但找人来取代他是很难的，几乎不可能……我不知道兴登堡是否会留下，但希望如此，因为如果他走了，会对民心、士气产生不良影响。"[53]

正是担心兴登堡的卸任会导致士气进一步低落，德皇命令元帅留任。同一天，10 月 26 日，在乌克兰的基辅，集团军群参谋长威廉·格勒纳（Wilhelm Groener）将军收到兴登堡发来的电报，命令他向位于斯帕的野战部队司令部报到，在那里他接受任命，成为德国陆军军需总监。作为鲁登道夫的接替者，格勒纳现在负责从一场失败的战争中挽救一切尚能挽救的东西。

10 月 27 日，在鲁登道夫被解职一天后，德国政府接受了威尔逊的条件，同时还强调德国正在经历一个深刻的改革进程，"和平谈判是由一个有广泛基础的政府主导的，宪法赋予该政府做出政治决定的权力，军事力量也听命于它"[54]。

1918 年 10 月 28 日，随着对 1871 年《德意志帝国宪法》做出相应修改，德国确实完成了向具有一个议会多数政府的君主立宪制的转变。[55] 巴伐利亚州多数社会民主党领袖艾哈德·奥尔（Erhard Auer）等人欣喜若狂，"我们正在经历有史以来最伟大的革命！如今只是形式有所不同了，因为通过合法的方式实现我们几个世纪以来一直为之奋斗的目标是可能的"[56]。

　　然而德国的宪政改革来得太晚，已经无法阻止一场革命。与一年前的俄国一样，军事上的挫折和普遍的厌战情绪令民怨沸腾，并非如随后几年民族主义者所说的那样——革命导致了战争失败。就和俄国一样，德国的革命是由物资匮乏、产业工人的罢工和士兵的不满引发的。战争的压力破坏了帝国政权以及在战争最后两年中退化为"沉默的"军事独裁的合法性——这个政权既不能减轻平民的苦难，也不能兑现战争胜利的承诺。[57] 随着1918 年秋季军事上的失利，对帝国的一切支持都烟消云散了。军纪的废弛、独裁统治体系的崩溃、来自协约国日益增长的军事和政治压力、国内极端的厌战情绪以及俄国的榜样——这些因素结合在一起，形成了一场横扫一切的政权合法性危机。

4. 水兵们的暴动

德国革命始于莱因哈德·舍尔上将领导下的帝国海军最高司令部做出的根本性误判，导致了留驻本土港口和海军基地的水手和士兵的起义。革命的导火索是 1918 年 10 月 28 日海军最高司令部的一纸命令——派遣公海舰队与皇家海军进行最后的决战。"尽管不指望给整个局势带来决定性的逆转，"一份 10 月 16 日的海军命令文件指出，"但在最后一战中竭尽全力，事关海军的荣誉和证明自己的存在。"[1]

恢复"荣誉"对海军最高司令部来说似乎特别重要，因为 20 世纪初德国舰队的大规模扩张极大地加剧了德国和英国之间的紧张关系，但舰队在战争期间却毫无用处。德国陆军自 1914 年 8 月以来一直在各条战线苦战，与之形成鲜明对比的是，自 1898 年以来，花费巨大代价发展起来的德国公海舰队基本上无所作为。它无法打破皇家海军以饿死德国为目标的海上封锁。自从 1916 年 5 月下旬不分胜负且在战略上无足轻重的日德兰海战以来，海军的活动一直仅限于潜艇战。[2] 德国公众当然能看到这一点，一首嘲讽的小诗写道："亲爱的祖国，不要害怕，舰队正在港口酣睡。"[3]

沮丧和无聊，军官和普通水兵的食物供应极度不平等，以及
78 船上极其严格的纪律制度，大大加剧了整个舰队的不满。早在
1917 年 8 月初，就已经发生了几起反抗和拒绝服从命令的案件，
海军司令部以严厉的惩罚作为回应。1917 年 9 月 5 日，两名"首
恶"阿尔宾·科比斯（Albin Köbis）和马克斯·莱希皮奇（Max
Reichpietsch）被处决，76 名司炉工和水兵被判处长期监禁。[4] 基
尔独立社会民主党的两位主席马克斯·居特（Max Güth）和亚
瑟·桑森（Arthur Sens）因密谋让舰队罢工以促成和平谈判，也
于当月被判处长期监禁。[5]

1917 年 9 月实施这些严厉措施实施之后，尽管海军军纪暂时
得到恢复，但紧张依旧，甚至在这一年的剩余时间里还有所加
剧。随着德国扩大无限制潜艇战的规模，最优秀、最有经验的海
军军官被安排到 U 型艇上，而越来越多的军官新人被分配到大型
水面舰艇，其中有些甚至毫无带兵的经验。[6]

但在海军内部真正的危险是对战争最后阶段自身能力的错误
认识。虽然最高陆军司令部在 1918 年春季和夏季攻势失败后逐渐
意识到军事胜利已无法实现，并开始同意停战谈判，但在莱因哈
德·舍尔海军上将领导下的海军最高司令部（SKL）并不赞同这
一看法。[7]

海军最高司令部不准备让舰队向英国投降，舍尔和其他高级
海军军官非常确定这是英国提出的停战的关键条件之一。1918 年
10 月 4 日，最高陆军司令部斯帕战地指挥所海军联络官冯·约克
（York）少校向舍尔汇报了鲁登道夫的意见，即"英国可能要求
德国舰队投降，这一要求很可能必须服从，总的来说，海军将为

此付出很大代价"[8]。公海舰队参谋长阿道夫·冯·特罗塔（Ad-
olf von Trotha）少将首先提出了对皇家海军进行最后一次总攻击
的想法，他向马格努斯·冯·列维佐夫（Magnus von Levetzow）
海军上将解释，必须做此抉择，否则"我们的舰队将面临可耻的
结局"。"舰队把最后一战视为至上的目标，以免还没有展示具　79
有决定性影响力的国家力量，战争就结束了。"一场"光荣的
舰队决战，即便战死，只要我们的人民作为一个民族没有失败，
一支新的舰队就会诞生，而被可耻的和平束缚的舰队是没有未
来的"[9]。

　　特罗塔在给列维佐夫的附信中更加强调了德国舰队"光荣沉
没"的概念，"不消说，一想到舰队还没有参战就被消灭，我们
就感到无比的羞愧。光荣沉没的使命是值得的，因为我们肯定会
给英国人以沉重的打击"[10]。现在战争接近尾声，失败似乎不可
避免，海军上将们觉得需要采取戏剧性的行动——向他们的英国
对手发动全面的海上攻击，即使这意味着公海舰队的彻底毁灭。
这些计划也显示了海军领导人对德国"民主化"的蔑视——这些
计划对名义上监督海军的巴登政府和政治人士是保密的。[11]

　　10 月 24 日，特罗塔的计划制定完毕，并在三天后得到舍尔
的批准，其内容是乘夜间将整个公海舰队部署到位于英吉利海峡
英格兰东海岸和荷兰海岸之间的北海胡夫登区域（Hoofden）。[12]
从那里，小型舰只将瘫痪荷兰海岸的海上交通，并向泰晤士河口
方向发起攻击。预计英国主力舰队将做出反应，试图切断德国公
海舰队向胡夫登以北撤退的路线。在这一过程中，许多英国舰只
将被 U 型潜艇和水雷击沉，德国舰队由此获得特罗塔设想的在荷

兰泰尔斯海灵岛（Terschelling）附近进行的海上决战时的战略优势。[13]

　　本来准备切断与陆地的所有联系后，舰队再把作战计划告知水兵，但是这个计划没能实现。尽管尽了一切努力保密，但战斗任务即将下达的传言很快在水兵中传播开来。水兵们也知道德国和美国正在进行和平谈判，他们中的许多人反对在一场毫无意义的战斗中牺牲。当时有一种说法，"边疆总督"号（Markgraf）战舰上的军官们写的告别信强化了水兵们的感觉——舰队即将执行的是自杀式的任务。[14]

　　行动前夕旗舰上的指挥官们即将接收命令时，"赫尔戈兰"号（Helgoland）和"图林根"号（Thuringen）战列舰上出现了严重的不服从命令情况，这两条军舰曾在日德兰海战中击沉了英国皇家海军"黑太子"号战舰。现在，水兵们干脆拒绝起锚，导致他们与军官之间的对抗公开化。[15]

　　公海舰队的高级军官们显然对此非常惊讶，决定采取严厉的应对措施，下令逮捕所有违令者。[16] 当这两艘无畏舰上的军官没办法以这种方式重建秩序时，海军最高司令部将鱼雷快艇 B97、B112 调到面朝"赫尔戈兰"号、"图林根"号的阵位上，这两艘无畏舰各有 1 000 多名船员和 12 门主炮。当小艇准备发射致命的鱼雷时，大得多的"赫尔戈兰"号放低炮口瞄准了鱼雷艇。事态险些升级，但双方都回避开第一枪。当天晚上，600 多名叛变士兵被逮捕并转移至陆上，人数超过全体船员的 1/4。[17] 在这些戏剧性的事件之后，第三舰队的指挥官雨果·克拉夫特（Hugo Kraft）中将和他的上司弗兰茨·瑞特·冯·希佩尔（Franz Ritter von Hipper）海军上将决定将他的 5 艘最大的军舰和 5 000 多名船员从威廉港转移到基尔的军港，想给船员们放登岸假以安抚他们，防止叛乱进一步蔓延。[18]

这一决定将产生深远的影响。当五艘巨舰——"国王"号（Koenig）、"巴伐利亚"号（Bayern）、"大选帝侯"号（Grosser Kurfürst）、"王储"号（Kronprinz）和"边疆总督"号——通过威廉皇帝运河驶向基尔时，新的违令事件又发生了。舰队指挥官雨果·克拉夫特中将逮捕了 47 名海员，他们被指控为威廉港叛乱的头目。11 月 1 日凌晨，军舰一抵达基尔，他们就被带到拘留营。[19]

在过去的 20 年里，基尔比德国任何其他城市都更多地受到帝国海军的影响和塑造。许多无畏舰停泊在这里，此外还有小型舰艇和其他海军单位。这也是一个由士兵和产业工人组成的城市——大约有 5 万名士兵驻扎在军营里，军工厂和造船厂的产业工人加在一起占这个城市劳动力的 2/3。在这样的背景下，社会民主党认为基尔是他们的根据地之一就不足为奇了。1910 年，社会民主党在市议会选举中赢得了一半以上的选票，在战争中通过工会对工人们施加了相当大的影响。

因此，海军领导人将第 3 舰队抗命的水兵从威廉港带到这个工人阶级聚居的城市，让他们去水兵酒吧"发泄"情绪，这一策略绝非没有风险。第 3 舰队司令克拉夫特和新上任的基尔港司令威廉·苏雄（Wilhelm Souchon）准备采取一种分而治之的方法，即让兵变的罪魁祸首接受审判，而大多数水兵将得到慷慨的登岸假。两人认为水兵们长期不在基尔的主基地是导致其不满的主要

81

82　原因，而无视其他高级军官的警告，后者担忧"第 3 舰队的船员
　　［代表］中存在不稳定因素，舰队的到来意味着风险增大，因为
　　大量部队和军工产业工人集中在基尔"[20]。

　　　　那些谨慎的人很快被证明是正确的。11 月 1 日晚上，"边疆
　　总督"号、"国王"号和"巴伐利亚"号上的大约 250 名水兵利
　　用他们刚刚获批的登岸假，在基尔工会总部组织了一次与多数社
　　会民主党和独立社会民主党代表的会议。他们讨论的内容包括如
　　何防止海军领导人再次下令与皇家海军交战，以及要求立即释放
　　被监禁的战友，那些战友很可能受到煽动兵变的指控。[21]

　　　　他们计划第二天再举行一次会议，讨论进一步的步骤。11 月
　　2 日，出席会议的人数增加了一倍，活动不得不转移到市内的一
　　个大型阅兵场。[22] 卡尔·阿特尔特（Karl Artelt）是发言者之一，
　　他很快成为领导基尔起义的主要人物。27 岁的阿特尔特是一名体
　　格健壮的水兵，1917 年他因参加罢工而入狱，后来不得不在佛兰
　　德斯的一个劳改营服役。1918 年 1 月初，他回到基尔，在"日耳
　　曼尼亚"造船厂工作，同时成为独立社会民主党的一员，参与了
　　更多极左翼的政治活动。[23] 在 1918 年 11 月 2 日对水兵们的讲话
　　中，阿特尔特迅速超越了最初的要求——释放囚犯，开始制定政
　　治目标，包括废除"军国主义"和剥夺统治阶级的权力。根据警
　　方的一份报告，他不排除使用暴力来实现这些目标。[24] 阿特尔特
　　还呼吁 11 月 3 日在阅兵场举行大型公众集会和示威游行，以声援
　　他们的要求。在基尔独立社会民主党的帮助下，当天晚上阿特尔
　　特就带人印制了传单，呼吁其他士兵和工人团结一致，"同志们，
　　不要向你们的兄弟开枪！工人们，团结起来示威，不要鄙弃

士兵".[25]

对"自杀任务"的反抗现在转向公开的政治诉求，革命者开始不惜一切代价要求和平以及皇帝立即退位——听起来这与1917年年初俄国第一次革命前夕彼得格勒抗议者的要求非常相似，令人不安。[26]

当地民政和军事长官不知道该如何应对。一支小规模的部队被派出平息罢工和动乱，但主要是为了防止抢劫，没有对付起义的经验。11月2日晚，基尔海军基地的指挥官们举行会议，讨论结束叛乱的可选方案，但未能达成一致。[27] 直到第二天才达成一致：为了防止水兵的叛乱向城市蔓延，决定在下一次士兵示威集会前一个小时拉响全城警报，要求所有水手和士兵返回各自部队。待他们回到住处后，各部军官应当加以安抚，让他们相信兵变是徒劳的。[28] 此外，11月3日上午，克拉夫特又下令逮捕"边疆总督"号上的57名水兵和司炉工。[29]

11月3日会议结束后，基尔港司令苏雄第一次向柏林报告基尔发生了"极其危险的事件"，将采取所有"可能的安全措施"来维持水兵的纪律。然而，苏雄似乎对这些"措施"能够奏效没有信心。他要求帝国政府派遣"杰出的社会民主党代表"来到这座城市，劝说水兵们"放弃革命和叛乱"。[30]

柏林的政府部长们随即陷入恐慌。与协约国的停战谈判正在进行，一场水兵哗变只会削弱柏林的力量。即使像菲利普·谢德曼这样在10月加入了马克斯·冯·巴登内阁的资深社会民主党人，也担心基尔的失控可能引发一场无法掌握的革命，以及旧秩序反民主力量的暴力反击。[31] 应苏雄的要求，政府立即派遣国会

83

的多数社会民主党军事专家古斯塔夫·诺斯克和自由进步党国务
秘书康拉德·豪斯曼（Conrad Haussmann）前往基尔。两人都希
望向哗变者保证，政府正在努力实现和平并采取进一步的政治改
革措施，如此可以使事件平息。[32]

84　　　然而，在诺斯克和豪斯曼离开柏林之前，基尔的事态就开始
失控了。11 月 2 日下午，当全城警报响起，要求所有水兵回到船
上，几乎没有几个人响应号召。到晚上 7 点 30 分，只有一半上岸
的水兵回到了他们的舰艇。警报没有达到目的，反而提醒平民基
尔发生了不寻常的事情。在接下来的一个小时里，越来越多的旁
观者加入了水兵的行列，这些水兵无视警报，前往附近的阅兵场
参加集会。[33]

　　下午 5 点 30 分，在"维霍费尔·格霍尔茨"广场（Vieh-
hofer Gehoelz）的集会开幕，有五六千人参加，主要是水兵。几
位发言者在结束讲话时要求结束战争，争取和平、自由和面
包。[34] 大家对基尔工会主席古斯塔夫·加伯（Gustav Garbe）的
安抚置若罔闻。相反，一些人呼吁袭击费尔德大街（Feldstrasse）
的拘留营，那里关押着大量被捕的水兵，并向附近的军官食堂游
行。不久之后，一大群示威者出发前往基尔的拘留营。[35]

　　一路上，示威者经过被临时用作监狱的"瓦尔德维斯"酒吧
（Waldwiese），要求立即释放那些因没有听从全市警报而被关押在
里面的水兵。一开始，军官拒绝了他们的要求，但示威者手持路
上缴获的武器，砸破酒吧的窗户并强行进入，军官不得不屈服。
为了避免流血，他释放了犯人，随后这些人加入了向市中心前进
的游行队伍。游行队伍得到武器并不断壮大，继续向火车站前

进。在那里，示威者与巡逻队发生了厮打，又缴获了一批枪械。厮打中出现了"十一月革命"期间的首位罹难者，尽管是一次意外——一名女性路人意外地被推到一辆行驶的有轨电车下。[36] 虽然发生了悲惨的事情，游行队伍仍继续穿过市中心，沿途酒吧和咖啡馆里的人们向示威者高呼表示支持，群情激昂。他们遇到了三四十名年轻士兵，主要是士官生，由后备役军官奥斯卡·施泰因豪斯（Oskar Steinhäuser）上尉指挥。施泰因豪斯和他的手下在市中心的卡尔大街（Karlstrasse）设立了一个路障，以阻止这群不守军纪的水兵到达目的地释放被拘留的战友。

图 4.1　公众对公海舰队暴动水兵的广泛支持，对革命的成功起着决定性的作用。在基尔暴动发生后的几天内，德国许多城镇和城市都举行了大规模的示威活动，比如 1918 年 11 月 6 日在威廉港（Wilhelmshaven）举行的示威活动。

当天早些时候，基地的指挥官们被告知该市正在发生的事件。为了应对越来越严重的动乱，苏雄命令士官生和新兵组成最后一支忠诚于他的部队，采取一切必要手段阻止示威者的游行，在必要时无情地使用武器。[37] 当大批抗议者靠近时，前面的人被后面的人向前推，施泰因豪斯和他的士兵们紧张地抓着枪。施泰因豪斯对示威的水兵们大喊，警告他们，如果人群对他的士兵使用暴力，他就要下令开枪。[38]

现在无法肯定是什么事件令暴力升级，据推测是队伍后面的游行者把前面的人推向施泰因豪斯的路障，迫使他命令手下开火。[39] 当示威者遭到第一轮射击后，其中一些人进行还击。施泰因豪斯本人被数发子弹击中，但当地警察赶到现场，从愤怒的水兵手中救出了施泰因豪斯，基尔消防队用高压水枪驱散了人群。这一事件造成 7 人死亡、29 人受伤，其中两人后来因伤势过重而亡。[40]

暴力的升级让双方都感到震惊。然而，苏雄和基尔的高级军官们仍然低估了问题的严重程度。[41] 他们仍然认为，叛乱者主要是那些从威廉港调来的部队，而驻扎在基尔的大多数士兵和水手尚保持忠诚。11 月 4 日，以基尔为基地的第一鱼雷师突然公开宣布参加起义，此举戏剧性地改变了苏雄等人的判断。在此之前，兵变的主要参与者是来自威廉港的水兵、在政治上不占主导地位的当地独立社会民主党人以及同情极左翼的革命工会成员，但现在革命的基础正在扩大，叛乱蔓延到基尔其他部队和船厂工人只是时间问题。更糟糕的是，第一鱼雷师提出的要求远远超出了释放被扣押的水兵和结束战争。相反，他们现在要求废除霍亨索伦王朝，实行男女普选。[42] 示威进一步政治化，抗议必然会扩大到船厂工人和驻扎在同一军营的 U 型潜艇师。[43]

午后不久，基尔的几名高级军官向苏雄报告，他们和宪兵无 86
法再维持公共秩序，迫使苏雄与一个自称"士兵委员会"的代表
团会面。[44] 这些委员会将成为 1918 年 11 月革命进程中的关键机
构，但它们的出现和随后发挥的作用使德国左翼产生了深刻的分
歧。在通常情况下，委员会是在罢工工人和抗命士兵举行的大规
模集会上选出来的。这种形式最初是在 1905 年的俄国革命中创造
的，到 1917 年沙皇被推翻的时候又重新出现，因此人们常常认为
这是一种"俄式"做法。对于支持委员会的独立社会民主党和斯
巴达克联盟来说，这一形式是一种原汁原味的基层政治代表形
式。而反对士兵委员会的人，如多数社会民主党的主要领导人，
则认为委员会是布尔什维主义的代理人，会在德国造成混乱和经
济动荡。对于那些最初支持委员会的温和派社会民主党人来说， 87
委员会充其量是通往议会民主道路的一种临时形式。

1918 年 11 月初，卡尔·阿特尔特领导下的基尔士兵委员会
认为自己的作用主要是向港区司令苏雄转达水兵们的要求，苏雄
勉强同意会见水兵代表，试图让他们冷静下来。[45] 尽管他做出
了一些让步，但没有成功，该市的工人代表——所谓革命工会代
表——宣布基尔所有工厂的总罢工将于 11 月 5 日举行。[46]

为了避免总罢工，苏雄别无选择，只能继续与水兵和工人代
表谈判，他们以更大的紧迫感重申了前两天第一鱼雷师阐明的对
于和平与民主的要求。当苏雄不明智地提到他可以从城外调来军
队时，得到了最后通牒：如果城外的军队被调来镇压起义，停泊
在港口的战列舰将炮击该城的战略要地。[47]

这无疑是一个强有力的理由。正如记者伯恩哈德·劳什

图4.2　基尔是1918年11月初革命的诞生地和中心。这支由海军司炉工组成的起义队伍表达了对布尔什维克意识形态的同情，这种同情让精英们感到恐惧。事实上，大部分革命领袖——包括独立社会民主党——并不完全赞同列宁在俄国的革命。

（Bernhard Rausch）在 11 月 5 日观察的那样，基尔的起义水兵掌握了全部主动权。他们现在拥有大约 4 万名全副武装的起义者来保卫这座城市，还有海军大炮作为他们最强的武器。劳什指出，这座城市突然进入了"一个完全改变的世界。在德国舰队的上空，在基尔市政厅的楼顶，在城堡的塔楼上，飘扬的都是革命的红旗"。[48]

　　苏雄能做的只有通过与水兵和革命工会代表的谈判赢得一些时间。此时他的主要目标是"让激动的群众远离谈判桌，直到诺斯克议员和国务秘书豪斯曼来"[49]。为了达到这个目的，苏雄别无他法，只能屈从于水兵早先的要求，迅速释放被捕的共 16 名司炉工和水兵，他们没有犯下任何罪行。当天晚些时候，16 个人从费尔德大街的拘留营获释，受到了几千名水兵的热烈欢迎。[50]

苏雄手里可打的牌越来越少，只得寄希望于 11 月 4 日晚上豪斯曼和诺斯克的到来。具有讽刺意味的是，水兵和罢工工人也把希望寄托在他们身上——毕竟豪斯曼是一位自由派议员领袖，曾是 1917 年国会《和平决议》的关键推动者之一，而诺斯克是多数社会民主党在军事问题上的发言人。水兵和罢工工人们很自然地认为诺斯克和他的政党会加入德国革命的洪流。当从柏林开来的火车最终抵达基尔的中心车站时，两人特别是诺斯克受到了"数百名叛乱水兵的欢呼"。[51] 一辆汽车把诺斯克和豪斯曼带到了城市中心的威廉广场（Wilhelmplatz），那里已经有成千上万的抗议者在等待他们。两位代表很快意识到这不是一场简单的兵变。诺斯克发表演讲，承诺赦免那些参与兵变的人，并宣布将在未来几天内签署停战协定。[52]

豪斯曼和诺斯克随后坐车前往基尔的工会大楼，那里有 40 名水兵和工会代表在讨论即将被全德称为"基尔要点"的问题。他们的要求包括释放所有被拘押的水兵和政治犯，彻底的言论和新闻自由，结束审查制度，上级给予士兵适当待遇，两个执勤周期之间每个人拥有不受限制的个人自由，以及士兵委员会应参与未来一切决策。[53]

"基尔要点"大体遵循了基尔独立社会民主党主席洛塔尔·波普（Lothar Popp）的建议。波普来自巴伐利亚东北部一个普通家庭，战前通过经营多家糖果店过着体面的生活。他是社会民主党的资深党员、和平主义者，在 1914 年社会民主党批准战争债券之后变得更为激进，并在 1918 年 1 月的罢工中成为基尔独立社会民主党的领袖人物。1918 年 11 月，此时的波普在阐明"基尔要点"的过程中发挥了关键作用，"基尔要点"成为以后许多革命士兵和工人委员会的榜样。[54]

豪斯曼和诺斯克在基尔没有做出任何决定，他们此行没有得到首相明确的政治授权，他们都不认为自己有权力对事关德国政治未来的问题做出决定。然而，诺斯克表示支持反抗者们的要求。[55] 当晚，在由苏雄和水兵代表参加的高级别会议上，诺斯克还向苏雄强调，不应将城外的任何部队调入城内。诺斯克意识到起义有成千上万名全副武装的水手和士兵支持，基尔港里无畏舰上的海军大炮是他们最强大的武器。因此他指出，基尔流血很可能导致全国范围的罢工，在与协约国的停战谈判仍在进行的时候，应该不惜一切代价阻止这样的情况发生。[56]

最终，诺斯克设法给柏林的帝国内阁打电话，他报告说，海军纪律已经崩溃，哗变者要求立即停战和德皇退位，他们选举自己为该市工人和士兵委员会主席。次日，诺斯克便占据了苏雄的司令办公室，没有一个基尔革命者会想到，他们选举的诺斯克，其真实想法是"结束兵变，我个人对此表示最强烈的谴责"。相反，他们把这个来自柏林的人视为强大的盟友。[57]

对当时许多人来说，革命的时刻已经到来，这是非常清楚的。同一天晚上，威廉二世的兄弟、帝国海军总监海因里希亲王逃离了基尔城堡。消息灵通的观察家们很快就理解了基尔事件对整个德国的意义。在柏林，历史学家弗里德里希·梅尼克在日记中写道："大坝已经溃决。"[58]

5. 革命蔓延

控制基尔兵变的任何想法很快就破灭了。几天之内，它成为一场全国的革命。革命在没有受到任何抵抗的情况下就蔓延开来，波及德国沿海的其他港口城市，从西面的不来梅直到东普鲁士梅梅尔河（Memel River）上的提尔西特（Tilsit）海军要塞。在该国最大的港口——汉堡，工人和水兵于 11 月 5 日停止工作。在汉堡港里的军舰上，船员们升起红旗——象征着与基尔战友的团结。佩戴红袖章的水手和士兵都带着枪在阿尔托纳（Altona）和圣保利大街上巡逻。[1]

11 月 6 日，魏玛共和国未来的总理赫尔曼·穆勒（多数社会民主党）乘坐特快列车从柏林前往基尔。火车在汉堡的罗滕堡工人区（Rotenburg sort）暂时停了下来。站台上挤满了全副武装的水兵，他们正忙着撕掉军官的肩章。当晚穆勒在汉堡过夜，听到酒店走廊里传来了沉重的脚步声，接着是响亮的敲门声。戴着红袖章的水兵正在检查客人的身份证件。疲惫的穆勒打开门，把护照递给其中一个人，他仔细研究了证件，指出，护照已于 1918 年 3 月 17 日到期。然后，他微笑着敬礼，离开了。穆勒惊讶地说："无法想象，换作另一个国家，在革命开始的第二天晚上，一个革命者还会关心护照延期的事。"[2]

革命动乱甚至蔓延到了赫里戈兰岛（Heligoland），这是一个离德国西北海岸约 50 公里的防守坚固的小岛，有着雄伟的悬崖——这个岛屿在 1890 年被移交给在德国之前曾是英国的殖民地。11 月 6 日，驻扎在这里的士兵和海员拒绝服从军官的命令。他们上街游行，最后成立了一个委员会。当红旗在岛上升起时，委员会掌握了权力。[3]

德国革命起源于边缘地区——海军基地和沿海城镇——这是它区别于近代其他革命的特点之一，无论是在 1789 年的法国还是 1917 年的俄国，那里的动荡都始于作为权力中心的首都。相较之下，在 1918 年 11 月的德国，柏林是最后一个落入革命者手中的大城市。在威廉二世退位和 11 月 9 日共和国正式成立之前，革命以高度区域化的方式展开。部分原因在于德意志帝国的联邦结构及其 26 个成员邦，其中大多数是由亲王、国王或公爵统治。在 11 月的第一周，所有这些地区的革命往往遵循同样的模式：始于士兵和工人的抗议，当局进行了糟糕的危机管理，于是这些抗议往往在数小时内升级。被帝国当局用于镇压革命的水兵、宪兵、预备役部队和其他地方驻军部队被证明无力或不愿对抗革命。这些驻扎在国内的士兵不但没有去战斗，反而欢呼革命者为同志，并加入革命，大批产业工人也是如此。[4] 然而，德国的革命并不是一个有计划的事件——就像布尔什维克掌权时的俄国——而是一场自发的反战运动，有着各种各样的行动者、革命情绪和地点。那些参与革命的抗议饥饿者、兵工厂罢工者和开小差的士兵从来没有拧成过一股绳。[5]

当时居住在柏林的哈利·格拉夫·凯斯勒（Harry Graf Kessler）早在 11 月 7 日就看出了这一高度区域化的革命模式，当时他在日记中写道："革命的面貌变得越来越清晰：权力逐渐被侵占，哗变的水兵就像油污一样从海岸开始蔓延。他们孤立了柏林，柏林很快就将是一座［革命海洋中的］孤岛。与［1789 年的］法国相比，各州彻底改造了首都，海洋彻底改造了陆地：这是维京人的战略。"[6]

11 月 7 日，也就是凯斯勒写下预言的这一天，革命便转移到了内陆，并迅速到达了南部的巴伐利亚王国。和其他地方一样，厌战情绪和对和平的强烈渴望已经在这个传统保守的乡村王国蔓延开来。和德国其他地方一样，巴伐利亚人也深受在战争中失去儿子、兄弟和父亲之痛。仅慕尼黑就有大约 1.3 万名年轻人死于第一次世界大战。在整个巴伐利亚，超过 17 万人被杀，其中约 65%的人年龄在 20 岁—29 岁。[7]

10 月下旬，本已紧张的局势变得更加糟糕。奥匈帝国的军事崩溃使得德国有必要向萨尔茨堡和蒂罗尔（Tyrol）派遣巴伐利亚军队，以确保那里南部边境的安全。[8] 这进一步激怒了已经厌倦战争的民众，要求和平和民主改革的抗议和示威每天都在发生。1918 年 11 月 2 日，年迈的巴伐利亚国王路德维希三世批准了一系列改革，这些改革基本上类似于德意志帝国 10 月的改革，即巴伐利亚政府现在将依赖议会多数产生，而不是王室的同意。[9] 但这里和别的地方一样，"自上而下的革命"已经太晚了。次日，大约 1 000 名德国水兵从奥匈帝国伊斯特利亚的普拉港（Pola）出发，途经慕尼黑前往基尔和威廉港。巴伐利亚当局拦下了火

92

车，但这只会让情况变得更糟糕。下车的水兵们涌入了巴伐利亚的首府，使得慕尼黑的形势更为动荡。[10]

正是在这种情况下，独立社会民主党——其支持者远少于较温和的多数社会民主党——发动了一场重大政变。独立社会民主党与多数社会民主党一道，呼吁在特蕾莎广场（Theresienwiese）举行一次大型和平示威，这里是该市自 19 世纪以来一年一度的慕尼黑啤酒节举办地。[11] 11 月 7 日的事件将成为巴伐利亚未来发展的转折点。估计有 6 万人参加了示威。[12] 包括巴伐利亚多数社会民主党领袖艾哈德·奥尔在内的几位演讲者呼吁实现和平与民主，但奥尔没有呼吁建立工人和士兵委员会。演讲后不久，奥尔和大部分多数社会民主党的支持者在一个乐队的带领下离开了。独立社会民主党的支持者则留了下来，继续聆听一些不那么温和的演说，这些演讲者要求立即建立工人和士兵委员会，他们还通过了一项决议，要求皇帝立即退位，实行民主，开除国家官僚机构中所有的"反动分子"，不惜一切代价实现和平，并实行 8小时工作制。[13]

利用这一形势并领导革命的关键人物是独立社会民主党人库尔特·艾斯纳。尽管艾斯纳是一个规模相对较小政党的领导人，但在未来几周里，他将为巴伐利亚革命定下基调。作为《慕尼黑邮报》的戏剧评论家，在人们的刻板印象中，艾斯纳是一个经常去施瓦宾格（Schwabing）波希米亚人咖啡馆的典型的左派知识分子。然而，艾斯纳实际上并不是巴伐利亚人，他来自柏林，1867年出生于一个中产阶级犹太家庭，在大学学习哲学和德语后，他开始为几家报纸撰稿，其中包括自由派的《法兰克福报》

（*Frankfurter Zeitung*），随后于 1898 年加入社会民主人士创办的重要报纸《前进报》。他最初被认为是社会民主党的"右翼"边缘分子，在 20 世纪初失去了在报社的工作，因为他支持"修正主义者"，那些人希望社会民主党放弃他们革命的、正统的马克思主义。[14]

艾斯纳是卡尔·李卜克内西的父亲威廉的门生，1899 年，威廉让艾斯纳成为自己在《前进报》编辑岗位的继任者。然而，1905 年，艾斯纳因为社会民主党的"修正主义"观点与同事在报社发生争吵，后被解雇，并移居巴伐利亚，在那里他成了一名记者，先是在纽伦堡，然后去了慕尼黑。第一次世界大战的爆发，促使艾斯纳重新审视自己的政治观点，随着战争的进行，他的观点越来越"左"倾。尽管他最初在 1914 年支持社会民主党批准战争债券——主要是因为他希望战争会加速俄国专制的崩溃，但当他在 1915 年开始表达强烈的和平主义观点时，立场发生了变化。他偏离了政党路线，导致其与《慕尼黑邮报》的社会民主党编辑以及军事审查办公室发生了冲突。当他公开批评德国的"进攻精神"和吞并野心时，他被解除了政治记者的工作，只能偶尔发表文学评论。[15]

1917 年春天，艾斯纳正式与多数社会民主党分道扬镳。当年 4 月，在哥达市，艾斯纳参加了独立社会民主党成立大会，随后成为该党慕尼黑支部的关键人物之一。[16] 1918 年 1 月，他与德国其他地区的独立社会民主党人一起，领导了兵工厂的大罢工。[17] 领导一月罢工令他被捕，被关在斯塔德海姆（Stadelheim）监狱长达八个半月。[18] 10 月 15 日，德国大赦政治犯，他突然被释放，并立即再次投身革命活动。[19]

1918 年 11 月 3 日，艾斯纳向大约 2 000 名听众宣布，前一天在巴伐利亚推行的宪法改革是绝对不充分的。他要求的是立即实现和平——如有必要巴伐利亚可以单独实现和平——并建立一个人民政府，与刚刚在邻国奥地利成立的民主政府密切合作，"我们越过边境欢迎新生的奥地利共和国。如果柏林没有足够的政治意愿或能力立即实现和平，我们要求一个巴伐利亚人民的政府，必须与奥地利的德意志共和主义者一起，以德国的名义宣布和平"[20]。

11 月 7 日的大规模和平示威只是在表面上弥合了巴伐利亚两个社会民主党之间的分歧。尽管他们一致要求立即实现和平和政治变革，但对于德国的政治究竟走向何方，仍然存在重大分歧。当特蕾莎广场上的示威还在进行的时候，艾斯纳在一群追随者的簇拥下，开始"解放"城市中的军事要塞，其间没有遇到士兵的抵抗。

年轻的社会主义者希尔德·克莱默（Hilde Kramer）是艾斯纳的支持者之一，他参加了 11 月 7 日的大规模和平示威活动，到处飘扬的红旗，人们高呼着"打倒战争!""和平万岁""共和国万岁!"这一切令他热血沸腾。"我想这就是一场革命应有的样子：一大群士兵穿着半敞开的制服外套，没有戴帽子，穿过达豪大街。他们和无数平民——男人、女人和儿童……我成为一场群众运动旋涡的一部分，却不知道这条路会把我们引向何方。"[21]

到当天晚上 9 点，所有卫戍部队都变成革命的支持者，巴伐利亚首府已经没有军队可以动员起来镇压占领城市主要火车站、

中央电报局和巴伐利亚议会的革命者。[22] 与此同时，一个工人和　**95**
士兵委员会选举艾斯纳为主席。慕尼黑的一位革命者费利克斯·
费钦巴赫（Felix Fechenbach）回忆了这场政治变革的惊人速度：
"满载着枪支弹药的卡车到达了。士兵和工人来了，他们带着武
器，集合成小部队，被派去占领公共建筑……晚上10点，各部
门、总司令部、火车站以及邮电局都在革命者手中。随后，工人
和士兵委员会在60名武装人员的保护下，向州议会大楼行进，
大楼毫无抵抗地进行了移交……所有的入口都架着机枪，通向那
里的道路也被确保安全。晚上10点30分，库尔特·艾斯纳宣布
工人、士兵和农民委员会临时制宪会议开幕。"[23] 艾斯纳本人宣
布巴伐利亚为民主共和国，从而结束了维特巴赫（Wittelbach）
家族长达一千年的统治，并由议会批准建立了一个临时政府，由
多数社会民主党和独立社会民主党组成，艾斯纳任政府首脑。艾　**96**
斯纳巧妙地击败了更大的巴伐利亚多数社会民主党，多数社会民
主党的主席奥尔成为艾斯纳政府的内政部部长。[24]

　　当然，隶属不同政治派别的人对艾斯纳政变的反应各不相
同。对于许多左派人士来说，参加革命让他们第一次有了一种能
够塑造自己政治未来的感觉。1918年11月7日，游历甚广、备
受推崇的诗人莱纳·玛利亚·里尔克在慕尼黑一家酒店的舞厅参
加了一次由士兵、工人和知识分子参加的群众大会后，也注意到
了这一点。他在给妻子克拉拉的一封信中写道，他听取了著名社
会学家马克斯·韦伯、无政府主义者埃里希·米萨姆（Erich
Mühsam）和一些不太知名的和平与革命活动家的发言。在某个阶
段，一个年轻的工人站起来问演讲者："你们提出停战建议了

图 5.1　11 月 8 日，士兵们在慕尼黑的马瑟泽（Mathäser）啤酒厂前庆祝，这里是新成立的工人和士兵委员会的所在地，前一天晚上，库尔特·艾斯纳在这里宣布自由的巴伐利亚共和国成立。

吗？"他继续说道："我们必须这样做，而不是指望上层的绅士。让我们占领一个电报站，我们的老百姓和那边的老百姓就可以开始谈话，马上就可以实现和平……"[25]

97　　里尔克显然同情当天聚集在酒店的人们的热情，但不是每个人都同意这一观点。保守派哲学家奥斯瓦尔德·斯宾格勒以两卷本《西方的没落》（1918 年、1922 年出版）而闻名，他似乎对1918 年 11 月 7 日在慕尼黑所看到的印象不太在意：

　　　　我亲身经历了 11 月 7 日的恶心场面……厌恶得几乎窒息……我现在清楚地看到，德国革命走上了一条典型

的道路：现有秩序逐渐被破坏、崩溃、疯狂……我们需
要惩罚……直到由一小部分人担任领袖的时刻到来（就
像 1813 年和 1870 年）：普鲁士贵族和普鲁士官员，以及
我们成千上万具有普鲁士本性的技术人员、学者、工匠
和工人……然后必须流血，越多越好。[26]

然而，斯宾格勒的清算时刻始终没有到来。德国的旧秩序几
乎没有抵抗就崩溃了。德国的 22 个小国王、亲王和公爵都被废
黜了——这是君主政体的"几乎无声的内爆"。[27] 在萨克森王国
的首府德累斯顿，要求立即实现和平的士兵领导了大规模的街头
示威，并控制了这座城市。最后一位萨克森国王弗里德里希·奥
古斯特三世命令他的军队不要向抗议者开火，并自愿放弃了他的
家族——韦廷家族——自 15 世纪以来一直占据的王位。[28]

根据在莱比锡学习音乐的澳大利亚学生埃塞尔·库珀的记
录，事态的发展遵循了类似的模式。在战争肆虐时她无法回家，
并在这里度过了战争年代。在给姐姐的一封信中，她写道："周
二和周三，吕贝克、不来梅和汉堡等重要港口城市也效仿了这一
做法。周四，革命来到了慕尼黑，并随之蔓延至整个巴伐利亚。
周五，在我去吃午饭的路上，看到穿着灰色制服的密密麻麻的人
群向我走来，队伍的前面有一面红旗。我必须说，站在那里，仿
佛脚下生根，心在喉咙里跳动。如你所知，我已经期待了好几个
星期了，但当第一次看到它的时候，简直让人窒息……晚上，整
个城镇贴满了海报和公告，称'工人和士兵委员会'已经接管了市
政府，军方和行政当局已经投降。星期六早上（我最近一直住在街

上）我看到市长在市政厅屋顶升起一面红旗……"[29]

马格德堡的情况与其他地方一样。当地警察局局长的一份报

98 告说明了革命的迅速发展，以及旧政权完全无力控制局势，"今天早上 7 点 30 分，我被告知有大批炮兵正在逼近……他们人数众多，大约有 200 人，警察无法阻止他们……当地社会民主党领导层试图安抚民众。他们呼吁在凌晨 3 点在大教堂广场举行公众集会，有 1.5 万人参加……演讲者提醒每个人在选出工人和士兵委员会之前保持冷静"[30]。

医学博士和作家阿尔弗雷德·德布林（Alfred Döblin）的小说《柏林亚历山大广场》于 1929 年出版后闻名于世。他从 1917年年初就待在德国城市斯特拉斯堡的一家士兵医院里，11 月初他见证了革命的到来：[31]

> 将近下午四点钟的时候，到处都是传言，人们突然听到巨大的兵营里传来乐声，一大群士兵走上街头，为首的是一名中士。这些人抽着烟，手插在口袋里，没有带武器，散漫不成队形，随着一面用力挥舞的红旗行进。他们喧闹地聚集在兵营大门口，卫兵咧嘴笑着让他们通过。他们从一个兵营行进到另一个兵营，队伍变得越来越长，嘲笑着，叫喊着，很快就有平民和从牢房中释放的囚犯加入……小镇充斥着一种特殊的不安和紧张。人们涌上街头，到处挤满了系着红绶带的士兵……军营里释放了大量的人，还有愣头愣脑的小伙子，康复院里的残疾人，国民警卫军的老兵。[32]

与 11 月第一周开小差的其他士兵不同，德布林还守在岗位上，在他所在医院的封闭世界中目睹了军事等级的颠倒，这是革命的标志之一，"在这个如今空无一人的房子里，那些挂满了勋章和头衔的大人物——院监或医务总监，前不久还统治着这里。当他们检查这里的每一寸地方时，所有人都在他们面前瑟瑟发抖。军士长拿着一本册子跟在他们后面，上面记着每一个细节——着装、整理床铺、石版画中的每一个疏忽"。现在情况确实大不相同了：在附近的一个广场上——"那个美丽、宽阔、有瓦房的旧广场"，德布林遇到了"激动的平民"和"一大群散漫的戴着红帽徽的士兵。灯光闪烁，声音嘈杂……被罢黜的没有肩章的军官们站在中间，像狼群中的羔羊一样畏首畏尾；这些失败者被要求戴上红色的帽徽"。[33]

随着革命在阿尔萨斯展开，军官、士兵和平民所谈的内容都是关于革命在国内外的影响。有人说，德皇已经退位，前线的比利时军人和法国军人与德国的"赤色士兵"称兄道弟，英国舰队也在红旗下航行。然而，头脑清醒的人不会进行这种幻想。德布林写道："只有我在去火车站的路上遇到的 E 教授……面带微笑，做了一个防御性的手势，说道：'胜利的军队不会搞革命。'"[34]

德国控制下的东部领土的情况没有太大不同，在《布列斯特-立托夫斯克和约》签署之后，这些领土被大幅扩张。在这里，在军队中服役的德国人也以各种方式对 1918 年的革命做出反应。也许个人对东部 1918 年革命最详细的描述来自维克多·克莱普勒（Victor Klemperer）的日记。日后，当身为犹太人的克莱普勒在纳粹德国生活的日记出版时，他在国际上声名大噪。1918 年革

99

命进行时，克莱普勒在东线担任书籍报刊审查员。他曾在西线炮兵部队服役，由于慢性皮肤病而被调到东线。[35]

战前，克莱普勒曾是一名自由记者，后来他决定重操学术，研究德国和法国文学。克莱普勒在那不勒斯大学开始了学术生涯，在那里他密切注视着 1914 年之前国际形势的恶化。他支持德国 1914 年的战争决定，认为德国的事业是正义的。他回到德国后加入了军队，先是在西线服役，直到 1916 年被调到德国驻东线部队最高指挥官利奥波德·冯·拜仁亲王的新闻审查办公室。克莱普勒驻扎在以前的俄国要塞城市考纳斯（Kaunas，在今天的立陶宛），一直到战争结束。在 1915 年俄军撤退后这座城市落入德国手中，直到战争结束，成为新独立的立陶宛的一部分。从 1917 年开始，克莱普勒与马克西米利安·穆勒-雅布施（Maximilian Müller-Jabusch）在同一个办公室工作，穆勒-雅布施将成为魏玛共和国最重要的自由主义记者之一，还有一位同事是阿诺德·茨威格（Arnold Zweig），他关于"一战"的和平主义小说《士官格里沙的抗争》（*Der Streit um den Sergeanten Grischa*，1927 年）和《凡尔登教训》（*Erziehung vor Verdun*，1935 年）风靡德国。

1918 年 11 月 8 日，星期五，革命突然进入了克莱普勒原本平淡无奇的日常生活。那天早上他来上班时，办公室里流言四起——"是事实，还是有所夸张？甚至完全是出于想象？"——"德国的血腥动乱"，"舰队悬挂红旗，威廉港、基尔和整个沿海地区都落入叛变的水兵手中……每个人都在担心自己的家乡和亲人"。克莱普勒补充道："我的担心更不必说了：莱比锡是激进分子的温床，天知道那里发生了多少枪击事件。我们还讨论了当革命波及维尔纽斯（Vilnius）时会发生什么。"茨威格认为："首先他们会追究军官。"穆勒－雅布施说："不，首先应该是后勤女军官，她们更被厌恶。"然后他严肃地补充道："她们都会被强奸。"[36]

克莱普勒与革命的第一次接触与众不同。一架德国军用飞机在他办公室附近坠毁，他赶到坠机地点时，看到了飞机，"机身皱巴巴的，机翼也断了……从几米开外的地方，人们可以看到挂在座舱上的一面又长又宽的旗帜闪着红光，就像人们在棺材上挂上花环一样……飞机前站着一个端着上着刺刀的步枪的人，一个穿着毛皮大衣的衣冠楚楚的年轻人……这个形象一直伴随着我：破碎的飞机，红色的绸带，激动地说着话的年轻士兵，他闪光的刺刀，他的毛皮大衣，这就是革命……"[37]

和其他地方一样，考纳斯的革命主要是以和平方式进行的。就连德国驻东线军队总参谋长马克斯·霍夫曼也承认："革命在这里非常平静地发生。到处都在建立士兵委员会，奇怪的是，他们唯一担心的就是我们这些高级军官想离队。他们为什么会这么想，对我来说是个谜，我自己甚至从没这样想过。相反，我们必须尽一切力量使东线军队秩序井然地回家，我们现在开始撤离。我为那些把领土拱手让给布尔什维克的人感到难过，但我不能加以阻止——他们想回家。"[38]

然而，对"俄国人"或"俄国状况"的恐惧很快让位于对波兰起义者的担忧，他们试图攻击战败的德国人，保卫这座城市。"一个看起来是老工人的国民警卫军告诉我，波兰人可能会攻击我们，但只是出于对革命的恐惧，他们以为革命只能是俄国式的

101

杀戮和劫掠。一旦他们意识到我们德国的革命没有流血，没有掠夺，他们肯定会保持和平。"[39]

11 月 8 日，在克莱普勒目睹飞机坠毁的那一天，革命的"浸染区"进一步扩大。就在那一天，提交给首相马克斯·冯·巴登的一份军事形势报告描述了革命的扩展形势，"下午 5 点：哈雷和莱比锡赤化。晚间：杜塞尔多夫、哈尔特恩、奥斯纳布吕克、吕讷堡赤化，马格德堡、斯图加特、奥尔登堡、布伦瑞克、科隆赤化"[40]。

到 11 月 9 日早晨，普鲁士国王和德国皇帝威廉二世是最后一批留在王位上的君主之一（另一位是符腾堡的威廉）。[41] 政治中心柏林是抵抗革命的最后一个中心城市，一种奇怪的平静似乎主宰了德国首都。正如凯绥·珂勒惠支在当天的日记中所写的那样："今天早上在菩提树下大街（Unter den Linden），一切如常。"[42] 那天晚上，弗里德里希·梅尼克和妻子安东妮奥参加了一场贝多芬的音乐会，也感受了暴风雨前那种诡异而有先见之明的平静感，"当我们走回家的时候，广场和街道上出奇地安静。我的感觉是，我们刚刚听的是一个更好的但正在崩溃的世界的最后旋律"[43]。

唯一一个似乎没有意识到德国君主制即将结束的人是德皇本人。在宪法改革——"自上而下的革命"——剥夺了威廉的大部分权力后不久，他无视冯·巴登首相的意见，于 10 月 29 日离开柏林，带着随从前往位于比利时斯帕的最高陆军司令部战地指挥所。[44] 尽管在柏林，人们对伍德罗·威尔逊 10 月 23 日的第三封照会议论纷纷，照会已经含蓄地把威廉退位作为和平的先决条件，但德皇还是断然拒绝考虑退位。[45] 他远离革命动荡，来到他的将军们面前，希望这样就可以抵抗不断增长的压力。[46]

虽然他暂时避免了与政府直接对抗，但也限制了自己的行动
自由。在斯帕，皇帝只有三个选择来应对即将到来的停战及其后
果：要么在一次大胆的前线战斗中"英勇"地死去（这可能挽救
了他的声誉，或者至少挽救了霍亨索伦王朝在德国君主主义者心
中的声誉）；要么在忠于他的军队簇拥下向柏林进军，镇压革命；
要么逃到一个中立国家，完全逃避所有责任。[47]

与此同时，帝国首相通过电话和电报联系威廉二世，说服他
返回柏林。考虑到即将进行的谈判，他认为德皇离开柏林是无益
的。[48] 和大部分德国人一样，冯·巴登现在确信，要和协约国进
行停战谈判，威廉的退位已不可避免。[49] 然而，同为贵族，他仍
然对劝皇帝退位有所顾忌，因此，他命令普鲁士内政部长比尔·
德鲁斯（Bill Drews）去与威廉去进行无法逃避的交涉。11 月 1
日，德鲁斯受命前往斯帕。然而，威廉拒绝了任何放弃王位的建
议，并得到了一些高级将领的支持。相反，他让德鲁斯向首相传
达："我不会退位。在上帝、人民和我的良心面前，这与我作为
普鲁士国王、腓特烈大帝的继承者的责任背道而驰。我不能也不
应当在最危险的时刻离开岗位，我的退位意味着德国君主制终结
的开始……但最重要的是，身为最高指挥官的职责要求我现在不
能放弃军队。军队正在与敌人进行英勇的战斗，它的内在凝聚力
取决于最高指挥官。如果他走了，军队就会崩溃，敌人会不受阻
碍地闯入家园。"[50]

威廉没有屈服于退位的要求，而是在将军们的簇拥下，试图
假装若无其事。1918 年 11 月 3 日，公海舰队兵变的第一天，威

102

廉二世就离开了野战指挥部，去前线进行计划中的访问。基尔的事件似乎并没有让他很担心，相反，他公开威胁革命者，要用暴力回应，"用机枪在人行道上写上我［给他们］的回答。即使要把我的城堡打成碎片，我也会下令这样做……我不想仅仅因为几百个犹太人和一千个工人就放弃王位"[51]。

103　　西线的旅行让他从前几天的压力中得到某种形式的缓解。正如皇帝宫廷的最高陆军司令部联络官阿尔弗雷德·尼曼（Alfred Niemann）上校所说，威廉想要逃离"威胁扼杀祖国每一分健康情感的有毒气氛。在前线，高尚的爱国主义将解放灵魂"[52]。德皇和他的随从向西旅行，先是乘坐威廉的私人火车，然后改乘汽车。在忙碌的一天中，威廉访问了 14 个正在休整的作战师。在每个地方，皇帝都与官兵交谈，颁发了许多铁十字勋章。在某地，仪式一度被逼近的敌机和防空炮的巨大轰鸣声打断，君主做出一副满不在乎的样子，继续和士兵们谈论家乡和亲人。敌机过去后，威廉转向士兵们说："愿你们能感受到，我多么乐意与你们分担每一份困苦和危险！"显然，这次实地考察令他恢复了活力，当他回到斯帕时，他向留守的人说，他在前线受到了热情的款待。[53]

11 月 6 日下午，马克斯·冯·巴登决定亲自前往斯帕，让德皇相信"自愿"退位是不可避免的。[54] 然而，由于 11 月 7 日政治局势紧张起来，首相被迫取消了他的出行计划。当天上午，谢德曼领导社会民主党政府成员通知首相，如果威廉在第二天中午之前没有退位，他们将离开政府，领导革命。这一最后通牒在当天下午以书面形式重申。然而威廉仍然固执己见，即使巴伐利亚君主制在 11 月 7 日慕尼黑革命后已不复存在，社会民主党领导层威胁要退出政府，德皇也没有软化，他仍然认为可以依靠拥护自己的部队。直到 11 月 8 日，威廉宣布他决心率领可靠的前线军队向柏林进军，以镇压革命。[55]

德皇的计划是沙上建塔。格勒纳将军去了柏林两天，11 月 7 日返回斯帕，他很清楚德皇的计划是虚幻的。格勒纳观察了德国各地的情形，逐渐怀疑革命的浪潮能否被遏制。至于让效忠皇帝的军队前去对付革命者，但这些精锐部队目前正困于前线的激烈战斗中。[56] 此外，任何派往柏林的部队都必须穿过边境与首都之间 600 公里的国土，这些地方现在牢牢掌握在革命者手中。

为了避免向皇帝本人说明这一情况，格勒纳别出心裁地想出一个主意：让前线军官来说服威廉，不能再依靠军队的忠诚。11 月 8 日，距斯帕最近的德国 10 个军队约 50 名中级军官被要求到司令部参加次日的会议。其中 39 人是 11 月 9 日上午抵达的。一位名叫胡尼肯（Hünicken）的少校团长详细回忆了自己是如何在恶劣的天气条件下前往斯帕的，他并不知道这次会议的目的是什么。[57]

根据胡尼肯的说法，军官们受到了最高陆军司令部作战参谋赫伊（Heye）上校的欢迎，"请允许我代表元帅［兴登堡］欢迎你们来到这里。元帅想亲自问候你们，但暂时无法前来，因为他正在与陛下举行一次极其重要的紧急会议"。赫伊继续向在场的军官强调形势的严重性，祖国爆发了动乱，人们迫切要求不惜任何代价实现和平。后方的逃兵已经占领了几个关键的铁路枢纽，威胁要切断军队的补给线。赫伊接着告诉他们，他们每个人都会被问及两个关于部下情绪的问题：第一，军队对皇帝的态度如何，皇帝有可能率领军队在战斗中夺回国家吗？第二，军队为什么会站在布尔什维主义一边，他们会拿起武器在自己的国土上反对布尔什维主义吗？[58]

在军官们回答问题之前，兴登堡走进房间，向他们打招呼，并对前线的军事形势和国内不断升级的革命进行了悲观的评估。他说，皇帝想调转军队，向柏林进军。[59] 房间里的军官们都惊呆了，他们没有收到关于德国革命的消息，因此既愤怒又绝望。[60]

105   几乎没有时间来消化这个消息，军官们现在被要求一个接一个地回答赫伊的两个问题。第一个问题"关于对皇帝的态度"，只有一个军官相信他的部下会追随最高军阀镇压革命者，15 个人怀疑部下的忠诚，21 个人对此断然抗拒。第二个问题"关于军队对布尔什维主义的态度"，8 个人认为让部下去对抗布尔什维克绝无可能，12 个人认为进行这样的内战要在长时间的休息和训练之后才有可能，19 个人对于要求他们的士兵在任何情况下都能与布尔什维克作战表示怀疑。[61]

赫伊上校总结军官们的立场如下：

> 总的来说，与会者表示，军队对他们的皇帝没有任何不满，他们实际上并不关心皇帝，他们只有一个愿望，即尽快回家，恢复和平与秩序……部队已经筋疲力尽，他们只想回到自己的家园，除了那里的和平什么也不想要。只有当他们自己的壁炉和家园、妻子和孩子受到布尔什维克的威胁时，这些来自前线的男人才会拿起

武器反对他们的同胞。[62]

格勒纳和兴登堡一起，在威廉住处的花厅里向他出示了这次"调查"的结果。格勒纳透露，由于不能依靠前线部队，所以镇压革命是不可能的。格勒纳对德皇和他惊愕的随从说："我们已经无法控制局势。"皇帝质疑这一评估的依据，并坚持认为，经过四年的战斗，他将率领军队井然有序地回到祖国。格勒纳回答："军队将在将军们的指挥下井然有序地行军回家，而不是在陛下的领导下。"在回忆录中，格勒纳生动地回忆了那个时刻——尤其是作为军需总监，他对自己的最高司令官说了一句"荒谬"。甚至几年后，他还在庆幸自己没有被皇帝的随从当场枪毙，以此作为对他的声明的回应。[63] 对格勒纳来说幸运的是，兴登堡支持他，认为自己和格勒纳都不能对军队负责。当威廉还没有从军官们投票的毁灭性结果中缓过神来时，从德国首都传来了更坏的消息。

6. 柏林的最后较量

在 1918 年 11 月 9 日之前，柏林采取了大量措施来防止动乱蔓延到首都。柏林卫戍司令亚历山大·冯·林辛根（Alexander von Linsingen）将军下令逮捕 11 月 7 日聚集在莱特火车站的大约 300 名水兵。[1] 此外，柏林与汉诺威、汉堡等重要枢纽之间的所有铁路运输都已切断，以防止革命军队涌入。冯·林辛根还加强了柏林街道上的警力，并在所有通往市中心和皇宫的道路上设置了军事哨卡。为了镇压首都的地下革命活动，另外三个被认为非常忠于皇帝的燧发枪营被部署到柏林，特别是吕伯纳营和瑙姆堡营。冯·林辛根将军和德国战争部的高级人物已经自信到自欺欺人的地步，认为驻扎在柏林的其他部队会欣然支持皇帝镇压革命。直到 11 月 7 日，战争部副部长还在向市长保证，"柏林会坚持下去，你可以相信。驻扎在这里的军队是忠诚的，每个小时都有更多绝对可靠的人从外面赶来。"[2]

无论这种部署有什么意义，大批军队出现在柏林街头，无疑给计划中的罢工和示威的组织者们留下了深刻印象。柏林革命工会主席理查德·穆勒感到某种紧张，"11 月 8 日晚上，我站在哈勒门车站（Hallesches Tor）。全副武装的步兵纵队、机枪连和轻

型火炮从我身边川流不息地经过……那些人看起来相当大胆。他 107
们被部署在东方镇压俄国工人和农民，在芬兰也取得了成功。毫
无疑问，这是想把革命淹没在人民的血泊中……现在，决定性的
时刻快到了，一种噩梦般的感觉扼住了我，对于我的同志们来说
是一种巨大的恐惧……"[3]

　　然而，冯·林辛根为阻止柏林革命所做的准备并不像他自己
想象的那样完美，大批军队抵达首都也不像想象的那样安全。柏
林与其他城市之间铁路交通的中断不仅阻止了革命士兵到达柏
林，也阻碍了数百名休假的士兵离开柏林。这些人已经不耐烦
了，由于得不到军饷、食品和住所，情况进一步恶化。[4] 在中央
政府已经十分紧张的状况下，冯·林辛根还通过查封革命团体的
一切会议来火上浇油。11 月 7 日，冯·林辛根命令柏林警察总监
禁止独立社会民主党举行纪念俄国革命周年的 5 场集会，他还禁
止在首都成立任何工人和士兵委员会，"在某些圈子里，有人打
算按照俄国模式成立工人和士兵委员会，这违反了法律规定。这
种机构不符合现行的政治体制，威胁公共安全。根据《戒严状态
法》第 96 条，我禁止成立和参加任何此类协会"[5]。

　　与此同时，以艾伯特和谢德曼为代表的多数社会民主党领导
层承受着要求采取行动的越来越大的压力。党员们要求在皇帝退
位问题上采取果断行动，以免让独立社会民主党和斯巴达克联盟
独得大功。因此，对于国家的镇压，多数社会民主党执行委员会
和国会议员小组的回应是向首相发出最后通牒。11 月 7 日晚，谢
德曼告诉战时内阁，若德皇和王储在次日中午之前不退位，多数
社会民主党将不再支持政府。此外，要求军队和警察行动时保持

特别的克制，以免首都的紧张局势进一步升级。最后，谢德曼要求在帝国政府中给予他的政党更高的地位。[6]

108　　马克斯·冯·巴登没有出席内阁会议，但立刻得到了消息，他似乎对这些要求感到惊讶。毕竟，就在几个小时前，他与艾伯特还达成了共识，都希望避免发生任何类似"社会革命"的事情。最有可能让艾伯特改变想法的是来自街头、极左翼和多数社会民主党要求他采取果断行动的越来越大的压力。[7] 无论如何，首相的回答产生了一些效果，他坚持说，如果这样的话就立刻辞职。于是谢德曼撤回了最重要的条件——皇帝退位，改为应尽快将最后通牒提交皇帝，但在签署停战协议前，多数社会民主党和首相都不要做出任何轻率的决定。[8] 谢德曼还向政府阁员们转达了艾伯特的口信，这条口信清楚地表明了多数社会民主党领导层身处两个相互对立的目标之间是多么的矛盾和分裂——阻止公开的社会革命与继续赢得党员的支持。根据艾伯特的说法，"我们的呼吁对工人们产生了极大的安定作用，他们答应在做出决定之前不做任何事情。先生们，你们和帝国首相必须意识到，我们已经尽了最大努力让群众与我们保持一致"[9]。

当天晚上的事实证明，艾伯特他们的估计与社会现实离奇地脱节。11 月 8 日晚，威廉仍没有退位，停战谈判还在继续，没有签署协议，多数社会民主党领袖承受的压力不断增大。尽管艾伯特和谢德曼可以向公众宣传他们从巴登政府那里获得的一些让步，特别是即将在普鲁士实行平等的普选、党在普鲁士和德意志政府中获得更大的影响力以及立即停止征兵，但这些改革对于公众来说，都比不上停战和结束君主制更为迫切。尽管多数社会民

主党领导层再次要求党员们保持耐心，但是正如 11 月 9 日上午
《前进报》报道的那样，"只消几个小时"，这种耐心就会
消失。[10]

此时此刻，多数社会民主党领导层已经无法控制街头的局
势，那里进行的大规模示威正在推动根本性的政治变革。当多数
社会民主党仍在希望"管控"这场革命时，在 1918 年 1 月罢工
中发挥核心作用的独立社会民主党和革命工会正在采取更果断的
行动。这段时间，他们一直在讨论何时在柏林街头举行大规模的
示威。11 月 8 日，独立社会民主党联合主席恩斯特·杜米施
（Ernst Däumig）被捕的消息传来，还有传言说卡尔·李卜克内西
也即将被捕。当警察逮捕杜米施时，他正在去会见革命工会领导
人的路上，当时他身上带着示威和罢工的详细计划。极左翼认
为，如果还想成功，就必须立即行动。[11]

几个小时后，他们的支持者开始印刷传单，准备第二天早上
到工厂和军营分发。[12]"工人、士兵、同志们！决定的时刻到了！
现在，我们必须承担起摆在我们面前的历史使命。在德国整条海
岸线上，工人和士兵委员会都已经接管了权力，而无情的逮捕正
在首都发生。杜米施和李卜克内西已被逮捕。那是军事独裁的开
始，那是无能的屠杀的开始。我们要求的不是一个人的退位，我
们要求一个共和国！一个彻底的社会主义共和国。让我们为和
平、自由和面包而战！从工厂走出来！从兵营走出来！手牵手！
社会主义共和国万岁！"[13]

同时分发的第二份传单由李卜克内西（并未被逮捕）和"国
际派（斯巴达克联盟）"签署：

109

110

> 行动的时刻已经到来，不能回头了。那些同为"社
> 会主义者"的人已经为政府提供了四年的拉皮条服务，
> 在过去的几周里，他们一直很令人厌烦……还有议会和
> 其他垃圾，现在还想用安抚的手段来削弱革命。工人和
> 士兵们：你们在基尔、汉堡、不来梅、吕贝克、罗斯托
> 克、弗伦斯堡、汉诺威、马格德堡、布伦瑞克、慕尼黑
> 和斯图加特的同志们取得了成功，你们也必须取得这样
> 的成功。全世界无产阶级的成功取决于你们的奋斗，取
> 决于你们的韧性和成功。

李卜克内西还明确呼吁"由工人代表接管政府"，并建立"与国
际无产阶级的直接联系，特别是与俄国的工人共和国的联系"。[14]

夜间，革命者为印刷传单并在工厂门口分发做了组织准备，
与此同时，保存的武器被带到一些分发点。第二天早上的罢工要
做到尽可能共同行动。在早餐休息期间，罢工者将离开他们的工
厂，与武装工人一起从四面八方前往市中心的政府区。[15] 革命工
会领导人中唯一的女性克莱尔·德费尔特-卡斯佩尔（Cläre Der-
fert-Casper）认为 11 月 9 日的早晨是一次精心策划、情同手足的
行动：

> 11 月 9 日凌晨，我去找我们的朋友亚瑟·舍特勒
> （Arthur Schöttler）。我用一句话叫醒了他："起床吧，亚
> 瑟，今天是革命的日子！"他以为自己在做梦。我再次

摇他，他才睁开眼睛说："啊呀，克莱尔，是你吗？"他
迅速穿上裤子，10分钟后我们离开了房子。为了赶上早
班时间，我们都站在兵工厂［柏林-夏洛滕堡（Charlot-
tenburg）］前分发传单。传单呼吁工人们在上午9点走
出工厂。早上7点左右，我们完成了任务，去往伊拉斯
谟街的一家酒吧。那里暖和一点，令我们很愉快。在那
里，我们帮助其他同志打开左轮手枪的包装，把子弹装
入弹仓……所有的枪支都分发完毕，示威游行开始了。
前面是武装人员，后面是手无寸铁的人，然后是
妇女。[16]

当天其他报纸证实了德费尔特-卡斯佩尔的回忆。11月9日
早晨，柏林所有主要工厂的工人开始了总罢工，而兵工厂一直是
革命工会动员的焦点。[17] 像其他观察家一样，理查德·穆勒回忆
了在罢工和示威爆发之前带有欺骗性的平静和一切如常：

　　11月的一天开始了，天阴沉沉的，看上去和其他日
子没有什么不同。交通正常运转，工人们像往常一样涌
入工厂、办公室和商业场所。市民可以安静地享受平日
的清晨咖啡。哪里也感受不到革命气氛。但早餐后，气
氛变得热烈起来。令人难以置信，工厂里很快空无一
人，街道上挤满了人。城郊坐落着许多大型工厂，那里
举行了大规模的抗议游行集会，随后集会人群涌入市中
心。随处可见的大量手枪、步枪和手榴弹，表明这不是

一次和平示威。[18]

　　长长的抗议队伍从城市外围向威廉大街附近的政府所在地进发，工厂老板奥斯卡·明斯特伯格（Oskar Münsterberg）在日记中描述："正当我……走在威廉大街上，看到黑压压的人群……生动的群众运动场景。挂着红旗的汽车疾驰而过。有枪和没枪的士兵和平民像蜜蜂一样站在汽车内外，高喊'共和国万岁！'"[19]

　　最终，多数社会民主党领导层被迫放弃了温和立场。如果艾伯特和谢德曼不想把剩下的追随者都赶到独立社会民主党和革命工会那边去，就必须向他们发出更果断的信号。在当天上午与多数社会民主党工厂联络人的会议上，柏林党的领袖奥托·韦尔斯（Otto Wels）宣布，多数社会民主党将支持总罢工，这样多少可以重新赢得一些政治主动权。韦尔斯号召所有工人在社会民主主义的传统旗帜下进行"决定性的战斗"。[20] 此后不久，谢德曼宣布从巴登政府辞职。多数社会民主党领导层放弃了前一天与首相达成的妥协，现在坚定地站在了革命运动的领导位置。他们与独立社会民主党领导层建立了联系，讨论德皇退位、冯·巴登辞职，组建联合政府的可能性。艾伯特、谢德曼和奥托·布劳恩当天上午在国会大厦举行的单独会议上告诉格奥尔格·莱德布尔和威廉·迪特曼（Wilhelm Dittmann，革命工会代表），多数社会民主党支持罢工，如果威廉没有在当天中午之前退位，他们将号召其党员发动起义。莱德布尔回应说，他首先必须与党内同志商议，而迪特曼则立即表示同意成立一个联合政府。[21]

柏林起义成功的一个重要条件是驻扎在首都的军队能站到革命者一边。瑙姆堡燧发枪营在其中发挥了关键作用，当时所有的报纸都在描述该营"绝对"忠于皇帝。正如哲学家恩斯特·特洛尔奇在柏林革命爆发前两天所说："菩提树下大街的所有建筑都被军队占据了，包括瑙姆堡燧发枪营，军官认为他们对国王极为忠诚……事情看起来已经很严重了，但是我们对士兵们仍然满怀信心。"[22]

结果，仅仅两天之后，瑙姆堡营的一队代表来到国会大厦，要求多数社会民主党执委会派出一名成员，到他们的军营去做政治说明，这令多数社会民主党执委会成员大吃一惊。[23] 就在前一天晚上，当该营处于高度戒备状态并分发了大量子弹和手榴弹时，发生了不服从命令的情况。奥托·韦尔斯立刻答应了他们的要求，迅速赶往库普菲格拉本大街（Kupfergraben）的亚历山大军营，瑙姆堡营就驻扎在那里。他不顾军官们的阻挠，呼吁集结的士兵们支持革命，[24] "现在该是由你们结束流血的时候了。但是你们必须决定是否愿意举起武器来对抗你们的同胞［同志］，我不想问你们属于哪一方，如果你想让德国人民自己决定未来的命运，那么今天就站到社会民主党一边吧。确定这一点就高喊和平万岁！自由的德意志人民国家万岁！"[25]

在其他地方，革命者也很快说服军营里的士兵加入了革命。正如工人保罗·茂（Paul Mau）回忆的那样："当示威者经过军营时，警卫和平地让我们进去，他们知道这有风险。我们的目的地是警察总部，我们要占领那里。在路上遇到一些［警察］，他们可能不赞成眼前的事情，但大多数人很快看清了局势。他们解开警用腰带，扔掉的军刀和左轮手枪堆成了一座小山，一切都结束了。"[26]

诚然，11 月 9 日的行动并非在所有地方都是和平进行的，偶尔会遇到抵抗。中午前不久，一名军官在乔瑟大街（Chauseestrasse）军营前射杀了 3 名有"煽动性"的工人。[27] 当革命武装冲进亚历山大广场警察局时，还发生了交火。[28] 然而总的来说，柏林的革命是非常和平和成功的，正如克莱尔·德费尔特－卡斯佩尔所说：

> 我们的队伍没有遇到任何抵抗，沿着凯瑟琳－奥古斯塔街（Kaiserin Augusta－Allee）行进到皇宫桥。警察局的警卫被解除武装，煤气厂、工厂、军队医院、皇宫卫队、夏洛滕堡市政厅和工业大学被占领，一枪未发。我们的抗议队伍始终都有数千人，中午时分抵达国会大厦，其他抗议者……同志和朋友们一起来到这里。经过几个月的焦虑、恐惧和劳累之后，随处可见素未谋面的人们之间喜悦的拥抱和欢呼。[29]

就在 11 月 9 日上午 11 点之前，冯·巴登首相打电话给位于斯帕的前线指挥部，通知德皇，革命可能在几分钟而不是几小时内取得胜利，因为首都的卫戍部队正在向革命者投诚。德皇第一次愿意考虑作为德国皇帝退位（而不是普鲁士国王）的可能性。[30] 几分钟后，第二个电话接通柏林，巴登被告知"皇帝已经决定退位，你将在半小时内收到正在草拟的声明"。冯·巴登尽职尽责地等了 30 分钟，但再没有电话打进来。他多次试图联系斯帕，但没有接通。[31]

中午时分，数万人走上柏林街头示威要求建立共和国，巴登决定单方面采取行动。在没有得到威廉同意或知情的情况下，巴登通过沃尔夫电报局（WTB）——德国半官方的通讯社，发布了一份简短的公报，宣布德皇统治的结束，"德皇和普鲁士国王已经决定放弃王位。帝国首相将继续任职，直到与德皇退位、德意志帝国和普鲁士王国王储放弃王位、摄政窃取有关的问题得到解决。首相打算向摄政提议任命艾伯特先生为帝国总理，并起草一项法案，立即举行德国制宪会议全国选举，该会议的任务是最终确定德国人民未来的宪法……"[32]。

德皇退位的消息在德国内外迅速传播。来自莱比锡的音乐生埃塞尔·库珀写信给她在澳大利亚的姐姐艾米："德皇已经退位了。人们如释重负。只能听到一句评论，'感谢上帝——终于结束了！'……迄今为止，这些巨大的革命性变革有着完美的秩序和纪律，对此不得不感到钦佩。"[33]

当然，并不是每个人都满心欢喜。退位后不久，哈里·格拉夫·凯斯勒若有所思地写道："在克尼格雷茨街（Königgrätzer）和舍内贝格街（Schöneberger）的拐角处，他们正在出售特刊《德皇退位记》。我的喉咙好像被扼住了，霍亨索伦家族就此终结，如此可怜，如此轻易，甚至都不是事件的中心。"[34]

退位通告发布仅 35 分钟后，冯·巴登就在首相府接见了弗里德里希·艾伯特和议员代表团。艾伯特要求巴登立即移交政府权力，并坚称这是避免不必要流血的唯一方法。艾伯特还告诉冯·

114

巴登，他已经就独立社会民主党参与政府事务与之进行讨论，只要多数社会民主党占据大多数部长职位，艾伯特并不反对资产阶级政治家参与政府。在回答冯·巴登关于多数社会民主党和独立社会民主党是否有能力防范暴力的问题时，谢德曼回答说，柏林的所有军队都已经拥护社会民主党。[35]

115　零时 30 分左右，柏林卫戍司令亚历山大·冯·林辛根通知普鲁士战争部部长海因里希·施吕克（Heinrich Schëuch），他麾下的大多数部队正在组建士兵委员会，估计他们不会再按照命令向示威者开枪。[36] 施吕克本人也参加了与艾伯特的讨论。帝国首相仍然试图争取在威廉退位后进行摄政，但艾伯特断然排除了这种可能性，称现在为时已晚。[37] 面对首都街头的革命局势，并接受了不再有任何效忠于他的军队可供调遣的事实后，马克斯·冯·巴登向艾伯特交出了帝国首相的职位。[38]

艾伯特坚信，这是防止陷入混乱和“俄国状态”的唯一可能的方案。他从根本上拒绝布尔什维克式的革命，并希望德国的政

116　治制度和平转变为议会民主。在与冯·巴登的最后一次谈话中，他坚称共产主义革命是他最不想要的事情，“我不想要，是的，我仇视它，就像仇恨罪恶一样”[39]。

艾伯特的话证明了多数社会民主党背离革命的、正统的马克思主义根源有多远。到 1918 年，其政治目标早已转向逐步建立议会民主制，为所有成年德国人争取完全平等的投票权，改善工厂的劳动条件，以及扩大国家福利范围。所有这些目标都将通过改革来实现。艾伯特非常清楚，与沙皇俄国不同，德意志帝国不是一个专制国家。尽管德国的半独裁宪法限制了议会对政府的制

约，但德国工人阶级长期以来一直享有俄国普通工人梦寐以求的
权利——从组织工会的权利、男性普选权到社会福利。1914 年，
大多数德国工人都会同意，即使社会和经济不公正现象一直存
在，但他们从改革中获得的利益多于从革命中获得的利益。[40]

为了充分理解艾伯特对布尔什维主义的强烈看法，就需要明
白布尔什维克革命及其带来的内战与远方革命运动之间快速的呼
应，就像一座灯塔，为那些渴望对社会经济和政治进行暴力变革
的人带来希望。[41] 对于那些反对布尔什维克革命的人来说，1848
年春马克思和恩格斯在《共产党宣言》中所说的"共产主义的幽
灵"，实际上在 1917 年后的欧洲，每个人都更为强烈地感受了。
在 1914 年之前，马克思主义激发的革命暴力仅限于极"左"的
地下运动，这些运动是对国王们进行个人暗杀。布尔什维克革命
改变了一切。

德国的保守派和自由派政治家，甚至像艾伯特这样的社会民
主党人，都对俄国的事件感到恐惧，担心类似俄国革命的事情可
能在他们自己的国家重演。[42] 德国一份社会民主党报纸发表了一
篇关于布尔什维克"无限恐怖主义"的长篇文章，在德国大使米
尔巴赫（Mirbach）伯爵于 1918 年 7 月在莫斯科住所被社会主义
革命者枪杀后，报纸对俄国局势的批评更多了。[43] 列宁或托洛茨
基关于世界革命、在欧洲建立共产党和布尔什维克领导革命的劝
诫，进一步加剧了人们对革命蔓延的恐惧。[44]

德国等国都认为，第一个也是最直接的"传染"后果是 1918
年的芬兰。由于其在俄罗斯帝国内的自治公国地位，即使在
1914—1918 年约有 1 500 名芬兰人自愿站在俄国或德国一边作

117

战，芬兰在第一次世界大战中仍一直保持中立。[45] 尽管没有经过大战的"野蛮化"，但芬兰经历了 20 世纪最为血腥的内战。在三个多月的冲突及其余波里，超过 3.6 万人（占总人口的 1%）死亡。[46] 内战的序幕在 1917 年 11 月中旬拉开，当时在俄国革命的影响下，芬兰工会、社会民主党和奥托·库辛宁（Otto Kuusinen）领导的芬兰布尔什维克联合起来，呼吁举行总罢工，武装赤卫队与主张芬兰独立的支持者进行对抗。

12 月初，中右翼的佩尔·埃文德·斯温霍夫（Pehr Evind Svinhufvud）政府宣布脱离革命的俄国，一个多月之后，赤卫队在彼得格勒的支持下推翻了赫尔辛基政府。当斯温霍夫登上破冰船逃离波罗的海时，一个新政府——人民代表委员会——成立了。事件的脚本似乎遵循了几个月前彼得格勒布尔什维克革命的熟悉过程，实际上，所谓俄国干预芬兰革命（的确发生了）的作用是微不足道的。[47]

尽管事实上芬兰内战以白军的胜利而告终，但西方的观察家们仍然对此感到担忧。"布尔什维主义"或类似的思想并不是俄国特有的，它显然正在向西蔓延——1918—1919 年的中欧革命强化了这一印象。同时代的人也许会用 1918 年夏天开始的全球流感大流行来作比较，把布尔什维主义说成是一种必须加以控制的病毒或瘟疫。这就是艾伯特决定担任帝国首相并尽最大努力防止事态陷入混乱的背景。当天的《前进报》特别版刊登巴登的退位声明后不久，艾伯特通过散发大量传单向德国人民发表了讲话，以强调这一点，[48]"前德意志帝国首相马克斯·冯·巴登亲王……把帝国首相的职位交给了我……新政府将是一个人民政府。它必须努力尽快给德国人民带来和平，并确保已经实现的自由。同胞们！我请求大家支持我们去完成摆在面前的艰巨工作"[49]。

然而，艾伯特的和解态度，以及政府要求抗议者离开街道，以便恢复法律和秩序，起初抗议者们似乎对此置若罔闻。下午2点，柏林街头的大部分抗议者已经到达他们的目的地：首都中心的国会大厦。很明显，他们想要的不仅仅是已经控制政府的政客们的几句缓和的话，他们需要的是一份振奋人心的公开声明，来保证人民的声音已经被听到。但艾伯特意不在此。相反，国务秘书菲利普·谢德曼（多数社会民主党）愿意转向那些在国会大厦前等待的人。据他自己说，这样做是因为一群进入国会大厦餐厅的工人和士兵的敦促，而且他想先于卡尔·李卜克内西宣布议会共和国成立。[50] 从国会大厦的一个窗口，他喊道：

德国人民一直在取得胜利。腐朽落后的已经坍塌，军国主义完蛋了！霍亨索伦家族已经退位了！德意志共和国万岁！副首相艾伯特被宣布为帝国首相，艾伯特被授权组建新政府。全部社会主义政党都会参加这个政府。我们现在不允许这一辉煌的胜利、这一德国人民的彻底胜利遭到玷污，这就是为什么我要求你们确保公共安全不受干扰！我们必须能够在未来为这一天感到骄傲！后来者是没有什么可以责怪我们的！平静、秩序和安全是我们现在需要的！……确保我们将要建立的新德意志共和国不受任何威胁。德意志共和国万岁![51]

图 6.1　1918 年 11 月 9 日，柏林大规模示威的高潮，成千上万人聚集在国会大厦前的科尼格广场（Königsplatz），见证菲利普·谢德曼在大楼的阳台上宣布德意志共和国成立。

　　艺术家珂勒惠支也在国会大厦前，她在日记中写下了自己的印象："今天真的发生了。下午一点钟后，我穿过蒂尔加滕（Tiergarten）来到勃兰登堡门，那里正在散发确认退位的传单。一列示威者正走出大门。我加入了……谢德曼向窗外宣布共和国成立……然后，我加入了人群，沿着威廉大街［在政府辖区——罗伯特·格瓦特］向前走了一会儿……我看见士兵们笑着撕掉他们的帽徽，扔在地上……现在就是这样，一个人亲身经历了，但无法完全描述……"[52]

　　尽管国会大厦外的人群对谢德曼的演讲报以极大的热情，但艾伯特对谢德曼的声明并不满意。当谢德曼回到餐厅时，愤怒的德国首相用拳头猛砸桌子，并说德国未来的政府形式不由谢德曼决定，而是要由尚未选出的国民议会决定。

　　虽然谢德曼的声明对艾伯特来说太过分了，但更倾向革命的社会主义者认为这还不够。就在谢德曼宣布德意志共和国成立两个小时后，红旗在霍亨索伦家族居住的柏林城市宫屋顶升起。在一个有金色栏杆、铺着红毯子的阳台上，出现了极左翼领导人卡尔·李卜克内西。[53] 李卜克内西宣布成立"自由的德意志社会主义共和国"，"将欧洲变成停尸房的资本主义统治被打破了。"他兴奋地喊道。但随后李卜克内西明确表示，革命的实际工作还在后面，目标必须是建立一个"工人和士兵的政府，一个无产阶级政权，一个和平、幸福以及实现我们德国兄弟和全世界兄弟自由的新的国家秩序。我们向你们伸出双手，呼吁你们完成世界革命"[54]。

　　德国工人运动不同派别之间的关系本来已经很紧张，李卜克内西的讲话无疑具有巨大的爆炸性。为了不让这种紧张局势升级为一场激烈的自相残杀的斗争，为了不惜一切代价防止德国出现类似于 1917 年 11 月布尔什维克革命后俄国的情况，艾伯特决心与独立社会民主党一起组建政府。它拥有人民代表委员会的革命头衔，多数社会民主党和独立社会民主党各有 3 名代表，在 1917 年因对战争的不同态度而分裂的两个政党又重新聚集在政府中：3 名多数社会民主党人是艾伯特、谢德曼和代表多数社会民主党右翼的上西里西亚律师奥托·兰茨贝格（Otto Landsberg），3 名独立社会民主党人是哈斯（Haase）、威廉·迪特曼和埃米尔·巴特（Emil Barth）。艾伯特领导政府。[55]

120

　　这个委员会代表了社会民主党活动的整体。德国人并不是只知道艾伯特和谢德曼，例如，威廉·迪特曼多年来一直是左派的英雄人物，1874 年他出生于奥伊廷（Eutin），当过木匠，在很小的时候就加入了社会民主党和金工工会。1912 年他成为社会民主党国会议员，1914 年战争爆发，他成为社会民主党"政党休战"政策最直言不讳的批评者之一。1915 年，他因拒绝同意战争债券，违反了党的纪律，因而被社会民主党开除。1918 年 1 月因领导罢工而被判处五年监禁。

　　他的同事埃米尔·巴特是独立社会民主党党员、委员会成员，是一名来自海德堡的管道工，于 1879 年出生。他在大战服役期间加入了独立社会民主党，并于 1918 年 2 月崭露头角。理查德·穆勒被捕后，他成为有影响力的革命工会领导人。从那以后，巴特一直在秘密地为下一次革命储备武器和弹药，他在 11 月柏林示威游行中扮演了核心角色，最终导致马克斯·冯·巴登的下台。

　　因此对于德国公众来说，人民代表委员会的成员都不陌生。然而，没有人能确定多数社会民主党和独立社会民主党之间艰难的联盟在政治上意味着什么。比如著名历史学家弗里德里希·梅尼克就曾怀疑，在国家危难之际，社会民主主义是否会奋起应对统治德国的挑战，"这是现在最紧迫的问题：他们之前在战争期间爱国、稳健的立场究竟只是一种策略、一种单纯的算计，还是真正内心的转变？他们会认真尊重多数民主的意愿，还是会被无产阶级专政的前景所吸引？"[56]

　　虽然多数社会民主党和独立社会民主党对未来的政府形

式——议会民主国家或苏维埃共和国——存在很大分歧，但至少在一个问题上达成了共识：战争必须尽快结束。与冯·巴登政府一样，艾伯特和委员会把希望寄托在美国总统威尔逊身上，但没有人知道停战协定具体是什么样子。尽管德国代表团于 11 月 9 日抵达贡比涅森林，也就是革命成功终结霍亨索伦王朝的那一天，但对于协约国的具体情况还一无所知。

7. 西线媾和

    1918 年 11 月 6 日，冯·巴登政府收到革命从基尔蔓延到汉堡等地的消息；格勒纳将军报告，军事抵抗只能维持很短的时间；马蒂亚斯·埃尔茨伯格（Matthias Erzberger）被任命为即将举行的停战谈判的德国首席谈判代表。[1] 埃尔茨伯格当天离开柏林，他的公文包里有一份威尔逊前一天的照会和一封首相的授权信。[2] 他首先前往比利时斯帕的最高陆军司令部，在那里他与包括兴登堡在内的高级将领们进行了简短的会晤，兴登堡注意到这次谈判是由政治家而不是军人来主导，但表示支持埃尔茨伯格的使命。[3]

    11 月 7 日，一顿迟到的早餐之后，埃尔茨伯格和德国代表团的其他成员乘坐汽车离开斯帕，共 5 辆汽车组成了车队，接近希迈（Chimay）附近的前线。路上的种种意外减缓了他们的速度。道路被撤退的德国军队堵塞，还发生了一起车祸，包括埃尔茨伯格乘坐的车在内的两辆车受损，但没有造成人员受伤。他们乘坐其余未受损的汽车继续穿越比利时，黄昏时分抵达希迈。车队从希迈继续前进，穿过堵塞和泥泞的道路，于晚上 7 点 30 分抵达特雷伦（Trelon），在那里，埃尔茨伯格不得不再次等待一队工兵清除为掩护撤退而埋设的地雷。代表团于晚上 9 点 20 分越过德国外围阵地，此前分配给代表团的一名号手向敌人示意德国代表团已经靠近。他们挥舞着白旗开车穿越无人区，在越过德军阵地仅 150 米后就看到了第一批法国士兵。

福煦元帅的参谋长马克西姆·魏刚（Maxime Weygand）将军 123 回忆了那天晚上德国人的到来：

> 夜幕降临，天气恶劣，细雨淅淅沥沥，浓雾却没有消散。晚上 8 点，哨兵终于察觉到了一丝光亮，他们听到几个音符的小号声，意思是"不要开火"。几秒钟后，一列车队开着前灯冲上公路。在前方路面，第一辆车上有一面巨大的白旗在黑夜中闪闪发光，一个小号手笔直地站在踏脚板上，不停地吹着。士兵做出一个手势让汽车停下，一名 25 岁的年轻上尉走上前去。他是第 171 步兵团上尉营长勒吉利耶（Lhuillier），他认出了议员们，爬进了五辆车中的第一辆……他们继续前往拉卡佩勒（La Capelle）。号手吹着"请注意"，我们的部队看到了四年艰苦战斗的最后画面。[4]

从拉卡佩勒出发，代表团乘坐法国车辆继续前进。车队在布满深深车辙的道路上缓慢行驶，最终在凌晨 1 点左右抵达圣昆汀（Saint Quentin）附近霍默利埃（Homblières）的法国第 1 集团军司令部，司令部设在一座牧师住宅里，第 1 集团军司令德贝尼（Debeney）将军与他们共进晚餐。一小时后，他们继续向绍尼

（Chauny）前进。[5]

玛丽-欧仁（Marie-Eugène）将军的第 1 集团军在协约国的反攻中发挥了决定性作用，突破了兴登堡防线。与他共进晚餐后，德国代表团被送往完全被战火摧毁的小镇泰尔尼耶（Tergnier）的火车站，那里停着一列挂着拿破仑三世专用头等车厢的火车。[6] 干邑白兰地端了上来，火车离开车站，驶向一个未知的目的地。窗帘已经拉上，在旅途中不能打开。11 月 8 日早上 7 点，也就是事先选定的那一天，火车停在一片森林里，埃尔茨伯格看到还有一列火车停在大约 100 米外的邻轨上。列车工作人员被禁止回答任何有关所处位置的问题。直到 11 月 10 日，德国代表团似乎还不知道自己在哪里。当虔诚的天主教徒埃尔茨伯格表达了想在周日早上参加弥撒的愿望时，被告知这是不可能的，因为福煦元帅正在离雷通德（Rethonde）最近的教堂参加弥撒，埃尔茨伯格才明白火车一定停在了贡比涅森林。

124　　德国代表团乘坐的火车停下两个小时后，他们被告知福煦元帅将于上午 10 点接待他们。埃尔茨伯格穿着普通的旅行装，带领德国代表团跨过铁轨。[7] 在福煦的头等车厢里，德国人坐到指定的谈判桌座位上。福煦在英国海军大臣罗斯林·韦姆斯（Rosslyn Wemyss）爵士、海军次长乔治·霍普（George Hope）少将以及参谋长魏刚的陪同下走进车厢，他简单地行了一个军礼。埃尔茨伯格很惊恐，因为没有美国人参加谈判。[8]

福煦的态度是意料之中的冷淡，他对自己的德国对手极不信任，而德国人也认为他是法国复仇心的化身。[9] 在埃尔茨伯格的回忆录中，福煦被描述为"一个身材矮小的人，有着坚毅、充满活力的特质，立刻暴露了他喜欢命令别人的习惯……"[10] 福煦看了冯·巴登给埃尔茨伯格的授权信，然后带着几分虚伪的口气问德国代表团来找他有没有什么顾虑。埃尔茨伯格说，自己是来听取关于停战的建议的。福煦反驳说，他没提过这样的"建议"。埃尔茨伯格补充说，他们是按照威尔逊总统 11 月 5 日最后一封照会的建议而来，并大声朗读了原文，福煦这才要求魏刚用法语说出停战的条件。

对于德国人来说，协约国提出的条件是很难接受的，就在几个月前，他们还以为胜利将很快证明四年的牺牲是值得的。德国军队被要求立即从侵占的法国、比利时和卢森堡领土，以及 1871 年被德国吞并的阿尔萨斯–洛林地区全部撤出，共计大约 190 个师。莱茵河西岸的德国领土将被法国军队占领。令柏林拥有对东欧大片土地控制权的《布列斯特–立托夫斯克和约》，被要求立即废除，同时德国还要向协约国交出大量武器及公海舰队。为了确保在签署正式和平条约之前德国遵守要求并表现良好，英国对德国的海上封锁将继续下去，从而威胁大部分德国平民的生计。

惊呆了的埃尔茨伯格要求将这些情况电告柏林和斯帕的德军总部，但被福煦拒绝，他说，这些文件只能以加密电报的方式或通过信使送达，以防止过早泄露。由于埃尔茨伯格做不到加密，他要求福煦将答复条件的截止时限从 72 小时延长至 96 小时，因为信使至少需要 12 小时才能到达斯帕。福煦怀疑德国人会利用这段时间重整旗鼓，进一步加强防御。因此，他拒绝延长时限以及埃尔茨伯格关于在谈判期间临时停战的请求。福煦还宣布，任何情况下都不会讨论停战的条件，这些条件德国要么接受，要么

125

拒绝。[11]

德国与协约国的第一次会议只持续了 45 分钟，显然后面不会有真正意义上的"谈判"。即便如此，埃尔茨伯格还是成功地说服福煦，后者同意当天下午晚些时候让德国代表团与自己的部下进行"解释性讨论"。与此同时，埃尔茨伯格派随行的一名军官——未来的党卫军将领兼柏林警察总监沃尔夫-海因里希·冯·赫尔多夫伯爵（Wolf-Heinrich Count von Helldorf）去斯帕。赫尔多夫奉命向最高陆军司令部转告停战条件，并报告说，协约国在停战的关键问题上，预计不会有任何让步。代表团所能指望的只是在执行福煦的条款时得到一些微小的让步。[12]

11 月 8 日，埃尔茨伯格通过无线电与斯帕联系，报告停战谈判的艰难开端，并询问即使无法得到任何让步是否也应签署停战协议。如果政府指示他接受协约国的条件，他希望首先要提出如下抗议："然而，为德国与其敌国之间的真诚起见，签字人本着自己良心，有责任指出，执行这些条件必然使德国人民陷入无政府状态和饥荒，可能会出现无法继续履行所有义务的情况，德国政府和人民不能对此负任何责任。"[13]

当埃尔茨伯格等待柏林和斯帕的指示时，随行的高级军官也
126   会见了霍普和魏刚，并试图向协约国说明这一观点。如果德国接受强加给它的条件，德国就将陷入布尔什维主义，无政府状态和大饥荒将可以预料。就协约国而言，他们怀疑德国可能会把从比利时和法国撤出的军队重整旗鼓，继续战斗下去。[14]

第二天，11 月 9 日，埃尔茨伯格提交了德国的撤军时间表、在德国领土上建立桥头堡，以及要交出的战争物资和机车数量的

书面反对意见。收到意见的魏刚将军指出，这些讨价还价前一天已经被驳回，无须再议。[15]

福煦当天在附近历史悠久的小镇桑利（Senlis）会见了法国总理乔治·克列孟梭，讨论停战谈判的进展。当克列孟梭问福煦是否仍然对停战持保留意见时，福煦回答说，他只看到了此时停战的好处。在他看来，继续战争很可能使另外 5 万～10 万法国人丧生。福煦似乎也对德国人"崩溃"的程度感到十分惊讶，他原以为停战条款会遭到激烈的反对。[16]

时间从周六晚上流逝至周日早上，德国最高陆军司令部通知埃尔茨伯格，德国已经成立了一个新政府。此时，埃尔茨伯格和他的代表团还不知道德皇已经退位，只知道艾伯特是新的帝国首相。[17] 虽然新政府未来的政治进程充满不确定性，但代表团仍继续尽最大努力寻求更有利的停战条款。周日上午，双方代表进行了激烈讨论。讨论结束时，德国人没有在放宽停战条件方面取得任何进展，协约国也没有注意到德国有发生布尔什维克革命的危险。相反，韦姆斯表达了自己的担忧，即由于政府更迭，德国代表团可能不再具备继续谈判的合法性。德国发生的事件也在更高的层面上引发了不确定性。克列孟梭询问劳合·乔治是否可以来巴黎，以便迅速做出决定，然而英国首相无法在 13 日之前来到巴黎。与此同时，外交大臣寇松（Curzon）被授权代表英国政府做出决定，因为他已经身处巴黎。[18]

127

在埃尔茨伯格得到新政府的授权之前，最高陆军司令部于 11 月 10 日晚 8 点用无线电通知他需要继续谈判的条件。兴登堡关心的主要是延长撤离期限、要求东非光荣投降、减少要缴出的战争物资数量以及结束英国的海上封锁。"如果不能坚持这些条件，"兴登堡补充说，"你无论如何都应当达成停战协议。"一旦出现这种情况，埃尔茨伯格将在"威尔逊的激烈抗议下"签署协议。[19]

与此同时，克列孟梭指示德国代表发表两项声明：第一，确认他们代表德国新政府；第二，新政府承诺执行停战条件。[20] 至少在第一点上，埃尔茨伯格能够在 11 月 10 日晚上做出肯定的答复。在斯帕的司令部发来电报两个半小时后，艾伯特政府发来的一条指示到达了贡比涅，新政府"授权"埃尔茨伯格签署停战协议。新的指示包含了对个别条件的保留声明。艾伯特称，新政府将满足停战条件，但要求协约国做一些让步：放弃"在待撤离地区，本应供应军队的供养"，并迅速结束封锁，以保证德国居民的食物。此外，艾伯特还要求保罗·冯·莱托-沃尔贝克（Paul von Lettow-Vorbeck）将军指挥下的未尝败绩的德国东非殖民军光荣投降。[21]

当天晚上，魏刚在一份"正式通知"中提醒埃尔茨伯格，德国接受停战条款的最后期限是第二天上午 11 点。埃尔茨伯格告诉福煦，谈判可以彻夜进行。德国代表团准备好抗议声明后，最后一轮会谈于 11 月 11 日凌晨 2 点 15 分开始。尽管有相反的指示，但福煦在一些较小的问题上迁就了德国代表团。德国"仅仅"需要交出 2.5 万挺机枪，而不是最初要求的 3 万挺，飞机数量从 2 000 架减少到 1 700 架，卡车从 1 万辆减少到 5 000 辆。更重要的是，对莱茵河东岸中立区的划定就发生了变化，它的纵深被设定为 10 公里，德军将在 6 天内撤离。德国政府要求的东非殖民军"光荣撤退"也被接纳了。关于德国东线的决议更为重要，埃尔茨伯格设法说服福煦相信，德军立即撤退将使当地民众受到布尔什维主义的影响，因此撤退的最后期限没有明确。然而在对德国进行封锁的问题上，福煦依旧不依不饶。他只是说，协约国将审查给养的交付，但没有确定何时开始。[22]

埃尔茨伯格宣读了正式抗议，警告这些条款的实施将使德国陷入无政府和饥荒状态。尽管他提出了抗议，但还是在 11 月 11 日凌晨 5 点 20 分签署了停战文件。不到 6 个小时后，即法国时间上午 11 点，西线的枪炮声沉寂下来。第一次世界大战已经结束——至少在西线是这样。[23]

德国对停战条件的反应比人们想象的更为复杂。可以肯定的是，绝大多数德国人都深感不满，认为这是协约国的报复行为，无论是否如此，就算不是一个极端民族主义者，也会批评停战条款。1918 年 11 月 11 日，周一，珂勒惠支哀叹："停战协议的条款太可怕了。我们只能希望和平条约会带来更好的条件。"[24] 当时在阿尔萨斯的阿尔弗雷德·德布林也有同样的感受："我们跌得有多惨。所有人都兴高采烈，搬运、抢劫、想着发财，而我们在一夜之间以一种史诗般的方式被击倒在地。"[25] 然而，此时人们也感到相当欣慰，毕竟战争终于结束了，迄今为止革命并没有想象的那么暴力，特别是与俄国和芬兰相对照。正如德布林所说："几天前，我去拜访一位军官，他的孩子生病了，他的妻子对我说：'如果他们废黜我们的皇帝，那么我就不想活了。'她说话的时候是平静的，完全是真诚的，但现在我又见到了她，她还活着，只是在担心她的家具。"[26]

就像德布林所说的阿尔萨斯的军官妻子一样，旧帝国的精英

129   们也欣慰地看到，德国并没有发生他们原本预计的暴力狂欢。11 月初，作为帝国的既得利益者，许多德国贵族认为自己的命运将如 1793 年的路易十六，或是与 1918 年 7 月和家人、仆从一起惨遭杀害的沙皇一样走上不归路。令他们惊讶和欣喜的是，革命期间几乎没有发生任何针对他们财产或生命的暴力行为。例如，卡尔·安东·罗翰亲王（Karl Anton Prince Rohan）记录了他对于从东线回到一个支离破碎的家的恐惧，但令他非常吃惊的是，在回来的那天晚上，父母的城堡仍然矗立着，亲朋好友在大客厅里愉快地听着弦乐四重奏，"我们内心爆发了巨大的惊喜。如此看来，世界终究没有崩塌？"[27]

最重要的是，那些从战争中幸存下来的人对终于停战感到宽慰。维克多·克莱普勒强烈批评了"法国人的残忍"，尽管如此，他仍对和平成为现实感到欣慰：[28]

> 11 月 10 日下午四点半，从考纳斯打来的电话传递了即将停战的消息，我首先想到的是：战争结束了！从那时起，我就没有耐心了。我现在想逃离这种无意义，逃离这种混乱，我曾为了证明自己的存在，到处挥霍生命，这已不再令我满意；我当兵的时间已经够长了，我曾经是一个牵线木偶，被别人牵着，我想要自由，我想要成为一个独立个体，我想要成为一名学者，我想要做我自己。我的行为不爱国吗？也许吧，但是破碎的祖国现在需要各类训练有素的劳动者，而在所有劳动者中，也许最迫切需要的是教师。我属于讲台。[29]

与此同时，克莱普勒和其他德国中产阶级一样，对失败深感悲痛。在莱比锡写给妻子伊娃的一封信中，克莱普勒写道："这是疯狂的时刻，比 1914 年 8 月更离奇、更不可思议。当时热情高涨，今天却成了审判日。根本看不进书，也不想做任何事。"[30]

写完这封信后不久，克莱普勒设法爬上了一列开往德国的拥挤的火车。"我伸了个懒腰，裹着一条不知从哪里弄来的毛毯，靴子放在垫子上，俨然一个胜利的革命者。火车开动了。我入睡前的最后一个想法是，现在战争真的结束了。"[31]

8. 年轻的共和国面临的挑战

当第一次世界大战接近尾声时，弗里德里希·艾伯特和新成立的人民代表委员会花费了大量精力，处理众多的紧迫的日常问题。在德国最严重的危急时刻接管政府并不是一个好主意，艾伯特政府需要签署一项条件尚不清楚但不太可能有利的和平条约，以确保饥饿的人们能得到充足的食物供应，更广泛地说，要稳定混乱的经济，将不得不重新接收数百万退伍军人，并且避免内战的真正风险。[1] 对于一个缺乏经验的政府来说，这些问题都是巨大的挑战。德国刚刚输掉了一场规模和破坏性空前的战争——在这场战争中，1 300 多万德国人（占该国 1914 年人口的近 20%）服役，200 万人死亡。此外，约有 270 万德国士兵在战争中受到身体或心理上的伤害。[2] 与战胜国不同，在失败之后，如何证明子弟父兄的牺牲是值得的，这一问题在未来几年一直困扰着（割裂）德国民众。[3]

此外，在 1918 年 11 月 11 日签署停战协议时，有大约 600 万德国士兵仍没有放下武器。他们分散在西欧（法国西北部和比利时），横亘于中东欧至中东的地域。现在，成千上万的人从法国、俄国、土耳其回国了。[4] 他们中的许多人被回家的渴望冲昏了头脑，干脆自己出发了，而其他很多人则像阿尔弗雷德·德布林一样，还在等待着有秩序的复员和返回德国。德布林是 1918 年 12 月初从阿尔萨斯回来的： 131

> 我们旅行了几天，有一个人冻死了……一天，我从维尔茨堡（Würzburg）货运站出发，在镇上散步，看到城堡顶上有一面红旗飘扬，清晰可见，一面红旗！人们可以看到写有"共和国城市长官"字样的海报，我们旅行到了一个什么样的世界？几天都只能看到维尔茨堡当地的报纸，标题写着"从柏林统治下解放"。老调一遍又一遍：神职人员在宣扬巴伐利亚的骄傲，同时展示着"柏林的恐怖"。星期三，在柏林……看到一排排的人，从波茨坦广场到腓特烈斯海因（Friedrichshain）。在无尽的游行队伍中，人们看到了红色的领结、红旗和无产阶级的口号，如果没有这些景象，我无法认为这是一场革命，它更像是大规模而有序的小资产阶级行动。我必须先找到我的方向。[5]

这种无所适从的感觉对步行或坐火车回到家乡的士兵们来说 132 是很普遍的，在那里他们受到了同样处于困惑中的新秩序代表的欢迎，他们不知道经过四年战斗后全副武装回国的人会有什么样的期待。[6] 军队的回归对于共和国来说是一个重大的挑战，也是那个时代非常突出的一个文学创作对象。在阿尔弗雷德·德布林关于革命的四卷本小说《1918 年 11 月》中，受了重伤的上尉弗里德里希·贝克尔回到柏林，在那里他参加了无数次政治集会，但没有找到满意的答案。贝克尔曾是一名古典文学教师，他回到了原来的学校，但校长告诉他没有适合他的工作。由于找不到工作，贝克尔陷入严重的精神崩溃。

贝克尔不是唯一一个从战争归来并感到绝望的文学人物。埃里希·玛利亚·雷马克（Erich Maria Remarque）创作的畅销战争小说《西线无战事》（1929）中的主角保罗·鲍默非常强烈地表达了这一点。他说："如果在 1916 年回到家乡，以我们的力量和经历的苦难，可能会掀起一股风暴。现在，如果我们回去，我们将疲惫不堪、支离破碎、筋疲力尽，没有根基，没有希望。我们再也找不到方向了。在我们之前成长的一代人不会理解我们——虽然他们已经和我们一起度过了这些年，但已经有了家庭和职业；生活将回到旧日的地方，战争将被遗忘，在我们之后成长起来的一代人将对我们感到陌生，并把我们扔到一边。即使对我们自己来说，我们也是多余的……最终我们会陷入毁灭。"[7]

战争在德国街头随处可见，身无分文的伤残退伍军人在那里讨钱。在社会的上层也能强烈感受到年轻人的缺席。德国贵族在战争中伤亡的比例特别高，大约 4 500 名贵族军官——占了 18 岁以上德国贵族男子的整整四分之一——死在了大战的战场上。[8]在战争中幸存下来的军官和普通士兵身上，经常会留下看不见或看得见的伤疤——从失去四肢到"炮弹休克"。[9] 在维基·包姆（Vicki Baum）的畅销小说《大饭店》（*Menschen im Hotel*，1929 年）中，以柏林豪华的阿德隆大饭店（Adlon Hotel）为背景，战争的伤疤被拟人化为一个叫奥特恩施拉格的医生，他因在战争中受伤只剩下半张脸，"他的另半张脸是不存在的，只有一个弯曲、缝合、折叠起来的烂摊子，在接缝和伤疤之间，有一只玻璃眼睛凸了出来"[10]。奥特恩施拉格称这只假眼为他的"佛兰德斯纪念品"，它体现了酒店迷人的外表与破碎生活的残酷现实之间的鲜明对比。"这太可怕了，"他说，"世界是一颗死星，它不再温暖我们。"[11]

133

正是在这样看似或实际存在的蔑视的背景下，以及如何让退伍军人重新融入新共和国的困难处境中，1918 年 12 月 10 日，艾伯特在柏林勃兰登堡门迎接回国的部队时说："没有敌人打败你们。"当时一名女性旁观者在日记中写道："炮兵、大炮、马匹、头盔，都用彩纸、冷杉枝和丝带包裹着，看起来很美，但也很难过。过去，我一直害怕看到撤退。在亚历山大广场，一片喧嚣……孩子们坐在大炮上，士兵和他们的女儿骑在马上。大家一起游行，一片欢腾，仿佛一支胜利的军队凯旋。在勃兰登堡门，他们受到了以艾伯特为代表的共和国的欢迎。"[12]

134

艾伯特的话是出于一种愿望，即新政权在面对右翼反动势力或那些主张在德国进行革命的人的挑战时，能够得到军队的支持。虽然驻扎在后方的水手和士兵发动了十一月革命，但艾伯特很清楚，政权更迭并非受到军队的普遍欢迎；相反，一些前线部队，尤其是西线部队，与驻扎在德国后方、大本营的部队之间出现了严重的裂痕。在东线和国土防卫军的军营中，绝大多数军队都废黜了军官，建立了士兵委员会，并宣布坚决支持革命和发动革命的水兵。相比之下，作战部队（人数比后备师和国土防卫军少得多）仍由旧的军官团指挥，11 月 11 日之后，他们在旧帝国政权的黑、白、红三色旗下，跨过莱茵河回国。战斗部队指责后方背叛了他们的牺牲，对所谓懒惰、未经考验和无聊的"后方猪"（Etappenschweine）的长期怨恨在失败时变得更强烈。在这些全副武装、身经百战、深感怨恨的前线士兵中，一些人以暴力反对政权更迭的可能性相当大，这是艾伯特无法估计的。[13]

正是出于这个原因，为了解决在几个月内遣散 600 万人这一异常艰巨的任务，艾伯特与最高陆军司令部威廉·格勒纳将军达成了一项务实的协议，作为鲁登道夫的继任者，格勒纳并不十分教条。这项协议经常被错误地嘲笑为与旧帝国军队的浮士德式的协定。11 月 10 日，格勒纳向艾伯特保证武装部队的忠诚，并接受新的政治现实。作为回报，艾伯特承诺，政府将对酝酿中的极左翼起义迅速采取行动，他将召集国民议会大选，专业军官团将继续掌握军事指挥权。[14] 从格勒纳和兴登堡的角度来看，这相当于一次损害控制的演习，因为它在革命后德国的环境发生巨大变化的情况下，为地位大不如前的旧军官团保存了一定程度的影响力。

135　　少将阿尔布雷希特·冯·泰尔（Albrecht von Thaer）在 1918 年 11 月 20 日给他妻子的信中写道，兴登堡和格勒纳"认为只能把我们的人民比作发高烧的病人，随着时间的推移，高烧会自行退去的"。他补充说，他非常钦佩兴登堡和格勒纳展现的平静。[15] 在 1939 年出版的回忆录中，格勒纳详细记录了"最高陆军司令部与艾伯特结成的同盟"。11 月 10 日，他以兴登堡的名义将军队交由新政府调遣，并宣称他期待艾伯特在"打击布尔什维主义""维持军队内部秩序和纪律"等两方面都给予支持。[16] 7 天后，格勒纳写信给他的妻子，说他和兴登堡都希望尽可能长时间地支持艾伯特，他个人认为艾伯特"是一个正直、诚实和得体的人，这样马车就不会进一步向左滑去"[17]。

这一安排得到了高层军官们的广泛支持，一部分原因是这意味着军队仍可以在战后世界发挥作用，另一部分原因是人们真正担心德国可能陷入混乱和布尔什维主义，"如果斯巴达克联盟掌权，这必然会导致内战，就像在俄国一样。此外，协约国还将派遣部队建立秩序。尽管迄今为止经历了种种灾难，但到那时，我们不得不面对发生在我们国家土地上的战争。这就是为什么人们必须投票给艾伯特的追随者或是一个资产阶级民主主义者！"[18]

尽管格勒纳与艾伯特达成了协议，但复员过程的确是复杂的，这不仅仅是把士兵变成平民那样简单。战争经济不得不转变为战后经济，无数军火工厂被关闭。这一过程尤其影响到战争期间被招募到工厂的妇女。[19] 1914—1918 年，在战争相关行业工作的妇女的工资大幅增加，以满足对军火工人的迫切需求。[20] 在其他职业生活和公共领域，妇女的存在也变得更加明显。例如，从 1914 年到 1918 年，德国大学录取的女性增加了约 77%。[21]

女权活动家亨丽埃特·弗斯（Henriette Fürth）在 1917 年出版的《德国女性的未来》一书中，捕捉到了这些变化和不断增长的对变化的期望，"这场战争带来的令人难以置信的变化彻底改变了女性的日常生活，改变的程度在最初几个月里是我们不可想象的"[22]。1918 年后，女性就业率继续上升，特别是在迅速扩大的服务业，但也有越来越多的女性出现在医疗和教育行业。两次世界大战期间，女性占德国劳动力总数的 1/3。[23]

图 8.1   在第一次世界大战期间，越来越多的女性开始从事曾经属于男性的工作。这一变化在军工产业中最为显著，但各种手工业中都有女性的身影，例如这张照片中的两名妇女在 1916 年靠擦窗户挣钱。

尽管如此，1918 年的经济前景仍然十分黯淡，艾伯特政府面临着德国历史上前所未有的债务水平和通货膨胀率。当然，主要原因是第一次世界大战和德国筹集战争经费的方式。在 1914 年之前，德国是欧洲经济实力最强的国家，但其着力推动高端技术产品生产的专业化（其中许多是出口产品），使该国容易受到全球供应链和贸易中断的影响。1914—1918 年，德皇和他的政府借贷并印刷了越来越多的货币，以支付不断攀升的战争成本。如果德国获胜，这一切都无关紧要，德国的胜利将在东欧打开新的经济窗口，并有可能向失败者征收高额赔款（就像《布列斯特–立托夫斯克和约》所做的）。然而艾伯特政府现在不仅要承担德国自己的债务，还要面临一项尚未明确的协约国赔偿法案和极高的国内战争成本。政府必须向残废的士兵、寡妇和孤儿支付赔偿金，对食品供应进行补贴，在某些行业也是如此，以实现充分就业和维持社会秩序。与此同时，通货膨胀率继续居高不下，使得购买基本商品和进口商品越来越贵。1918 年，柏林交易所仍可以 8 马克的价格买到 1 美元，到 1919 年年底，这一汇率上升到近 50 马克才能兑换 1 美元。[24]

然而，在魏玛共和国成立后的最初几年中（直到 1922 年夏天），对德国有价证券高达 150 亿金马克的庞大外国投资（受马克将很快完全复苏的信念驱动），有助于保持汇率更加稳定，避免了汇率坠入低谷。[25] 尽管长期通货膨胀（最终导致 1923 年发生了历史上最严重的通货膨胀）摧毁了德国人的储蓄，但也有一些积极的短期影响：通货膨胀有助于稳定就业，并促进 1918 年后德国的经济复苏。从战争结束到 1922 年夏天，德国的经济增长率实际上比大多数欧洲国家都高（失业率也更低）。一些历史学家甚至认为，早期的魏玛政府通过过度使用印钞机来换取急需的社会秩序和脆弱的稳定。[26]

经济从战时到和平时期的过渡，在初期相对平稳的另一个原因是，在 1918 年 11 月德国革命的初始阶段，艾伯特和自由工会主张逐步改良，这既适用于政治领域，也适用于社会领域。11 月 15 日，商界领袖和工会就调解工资补偿、实行 8 小时工作制以及工人在雇员超过 50 人的公司中具有代表权达成了协议。几十年来，这些问题都是有组织的劳工运动的主要目标，现在它们变成了现实。这份《斯廷内斯–列金协议》以其两个主要签署者的名

字命名——工业家领袖雨果·斯廷内斯（Hugo Stinnes）和自由工

138 会主席卡尔·列金（Carl Legien），它阻止了潜在的自下而上的国

有化和彻底的财产再分配，这既不符合雇主的利益，也不符合社

会民主党主导的自由工会的利益。[27]

　　尽管人民代表委员会做出了维持国家运转的务实决定，包括

保障"公职部门官员和雇员的工资、养老金和其他合法权

利"[28]，但是对于革命的未来道路仍有相当多的不同意见。德国

政治未来的长期问题将由民主选举的国民议会决定，至少这是艾

伯特、多数社会民主党和部分独立社会民主党人的意图。从他们

的角度来看，革命的既成事实——苏维埃共和国——将没有民主

合法性，将对许多人在政治上融入新的共和国家产生威胁。许多

中产阶级和上层阶级的德国人会认为关键行业的国有化严重违反

法律，因此就会动员起比现在更多的反对革命的力量。

　　然而，工人运动的很大一部分力量，特别是极左翼，不接受

多数社会民主党对苏维埃的抗拒。例如，无政府主义者古斯塔

夫·兰道尔在 1918 年 11 月 14 日写信给他的朋友、散文家兼诗人

玛格丽特·苏斯曼（Margarete Susman），"如果现在召开国民议

会，如果把所有重要的决定都交到它的手中，那么就将失去一

切……'国民议会'意味着革命解开马的缰绳，却又把马关进马

厩里。这根本不是我们需要的！"[29]

　　虽然极左翼从未有任何机会获得多数，但革命一旦开始，它

就会鼓励许多工人和革命家对更彻底的政治和社会经济变革抱有

期许。不同阵营之间的紧张关系，以及对未来的不同期待，将在

1918 年年末爆发为暴力冲突。[30]

9. 镇压左翼革命

在 1918—1919 年的冬天，温和派与革命者之间悬而未决的紧张关系爆发了。艾伯特和多数社会民主党人坚持认为，只有民主选举的国民议会才能决定国家未来的宪法。不是每个人都愿意接受这个观点，独立社会民主党左翼的代表，即所谓的斯巴达克联盟，拒绝接受国民议会的想法，而倾向建立士兵和工人委员会掌握所有权力的政治制度。1918 年年底，他们与其他左翼团体联合起来，成立了德国共产党（KPD）。[1]

此时，共产主义在德国的两个主要人物是罗莎·卢森堡和卡尔·李卜克内西。可以说，李卜克内西是俄国以外的革命变革的最杰出支持者，他是社会主义核心人物的后裔。他于 1871 年出生在莱比锡，是卡尔·马克思的亲密朋友和合作者、威廉·李卜克内西的儿子，威廉与社会民主党资深主席奥古斯特·倍倍尔一起，都是社会民主党的创始人。卡尔比他父亲走得更远。在莱比锡大学和柏林大学学习法律和政治经济学后，他于 1899 年在柏林开设了一家律师事务所，专门在德国法院为社会主义者辩护。[2]

1907 年，李卜克内西的反军国主义著作让他惹上了官司，法庭判处他 18 个月监禁。监禁只是提高了他在追随者中的地位。

图 9.1　当时的一张海报恰当地总结了魏玛共和国成立后的最初几个月内，艾伯特政府可能面临的最大挑战："顺利复员""建设共和国""和平"。

1912 年，李卜克内西作为社会民主党党员被选入国会。1914 年，他是唯一投票反对战争债券的国会议员。李卜克内西和其他著名的左翼反战批评者——罗莎·卢森堡、社会主义妇女运动先驱克拉拉·蔡特金（Clara Zetkin）等——很快在社会民主党内成立了自己的组织"国际派"，该组织于 1916 年更名为斯巴达克团。在他们定期出版的小册子《斯巴达克书信》（*Spartakusbriefe*）中，李卜克内西和他的追随者呼吁工人起来革命，立即结束战争。不出所料，《斯巴达克书信》很快就被查禁了，李卜克内西被逮捕并被送往东线的一个劳改营，第二年才回到柏林。1916 年"五一"节，李卜克内西领导了一场未经允许的反战示威，再次被捕。这次他因叛国罪被判四年监禁。1918 年 10 月下旬，在马克斯·冯·巴登亲王宣布特赦政治犯后，他被释放，并立即返回柏林。在这里，他领导了另一场反战示威，最终象征性地游行到俄国大使馆，布尔什维克大使在那里为他举行了招待会。[3]

"与俄国的联系"让柏林的官员越来越紧张。11 月 6 日，在革命波及柏林的三天前，以阿道夫·越飞为首的苏俄代表团被驱逐出境，罪名是准备在德国发动共产主义起义。想象中的俄国宣传对德国极左翼势力的影响确实是被夸大了，但这种指控并非毫无根据。然而，从列宁到越飞显然都希望全球无产阶级革命向西扩展，在这场革命中，德国尤为重要，因为它在军事上注定失败。

列宁在他的德国事务顾问卡尔·拉狄克（Karl Radek，他出生时的真名是凯罗尔·索贝尔松）的鼓励下对此充满了希望。1885 年，拉狄克出生于奥匈帝国王室土地加利西亚的首府伦贝格，父母都是犹太人。他于 1904 年加入了波兰立陶宛王国的社会民主党。第二年，他参加了 1905 年革命，然后逃到德国，以躲避沙皇警察的逮捕。在为社会主义报纸工作多年并参与正统马克思主义者和"修正主义者"之间越来越激烈的辩论后，拉狄克发现自己加入了错误的一边，并于 1913 年被认为其观点对党有害而被社会民主党开除（他移居德国后加入了社会民主党）。驱逐拉狄克遭到了李卜克内西的反对，以及列宁和托洛茨基等极左翼国际代表的抨击。第二年，大战爆发后，拉狄克搬到了瑞士，与列宁和齐美尔瓦尔德左派紧密合作。事实上，拉狄克在 1917 年从苏黎世随列宁乘火车旅行，并在列宁回到俄国后支持他推动革命发展的努力。布尔什维克革命后，拉狄克成为《布列斯特－立托夫斯克和约》谈判的俄国代表团成员。作为德国问题专家，拉狄克从 1918 年 3 月起担任外交事务人民委员格奥尔基·契切林（Georgy Chicherin）的副手。当 1918 年 4 月德国和俄国恢复外交关系后，越飞被任命为俄国驻柏林特使，拉狄克原本希望在柏林和越飞一起工作，但德国外交部在一份秘密报告中将他列为"危险的革命者"，拒绝给他发放签证。[4]

当 1918 年 11 月德国爆发革命时，拉狄克和莫斯科的其他人大吃一惊。用拉狄克自己的话来说，"对当地的事件知之甚少"，因此他决定前往德国，试图影响革命的进程。[5] 1918 年 12 月，拉狄克秘密越过苏德边境，在柏林安顿下来，在那里参加了 1918 年 12 月底德国共产党成立的讨论和会议。

然而，在战后的数月里，李卜克内西最重要的盟友当然不是拉狄克，而是出生于波兰的马克思主义活动家和知识分子罗莎·卢森堡，他们共同担任共产党核心出版物《红旗报》的编辑。卢森堡出生于俄国城市扎莫什奇（Zamość），原名罗扎利娅·卢森堡，与李卜克内西同年，是一个世俗派犹太木材商人最小的孩子。卢森堡在华沙当女学生时就参与了反沙皇的革命活动，为了逃避沙皇警察的迫害，不得不逃离这座城市。从 1889 年起，她住在苏黎世，这是欧洲各地社会主义流亡者聚集的中心之一，她的恋人、维尔纽斯的社会主义者利奥·约基希斯资助她在苏黎世大学学习哲学、历史、经济学、政治学和数学，并支持她成立波兰王国和立陶宛社会民主党。[6]

1898 年, 卢森堡通过与在苏黎世寄宿家庭的独子古斯塔夫·吕贝克 (Gustav Lübeck) 结婚获得了德国国籍。同年卢森堡移居柏林, 立即加入社会民主党, 并积极参与社会民主党改革派与革命派之间的争论。作为一名坚定的革命支持者, 她在 1904—1906 年被监禁了三次。第一次世界大战期间她再次被捕, 她仍然设法写了一系列反战小册子, 这些小册子被偷偷地运出她身处的布雷斯劳 (Breslau) 的牢房, 并由约基希斯在工人和士兵中印刷分发。

在坐牢期间, 卢森堡就最近发生的布尔什维克革命及其对其他地方无产阶级革命未来的影响进行了思考。

143

卢森堡觉得, "自由只属于政府的支持者, 只属于单一政党的成员, 不管他们有多少人, 这都不是自由。自由必须永远属于那些想法不同的人"[7]。实际上, 卢森堡心里想的不是对革命的"阶级敌人"的宽大或容忍, 而是未来无产阶级专政下的社会主义多元化。

经过近三年的监禁, 卢森堡于 1918 年 11 月初获释。她立即从布雷斯劳回到柏林, 在那里她重新和朋友们会合, 推动了一场"适当的"革命。[8] 在卢森堡获释 10 天后, 她写信给老朋友克拉拉·蔡特金, "最亲爱的, 匆忙之中, 只能写几行字。自从我下了火车, 全部时间都投入《红旗报》的工作, 直到昨天才回家。《红旗报》能不能出版呢? 关于这个问题的争论从清晨延伸至深夜。"[9]

卢森堡和李卜克内西在他们的《红旗报》中号召进行"第二

次革命"。11 月 18 日，在卢森堡从布雷斯劳监狱获释并返回柏林

144 10 天后，她发表了一篇文章，坚持要在推翻帝国后继续革命，"谢德曼、艾伯特是现阶段德国革命的既定领导人。但是革命并没有停滞不前，它的生命法则是要飞速前进……"[10]。

当时不仅仅是资产阶级不喜欢这种可能。1918 年 12 月 13 日，古斯塔夫·兰道尔在给左翼散文家玛格丽特·苏斯曼的一封信中，将李卜克内西和他的"布尔什维主义"追随者描述为"像罗伯斯庇尔和他的同伴一样的纯粹的中央集权主义者，他们的野心没有实质内容，只关心权力。他们正在努力建立一个比以往任何时候都可怕的军事集团。武装的无产阶级专政——如果是这样，我真的希望另一个拿破仑出现！"[11]

温和的社会民主党人从不同的角度出发，认为李卜克内西和卢森堡的言论更具威胁性。虽然斯巴达克联盟的权力基础很小，但俄国革命的例子生动地表明，接管权力所需要的只是一小群坚定的职业革命者。1917 年秋天，艾伯特目睹了俄国的少数布尔什维克是如何赶走议会，使国家陷入毁灭性的内战。因此，他准备不惜任何代价让卢森堡和李卜克内西极左翼人士远离权力中心。

1918 年 12 月中旬，全德苏维埃第一次代表大会在柏林召开，来自德国各地的代表出席会议，左翼不同派别之间的深刻分歧变得更加明显。这里上演了一场关于德国革命未来方向的思想大冲突。多数社会民主党人马克斯·科恩（Max Cohen）在热烈的掌声和强烈的反对声中提出了政府的观点。[12] 科恩认为，民主和社会主义是完全兼容的，帝国政权崩溃了，民主占了上风，现在是进行严肃改革的时候了。为了实现这一目标，并防止德国陷入混

乱，需要"秩序"和"纪律"。他强调了德国面临的真正危险是再次分裂成若干个小国，始作俑者是协约国的决定或来自巴伐利亚、莱茵兰的德国国内分离主义运动。社会主义民主只有在经济正常运转的情况下才能实现，否则将出现"俄国状况"——暴力、混乱、饥饿。"如果像我们现在这样，生产停止，既没有原材料也没有工厂可以开工，实际上还有什么可以社会化的呢？在这种情况下，立即社会化完全是疯狂的，没有任何东西可以社会化！"只有全体人民团结一致，德国才能进步。只有由所有德国成年人选出的国民议会，才有资格来决定该国未来的宪法。只有建立一个合法的政府，协约国才会和我们谈判。[13]

科恩的演讲得到了会议大多数代表的支持，但也招致了极左翼代表的强烈反对。他们要求与过去彻底分裂：关键工业立即国有化，通过工人和士兵委员会制度实现直接民主，清除那些忠于旧帝国政权的公务员和司法人员。此外，德国左翼应该建立跨境的全球无产阶级联盟，与苏俄革命政权建立友好关系。作为科恩在大会上的主要对手，独立社会主义者恩斯特·道米格（Ernst Däumig）宣称："70年前［1848年］，革命诗人［费迪南德·弗莱里格拉特（Ferdinand Freiligrath）］说：'无产阶级被号召起来去摧毁旧世界，建设新世界。'那个任务在他那个时代没有完成。但这是我们的任务，这是此时此刻的需求。"对于道米格来说，作为俄国布尔什维克革命的狂热崇拜者，如果德国无产阶级想要彻底摧毁这个"腐朽的"帝国国家，就要立即采取行动，而不是通过议会代表的演讲或工会官僚的推动。现在需要的是行动，而不是言语。因此，道米格拒绝了举行国民议会大选的想法。[14]

尽管道米格发表了热情洋溢的演讲，但多数社会民主党还是在大会上取得了胜利。大多数代表拒绝了建立苏维埃共和国的想法，而是投票赞成在 1919 年 1 月召开通过自由和普遍选举产生的

146 制宪会议。然而，这一决定未能缓解左翼内部的紧张局势。到 1918 年圣诞节，德国工人运动内部不同派别之间的关系变得极为紧张，终于开始表面化。当时，"左"倾的人民海军师和柏林军事长官奥托·韦尔斯（多数社会民主党）之间的长期冲突终于激化了。韦尔斯认为人民海军师是一个威胁，是一支似乎同情布尔什维主义的首都武装部队，他坚持大幅裁减该师，并克扣士兵军饷作为要挟。12 月 23 日，抗命的水兵们俘虏了韦尔斯。艾伯特反应很快，他没有与他的伙伴独立社会民主党协商，就要求军队立即提供军事援助。随后在市中心霍亨索伦皇家城堡周围发生了血腥战斗，以政府军令人尴尬的失败告终。[15]

许多目睹柏林事件的人对首都街头的暴力升级感到遗憾，"圣诞节！在城市里，他们正在开炮……从 8 点到 11 点，他们在皇宫和马厩受到毒气弹和机枪的攻击，死伤惨重。据说水兵们中午已经投降了。但这只是士兵们的胜利，而不是艾伯特政府的胜利"[16]。

虽然毒气弹的说法是谣言，但"圣诞夜之战"确实相当激烈。除了暴露了艾伯特政府的虚弱，它还带来了两个后果：第一，独立社会民主党和多数社会民主党之间短命的妥协联盟破裂。12 月 29 日，3 名独立社会民主党代表离开人民代表委员会，强烈抗议艾伯特单方面决定派遣军队镇压水兵。第二，普鲁士首相保罗·赫希（Paul Hirsch，多数社会民主党）决定解除柏林警

察局局长埃米尔·艾希霍恩（Emil Eichhorn，独立社会民主党）的职务，艾希霍恩曾派出柏林治安警察来帮助人民海军师。[17] 艾希霍恩告诉顶头上司、兼任普鲁士内政部部长的保罗·赫希，自己不会听命于他。[18] 独立社会民主党和极左翼（包括新成立的共产党），认为这是蓄意挑衅的行为并做出反应，呼吁于 1 月 5 日举行反对艾伯特政府的大规模示威，局势迅速升级。正如历史学家马克·琼斯（Mark Jones）所揭示的那样，主要是因为双方都相信对手将要发动武力攻击。[19] 一群武装示威者占领了社会民主党报纸《前进报》的大楼以及柏林报业区的其他出版社。1 月 5 日晚，之前的众多自发行动开始由一个"革命委员会"领导，而李卜克内西再次呼吁"推翻艾伯特–谢德曼政府"，使局势进一步升级。[20]

147

1919 年 1 月 5 日，大约 10 万人在柏林街头示威，反对解职艾希霍恩，抗议的高潮是李卜克内西在警察总部的演讲。他宣布："现在是革命的无产阶级进行最坚决斗争的时候了，它不仅仅要保护革命的果实……它必须使这场革命转变为社会主义革命，而社会主义革命必将成为世界革命。"[21]

哈里·格拉夫·凯斯勒作为旁观者参加了活动，主要是为了了解李卜克内西对极左翼的领导力，"当他结束演讲时，人们发出了赞同的吼声，红旗飘扬，成千上万只手臂在挥舞，无数顶帽子被抛向天空。他就像一位无形的革命大祭司，一个受众人仰视的神秘而轰动的象征。示威活动介于罗马弥撒和清教徒祈祷会之间……"[22]。

148

珂勒惠支也越来越关注事态的发展，"1 月 5 日，星期日，举行了反对艾希霍恩被免职的示威集会。汉斯［她的儿子］晚上参加学生集会，很晚才回家，他告诉我前进报社再次被斯巴达克分子占领。所有宣扬国民议会的材料都在街上被烧了"[23]。第二天，她补充道，"去工作室工作了。因为电车中断了，只能穿过城市回家。到处都是兴奋的人群。在亚历山大广场，我看到大约 100 名武装工人在游行，夹杂着一些看起来很可怜的衣衫褴褛的士兵。这些人瘦削、阴郁、意志坚定，青少年们跟在后面。"[24]

那一年的 1 月，自由派的德国人也在担心局势会变得越发混乱。贝蒂·舍勒姆（Betty Scholem）在和她的儿子格哈德（后来他将自己的名字改为《圣经》中的"革舜"，之后成为著名的犹太神秘主义学者）通信时抱怨，家里的印刷店正遭受外面罢工和示威的冲击。她告诉刚到瑞士上大学的儿子，担心街上的武装冲突和停电。[25] 但更糟糕的情况还在后面。"我们过了令人难以置信的一周，惨淡到了极点……［斯巴达克分子的］统治是可怕的。"[26]

即使斯巴达克联盟的实际权力基础很小，它的存在也引起了多数社会民主党领袖的担忧。艾伯特非常严肃地对待这一威胁。在他看来（在这一点上，他并不孤单），1919 年 1 月柏林的共产主义者起义与 1917 年秋天布尔什维克成功夺权的相似之处并不少。他下定决心阻止彼得格勒的一幕在柏林上演，不惜动用武力。[27] 1 月 5 日夜间至 6 日，艾伯特和他的政府发表了一份措辞强硬的声明，谴责极"左"分子的行动，并呼吁政府的追随者聚集到威廉大街的德国总理府来保护政府。[28]

第二天早上，响应艾伯特号召的多数社会民主党支持者们聚集在总理府外，菲利普·谢德曼向人群发表讲话，"不能容忍少数人统治人民，今天和以前一样不可接受……少数人必须让位于多数人的意志。这就是为什么我们要求召开国民议会……我们呼吁全体人民，特别是那些武装起来的士兵，请他们继续为政府服务。目前，我们只能请你们在这里等待，并通过呼喊这些口号来宣布你们对我们的支持：自由、平等、团结万岁！"[29]

随后，艾伯特在同一栋建筑的窗口发表了讲话。他不断提到俄国的情况，警告说，从俄国秘密进入德国的卡尔·拉狄克正在与艾希霍恩联络，将俄国士兵带到莱茵河，成立一个反对英法的新联盟。他还指责斯巴达克分子进一步让暴力升级：

还会流更多的血。当我们知道妇女和儿童将遭到枪击，父亲和母亲将遭到枪击时，我们对此很难接受。但是斯巴达克分子没有选择别的办法，现在我们也必须行动起来！……士兵们，那些在战场上尽了自己职责的人，你们必须意识到，现在你们有责任确保柏林恢复秩序，确保我们获得和平，然后你们终于可以脱掉四年半来不得不穿的破衣烂衫了！……最后，现在是了结这些事的时候了！女人和孩子们，回家吧，不要像斯巴达克分子那样把女人和孩子推到前线。现在男人的工作已经开始了！[30]

在这种情况下多数社会民主党的军事专家古斯塔夫·诺斯克成为核心人物，他曾在 1918 年 11 月压制基尔革命中发挥过核心作用。在独立社会民主党离开人民代表委员会后，现在由他在政府中负责陆军和海军。用那句著名的话来说，"某些人必须要充当鹰犬，我不会逃避这一责任"，诺斯克接管了柏林及其周围的政府军。[31] 在他看来，未来的任务是用一切手段重建"法律和秩

150 序"。为此，他不仅仅依靠正规部队，甚至主要依靠"自由军团"的志愿者。许多右翼组织自称"自由军团"，这并不是历史的巧合。在反拿破仑的"解放战争"（1813—1915）期间，被深深地刺痛的德意志志愿者——普鲁士被法国击败而蒙羞——组织起来，在击败拿破仑的战争中作出了重大贡献。魏玛早期的"自由军团"有着不同的目标，使他们团结在一起的是对共产主义的深刻仇恨。他们通常也不喜欢共和制度，但现在却被要求捍卫共和制度，来反对"布尔什维主义"。[32]

　　诺斯克呼吁这些志愿者驱散笼罩在德国首都上空的布尔什维主义的威胁，招募那些从一开始就厌恶和反对革命的人，他们在过去的两个月里一直在等待一个清算的机会。他们不是为共和国

151 而战，而只是反对"布尔什维主义"。在"自由军团"内部，被失败和革命激怒的老兵、未经战阵的士官生和右翼学生联合起来，后两者通常比老兵更为狂热、敢为和残暴，以此来掩饰自己战斗经验不足的缺点。

　　对于许多年轻志愿者来说，民兵组织提供了一个令人兴奋的机会，让他们过上浪漫的战士生活。他们在充满英雄流血故事的战争氛围中长大，却错过了经历"钢铁风暴"的亲身体验。正如一名民兵组织领导人所看到的那样，许多年轻志愿者试图通过"粗暴的军国主义行为"给上级留下深刻印象，这种行为"被很

多战后的青年人认为是一种美德"，并在 1918 年后深刻地影响了准军事组织的总体基调和氛围。[33] 一旦他们加入了由前战斗部队军官领导的准军事部队，就热衷于在一个通常由获得勋章的卓越战士和"战斗英雄"组成的团体中证明自己的价值。[34]

"一战"中久经沙场的老兵和年轻的"浪漫"志愿者一起塑造了爆炸性的全男性亚文化，在这种亚文化中，残酷的暴力即便不是可取的，也是一种可以接受的政治表达形式。这些群体的决定性特征是行动，而不是思想。他们不是被新政治乌托邦的革命愿景所驱使，而是被恢复秩序的共识和一系列环环相扣的社会反感所驱使。[35]

保守派行动的一个中心目的是反女权主义。早在战前，一场声势浩大的女权运动就引起了保守派的担忧，他们担心德国社会的"女性化"，这种担忧在 1918 年女性得到选举权后被强化了。1918 年后女性在德国选民中占多数，这种"噩梦般"的愿景成为现实，并让人们普遍认为秩序和纪律已经被革命所扫除，道德堕落正在掌控社会。像罗莎·卢森堡这样的极左翼杰出女性活动家尤其受到极右翼的憎恨，同样遭到憎恨的还有那些自认为从革命中得到解放并越来越愿意发声的同性恋者。[36]

即使臭名昭著的"同性恋条款"，即《刑法典》第 175 条，在革命期间或之后没有立即废除——直到 1929 年才被国会刑事审查委员会废除，并且没有得到落实——许多同性恋者仍然认为革命是一次伟大的解放，那些生活在德国首都的人尤其这样认为。早在 1914 年之前，柏林就已经是各种社会和性亚文化的中心，但其地位远远不如战后时期重要。[37] 同性恋解放的积极分子希望新的民主时代将为性解放和同性恋权利带来新的曙光。民主确实带来了有限的新闻自由，[38] 针对男同性恋、女同性恋和易装癖者的新杂志被投放到市场，在街边小卖部出售，德国各地都可订阅，用马格努斯·赫希菲尔德的话说，无疑掀起了"同性恋杂志的浪潮"[39]。

不用说，这些有限的自由震惊了极右翼，他们认为世界已经被 1918 年的革命搞得天翻地覆。与周围充满敌意的世界形成鲜明对比的是，民兵组织提供了明确的等级制度，以及熟悉的归属感和使命感。准军事组织将自己视为军人情谊、男子气概和"秩序"的堡垒，矗立在一个充满民主平等主义、国际共产主义、女权主义和同性恋权利运动者的敌对世界中。正是这种同志精神，以及希望为战后的事业出一份力的愿望（这种愿望为当下看上去毫无意义的战争期间的大规模死亡和失败赋予了意义），将这些团体团结在一起。他们认为自己是一个由战士组成的"新社会"的核心，代表着这个国家永恒的价值观和使这个国家繁荣发展的新的专制理念。[40]

他们中的一员恩斯特·冯·萨洛蒙（Ernst von Salomon），在 16 岁时经历了战后的 1918 年革命，他的自传体小说《亡命之徒》（*Die Geächteten*）描述了他对革命的（回顾性的）看法：

> 在红旗的后面，疲惫的人群蜂拥而来。妇女走在最前面，她们穿着大裙子挤在前进的路上，脸上的瘦骨挂着满是皱纹的灰色皮肤……男人们——年老的和年轻的，士兵和工人，中间还有许多小资产者，满脸迟钝而

疲惫，迈着大步……于是，这群革命的拥护者们就开始
示威了。从这群灰头土脸的人里会爆发革命的炽热火焰
吗？凭他们可以实现街垒和鲜血的梦想吗？不可能在他
们面前投降……我嘲笑他们的主张，他们不知道骄傲，
不相信胜利……我站直了身子，想的是"乌合之众"
"群氓""人渣"，乜斜着眼睛看着这些穷困潦倒的人；
我想，他们就像老鼠一样，背上满是阴沟里的尘
土……[41]

就像冯·萨洛蒙一样，许多老兵对 1918 年爆发的革命深恶痛　153
绝，觉得他们的牺牲被后方出卖了。右翼老兵们的回忆录和日记
中经常讲述的一类经历，就是苏维埃的支持者褫夺了他们的勋章
和肩章，令他们蒙羞。

1918 年 11 月 15 日，我正从巴特瑙海姆（Bad Nau-
heim）的医院前往勃兰登堡的军营。当我挂着拐杖在
柏林波茨坦车站一瘸一拐地前行时，一群戴红袖章、
穿制服的人拦住了我，要求我交出肩章和徽章。我举
起拐杖抗议，但是我的反抗很快就被制服了。我被推
倒了，只能依靠铁路官员的干预才把我从屈辱的境地
中解救出来。从那一刻起，我对 11 月的罪犯们充满了
仇恨。一旦我的健康有所好转，我就加入了决心镇压
叛乱的团体。[42]

有些老兵感到家庭并不欢迎他们，长期离家使得家庭收入减少，还不能以打了胜仗来辩解。约瑟夫·罗特（Joseph Roth）发表于 1923 年的《蛛网》是一部富于洞察力的著名小说，小说对这一主题进行了挖掘。罗特的小说围绕着柏林战后的动荡展开：该书的主人公特奥多尔·洛泽中尉是同盟国复员军官中的一员，他们在服役期间输掉了大战，是反对战后秩序的政治运动力量的主要来源。为了赚取微薄的生活费，洛泽只得在一个犹太富商家里做家庭教师。洛泽自觉战败后遭受国耻，从佛兰德斯战场归来时，面对的是家人的疏远，这些都使他很快感到绝望。"尽管特奥多尔曾两次在行动中受到嘉奖，但家人们不能原谅他，只因他身为中尉未能杀身成仁。一个死去的儿子会是这个家庭的骄傲，而一个复员的中尉，一个革命的受害者，只是他女人的负担……他本来可以告诉他的妹妹，他不应为自己的不幸负责；他诅咒革命，招致社会主义者和犹太人的仇视和折磨；他每天都感到脖子上戴着沉重的轭具，被困在自己所处的时代之中，像身处某座不见天日的监狱。"[43]

对于洛泽来说，要从"不见天日的监狱"般无意义的存在中解脱，唯一的可能就是通过其他方式继续战斗。因此，洛泽很快就加入了战后在欧洲蓬勃发展的众多准军事组织。这反映了 1918 年后欧洲大陆大部分地区面临的一个主要问题：许多人无法摆脱战争，接受和平的到来。弗里德里希·威廉·海因茨（Friedrich Wilhelm Heinz）是一位著名的"自由军团"领导人，他在回忆录中写道："当他们告诉我们战争已结束时，我们笑了，因为我们就是战争。它的火焰在我们之中继续燃烧，它被炽热而可怖的毁灭之光环绕着，依然存在于我们的行动中。我们遵从内心的召唤，踏上战后的战场……"[44]

在战争正式结束前，没有协约国士兵踏上德国的土地，这给了兴登堡和鲁登道夫的阴谋论很大的市场。他们声称，德国军队实际上并没有被外部力量打败，而是败给了国内颠覆分子的"刀刺在背"。这种观念可以追溯到根深蒂固的有关背叛的传说故事。尤其值得注意的是中世纪有关尼伯龙根指环的传说，在这个传说中，日耳曼英雄齐格弗里德（Siegfried）被长矛无情地刺伤了背部。这个传说在 1918 年后的现代版本，强调了国际主义在国内的阴谋和背叛是造成失败的主要原因，这一思想成为两次世界大战之间德国右翼信仰的基石。[45]

"不败"的德国军队被革命出卖的神话流传很快，甚至越过了德国国境，进入了遥远的战俘营。12 月初，日本阪东战俘营（自 1917 年以来，约有 1 000 名德国人和少数奥匈战俘被关押在那里）的德文刊物中指出："虽然西线的军队仍在继续不公平的战斗，基本上没有动摇，但后方的房子被明亮的火焰吞没了。我们现在毫无防备地躺在敌人面前，我们的祖国就像在耶拿-奥尔施泰特战役［1806 年的两场战役，普鲁士遭到拿破仑毁灭性的军事打击］之后一样，必须再次经受侮辱。"[46]

"刀刺在背"这一说法的核心意思有时是含蓄的，但大部分时候是很明确的，那就是背叛必须要在"清算日"得到报应，"内部的敌人"将会遭到残酷无情的打击。臭名昭著的德国"自由军团"领导人、前海军军官和未来纳粹驻布加勒斯特大使曼弗雷德·冯·克林格（Manfred von Killinger），在给家人的信中强

155

调，"我已向自己许诺，父亲。一弹未放，我就把我的鱼雷艇移交给了敌人，眼睁睁看着我的旗帜降下。我已经发誓要对那些为此负责的人进行报复。"[47]

诺斯克决定招募像克林格这样的人来对付他所认为的布尔什维克威胁，为这些人提供一个被国家承认的机会，来实现他们进行暴力复仇的幻想。在镇压 1919 年 1 月的"斯巴达克起义"时，那些对十一月革命及其支持者压抑已久的仇恨爆发了。1 月 8 日，政府宣布"暴力只能用暴力来对付""复仇时刻即将到来"，[48]报复的烈焰被点燃，"自由军团"与正规军一起向柏林进军。1 月 11 日，他们袭击了报社区，用大炮和机枪进攻前进报社大楼里的反抗者。尽管反抗者们放下了武器，但其中 7 人仍被"自由军团"残忍枪杀。希尔德·施泰因布林克（Hilde Steinbrink）是斯巴达克联盟抵抗"自由军团"的最后一名机枪手，也遭到逮捕和关押。[49]总共有约 200 人在"一月起义"中被打死，另有 400 人被逮捕。1 月 11 日下午，诺斯克举行了一场穿过柏林市中心的武装游行，有 3 000 名士兵参加，以庆祝他的"纪律部队"获得了对共产主义敌人的胜利。到 1 月 12 日，所有抵抗都已停息。[50]

对于左翼自由主义和社会民主主义民众来说，德国工人被杀害令他们深感遗憾，但这种感觉并不是每个人都有的。"资产阶级对昨晚成功攻克警察总部感到非常高兴。我感到崩溃，非常崩溃，即使我对斯巴达克分子被赶回去感到满意，但我有一种奇怪的感觉，军队并不是仅仅为此而来的，极端保守主义正在大行其道。此外，这种使用权力的原始方式、这种对同志的枪击——对那些本来应当是同志的人的枪击——是可怕的。"[51]

甚至更为保守的同时代人，如著名历史学家弗里德里希·梅尼克也在担忧艾伯特政府可能释放了一股它无法控制的力量。梅尼克住在富裕的柏林郊区达勒姆（Dahlem），"自由军团"入城之前曾在那里集结。梅尼克谈道："让我们紧张了 8 天的斯巴达克恐怖，现在似乎被瓦解了。必须部署一支人数不多但可靠的部队来对付这个来自懦弱的乌合之众的幽灵……但是，这些再一次穿上制服、拿着枪走在队伍里的年轻军官，还会有理解新时代的智慧吗？……毕竟，在艾伯特政府与这些由资产阶级、后备军官构成的帮手之间，只有一层温情的纱。"[52]

卢森堡和李卜克内西是共产党中央委员会的两位最杰出的成员，他们在首都不断转换藏身之处，试图逃脱正在进行的报复性屠杀。很明显起义者注定要失败，但两人都无法采取什么行动来挽回局势。虽然她个人曾怀疑极左翼从政府手中夺权的能力，但仍然公开重申自己坚信必须用武力推翻艾伯特政府。1 月 8 日，她在《红旗报》上写道："过去三天的教训清楚地教促工人阶级：不要空谈！不要无休止地讨论！不要谈判！行动起来！"[53]

他们最后的藏身之地是柏林郊外威尔默斯多夫（Wilmersdorf）富人区的一所公寓，在这里他们给《红旗报》写下了最后的文字。李卜克内西发表了热情洋溢的文章《不顾一切！》，承认了暂时的失败，但他呼吁追随者们要坚持下去。对于共产主义革命来说，当前的时机还不成熟，"来自落后群众和统治阶级的那股汹涌的反革命浊流把他们淹没了"，然而"今天的失败者将是明天的胜利者"。[54] 卢森堡在一篇题为《柏林秩序井然》的讽刺性文章中进行了响应，"你们这帮愚蠢的奴才！你们的'秩序'

是建立在流沙之上的。明天革命将在‘磨刀擦枪声中再次兴起’，吹响令你们惊慌失措的号角，宣告：‘我来过，我又来到，我还将重临！’”[55]

　　1919 年 1 月 15 日晚上，右翼准军事部队闯入公寓。李卜克内西和卢森堡被捕，他们与另一名共产主义活动家、未来的德意志民主共和国总统威廉·皮克（Wilhelm Pieck）一起被移交给"前卫骑兵师"，这是旧帝国的一支精锐部队，现在由臭名昭著的反布尔什维克分子瓦尔德马·帕布斯特（Waldemar Pabst）上尉指挥。[56] 在该师设在高档的伊甸园酒店的临时司令部，皮克设法说服帕布斯特放他走了，原委至今不明（根据帕布斯特在 1945 年后接受采访时所说，皮克可能是出卖了其他斯巴达克成员的藏身之处）。[57] 与此同时，李卜克内西遭到袭击，被唾口水，并被枪托击倒。当晚 10 点 45 分，这位昏迷的共产主义领袖被带到柏林市中心最大的公园蒂尔加滕公园，在那里凶手朝他近距离开了三枪。随后凶手们肆无忌惮地将李卜克内西的尸体扔在附近的救护车站，声称他们发现了"一具身份不明的尸体"。[58]

　　根据该师的正式报告，此时卢森堡被一群"愤怒的人"从看押的警卫手中夺走。事实上，当士兵们回到酒店时，卢森堡正坐在帕布斯特的临时办公室里读歌德的《浮士德》。她两次被枪托击中面部，流了很多血，随后被扔进了一辆汽车，汽车开了一小段路后，一名中尉跳到左边的踏板上，一枪打中了卢森堡的头部。她的尸体被扔进了兰德维尔运河，几个星期后，也就是 1919 年 5 月，她腐烂的尸体才被发现。[59] 1919 年 1 月 25 日，当李卜

克内西和另外 31 名被杀害的斯巴达克成员下葬时，10 多万人走
上街头，参加游行，其中许多人并不支持起义，但对杀戮感到反
感。游行时有大量的警察和军人在场，其中就有一些杀害李卜克
内西和卢森堡的"自由军团"士兵。正如艺术家凯绥·珂勒惠支
在那天的日记中所写，"卡尔·李卜克内西今天被安葬了……我
被允许给他画一张素描，一大早我就去了停尸房。在那个大厅
里，和其他棺材并排，他庄严地躺在那里。红色的花朵围绕着他
破碎的额头，他的神情骄傲，嘴微微张开，因痛苦而扭曲，脸上
有几分惊讶的表情。双手放在两旁，白衬衫上有几朵红花。"她接
着描述了葬礼，"整个市中心都被封锁了，庞大的游行队伍被迫
改变路线……队伍从腓特烈斯海因出发，随着棺材行进……这些
措施是多么的琐碎和虚伪。如果柏林人——大部分柏林人——希
望埋葬柏林的死者，那么这与革命无关。即使是在战争期间，也
会留出几个小时的休息时间来埋葬死者。用武力手段去骚扰那些
为李卜克内西送葬的人既不值得，也会激怒他们。这是政府软弱
的表现，我们必须忍受这样一个政府。"[60]

　　两位革命领袖被杀害是战争及其遗留问题导致政治生活残
忍化的一个典型例子。这种状况持续了很多年，而且越来越明
显。例如，1919 年，独立社会民主党领导人雨果·哈斯在进入
国会大厦时被一名据说精神失常的皮革工人约翰·沃斯（Jo-
hann Voss）枪杀。几年后，1922 年，德国外交部部长瓦尔特·
拉特瑙（Walther Rathenau）被极右翼组织"执政官"暗杀。就
在两周前，这个秘密组织企图用普鲁士酸杀害前总理、时任卡
塞尔市市长的社会民主党人菲利普·谢德曼，但未获成功。[61]

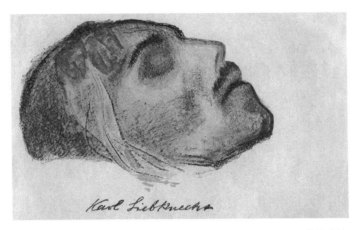

图 9.2　被杀害的德国革命运动极左翼领袖卡尔·李卜克内西。他的头被野蛮的"自由军团"士兵开枪击中，后被绷带绑在一起。这幅革命者的素描出自凯绥·珂勒惠支之手。

这种野蛮行为不仅影响了德国。大战刚结束时，政治谋杀在欧洲就很普遍。在爱尔兰内战中，迈克尔·柯林斯（Michael Collins）成为其中一个受害者。在匈牙利，左翼自由派明星专栏作家贝拉·巴克索（Béla Bacsó）和社会民主党日报《人民之声》总编贝拉·索莫吉（Béla Somogyi）也被谋杀。1919 年后，出于政治动机的暗杀潮也没有减弱。例如，1921 年 3 月 15 日，亚美尼亚学生索霍蒙·特利里安（Soghomon Tehlirian）枪杀了奥斯曼帝国前内政部部长塔拉特帕夏，塔拉特是 1915 年春开始的亚美尼亚种族灭绝的主要责任者之一，在此期间，多达 150 万奥斯曼亚美尼亚人被系统性地屠杀。1925 年，维也纳一名与奥地利纳粹党有联系的牙科医师谋杀了小说家雨果·贝陶尔（Hugo Bettauer），他是一名改宗的犹太人，持自由主义的政治观点，是激进右翼的眼中钉。几年后，南斯拉夫国王亚历山大一世在马赛遭遇了同样的命运，刺杀他的人是克罗地亚"乌斯塔沙"（Ustasha）成员，因为他们感到被占多数的塞尔维亚族人压制。暗杀作为解决政治冲突的手段不再成为偶然，而是战后欧洲文化的一个组成部分。

卢森堡和李卜克内西的被害将对共产主义者与社会民主党之间的关系产生长期影响。诺斯克决定释放所有的反革命力量去镇压工人，这令德国最著名的女权活动人士之一的克拉拉·蔡特金大为震惊，被迫断绝了与社会民主党的所有关系。[62] 蔡特金之前没有跟随她的密友卢森堡加入新成立的共产党，现在，62 岁的她决定加入共产党，"虽然我老了……尽管如此，我仍想利用这段还能站起来奋斗的时间，焕发生命力，而不是让腐朽和虚弱盯着我"[63]。

出现于第一次世界大战之前和战争期间的社会主义工人运动中的分歧，在 1918 年血腥圣诞节中被扩大，到现在已成为不可逾越的鸿沟。对于独立社会民主党和共产党的支持者们来说，很明显，多数社会民主党的领导层对 1919 年 1 月的暴行负有责任，这些事件至今仍是左翼政党与社会民主党之间关系上空的阴云。与此相对照的是，艾伯特和诺斯克相信，他们通过一系列行动保护了德国免受布尔什维主义和"俄国状况"的影响——这个问题在1919 年 1 月的国民议会选举中也产生了很大影响。

10. 自由主义的胜利

    1919 年 1 月，在柏林紧张而混乱的局势中，德国人去投票
了。1919 年 1 月 19 日，他们以创纪录的人数参加了国民制宪议
会的选举，即德国临时议会为起草新宪法而举行的选举。当天，
选民们以 76% 的压倒性优势选举了坚定支持德国民主复兴的三个
政党：多数社会民主党（37%）、持自由主义的德国民主党
（DDP，18.5%）和天主教中央党（19.7%）。换句话说，与上一
次的 1912 年大选相比，尽管独立社会民主党已经脱离，多数社会
民主党获得的选票仍增长了 3.1%。最大的反对党是民族主义的
德国国家人民党（DNVP），刚刚超过 10%，其次是独立社会民主
党（7.6%）和持民族自由主义的德国人民党（DVP）。[1] 大选结
果是明确的：绝大多数德国人想要一个新的民主开端，而不是独立
社会民主党和新成立的共产党所要求的那种社会经济革命。这两个
党呼吁抵制大选，很可能是因为意识到选举会暴露他们的不足。
    这次选举的最重要的变化之一是所有 20 岁以上的成年人都
获得了选举权，这是德国第一次完全民主的选举。德国妇女第一
次获得了充分、平等的选举权，并能够在地方和国家层级行使选
举权和被选举权。在革命前的几周，德国国会和普鲁士地方议会

都拒绝了普选请愿，因此这一变化格外引人注目。[2] 当然，德国不是妇女获得投票权的第一个国家：新西兰妇女于 1893 年获得了选举权。在欧洲，芬兰妇女于 1906 年获得了完全的公民权利，挪威是在 1913 年，丹麦是在 1915 年。然而，德国是世界上第一个给予妇女选举权的高度工业化的强国。

161

早在 1918 年 11 月 12 日，人民代表委员会就发布了以下法令："嗣后公共机构的所有选举将根据平等、无记名和普选的原则，在比例选举制的基础上，由所有年满 20 岁的男女参加。"[3] 不到三周后，11 月 30 日，新的《全国选举法》生效，赋予妇女选举权和被选举权，这为首次有女性参与的全国选举扫清了道路：在 1919 年 1 月 19 日的国民议会选举中，妇女被允许投票和当选公职。在此之前，已经有一些州在议会选举时允许妇女行使选举权；在巴登，妇女首次行使这一基本民主权利是在 1919 年 1 月 5 日，符腾堡则是在 1919 年 1 月 12 日。与社会学家马克斯·韦伯结婚的女权活动家玛丽安妮·韦伯（Marianne Weber），成为第一位在德国议会发言的女性。她在卡尔斯鲁厄的巴登州议会大厅进行的首次演讲中指出，"我们妇女对于受到召唤加入这项事业表示极大的喜悦和欣慰，我相信，我们的准备可以说比你们大多数人所认为的要充分得多。"[4]

尽管初衷不同，但保守的女性政治家也欢迎普选。凯绥·希尔马赫（Käthe Schirmacher）作为魏玛国会中著述最多的国家人民党议员就明确表示支持。希尔马赫于 1865 年出生在但泽，是一个富商的女儿，她是德国最早获得博士学位的女性之一，公开的同性恋者，1914 年之前进步女权运动的坚定支持者，国际妇女普选联盟的联合创始人之一，政治上逐渐从左翼走向极右翼。在第一次世界大战期间，她成为持民族主义的祖国党的支持者，在志同道合的女性眼中，她是女性参与公共事务的榜样。1918 年后，希尔马赫开始强调女性参与政治是德意志民族复兴的关键和先决条件，这个民族因男性在 1918 年的失败而陷入严重危机。[5]

162　　韦伯和希尔马赫的自信部分源于这样一种认识，即德国大多数选民是女性。由于战争引起的人口变化——特别是大约 200 万德国男子的死亡，这些人大多是有资格的选民——女性选民（总共 1 700 万）比男性选民多出了约 280 万。[6] 她们中的绝大多数人行使了投票权：在 1919 年 1 月的国民议会选举中，在 21 岁以上有资格的全体女性公民中，超过 82% 的人投了票。在一个紧张和动荡的时期，这个政治参与程度可谓极高。她们中的大多数人没有投票给左翼政党（这些政党往往得到男性更多的支持），而是投票给了中间偏右和民族主义的右翼政党。[7]

　　与此同时，300 名妇女利用她们新获得的权利参加竞选。最终有 39 名女性当选国会议员（包括玛丽·本克和海伦·格伦伯格，她们接替了两位去世的议员的位置）。尽管女性倾向投票给中间派政党或保守右翼，但在国民议会中，左翼政党的女性代表最多，特别是多数社会民主党和独立社会民主党，在国民议会中总共有 21 名女议员。[8] 其中一名是 40 岁的多数社会民主党人玛丽·尤查奇（Marie Juchacz），她是一名技艺精湛的裁缝，自 1917 年以来一直是多数社会民主党的领导成员，她成为德国国会中第一位发表演讲的女性民选代表。[9] 1919 年 2 月 19 日，她指出"是革命帮助克服了德国的旧偏见"，这场革命给了妇女"迄

今为止被错误地剥夺的东西"。[10] 还有其他迹象表明，德国妇女
的政治活动次数也大幅增加。自由工会中的女性会员人数从 1918
年的 50 万人急剧增加到 1920 年的 170 万人，同时期多数社会民
主党的女性党员人数从 6.6 万人增加到了 20 多万人。[11]

　　图 10.1　讽刺杂志《碰撞》（*Kladderadatsch*）将 1919 年 1 月 19 日的选举称为
"女士的选择"。这是德国妇女第一次在全国性选举中投票。1919 年，女性选民人
数大大超过男性。

无论是什么因素影响了个人选举的偏向，大选的结果为支持
1917 年《和平决议》的多数社会民主党、自由主义的德国民主党
（DDP，继承自德意志帝国进步人民党）和天主教中央党组成更
正式的联盟铺平了道路。他们很快就组成了所谓的魏玛联盟。[12]
魏玛联盟得名于德国中部的一个城市——魏玛，国会就在这里召

164 开。从 1919 年 2 月起，议员们就在这里的国家剧院开会。魏玛被
选为新宪法的诞生地，不仅是因为斯巴达克起义后首都柏林的局
势仍然不稳定，还具有象征性的意味。政府认为，"魏玛精神"
是德国古典和人文主义文化的象征，长期以来与 18 世纪、19 世
纪早期德国作家的生活和作品息息相关，例如曾经旅居魏玛的约
翰·沃尔夫冈·冯·歌德和弗里德里希·席勒，这一象征将向德
国同胞和协约国展示一个新的开始。除了象征性地远离德意志帝
国军国主义文化之外，在魏玛起草宪法的决定也是向德国其他地
区强烈的反柏林情绪做出的让步（尤其是在巴伐利亚和天主教占
优势的莱茵兰地区），那里的人民认为普鲁士和首都太过集权。[13]

1919 年 2 月 6 日，国民议会正式开幕的那一天（也是凯绥·
珂勒惠支死去的儿子彼得 23 岁的生日，彼得于 1914 年去世）。珂
勒惠支在日记中写道，"这是美好的一天。很长一段时间以来，
我第一次感觉自己还能有所成就……我画了抱着两个孩子的母
亲，是我和我自己的孩子，我的汉斯和我的彼得森。我已经把它
画好了……晚上我们喝了酒，致对孩子的回忆，致国民议会。"[14]

弗里德里希·艾伯特在当天的开幕式上致辞。他将革命和以
国会开幕为标志的新政治开端置于 19 世纪上半叶德国自由主义
"自由运动"的背景下，[15] 并重申了他对秩序、纪律和努力工作

的呼吁，以捍卫已经取得的成就。他不认为这场革命要对德国战败及其后果负责，相反，这些都源自战争本来的结果、旧精英的错误以及协约国的复仇心。像他的许多同胞一样，艾伯特仍然坚持认为威尔逊式的和平应该是巴黎和会的结果：

> 这场战争不仅让我们筋疲力尽，也让我们的对手精疲力尽。因此他们开始努力从德国人民那里挽回损失，并把剥削的思想带入和平建设。这些报复和强暴的计划需要受到最强烈的抗议（掌声）。德国人民不能成为那些国家的雇佣奴隶，在未来二十年、四十年或六十年……德国人民决心追究那些被证明犯有任何蓄意错误或违法行为的人的责任。但是，我们不应该惩罚那些本身就是受害者的人，那些战争的受害者，长期以来缺乏自由的受害者。[16]

165

2月6日，艾伯特又提出了一项要求，这一次是向他的议员同仁们提出的，他要求国民议会授权政府立即开始与相邻的德意志奥地利共和国就统一进行谈判。艾伯特建议，这样做，共和国将会重燃19世纪上半叶的大德意志梦想，并"重建被1866年的战争撕裂的纽带"，他指的是普鲁士和哈布斯堡帝国之间的柯尼希格雷茨（Königgrätz）战役。由于普鲁士获胜，"德意志问题"最终选择了"小德意志"模式，即"扩大的普鲁士"，这一结果长期以来遭到了许多人的批评，包括奥古斯特·倍倍尔长期领导下的社会民主党。[17]

艾伯特在德国国会开幕时要求与奥地利合并，这似乎有些费解，尤其是从现在来看显得非常幼稚。然而，在 1918 年至 1919 年冬，有不少德国人希望通过迅速合并德意志奥地利（哈布斯堡帝国解体后留下的一个德语国家）来弥补自己的军事失败和即将失去的阿尔萨斯－洛林。[18]

关于与奥地利合并的争论从 1918 年 11 月 12 日就开始了，当时维也纳临时政府宣布德意志奥地利为"德意志共和国的一部分"。[19] 艾伯特和人民代表委员会最初对协约国是否会同意这样一个既成事实表示怀疑，[20] 但是这 6 名革命政府成员认为这当然是值得争取的。[21] 他们呼吁要遵循威尔逊主张的民族自决原则，这是《凡尔赛和约》的基础——至少到 1919 年春天，大多数德国人都是这么认为的。

对"妥协和平"和德奥统一的广泛期待，反映了战后最初几
166 个月德国的乐观情绪。在德国社会学家马克斯·韦伯看来，这场革命似乎是"解决现在摆在我们面前的大德意志问题的最确定方式"。[22] 特别是在停战后的最初几个星期里，许多人认为 1848 年的革命者为之奋斗的大德意志共和国终于到来了。"我们骄傲而正直地站在这里，把建立一个大德意志的希望置于旧帝国的坟墓之上，" 1918 年深秋，民主党支持者、泛欧洲主义者威廉·黑尔（Wilhelm Heile）在左翼自由派杂志《死亡边缘》（*Die Hilfe*）的一篇社论中评论道："现在，与 1871 年的父辈不同，我们可以从头开始给自己盖一栋新房子。"[23]

德国著名的历史学家们也热情地支持大德意志理念的复兴，尽管他们中的大多数人之前都欢迎过俾斯麦 1871 年的"小德意

志"解决方案，认为这是德国历史的圆满——一个"从路德、宗教改革、大选帝侯、腓特烈大帝一直到普鲁士改革时代的发展过程，却在俾斯麦的努力下得到了它的最终结论"[24]。现在，随着德意志帝国的崩溃，人们普遍认为这种历史观过时了。持民族自由主义思想的理性共和主义者［"仅仅出于理性的共和"］赫尔曼·翁肯（Hermann Oncken）出乎意料地提出，多民族的奥匈帝国的解体使得德意志帝国与奥地利德语区的统一成为必要且可能的事。翁肯认为在 1918 年地缘政治形势发生变化的情况下，德意志共和国应该完全致力于实现唯一一个外交政策目标，"回归大德意志理念。对我们来说，这是世界危机带来的机会……大德意志现在之所以成为可能，是因为奥地利的那个王朝国家已经不复存在；之所以成为必要，是因为德意志奥地利无法单独生存。不仅 1848 年、1866 年小德意志思想的理论基础已经过时，出现于 1871 年的小德意志帝国本身都已经不复存在。小德意志的想法……必须自动转变成大德意志的理念"[25]。

　　对于翁肯和其他许多人来说，相同的语言和共同的历史，并且正如在大战期间被德奥同盟所证明了的，使得一个民族国家的统一成为合乎逻辑的下一步。按照翁肯的说法，战争的失败、哈布斯堡王朝的崩溃和分裂以及德国的战败甚至具有"历史意义"，即提供了一个独特的历史时刻，在这个时刻，"德国的命运"可以通过合并奥地利来圆满实现。[26] 从奥地利的角度来看，合并也是很有意义的，因为维也纳已经失去了它的帝国，大多数人认为德意志奥地利共和国在经济上是无法支撑的。

　　战后公众对德意志国家大扩张的广泛共识使得一系列无党派

167

协会相继成立，如"德国奥地利人民联盟"[27]。其领导人选反映了 1918—1919 年各党派对合并的支持：它的第一任主席是多数社会民主党人保罗·勒贝（Paul Löbe），而他的副手奥托·霍茨奇（Otto Hoetzsch）是一名民族主义者。因此，1919 年 2 月初，当德意志奥地利共和国驻柏林大使卢多·哈特曼（Ludo Hartmann）要求德国政府对大德意志作出正式承诺时，他有望得到国会的广泛支持。[28]

1919 年年初，多位倡导民主的政治家——最主要的就是艾伯特——推动与奥地利的合并的原因：第一，德奥成功合并证明了共和国有能力实施解决"德意志问题"的方案，这比奥托·冯·俾斯麦通过赢得 1870—1871 年普法战争而形成的方案更"全面"；[29] 第二，选举后在国会中占明显多数的政党，可以通过支持合并运动来证明这个共和国深深根植于德国的自由民族主义传统。因此，自由派宪法学教授、"魏玛宪法之父"雨果·普鲁斯（Hugo Preuß）强调，他的第一部宪法草案——其中有关于合并的条款——是基于 1848—1849 年"圣保罗教堂议会宪法"的理想，这并非巧合。[30]

在普鲁斯看来，这一理想既包含了议会民主的原则，也包含为一个更大的德意志祖国奋斗的原则。因此，《魏玛宪法》第 2 条第 1 款规定，如果当地居民愿意，新领土可以加入德国。第 61 条第 2 款还允许德意志奥地利在德国参议院中占有席位（魏玛共和国的第二立法机构，类似于其他地方的上议院，但是由德国各州的民选代表组成），最初以列席的身份参会，直到正式并入德国。[31]

1919 年 5 月，当战胜国向德国代表团提交条约草案时，所有这些为宪法所做的准备都失去了意义。[32] 草案明确规定，不接受德国的任何领土扩张，甚至包括禁止德奥合并的条款。因此，德国被迫（在《凡尔赛和约》第 80 条）承认奥地利的独立"是不可改变的，除非国际联盟理事会就此同意修正案"[33]。由于英国和法国是国际联盟理事会的常任理事国，决议必须一致通过才能形成，因此在可预见的未来，条款修正的可能性极小。在尊重奥地利自决权的基础上，德国以民主的、合法的程序争取合并的努力失败了，这是对政府外交政策的沉重打击。在之后的数年间，它成为一个困扰德国的问题，德奥合并从一项左翼的事业越来越与极右翼联系到一起。

　　然而，未能实现合并不能掩盖这样一个事实，即大选在面临无数挑战和内部分歧的情况下取得了巨大成就。1919 年 8 月 11 日正式公布的《魏玛宪法》是一份光辉的文件，它的起草遵循自由主义精神，保护言论和新闻的基本自由，宣布男女平等，并赋予了所有成年德国公民自由和平等的投票权。此外，它正式承认了妇女的平等权利以及她们参与政府高层次管理的诉求，从司法部门到所有公共事务部门，其中许多诉求在革命时期就已经确立并得到实施。即使在现实中，两性平等事业的进展缓慢，但将这些权利写入宪法是一个巨大的进步。其他还包括产假期间继续支付工资、堕胎法改革、婚姻伴侣的平等地位、取消教职人员独身禁令、重新规范赡养问题、兴办免费学校和男女同校等措施。[34]然而，围绕规范堕胎的《刑法典》第 218 条改革的激烈政治辩论表明，女性身体自主仍然是一个极具争议的话题。[35] 尽管如此，**169**

在魏玛共和国期间，妇女的生育权利范围显著扩大，性解放更为流行，节育也有更好的途径。因为可靠的避孕方式使家庭能够实行计划生育，性改革者散发了鼓励中产阶级家庭表达其性需求的小册子。最终在 1926 年，堕胎法律进行了改革，它成了"轻罪"，而不是更严重的刑事犯罪。[36] 当然，生活在大城市的人和生活在农村的人的境况还存在很大差异，农村地区的妇女没有享受与城市妇女同样权利的机会。[37]

虽然德国仍然是一个联邦国家，但中央政府比德皇时期更有权力，一些小州也合并了。与 1918 年之前相比，普鲁士——一个占德国总人口 3/5 的州——的权力受到了一定程度的限制，因为普鲁士现在只控制了联邦参议院 2/5 的席位，从而不再享有它以前在上议院的多数。[38]

由总理领导的政府对议会（国会）负责，议会在比例选举制下通过投票产生。这意味着每个政党在国会的席位数将与它在选举中获得的选票比例完全一致。[39] 总统每七年由普选产生，他有权任命并罢免总理及内阁，在极端情况下，还可以行使紧急权力，允许总理通过颁布法令来进行统治。总统也有权解散国会，这在国会否决总统紧急法令的情况下尤其重要，因为国会有权这样做。根据《宪法》第 48 条，总统还被授予广泛的紧急权力，该条款赋予总统通过法令进行统治的权力，如果他认为现有秩序受到威胁，可以使用军队在任何联邦州恢复法律和秩序。弗里德里希·艾伯特在 1923—1924 年使用了 63 次《宪法》第 48 条，当时德国正在应对经济危机和来自极左翼、极右翼的严重威胁。[40] 在 20 世纪 30 年代魏玛危机和希特勒崛起的背景下，总统的权力过大经常受到批评——当然，人们已经知道 1933 年 1 月发生了什么。但是在 1919 年，任何人都无法预见 1929 年年末开始的严重的经济和政治危机。 **170**

值得注意的是，国民议会的大多数代表认为，为了保持某种连续性，他们正在为之起草宪法的国家名称应该仍然是德意志帝国，而不是德意志共和国。尤其是自由派政治家，他们煞费苦心地强调"帝国"这个名字是为了将新共和国与 1848 年的民主传统，而不是和威廉二世的半独裁政权联系在一起。此时应该可以预见这个问题将在未来几年引起麻烦，因为那时共和国的支持者开始称他们的国家为"德意志共和国"，而右翼政客重新使用"帝国"这个名字来描绘德国未来的另外一种景象。最终，希特勒在 1929 年第一次谈到"魏玛共和国"是一个消极的暗示，他想克服这一弱点。[41]

早在 2 月 10 日，即艾伯特当选魏玛共和国第一任总统的前一天，国民议会就批准了宪法草案的基本原则，这使德国的政治制度更加符合自由主义的西欧和北欧，同时在某些方面还远远超过了他们。比例选举制允许每个在大选中获得超过 6 万张选票的政党在国会中拥有代表。与简单多数选举制不同，比例选举制直接反映了人民的意愿，因为它保证了席位的分配完全反映选民的偏好。此外，允许进行普遍投票、全民公投以及直接选举总统，这些也是直接民主的强有力的标志。[42]

总的来说，德国的魏玛宪法比 20 世纪 20 年代大多数国家的宪法更加民主和自由。德国内政部部长爱德华·戴维（Eduard David，多数社会民主党）在 1919 年 7 月 31 日的议会讲话中声称，没有任何其他国家有类似的民主宪法，这并非没有道理。他认为魏玛共和国现在是"世界上最民主的民主国家"。[43]

宪法中深深的自由主义印记很大程度上归功于雨果·普鲁斯和玛丽-伊丽莎白·吕德斯等（Marie-Elisabeth Lüders）民主党成员，他们认同左翼自由主义的理想，在宪法文本上留下了对未来的乐观主义印记。事后看来，尽管德国神学家、哲学家恩斯特·特洛尔奇称 1918 年 11 月至 1919 年初夏为"停战时期的幻境"，这种最初的乐观主义似乎有些天真，但在当时这的确是一种强烈的情绪。[44] 例如，珂勒惠支在日记中强调了战时焦虑的过去与和平与民主的未来之间的区别，她写道：

> 过去的五年是倒退的，充满了痛苦、悲哀和对和平的渴望……现在一切都指向未来，一个我们希望的光明未来，跨越下一次黑暗。今天，每个人都不想孤独，每个人都想鼓励自己，勇于表达自己的信念……1918 年结束了战争，带来了革命，可怕的、越来越难以忍受的战争压力已经过去，我们的呼吸变得轻松。没有人相信美好的时光会马上到来，但是我们已经爬出了曾被困其中动弹不得的狭窄竖井，我们看到了光明，呼吸了空气……[45]

在珂勒惠支和其他许多人看来，温和派革命者似乎取得了胜利，而布尔什维克式革命的支持者被边缘化了。新政府向巴黎的和约起草者们传达了坚定的信念——德国已经打破了过去的专制传统，从而达到了威尔逊"十四点"中的"公正和平"的关键标准。

回过头来看，当然很容易就知道这种情绪是幼稚的。然而，德国的许多政治家坚信，他们已经完成了1848年自由派革命者失败的任务。魏玛共和国采用1848年革命的黑、红、金三色旗作为国旗是有原因的。[46] 这一旗帜的象征意义大家都很清楚：1918年的温和派革命者纠正了1848年以来错误的政治进程，当时未能实现的自由民主最终获得了胜利。

事实上，在这个时候，革命已经取得了巨大的成就。用现代民主和国民议会取代了德皇及其帝国，缔造了德国有史以来最进步的宪法和影响最深远的社会福利法案。国民议会中3/4的代表支持菲利普·谢德曼领导下的民主政府，他在艾伯特当选帝国总统后接替出任总理。当时世界上几乎没有一个国家有更自由的宪法和更进步的社会法律。给这些重大成就蒙上一层阴影的是极左翼或极右翼始终拒绝承认1918年11月的温和革命得到了绝大多数德国人的支持，他们或是出于信仰，或是认为布尔什维主义前景黯淡，因而只能选择让温和派接管共和国。虽然很多投票给温和左翼和中间力量的人抱有这样实用主义的看法，但如果说魏玛是一个没有共和主义者的共和国（或者说至多只有一些"务实的共和主义者"），这种说法肯定是不切实际的。[47] 事实上，在整个20世纪20年代，有很多"真诚的共和主义者"明白，需要不断努力才能让民主在德国发挥作用。正如社会民主党的赫尔曼·穆勒（魏玛的两届总理）在1928年所说的那样："我绝不否认需要做更多工作，直到德意志共和国的所有机构都充满真正的共和

172

精神，并在德国建立起强大的民主传统。"然而穆勒坚持认为，德国已经在短暂的时间内取得了长足的进步，"战前，威廉统治下的帝国——它的力量来自世界上最先进的军事机器——是那些专制国家中唯一稳固的国家。1918 年 11 月 9 日，普鲁士–德意志军国主义向德国人民投降，它标志着专制政权的结束，人民掌握了自己的命运。这种政权更迭本身难道不应该被称为一场成功的革命吗？"[48]

许多人与穆勒及其大批支持者有同样的观点，即民主化需要的不仅仅是制定进步的法律。因此，他们讨论和探索了如何呈现和凸显共和政治，如何发明或重新打造民众参与的强大象征，以及如何在游行和演出中表现国家。德国议会办公室及其雄心勃勃的负责人埃德温·雷德斯洛布（Edwin Redslob）负责共和国的官方标志和国家庆祝活动，这只是致力于表现独特民主政治形式的许多团体和机构中的一个重要例子。[49] 到 1928 年，穆勒撰写了有关十一月革命的图书，并再次当选为总理，这时看起来前十年的努力似乎已经有了回报。

11. 被围困的民主

　　国民议会的成立对结束德国城市街头时隐时现的内战没有起到什么作用。相反，那年春天出现了更为激烈的革命第二阶段，主要是鲁尔区和德国中部的大规模罢工，以及柏林、不来梅和慕尼黑的巷战。这一次，在不来梅发生的暴力不是针对专制政权，而是针对议会民主。独立社会民主党和共产党于1月10日宣布成立苏维埃共和国，试图推翻多数社会民主党主导的工人委员会和市议会。起义者实行戒严和新闻审查，试图将少数人的政治观念强加给城市中的多数人。中央政府以武力回应，并在"自由军团"士兵的协助下血腥镇压了起义。与此同时，在鲁尔区和德国中部的工业中心地带，大约30万矿工举行了总罢工，要求立即将矿井国有化。当"自由军团"士兵准备镇压罢工时，暴力便随之发生。在德累斯顿，萨克森的战争部部长古斯塔夫·诺林（Gustav Neuring）被扔进易北河，在试图爬上河岸时被枪杀。1919年3月9日，作为对共产党宣布柏林大罢工和暴力混乱的回应，古斯塔夫·诺斯克下令，"凡被发现手持武器与政府军作战的人都应立即枪决"，他的手下在首都造成了混乱。[1] 关于共产主义大屠杀的谣言使本已紧张的局势更加恶化，谣言称，在这场大屠杀中，多达 200 名警察在城市东部被叛乱者残忍杀害。所有这些都不是真的，只是激起了那些被指控为镇压起义的刽子手的愤怒。[2] 政府军——包括正规士兵和"自由军团"——使用机枪、坦克甚至飞机轰炸来进攻他们的对手，造成 1 000 人死亡。"三月起义"也为政府军期待已久的清算提供了一个受欢迎的借口，他们杀害了利奥·约基希斯（卢森堡的恋人，同时也是她在《红旗报》编辑岗位的继任者）以及人民海军师的 31 名成员，该师曾让政府军在 1918 年平安夜战斗中遭受耻辱性的失败。[3]

　　动荡也在慕尼黑蔓延，1918 年 11 月不流血的革命在 1919 年春天变得激荡起来。在过去的几个月里，艾斯纳证明自己坚定地致力于推进革命性变革，但他还是无法提供足够的食物供应和工作机会。巴伐利亚农民扣留食品，协约国征用了大部分铁路机车。工人们开始在会议上起哄艾斯纳，并大声斥责他。在内阁中，一名成员愤怒地对艾斯纳说："你是一名无政府主义者……你不是政治家，你是傻瓜……我们正在被糟糕的管制毁掉。"[4]

而在巴伐利亚的民族主义中产阶级看来，艾斯纳也背叛了那些在战争中牺牲的人，因为他身为巴伐利亚总理，泄露了一些国家文件，他认为这些文件证明了 1914 年的战争是由"一小群疯狂的普鲁士军人""伙同"实业家、资本家、政治家和皇族造成的。[5] 1919 年 2 月，在瑞士伯尔尼市举行的一次国际社会主义者会议上，他抨击艾伯特政府拒绝承认德国在 1914 年发动战争的罪行。这一消息本身及其公布的时机（此时巴黎和会刚刚召开）都使得保守派人士无法喜欢艾斯纳的统治。[6]

　　尽管艾斯纳是更彻底改革的坚定信仰者，但他并不反对民主原则，并呼吁在 1919 年 1 月 12 日举行巴伐利亚议会大选。在大选中，他所在的独立社会民主党遭到惨败，赢得的民众选票不超过 2.5%，即 180 个席位中的 3 个。[7]

选举结果加剧了许多巴伐利亚人对未来的不确定感。巴伐利亚选举结束一周后，原德国东线军队总司令利奥波德·冯·拜仁亲王从他在考纳斯的司令部回到慕尼黑，这座巴伐利亚城市被他的家族统治了一千年，冯·拜仁自然会抱怨艾斯纳统治的这两个月对这座城市造成了怎样的影响："但我亲爱的家乡、巴伐利亚首府和王权之所在，看起来怎么样了？"利奥波德·冯·拜仁身着陆军元帅制服开车穿过这座城市，他觉得"这座城市本身看起来已经够悲伤的了；街道脏乱差，城市生活贫乏；看到的少数几名士兵是邋遢和无纪律的。它伤透了人的心。现在政府区里的战争部和所有公共建筑上都有红旗，当然，没有人再守卫我的房子了"[8]。

不独冯·拜仁其然，一些民族主义者比他走得更远。2 月 21 日，当艾斯纳走向议会递交辞呈时，一名 22 岁的民族主义法律学生安东·阿尔科-瓦莱（Anton Arco-Valley）伯爵向他背后开了两枪。[9] 艾斯纳的警卫立即还击，打伤了阿尔科-瓦莱，阿尔科-瓦莱几乎被愤怒的人群当场处死。没过多久，艾斯纳的追随者阿洛伊斯·林德纳（Alois Lindner）走进议会，拔出枪，在会议室所有议员的众目睽睽之下，向艾斯纳最严厉的批评者、多数社会民主党领袖艾哈德·奥尔开了两枪，使他身受重伤，导致两人死亡。[10]

在艾斯纳遇刺、奥尔遭到谋杀未遂后，巴伐利亚多数社会民

176

主党宣布自己是合法政府，艾斯纳的前文化部部长、多数社会民主党人约翰尼斯·霍夫曼（Johannes Hoffmann）领导的联合内阁已经成立。但由于艾斯纳葬礼后出现了大规模街头示威，内阁无法恢复秩序。极左翼不愿意接受新政府。4 月 3 日，奥格斯堡市的社会主义者呼吁建立一个巴伐利亚苏维埃共和国，此举受到了最近匈牙利事件的启发，匈牙利共产党领导人库恩·贝拉于 3 月 22 日宣布成立苏维埃共和国，同时呼吁巴伐利亚和奥地利的革命人士以他为榜样。[11]

正如维克多·克莱普勒指出的那样，艾斯纳被刺杀和匈牙利苏维埃共和国成立立即对慕尼黑产生了极大的影响，"当卡车开到时，这座城市显得更为危险，红旗在卡车上飘扬，车上挤满了站着的士兵。他们的武器随时准备开火，或是在炫耀性地装弹……传单呼吁查封资产阶级报刊，举行大罢工，进行'二次革命'"[12]。

同时代的其他人一致认为慕尼黑的气氛在 1919 年春天发生了彻底的转变。无政府主义散文家、诗人埃里希·米萨姆在这座巴伐利亚的首府写道："来自匈牙利的消息像是给慕尼黑扔来了一颗炸弹。"[13] 巴伐利亚回到了革命动乱的状态。在当过教师的恩斯特·尼基施（Ernst Niekisch）的领导下，巴伐利亚共和国中央委员会宣布约翰尼斯·霍夫曼的民选政府已经结束，并宣布成立苏维埃共和国。然而从一开始，慕尼黑苏维埃共和国就无法在以农业为主、信奉天主教的保守的巴伐利亚州获得多少支持。新政权的领导层由来自施瓦宾的城市文人（通常是犹太人）主导，比如 25 岁的波希米亚诗人恩斯特·托勒尔（Ernst Toller）或无政

府主义作家、莎士比亚作品译者古斯塔夫·兰道尔。他们的革命
议程雄心勃勃但不切实际，只能在一个混乱程度更甚于巴伐利亚
的州实施：银行和大型工业企业将被国有化，发行"自由货币"
从而废除资本主义，大学将由学生和被剥夺头衔的教授管理。报
刊将受到兰道尔的"启蒙和公共教育办公室"的审查。[14] 慕尼
黑大学取消了历史这门学科，因为它被认为是对文明的敌视。外
交人民委员弗朗茨·利普（Franz Lipp）打电报到莫斯科，抱怨
"逃犯霍夫曼带走了我部厕所的钥匙"，并向相邻的符腾堡和瑞士
宣战，因为"这些狗没有立刻借给我 60 辆机车，我确信，"他补
充道，"我们会胜利的"。[15] 正如兰道尔在 1919 年 4 月寄给小说
和文学评论家弗里茨·毛特纳（Fritz Mauthner）的一张体育明信
片上所写的："巴伐利亚苏维埃共和国将我的生日定为全国性节
日，以此向我致敬。我现在是负责宣传、教育、科学、艺术和其
他一些事的'人民委员'。如果我有几个星期的时间，希望能有
所成就。然而很可能几天之后，这一切都将归于一场梦。"[16]

　　对新政府的支持主要局限于产业工人和少数"左"倾知识分
子，而慕尼黑的中产阶级保守派居民，如维克多·克莱普勒，显
然对兰道尔（"艾斯纳转世，但没有变聪明一点，却要激进得
多"）等新政权的领导人没有多少同情。他们的革命计划充满雄
心壮志，但同样不切实际，用克莱普勒的话说，就是"离必要的
政治十万八千里"。"革命法庭"取代了普通法庭，克莱普勒讽刺
地指出："正义宫的革命法庭，漂亮的楼梯以奢华的洛可可风格
装饰，与 1792 年丹东时代的场景非常吻合。我敢打赌，我们慕
黑革命的艺术导演们非常看重这一点。毕竟兰道尔是个……研究

177

178

法国大革命的专家。"[17]

克莱普勒也毫不掩饰自己对于极左翼的看法——即使在纳粹令他失业并陷入日益危险的社会孤立之后，他仍是一个持自由保守主义的爱国者。他曾经出于好奇参加过他们的一次会议，结果却很失望，"大约 250 人挤坐在两张长桌旁，一边抽烟一边喝啤酒，基本上是不同年龄层的男性，大多数也许是工人……这可能是铁路工人的定期会议，或者是养兔人俱乐部的演讲——只是演讲的内容一直在说'内战的必要性'……我想这是在可耻地浪费时间，然后我就走了。我一点也不同情这些人"[18]。

相比之下，慕尼黑事件的消息受到了俄国布尔什维克的欢迎，认为这是整个德国即将发生共产主义革命的迹象。布尔什维克党中央委员、新成立的共产国际执委会主席格里戈里·季诺维也夫从莫斯科发来电报，热情洋溢地说："我们深信，整个德国成为苏维埃共和国的日子不远了。共产国际意识到，你们德国人正在责任最为重大的岗位上战斗，那里将直接决定整个欧洲无产阶级革命的命运。"[19]

179　　当时很多人也接受这一点，即使他们反对共产主义。政治上保守的未来诺贝尔奖得主托马斯·曼当时住在慕尼黑，确信布尔什维克革命一定会蔓延。"可以认为德国的其他地方也会起而效之。"他在 1919 年 4 月 7 日的日记中写道。[20]

在巴黎和其他西方国家首都，协约国的政治家们关注着巴伐利亚和匈牙利正在发生的事件，愈加担忧。1919 年 4 月 4 日，美国国务卿罗伯特·兰辛（Robert Lansing）指出："中欧正处于无政府状态，人民看不到希望，俄国红军正在向西挺进。匈牙利在

革命者的掌握之中，柏林、维也纳和慕尼黑正转向布尔什
维克。"[21]

　　与此同时，霍夫曼政府逃离慕尼黑，去往弗兰肯（Franco-
nia）北部更安全的班贝格（Bamberg），就像德国国民议会逃离
柏林前往魏玛一样。然而，霍夫曼决不甘心放弃抵抗。1919 年 4
月 13 日圣枝主日（Palm Sunday），一个忠于霍夫曼政府的巴伐利
亚共和国民兵组织，试图用武力推翻慕尼黑苏维埃共和国，但遇
到了从有武装的苏维埃成员中招募的"红军"的顽强抵抗，遭到
失败。[22] 霍夫曼试图以武力恢复合法的巴伐利亚政府，这立即产
生了强烈的反作用。在慕尼黑，巴伐利亚苏维埃共和国明显更为
"左"倾，马克斯·列文（Max Levien）和欧根·莱文（Eugen
Leviné），这两位出生于俄国的革命家已经为彻底的政治变革奋斗
了很久，他们把"咖啡馆无政府主义者"推到一边，接管了后来
被称为第二慕尼黑苏维埃共和国的领导权。[23]

　　没有等待德国共产党的批准，他们在慕尼黑建立了布尔什维
克政权，并与列宁建立了联系，列宁要求他们将银行收归国有。
1914 年战争爆发时列文在德国意外被捕并加入了德国军队，他遵
照列宁的指示，开始逮捕贵族和中上层阶级成员作为人质。慕尼
黑的大教堂变成了一座由"理性女神"占领的革命圣殿，共产主
义者开始扩大红军，很快就拥有了 2 万名装备精良、军饷充足的
士兵。他们贴出一系列公告，宣布巴伐利亚将成为欧洲布尔什维
克化的先锋；工人们必须接受军事训练，所有私藏的武器都必须
交出，否则将被处决。[24]

　　慕尼黑的事态继续发展，反布尔什维克势力在圣枝主日失败

180

了，三天以后他们在慕尼黑郊区达豪（Dachau）的进攻又遭受了失败，他们也变得更为激进。[25] 霍夫曼最初不愿意招募反对共和的志愿者或寻求柏林政府的支持，现在他改变了主意。他公开呼吁巴伐利亚的所有反布尔什维克力量去粉碎苏维埃共和国：

> 巴伐利亚人！同胞们！慕尼黑肆虐着一场由异国分子释放的俄式恐怖，不能容忍这种对巴伐利亚的伤害再延长一天甚至一个小时。所有巴伐利亚人必须立即施以援手，不论党派……慕尼黑呼吁你的帮助。来吧！向前进！现在！慕尼黑的耻辱必须被抹掉！[26]

霍夫曼的号召自然吸引了极端民族主义和反对民主的人们，他们不会放过和布尔什维主义算账的机会。他们中的许多人都是好战的保皇党人，渴望恢复旧日的秩序，如原巴伐利亚近卫军司令、奥拔仑"自由军团"的头子弗朗兹·利特·冯·艾普（Franz Ritter von Epp）少将，以及他的 31 岁的助手、战功赫赫的英雄、未来纳粹冲锋队的头子恩斯特·罗姆（Ernst Röhm）。巴伐利亚约有 1.5 万人响应了霍夫曼的号召。[27]

除了在本地招募军队外，柏林政府还派出了 1.5 万名正规军，在普鲁士少将冯·奥芬（von Oven）的指挥下前往慕尼黑终结共产主义的统治。[28] 从 4 月中旬巴伐利亚大军压境开始，已有谣言称苏维埃共和国政府开始大批释放并武装囚犯及俄国战俘来加强他们的军队。[29] 在政府军开进慕尼黑前，一份由军事指挥官和霍夫曼政府联署的公告宣布："武力对抗政府军将被判处死刑……每一名红军都将被视为巴伐利亚人民和德国的敌人。"[30]

　　始于 5 月 1 日的慕尼黑之战短暂但血腥。在城市战斗开始的前一天，一些巴伐利亚红军战士不明智地选择在慕尼黑的卢特波尔德体育馆枪杀 10 名人质，其中包括一名妇女。被杀的人质中许多人是贵族和极右翼"图勒协会"（Thule Society）的成员，红军杀害人质，很快被敌人大肆渲染。[31] 远在巴伐利亚以外，对慕尼黑囚犯的枪决成为"红色恐怖"最重要的象征，这种恐怖被认为正从各个方面威胁着德国。希特勒未来的私人摄影师海因里希·霍夫曼（Heinrich Hoffmann）在"犯罪现场"拍摄的尸体的煽动性的照片，立即出现在报纸和明信片上，在德国各地传播。它们是现代宣传机器的一部分，旨在表达这样一种印象，即如一家报纸所说的，革命的恶劣程度早已超越了"法国大革命的可耻行为"，并使"地狱之门"大开（一份报纸的报道）。[32] 被杀害的妇女是一名"自由军团"军官的家属，而且传言称她在被处决前曾遭受性暴力，这些行为于事无补。这次处决是一个严重的错误，它给了反革命分子义愤填膺和恶毒报复的理想借口。[33]

　　维克多·克莱普勒从 5 月 1 日起目睹了慕尼黑苏维埃政权的失败，"……今天，当我写下这些文字时，一场真正的战争正在进行。一整个中队的飞机飞过慕尼黑上空，射击、中弹，然后闪着火光坠落……地面的枪声响个不停。越来越多的士兵穿过路德维希大街，有的步行，有的乘车或骑马，带着迫击炮和重炮。街角有许多群众在观望，因为那里安全并且视野不错，他们手里大多拿着小望远镜"[34]。

　　随着军队和"自由军团"进入慕尼黑，战斗中有 600 多人丧生，其中许多是平民。5 月 2 日、3 日，包括古斯塔夫·兰道尔和苏维埃战争委员会委员鲁道夫·埃格尔霍费尔（Rudolf Egelhofer）在内的囚犯陆续被处决。就在几周前，3 月 14 日，兰道尔给他的朋友路德维希·伯恩德尔（Ludwig Berndl）写了一封信："不要关心我的生命！在它的三个维度中，长度一直是我最不担心的……"[35]

5 月 6 日，一支喝醉了的"自由军团"小队偶然遇到一个天主教工匠协会的集会，一名告密者告诉他们，聚集在一起的工人是革命者，于是"自由军团"逮捕了他们，把他们带到附近的一182个地窖加以殴打，总共杀死了 21 名无辜的人。53 名为红军打仗的俄国人在慕尼黑郊外被拷打和枪决。[36] 参与"解放"慕尼黑的军官曼弗雷德·冯·基林格（Manfred von Killinger）后来在具有强烈个人色彩的回忆录中愉快地讲述了他的经历：1919 年他指挥一群强盗士兵是如何在红色慕尼黑恢复了"秩序"。一名囚犯"在腮边"挨了一枚手榴弹，血"汩汩"地流着，然后"步履蹒跚地走了"。一名被俘的女子被基林格称为"施瓦宾会画画的妓女"，她遭到几名士兵的殴打和鞭抽，"直到她后背体无完肤"。基林格对自己和手下的行为没有表现出多少悔意，"有些人会说是'野蛮'。没错，但很合适。如果不这么做，那些乌合之众会认为我们懦弱"[37]。

战斗结束很久之后，"秩序"的恢复仍在继续。在接下来的几个星期里，大约 2 200 名苏维埃共和国的支持者被判处死刑或长期监禁，而总共有 5 000 起案件发生在苏维埃共和国时期。[38] "在我的记忆中，环视四周，看到的只有死亡、被谋杀的牺牲者……"无政府主义者埃里希·米萨姆在被判处 15 年监禁后，于 5 月 7 日在他的牢房中写道，"这就是我一直为之欢呼的革命。才过了半年，就化作一片血海。我被吓坏了。"[39]

图 11.1　慕尼黑革命被血腥镇压后，社会主义者、剧作家恩斯特·托勒（Ernst Toller）的"通缉令"海报。托勒曾短暂领导巴伐利亚独立社会民主党，他在被捕后受到死刑的威胁。最后，他以叛国罪被判处五年监禁。

慕尼黑及其周边发生的灾难性事件产生了持久性的影响，在这之前，这座大都市一直以其相对平静和极具资产阶级色彩而引以为傲。她没有被第一次世界大战波及——除了经济上受到损失以及她的很多"儿女"在遥远的前线死去——却突然经历了革命

的风暴、巷战，甚至还有炮击和轰炸。正如托马斯·曼在 5 月 1
日的日记中所写的那样，这座德国第二大城市的居民对此深感恐
慌，而中产阶级倾向把暴力和混乱升级片面地归咎于红军。曼住
在博根豪森（Bogenhausen）的富人区，他通过妻子凯蒂娅的母亲
了解城中的情况，凯蒂娅的母亲就住在离政府街区不远的地方。
"凯蒂娅的母亲早上打来电话，好像一面白旗在维特尔斯巴赫宫
（Wittelsbach Palais）楼顶飘扬，红军在清晨 4 点投降了。原来这
不是真的，移交可能还没开始，枪声还在断断续续。在城市中
183 ……有件事引起轩然大波：在夜间，被关押在卢特波尔德体育馆
的中产阶级和贵族人质……已经被肢解和处决了。这在中产阶级
市民中引起了难以置信的愤怒。一夜之间，所有的红袖章都消
失了。"[40]

　　生活在一个既定社会秩序和等级制度被暴力推翻的世界中，
这种深切的体验引起了巴伐利亚右翼强烈的回潮。经历了大屠
杀，像霍夫曼领导的社会民主党这样的温和派，尽管采取了行
动，但在慕尼黑已经不会再有什么作为。一个"白色"的反革命
政府最终接管了政权。慕尼黑成为魏玛共和国中最为坚定的民族
主义和反布尔什维克城市——这座巴伐利亚首府成为纳粹的发源
地绝不是偶然的。[41]

12. 对魏玛政权的削弱：《凡尔赛和约》

1919年年初，德国依然身处革命的动荡之中，德国的政治家们在魏玛起草宪法，协约国的首脑们作为胜利者，聚集在巴黎决定战败者们的命运。对于绝大多数德国人来说，最紧迫的问题是威尔逊的承诺是否能够实现——没有吞并和赔款的和平，一个民主和安全的世界。他们将会非常失望。

时任英国首相的戴维·劳合·乔治认为，与上世纪欧洲那场伟大的和平会议相比——1814—1815年的维也纳会议，这个和会的性质有着根本上的不同。第一个也是最重要的一点，就是战败的列强以及他们的继承国家——德国、奥地利、匈牙利、保加利亚和奥斯曼帝国——被排除在巴黎的谈判之外，而在建立国际新秩序的维也纳会议中法国却依然是主角。只有到那些强加给战败国的各色和平条约最终定稿的时候，战败国代表才被传唤过来。俄国——1914—1917年英法的主要盟友——也没有代表在巴黎，因为那时英国和法国还在积极地向俄国的白军提供后勤和军事援助，企图推翻列宁的布尔什维克政府。第二个区别在于巴黎和会的规模。维也纳会议只有5个国家参与，巴黎和会则有超过30个国家出席，包括协约国以及援助它们的国家。[1] 显然，并不是所

有的与会者都有同等的话语权。在这个等级金字塔的顶部是一个
185 以东道主法国总理乔治·克列孟梭为主席的"十人委员会"，到
1919 年 3 月末，"四人委员会"又取而代之。除了克列孟梭，还
有美国总统伍德罗·威尔逊和英国首相戴维·劳合·乔治两个关
键角色，意大利的政府首脑维托里奥·埃曼努尔·奥兰多也忝列
其中。到了 4 月下旬，由于罗马政府对亚得里亚海阜姆港（Fi-
ume）的领土要求迟迟得不到满足，意大利一时愤而退出和会，
会议的决定基本上是由"三巨头"做出的——克列孟梭、威尔
逊、劳合·乔治。在他们商讨问题期间，总共有 52 个专家委员
会向他们提供有关赔款、新国界等复杂问题的参考。[2]

　　和会开幕后不久就可以看到，显然每个代表团来到和会都有
各自的目的，并且相互之间往往是矛盾的。就法国而言，对它来
说最重要的议题便是未来如何遏制东方强邻德国。克列孟梭故意
选择在 1 月 18 日召开和会，是因为 49 年前的这一天，法国在
1870—1871 年普法战争中惨败后，德意志帝国在凡尔赛宣布成立
了。自"德意志问题"困扰巴黎以来，解决这个问题被认为既是
集体安全所攸关，也是正义的：在第一次世界大战中，法国的 10
个行省发生过战斗或被占领，国家的东北部留下了大片废墟。更
糟糕的是，法国失去了 18—27 岁男性人口的 1/4。在所有的西方
协约国中，这个国家蒙受了战争带来的最惨痛、最直接的影响。
克列孟梭深知绝大多数法国人民要求惩罚战败者并给予胜利者应
有的补偿（尤其是法国）。为了确保德国不会再次威胁法国，克
列孟梭和他的助手们苦思冥想了各种各样的计划：彻底割裂德
国，占领大部分莱茵兰地区，在德国的东部边境建立一个强大的

盟国。[3]

　　和战前一样，英国考虑的是"大陆均衡"，对于它来说，法国称霸的未来就和战前的德国一样可怕。劳合·乔治并没有支持法国的全部要求，而是寻求给予犯下战争罪行的同盟国"适当"的惩罚，以保持欧洲经济的稳定和谐。德国的全球影响力将被压缩到最小（剥夺德国海外殖民地，摧毁公海舰队），但并不意味着双边贸易将一同终止。德国在战前是英国主要的贸易伙伴，因此一个赤贫的甚至可能布尔什维克化的德国并不符合英国的最大利益。然而此时，1918 年 12 月的大选迫在眉睫，劳合·乔治深感国内要求对德实行严厉和平的巨大压力，尤其是诺斯克利夫勋爵（Lord Northcliffe）的《每日邮报》和《泰晤士报》等保守派报纸，主张巨额的战争赔款，还要以战争罪审判（甚至可能处决）德皇威廉二世。英国和法国在中东也存在利益冲突，英国在那里的战略要地和经济权益已经岌岌可危。[4]

　　相比之下，美国总统威尔逊一直认为会议的结果应当是一个"公正和平"，从中引申了对国际体系的重新设计。这种设计基于对世界范围内实行人民主权的全新解释，任何地方的有理性和道德责任感的人民都可以选出独立自主的政府。威尔逊心中的重点议题，即实现民族"自决"（他的意思是政府源于民选）的原则，以及创建确保集体安全和国际和平的国际联盟，尽可能地避免战争。[5] 与他身前身后的多位美国总统一样，威尔逊试图把心目中的美国榜样放之四海，尤其是欧洲。在那些欧洲帝国的继承国家中，即便少数族群不得不遵循所在国家的整体价值观，宗教和民族的差异也应得到保护和存续。[6] 不过，在威尔逊冠冕堂皇的理

186

想主义背后却是自己的盘算：如果说大战和协约国的胜利已经使得全球的力量天平从欧洲向美国倾斜，那么他所提倡的世界新秩序将在政治和经济上巩固美国的世界霸主地位。[7]

处理好协约国之间互相对立的问题，同时还要让其他参会的小国代表满意，这几乎是一个不可能完成的任务。虽然西方协约国的领导人们不愿意承认这一点，但他们从和会一开始就清楚地认识到，最终的和约将是一个互相妥协的版本——但妥协不是发生在战胜国与战败国之间，而是发生在几个主要的战胜国之间。[8]

187

1919 年 4 月底，战胜国将德国代表召至凡尔赛。法国东道主似乎要特意羞辱这个 180 人的德国代表团，让他们坐着从柏林开往巴黎的火车缓缓驶过满目疮痍的法国乡村。到达巴黎后，他们被"粗鲁地赶上公共汽车，在重兵押送下被送到凡尔赛；他们的行李被毫不客气地扔在酒店的院子里，并被粗暴地告知要自己带上去"[9]。德国代表团团长、外交部部长乌尔里希·冯·布罗克多夫-兰佐（Ulrich von Brockdorff-Rantzau）伯爵在战争期间一直主张和平，并支持民主的德国新政府。但他的外表和举止看起来都是一个典型的德国北方贵族，他认为自己会作为一个平等的谈判伙伴在巴黎受到欢迎。与大多数德国人一样，布罗克多夫-兰佐相信威尔逊承诺的没有胜利者和失败者的协商和平将会兑现。他充分预计到德国将遭受一些领土损失，但也准备要求和会尊重自决原则。他的代表团带来了大量的地图，以表明从历史和民族构成角度来说，一些有争议的领土无疑是德国的。[10]

1919 年 5 月 7 日，德国代表团被召集到凡尔赛的特里亚农宫酒店（Trianon Palace Hotel）开会。克列孟梭宣布会议开始："结账的时候到了。你们要求和平，我们就把和平给你们。"[11] 当布罗克多夫-兰佐发言时，他决定继续坐着，以此表示抗议。他坚持认为指控德国发动战争是错误的，否认犯下了战争罪，并坚持认为既然战斗结束，协约国就必须结束经济封锁。布罗克多夫-兰佐的演讲可能是为了向国内观众保证，这个代表团是在为德国的利益而战，但进一步激怒了协约国领导人。德国外长离开房间后，威尔逊、克列孟梭和劳合·乔治都很沮丧。威尔逊说："这是我听过的最粗鲁的演讲。德国人真是个愚蠢的民族。他们总是做错事。"[12]

到了晚上，当德国代表团开始阅读摆在他们面前的条款时，他们的反应是震惊和难以置信。这些条款很快将在德国媒体上公布，整个德意志帝国都会大吃一惊：德国将丧失 1/7 的领土（约 4.3 万平方公里）和 1/10 的人口（约 650 万人）。在西部，阿尔萨斯-洛林在德国统治近半个世纪后交还给法国，边境地区的奥伊彭（Eupen）和马尔梅迪（Malmedy）地区被割让给比利时。结果是 20 万—30 万德国人离开了阿尔萨斯和洛林，包括自愿和被驱逐的。[13] 德国暂时丧失了在莱茵河东岸 50 公里宽的带状地区的主权，该地被非军事化，协约国通过河对岸三座桥头堡来保证其"安全"，这一措施在很大程度上是为了满足法国的安全需求。如果未来德国履行了条约上规定的义务，桥头堡将被撤除。萨尔（Saar）是法德边境一个重要的矿业和工业地区，它被置于国际联盟的管理下，并给予法国 15 年的煤矿开采特许权，以补偿德国在法国北部造成的破坏。[14]

188

然而，最具争议的、面积最大的领土割让是在东方。协约国在那里兑现了让波兰独立的承诺。1917 年秋，法国同意波兰独立。"十四点"中的第 13 点，也体现了伍德罗·威尔逊的设想：重建后的波兰应该获得"无可争议"的属于波兰人的领土，同时也获得"自由和安全的出海口"。[15] 既兑现这些承诺，又不侵犯现在波兰领土上数量庞大的德国人的自决权，这是不可能的。这种境况说明了在中东欧建立一个没有边界争议的正常运转的继承国所面临的挑战。建立新的波兰意味着德国人要失去波森（波兹南）、西普鲁士大部分地区和上西里西亚的部分地区。但泽是一个位于维斯瓦河入海口的波罗的海港口，绝大部分居民是德国人，它成了一个以新成立的国际联盟的名义控制的"自由市"，而德国最初没有被允许加入国际联盟。为了履行威尔逊"十四点"中给波兰一个通往波罗的海入海口的承诺，协约国建立了一条"走廊"，把东普鲁士和德国其他地方隔离了。在接下来的 6 年中，居住在"波兰走廊"的 110 万德国人中，有约 57.5 万人搬去了新的德意志共和国。[16]

189   对于一些存在争议的地区，协约国允许进行公民投票，呼吁有关地区的居民自行决定希望归属哪个国家。其中最重要的一次投票是在上西里西亚煤炭资源丰富的地区举行的，《凡尔赛和约》规定德国边境地区有三个存在争议的民族杂居地需要进行公投，这是其中之一（另外两个是北石勒苏益格和位于奥尔什丁-马林韦尔德的德国人和波兰人混居的狭小地区）。[17] 除了众多的居民，上西里西亚的矿业和钢铁工业对柏林和华沙来说也很重要，德国每年 25% 的煤、81% 的锌和 34% 的铅来自那里。德国政府认为上西里西亚的居民绝大多数是德意志人,那里成为德国领土已经有好几个世纪,其繁荣都应归功于德国的工业和资本。德国的结论是,如果失去了上西里西亚,它将无力履行条约规定的其他义务。[18]

上西里西亚公投在 1921 年 3 月 20 日举行,在公投之前和公投进行时都爆发了严重的暴力冲突。到当年 10 月,新的波德边境才最终确定下来。巴黎和会的最高委员会接受了分而治之的办法,上西里西亚的 1/3 土地和 43% 的人口给了波兰,这包括卡托维兹和克尼格许特(霍茹夫)以及东部工业三角地区的 4/5,而这两个城市都一致投票留在德国。这个结果遭到德国人广泛的谴责,称之为"胜利者的正义"。[19]

除了失去东部的大片领土之外,德国还不得不交出其海外殖民地(总面积为 160 万平方千米),这些殖民地根据国际联盟的授权在战胜国之间重新分配。德国失去了德属喀麦隆、多哥兰(今加纳伏塔湖西部地区)、卢旺达-乌隆地、德属西南非洲(纳米比亚)和德属太平洋岛屿,意味着德国已经被剥夺了有关帝国的全部实质性内容。[20]

大多数前德属非洲殖民地将成为所谓的 B 类国联托管地。这些地方在巴黎的西方领袖们看来,需要得到他们(主要是英国和法国)强权的有力指导,但可能在将来的某个时间获得独立。还有一些德国的殖民地,主要是德属西南非洲(纳米比亚)和德属太平洋诸岛成为 C 类托管地,这些地方最像旧式的殖民地,"最好的管理方式是将其视为领土不可分割的一部分,实施强制性的法律"。[21] 种族主义理论明显主导了巴黎和会的整个托管方案,

190

方案的制定者认为殖民地的有色人种人民与生活在欧洲前帝国领土上的白人不同，前者还没有自我管理的能力。[22]

众口难调，巴黎和约几乎不可避免地会让所有参会者失望。事后来看，玛格丽特·麦克米伦（Margaret MacMillan）等历史学家对和约的评价比同时代的人要温和一些，他们承认巴黎的和约缔结者们往往是被迫接受已经在各地形成的新事实，将自己的角色局限为各怀野心的冲突者们之间的协调员。[23] 然而，并不是所有的历史学家都认为和约缔结者们已经尽了最大努力去做好这项困难的工作，而是认为巴黎会议没有达到其最终目标：建立一个安全、和平和持久的世界秩序。[24]

在不到 20 年的时间里，巴黎建立的秩序瓦解了，这在很大程度上要归咎于欧洲战败国家中强大的修约主义和民族主义力量的崛起。尤其是在德国，1929 年大萧条后的经济动荡被希特勒的纳粹运动所利用，该运动一直坚称，如果有必要，它会用武力撕裂凡尔赛的"强加的和平"。正是因为纳粹主义的兴起，历史学家和公众对《凡尔赛和约》的关注远远超过了和平进程的其他方面。然而可以说，对《凡尔赛和约》的关注（尤其是对于将大战爆发的责任完全归咎于柏林承担的赔偿和"战争罪"条款）使我们对巴黎和会的理解变得狭隘了，并在某种程度上忽视了当时最大的问题：一个以前由大帝国主导的欧洲大陆转变为一个由"民族国家"组成的欧洲大陆。这个问题只是在战争的最后阶段才得191 以凸显。1914 年，伦敦和巴黎都没有以建立"民族国家的欧洲"为目标发动战争，直到 1918 年年初，肢解大帝国才成为明确的战争目标。[25]

值得回顾一下这一转变的规模:当第一次世界大战以协约国的胜利结束时,三个庞大而古老的大陆帝国——奥斯曼帝国、哈布斯堡帝国和罗曼诺夫帝国——都从地图上完全消失了。第四个是德意志帝国,它在第一次世界大战期间获得了中东部欧洲的大片领土,成为一个主要的大陆帝国,但战后其规模大大缩小,海外殖民地被剥夺,转变为议会民主制国家,拥有德国政界经常谈起的东方的一段"血腥边境"。[26]

德意志帝国在 1914 年之前一直是列强纷争中的主角,如果不清楚参与战争的德意志帝国的规模,就不可能理解其战后的解体令许多德国人强烈感受到自身地位的丧失。事实上,如果不承认德意志帝国的规模和抱负,就不可能完全理解,为什么在两次世界大战期间的魏玛共和国对于德国民族主义者来说是一个如此支离破碎的国家,在此期间,右翼团体抗议最为强烈的是德国在《凡尔赛和约》之后失去了东方的土地,其次是德国的殖民地遭到了"窃取"。

在欧洲中东部,人们能最敏锐、最直接地感受到帝国体系的崩裂。随着大陆帝国的解体,10 个新的国家从废墟中诞生:芬兰、爱沙尼亚、拉脱维亚、立陶宛、波兰、捷克斯洛伐克、德意志奥地利、匈牙利、南斯拉夫,以及已经牢牢立足于亚洲的土耳其。与此同时,在被奥斯曼人统治了几个世纪的阿拉伯利凡特,英国和法国制造了新的"国家":巴勒斯坦、外约旦(约旦)、叙利亚、黎巴嫩和美索不达米亚(伊拉克),它们将成为伦敦和巴黎管辖的国际联盟"托管地",直到未来某个不确定的时刻成为独立国家。[27]

不过，真正最让德国人感到愤怒的并非海外殖民地的丧失，而是《凡尔赛和约》的第 231、第 232 条，这两项条款迫使德国承担 1914 年大战爆发的全部责任。第 231 条认定德国及其盟国应对战争爆发负完全的责任，而第 232 条规定犯有罪行的德国应对其造成的破坏进行赔偿。对于德国人来说，在丧失土地之外，又被第 231、第 232 条强加了某种形式的道德谴责。

然而，第 231 条的真正目的是把对德国征收惩罚性赔偿合法化，以此补偿法国和比利时在四年德占期间所受的破坏。德国的"战争罪"以及进行大规模破坏的暴行——特别是在 1917 年春季，德国向阿拉斯、圣昆汀和瓦伊（Vailly）之间的"齐格菲防线"进行战略撤退时，军队实施的焦土政策——使德国承担了战争期间"所有损失和破坏"的责任。协约国明白，广义的赔偿条款，理论上包括了每一颗子弹的成本和每一个战争孤儿的抚养费，这可能是远远超过德国支付能力的不切实际的要求。然而他们也明白，国内选民仍在承受战争的伤害，对赔偿问题所做的任何让步都会激怒他们。特别是法国人还没有忘记柏林在 1871 年索要的大量赔款（这一赔款甚至没有大量财产损失作为依据）。由于无法就德国赔款的具体数字达成一致，这一问题被暂时搁置了。然而大多数德国人认为和约没有规定赔偿数额，基本上等于是让他们在一张空白支票上签字。[28]

最终的数字在 1921 年"伦敦赔款时间表"中达成一致，它高达 1 320 亿德国金马克，由三种类型的债券（A、B、C 债券）组成。然而，在这个看似高昂的数字中，有 820 亿是所谓的 C 债券，协约国并不指望德国偿还这笔赔款，主要是为了安抚国内的舆论。而德国人会通过 A、B 债券来支付赔款，总数为 500 亿金马克，要在 36 年内付清。德国的专家们私下里认为这些款项是可以应付的，虽然他们绝不会公开承认这一点。[29]

协约国进一步要求确保德国不会拥有可以再次发动战争的大量武器装备。《凡尔赛和约》把德国陆军人数限制为 10 万人，禁止拥有坦克、飞机和潜艇。[30] 德国海军人数被限制为 1.5 万人，禁止建造新的大型舰艇，事实上已经被解散。1914 年前，德国公海舰队的扩张明显激化了英德矛盾，1918 年 11 月后，它被扣留在英国奥克尼群岛的斯卡帕湾。在德国使节签署和约的 11 天前，德国舰队司令路德维希·冯·罗伊特（Ludwig von Reuter）下令凿沉从战列舰到驱逐舰的共 74 艘军舰，以免它们被协约国瓜分。[31]

193

德国人有两个星期的时间进行答复，在这短暂的时间内，他们设法收集了详细的文件和合理的论据，抗议和约的苛刻条款。然而，和约没有进行任何实质性的修改。与此同时，公众的讨论非常激烈。从 1919 年 5 月草案被提交给柏林政府的那一刻起，该和约就被大多数德国人谴责为重大的犯罪。后帝国时代的德国，其内部在几乎所有问题上都存在分歧，但在从根本上反对《凡尔赛和约》上是团结一致的，连执政同盟也不顾一切地主张加以拒绝。然而这样做风险非常大。几乎可以肯定的是，如果政府拒绝签署该和约，协约国将进军占领德国。与此同时，为确保柏林愿意"合作"，对德国的经济封锁仍然没有解除，这给普通德国人带来了巨大的困难。

1919 年 5 月 12 日，德国总理菲利普·谢德曼在国会的讲话反映了普遍的情绪。他反对以新的边界分割德国的领土和人口，他喊道："我们是一个血肉之躯，谁想把我们分开，就像用一把杀人的刀砍向德国人民鲜活的躯体。"谢德曼用过于激动的言辞继续说道：该条约意味着"无情的肢解""奴役""制造农奴"。"6 000 万［德国人］被关进铁丝网和牢笼，6 000 万德国人要被强迫劳动……把自己的土地改造成集中营！""脚踩在头颈上，手指插进眼睛里"——这就是条约的意义。速记员记录下了"暴风

194 雨般的掌声""意见完全一致"。他说出下面这句名言时，演讲达到高潮："把自己和我们都捆绑在锁链中的手，怎能不僵死？"根据记录，这位德国第一个民选政府首脑的讲话赢得了来自其他议员跨越政治鸿沟的"几分钟热烈的鼓掌"。[32] 然而他也说，"那些拖延真正的和平迟到哪怕一天的人，也会遭遇巨大的不幸"，并得到了"屋子和走廊里雷鸣般的掌声"。谢德曼在演讲中表达的观点是，如果有必要，那就不惜任何代价获得和平。这一观点得到了绝大多数德国人的认同。[33]

当然，民族主义右翼对条约草案的批评走得更远。德国国家人民党（DNVP）的发言人阿瑟·格拉夫·冯·波萨多夫斯基-韦纳（Arthur Graf von Posadowsky-Wehner）的抨击尤为激烈。作为原德意志帝国副首相兼内政部部长，波萨多夫斯基-韦纳把和约视为对德意志犯下的前所未有的罪行。领土的丧失、对军队规模的限制、禁止与奥地利合并、要求将德皇及其将军和官员移交给协约国——所有这些看起来都不符合国际公约和主权原则。没收德国的海外电报公司、电话电缆和无线电发报机，被视为协约国实施"报复"的一个例子。波萨多夫斯基-韦纳清楚，拒绝签署和约

将导致"暂时的不利"，但德国将保留其荣誉，即使这意味着德国人的死亡，"在我们的信仰中，死亡之后是复活"。作为一名虔诚的基督徒，他相信死后的复活。因此，他呼吁德国同胞拥有"终极的勇气"，为子孙后代承担后果。波萨多夫斯基－韦纳还指责了协约国政府的虚伪。在谈到印度和爱尔兰时，他坚称，伦敦对民族自决的承诺是值得怀疑的。比利时应该为自己指责德国对其殖民地处理不当而感到羞耻。但在波萨多夫斯基－韦纳看来，罪魁祸首是美国总统威尔逊，他以虚假的"公正和平"承诺引诱德国签署停战协议。波萨多夫斯基－韦纳怒吼道："这是与夏洛克签订的条约！"他的咆哮赢得了掌声，继而指责威尔逊想要的是对德国一磅肉的惩罚。[34] 支持和约的人所能做出的回应就是：德国别无选择，如果协约国入侵德国，战争及其可怕的后果将重新随之而来。

　　尽管如此，谢德曼政府还是为此辞职，为古斯塔夫·鲍尔（Gustav Bauer）领导下的新内阁让路。古斯塔夫·鲍尔曾是东普鲁士的一名办公室职员，在德意志帝国工会中晋升为"总工会"主席之一。在谢德曼领导下的德国第一届民主政府中，鲍尔担任劳工部部长。鲍尔的新政府得到了社会民主党和中央党的支持，但魏玛同盟的另一成员——持自由主义的民主党，断然拒绝加入任何将签署《凡尔赛和约》的政府。鲍尔居然觉得前景不容乐观，但他认为没有可行的替代方案，尤其是格勒纳和其他高级将领认为继续战斗下去绝无可能。鲍尔理解谢德曼和其他议员有充分的理由感到愤愤不平，尤其是对威尔逊，他们对他所提出的"公正和平"寄予了厚望。美国总统在1918年的演讲和对同盟国和平照会的回应中指出，他的战争是与独裁者进行的，而一个真正有代表性的政府可以期待在"十四点"的基础上进行"和平谈判"。半年后，在德国发生民主革命后，新政府的代表却没有被邀请参加和平谈判。取而代之的是，他们现在接到了一个"命令"——在胜利者做出最终裁决之前，他们的代表不允许对此发表任何评论。[35]

德国试图缓和条款的严苛程度，删除"战争罪行"条款，这反而使协约国公开宣布德国"好战并发动了战争"，应对"残酷和不人道的战争方式"负责。[36] 为了阻止协约国瓜分德国公海舰队的军舰，路德维希·冯·罗伊特海军上将于 6 月 21 日下令摧毁整个舰队。协约国在 6 月 22 日再次向德国发出最后通牒，要求其在五天内接受条约，否则将继续战争。入侵的威胁笼罩在头顶，政府和司令部都表示默许，国会在抗议声中决定签署该和约。[37]

1919 年 6 月 28 日下午 3 点，也就是弗兰茨·斐迪南大公遇
196　刺整整五年后，鲍尔政府负责签署和平条约的两名使者——外交部部长赫尔曼·穆勒和交通部部长约翰内斯·贝尔（Johannes Bell）——在协约国士兵的押送下走进了凡尔赛宫镜厅。会场是由年迈的法国总理、巴黎和会的主人乔治·克列孟梭精心挑选的：1871 年，法国在普法战争中被击败，威廉一世就是在这里宣布成为一个统一的德意志帝国的皇帝。时任普鲁士首相、很快成为德国首相的奥托·冯·俾斯麦是个更为冷酷的人，他有意识地把路易十四的王宫当作一个舞台，作为新败的法国耻辱的标志。

近半个世纪过去了，现在法国报仇雪恨的机会来了。奉命签

字的两位德国部长首先要经过一支由永久毁容的退伍老兵排成的
长长的队伍，他们作为活生生的例子被带到签约现场来，以示德 **197**
国带来的伤害。[38] "整个事件都是精心策划的，为的是让敌人尽
可能地蒙羞。"美国总统伍德罗·威尔逊的重要的外交顾问爱德
华·豪斯上校这样说。[39] 根据一位英国观察员的说法，德国部长
们看起来"像是囚犯被带去听候宣判"[40]。条约签署后，巴黎的
群众在街头庆祝，穆勒和贝尔则立刻返回柏林。

　　柏林和其他地方的普通民众，不论属于哪个政治派别，都被
激怒了。整个德国都掀起了自发的示威活动，抗议这个似乎要把
德国永远踢出列强名单的不公正和约。事实上，英国和美国曾极
力维护德国的统一性和独立性，特别是反对法国拆分莱茵兰，这
一点经常被忽视。许多德国人在 1918 年对民主的到来表现出的热
情，在不到一年的时间里，就转为因和约条款导致的彻底的受骗
感和怨恨。[41] 有相当多的德国人开始把《凡尔赛和约》与 1918
年革命及其产物魏玛共和国联系到一起。特别是一些极右分子称
条约是魏玛共和国"真正的宪法"——共和国是一种外部强加的
"非德意志的"国家形态，其唯一的目的是世世代代奴役德国
人民。[42]

　　约翰·梅纳德·凯恩斯在 1919 年 12 月出版的畅销书《和约
的经济后果》中的激烈抨击，进一步强化了对《凡尔赛和约》的
负面评价。在巴黎和会期间，凯恩斯是英国财政部专家，专门研
究德国的赔偿责任问题。和欧洲及其他地方的许多人一样，他一
直是威尔逊主义的热情支持者，并希望巴黎和会能在威尔逊"十
四点"的基础上产生和平条约。后来，由于对和约草案感到震

惊，他在 1919 年 6 月 28 日签字仪式前辞去了英国代表团的职务。他立即着手写书，并于 1919 年 12 月出版，几乎一夜之间，凯恩斯成为享誉大西洋两岸的公共知识分子。

　　凯恩斯称《凡尔赛和约》是一种"迦太基式的和平"，就像公元前 146 年罗马摧毁迦太基一样，《凡尔赛和约》将摧毁德国。他坚持认为《凡尔赛和约》人为地压制德国，极大地打压了它的生产能力。战后的德国迟早会恢复国防，首先是通过寻求军事平等，最终是获得军事优势。[43]

　　当时和后来的人们普遍忽视的是，德国在巴黎得到的结果比其他的同盟国都要好。[44] 例如，在 1919 年 9 月签署的《圣日耳曼昂莱条约》中，残存的德意志奥地利被迫把南蒂罗尔割让给意大利，把南方的施蒂里尔（Styria）割让给塞尔维亚、克罗地亚、斯洛文尼亚王国，把费尔德斯堡（Feldsberg）和伯姆泽尔（Böhmzell）给了捷克斯洛伐克。原属哈布斯堡王朝的加里西亚被波兰占领，有 300 万德语人口的波希米亚成为捷克斯洛伐克的一部分。和约还规定，奥地利（和匈牙利）必须承担旧帝国的战争债务，还要支付赔款。确定的赔款数字最后被提交给赔偿委员会。[45]

　　德意志奥地利人和他们的德国同胞一样，曾希望实现德奥合并——奥地利和德国的自愿合并，以实现 1848 年革命时期自由民族主义者的强烈愿望，但他们失望透顶。[46] 自战败和帝国解体之后，奥地利左派（和他们的德国同志）一直在宣扬两国合并的主张，认为这既符合威尔逊民族自决的思想，也会大大地提升新生的魏玛共和国的合法性。这一举动也有明显的经济理由：奥地利失去了"粮仓"匈牙利和波希米亚的肥沃土地后，几乎没人相信它可以养活自己的 600 万人口。奥地利在战争结束时的农业生产只达到战前水平的 1/2，而煤炭产量只能满足寒冷冬季需求的 1/4。[47]

在德国，没有人比多数社会民主党更强烈地支持合并，他们指出，禁止"统一"是对民族自决权的严重侵犯。就在 1919 年 3 月 18 日，《前进报》宣称："俾斯麦的小德意志帝国已经陷入了世界大战的灾难，但 1848 年的大德意志理想，其目标是包括德意志奥地利人在内的全体德国人的联合，正在我们自己的时代，在象征 1848 年革命的黑、红、金三色旗帜下前进并实现。"[48]

因此，禁止德奥合并被广泛视为艾伯特及其政党的一次重大失败，右翼政党很快利用了这一点。1919 年 4 月初，极端保守的周刊《逝去的传统》已经宣称，社会民主党人想要和平修改 1871 年德国边界的希望是不现实的，"如果光凭语言和一颗温暖的德国心就可以创建帝国，那么法兰克福国民议会的理想主义者们，早在大约 70 年前就已经创建了从贝尔特海峡（Belt）直到亚得里亚海的大德意志祖国"[49]。在禁止令出台后，《十字报》主编、后来的德国国家人民党主席库诺·冯·韦斯塔普（Kuno von We-starp）认为这一预言得到了证实。在他看来，《魏玛宪法》的制定者们"实现大德意志的计划没有获得成功。在刚开始讨论［宪法］的时候，他们觉得自己比俾斯麦优秀得多"[50]。

多数社会民主党非常清楚其外交失败产生的影响，因此顽固地拒绝承认他们的大德意志理想的失败。1919 年 6 月 22 日，当国民议会经过长时间的激烈辩论最终批准签署《凡尔赛和约》

200

时，保罗·勒贝向大会保证，共和国将继续主张实现大德意志的
目标——"为了所有这些地方的统一……从多瑙河到阿迪杰河
（Adige），从威悉河、易北河、奥得河到维斯杜拉河的河口，都
跟随同一个德国母亲牙牙学语"[51]。但是在协约国发布合并禁令
之后，多数社会民主党的承诺缺乏一个决定性因素：可信度。如
果说在 1918—1919 年，德奥合并还是左翼的一项民主事业，那么
这项事业的失败，很快就被奥地利和德国的极右翼用来"证明"
共和政体无法兑现承诺。[52]

如果奥地利人认为他们受到了不公正待遇，匈牙利人会有更
多的理由抱怨。总的来说，根据《特里亚农条约》，匈牙利失去
了战前领土的 2/3 和超过 73% 的人口，由于布达佩斯的政治动荡
和罗马尼亚的入侵，该条约直到 1920 年才最终定稿。[53] 四年的
战争、革命与反革命，以及 1919 年的外敌入侵，国家经济在条约
签署前就已是一片废墟，消费品行业生产水平仅为战前的 15%
左右。[54]

与匈牙利惊人的领土损失相比，保加利亚，这个和德国、奥
匈帝国和奥斯曼土耳其并肩作战的巴尔干国家，其损失是微不足
道的，尽管保加利亚人并不这么认为。和其他战败国一样，保加
利亚没有派代表参加巴黎和会。索非亚的新政府最初希望，民族
自决原则在巴黎和会划定其新国界后能够实现，因为在新国界之
外有三个保加利亚人占多数的地区：沿黑海西岸的南多布罗加
（Dobrudja）、爱琴海北岸的西色雷斯以及马其顿的部分地区。问
题是这三个地区都有其他国家对其声明主权，而且它们都是协约
国的友邦：在南多布罗加是罗马尼亚（即便在 30 万当地居民中

只有不到 1 万人是罗马尼亚人），在西色雷斯是希腊，在马其顿是塞尔维亚、克罗地亚及斯洛文尼亚王国。[55]

　　当和约草案在 1919 年 9 月定稿时，其内容比最悲观的预计还要悲惨。相比而言，1919 年 11 月签署的《纳依条约》无疑比《凡尔赛和约》对德国的条款更加严厉。该条约迫使保加利亚割让领土共 1.1 万平方公里，包括西色雷斯（移交给希腊）以及斯特鲁米察（Strumica）、察里勃罗达（Caribrod）、博西莱格勒（Bosilegrad）等 4 个边境重镇及其周围地区（约 2 500 平方公里，割让给塞尔维亚、克罗地亚及斯洛文尼亚王国）。鉴于在第二次巴尔干战争中，前盟友罗马尼亚、希腊和塞尔维亚击败了保加利亚，索非亚已经失去了在 1912—1913 年第一次巴尔干战争中获得的所有领土，国家完全陷入了悲剧。

　　该条约还要求保加利亚付出 22.5 亿金法郎的惊人赔款，在 37 年内付清。此外，索非亚政府还不得不转让大量牲畜和铁路设施给希腊、罗马尼亚和塞尔维亚、克罗地亚及斯洛文尼亚王国，塞尔维亚、克罗地亚及斯洛文尼亚王国每年还要从保加利亚接收 5 万吨煤。就其国土面积和国民生产总值来说，保加利亚面临着同盟国中最为昂贵的赔偿。[56]

　　最后，军队被严重地削减，仅被允许保留 2 万人的警察部队。当该条约的具体内容传到索非亚时，一些将军和政客想继续战斗，但特奥多尔·特奥多罗夫（Teodor Teodorov）的继任者、保加利亚首相亚历山大·斯坦博利斯基（Aleksandar Stambolijski）认为，由于别无选择，即便是"更苛刻的和平"他也愿意接受。[57] 1919 年 11 月 27 日，在纳伊的老市政厅，他在一个简短的

201

仪式中签署了条约。据一位在场的美国人说："就好像是办公室勤杂工被叫到董事会开会。"希腊总理埃莱夫塞里奥斯·韦尼泽洛斯（Eleftherios Venizelos）也是见证人之一，他在为自己的国家拿下西色雷斯时"尽力使自己不要过于喜形于色"。[58]

在大多数保加利亚人的眼中，《纳依条约》标志着他们的民族作为一个独立国家已经坠入谷底，这并不是没有原因的。重新划分的边界使保加利亚失去了最为肥沃的农业地区（如多布罗加和色雷斯），也失去了通往爱琴海的通道——这是一个重大的问题，对于保加利亚所有的经济行业来说，船舶贸易是一个决定性的因素。[59] 由于重新划界，保加利亚经历了 1913 年以来又一次大规模的难民涌入，难民来自马其顿、色雷斯和多布罗加（以及被割让的西部边陲）。自 1912 年至 20 年代中期，保加利亚不得不接受了约 28 万名难民，占其总人口的 5%。在这些人中，约有一半来自割让给希腊的领土（爱琴马其顿和西色雷斯），1/4 来自奥斯曼帝国（东色雷斯），从割让给塞尔维亚、克罗地亚及斯洛文尼亚王国（12.5%）和罗马尼亚（11%）的领土上涌入的难民数量较少，但同样引人注目。[60] 在如此严重的经济和社会危机下接受如此庞大的迁入人口，是未来几年保加利亚国家面临的最为严峻的挑战之一。[61] 1919 年 11 月 22 日，斯坦博利斯基写了一封急切的信给冷漠无情的法国总理克列孟梭，正如信中所说："保加利亚的人民现在真正生活在一个动荡的国家。大批难民所受的痛苦使这场灾难更为深重……这无数的难民、无家可归的人身无分文……在巴尔干各民族间将永远成为一个流血的伤口。"[62] 斯坦博利斯基是对的，即便他没能看到 1923 年后的事态发展。在两

202

次大战间的大部分时间里，保加利亚都在竭力应付战败带来的人力和财力损失、经济危机和国际孤立，这导致深刻的内部分歧和不同政治阵营支持者之间的暴力冲突，以及经常通过政变而迅速更迭的政府。

保加利亚长期的殖民主人、1918 年前的战时盟友奥斯曼帝国，其解体的过程早在战争结束之前就已开始，当时奥斯曼军队的大溃退以及英军和地方武装的推进，使得它的全部阿拉伯领土都被"解放"了。早在 1919 年 1 月巴黎和会召开之前——土耳其人作为奥斯曼帝国各民族的唯一代表被排斥于议程之外——就可以清楚地看到，由于美国总统伍德罗·威尔逊对参与建设中东战后秩序兴趣不大，帝国的命运完全掌握在英国和法国的手中。美国从未对奥斯曼帝国宣战，威尔逊在《凡尔赛和约》签署当天就离开了巴黎，表明他并不关心和平解决君士坦丁堡的问题。相较而言，英法则意在瓜分奥斯曼帝国的阿拉伯行省。

虽然君士坦丁堡的现实主义者们早已放弃了中东的阿拉伯领 **203** 土，但还是有一些政治家乐观地希望威尔逊"十四点"中的第十二点能够得到严格的遵循，它保证"奥斯曼帝国内的土耳其部分"，即安纳托利亚和欧洲的东色雷斯，会有"稳固的主权"。[63] 1919 年 6 月 17 日，土耳其自由派的大维齐尔达马德·费里德（Damad Ferid）和其他战败国的同行们一样，在巴黎向克列孟梭、劳合·乔治、威尔逊保证他的政府和战时的统治者"统一与进步委员会"（CUP）没有任何共同点，是后者把奥斯曼帝国拉向了战争，并令厄运降临到亚美尼亚基督徒头上。如果威尔逊的民族自决原则能够得到遵循，那么安纳托利亚尤其应当留给土耳其。

问题是，现在还有别人在觊觎这一地区。1915 年年初，由于英国外交大臣爱德华·格雷（Edward Grey）爵士所做的含糊许诺，参加了最后 18 个月战争的希腊认为自己有资格染指西安纳托利亚的主权，因为那里聚居着大量希腊居民。希腊能够得到西方基督教伙伴的同情，而奥斯曼帝国则不指望从英法得到任何帮助。劳合·乔治曾说过著名的贬低土耳其人的话，称之为"在管理不善的国家肌体上长出的癌症和蔓延的病痛，使其每一根毛发都在腐烂"[64]。

其他已存在或新兴的国家也希望能在安纳托利亚分一杯羹。意大利试图在安纳托利亚西部建立一个永久的立足点，此前它在 1911 年占据了奥斯曼帝国的多德卡尼斯群岛（Dodecanese）。由于在 1915 年《伦敦条约》中，意大利得到了含糊的保证：一旦奥斯曼帝国崩溃，罗马政府将获得它"公平的一份"。因此意大利的外交官更积极地为扩大在安纳托利亚的势力范围而奔走。此时，库尔德人——由于担心成为亚美尼亚、阿拉伯或土耳其统治下的少数民族——也要求独立或在外交保护下实行自治。同样，曾经并入俄国的亚美尼亚已在 1918 年 5 月宣布成立亚美尼亚民主共和国，要求合并奥斯曼帝国东部的几个省份。1918 年春季，这一地区的暴力活动升级，亚美尼亚大屠杀的幸存者开始对当地的穆斯林平民进行报复，特别是在 1918 年 1 月下旬到 2 月中旬在埃尔津詹（Erzinjan）和埃尔祖鲁姆（Erzurum）的大屠杀，估计有近万名土耳其穆斯林被害。[65]

204　　英国的事实调查清楚地表明，领土纷争和暴力活动使这个被大战摧毁的国家的情况进一步恶化。一位名叫克拉伦斯·帕尔默

（Clarence Palmer）的中尉（他在奥斯曼帝国的战俘营里度过了大战的大部分时间）被从君士坦丁堡派往内地，巡访了安纳托利亚西北部的许多村镇，在那里他向上级发回报告。从埃斯基谢希尔（Eskişehir）到科尼亚（Konya），他路过的村镇饱受饥饿、疾病和物资匮乏的困扰。他记述道，流离失所的亚美尼亚人卖儿卖女来换取食物，由于战争中人力和牲畜的消耗，农业和手工业生产已经趋于停顿。[66]

1920 年 8 月，在《凡尔赛和约》签署一年多后，协约国终于和达马德·费里德领导下的苏丹政府签署了和平条约。这是巴黎和平条约中的最后一份。这份在一个瓷器工场展厅中签署的《色佛尔条约》，确认剩余 1/3 的安纳托利亚被视为土耳其领土，其余的地方有很大一部分被授予希腊人、亚美尼亚人和库尔德人，另一部分被外国势力控制。[67] 希腊获得了士麦那（Smyrna）及其附近地区，5 年以后进行公投以决定其归属；亚美尼亚人收获了安纳托利亚东部从黑海沿岸特拉布宗到凡湖的广大地区；库尔德斯坦成为一个自治区；博斯普鲁斯海峡被置于国际共管之下；法国和意大利都保留了在安纳托利亚的势力范围。[68] 后帝国时代的土耳其也必须支付赔款。根据该条约第 231 条，土耳其造成的"各种损失和牺牲，它应当给予完全赔偿"。如同德国的战争赔款条款一样，协约国明白土耳其根本无力支付这些赔偿。因此，该条约设立了一个财政委员会，由来自法国、英帝国和意大利的各一名代表组成，土耳其代表以纯粹的列席身份参加。再没有一个战败的同盟国要像土耳其一样不得不接受这种在主权上的让步，对于土耳其民族主义者来说，这种让步以更极端的形式继续着 19

世纪欧洲对奥斯曼事务的侮辱性干涉。[69]

要理解协约国对战败者明显的报复态度，关键要考虑战后的

205 道德氛围，特别是当时协约国普遍的精神状态。[70] 德军 1914 年
在比利时的暴行，1917 年战略撤退和 1918 年进攻时的破坏，亲
人和朋友战死所带来的绝望和愤怒，这些挥之不去的记忆在 1919
年仍然鲜活，沉重地压在参加巴黎会议的国家元首和外交官身
上。战争的激荡尚未平息，依赖民众选票的协约国领导者明白，
军人和他们的家属需要向敌人索赔，以证明自己的牺牲是有价值
的。在协约国看来，同盟国忽然开始奢谈“公正和平”也是自取
其辱。仅仅几个月前，他们还捞了一大笔赔偿金，那就是 1918 年
强加给俄国和罗马尼亚的《布列斯特-立托夫斯克和约》《布加勒
斯特和约》。当然，集体安全也是一个问题：胜利的协约国担心
被打倒的对手在军事上重新站起来，尤其是德国的复兴。对于维
护全面和平，特别是维护法国的领土完整来说，剥夺柏林发动复
仇战争的工具是关键所在。

而被征服者的感受当然完全不同。在欧洲战败国家中，对于
巴黎和平条约的怨恨不仅是出于战败的耻辱感，他们还认为条约
是虚伪的，威尔逊民族自决的理想只适用于协约国的盟友（波
兰、捷克、南斯拉夫、罗马尼亚和希腊），而非那些被视为敌人
的人（奥地利、德国、匈牙利、保加利亚和土耳其）。更为糟糕
的是，民族自决原则在民族矛盾极为复杂地区的实行是十分幼稚
的，实际上是把第一次世界大战的暴力延伸为众多的边境冲突和
内战。[71]

所有据称是根据民族自决原则建立的新国家，在其境内都有

大量可以发出自己声音的少数民族,他们(尤其在经济大萧条时)开始提出重返"祖国"的要求。例如,领土转让和协约国拒绝说德语的人"自主决定"进行德奥合并,使得大约 1 300 万德意志人(包括德意志奥地利人)游离于德国的边境之外。[72]

领土收回主义导致的一系列问题持续困扰了欧洲政坛几十年。[73] 在那些多民族的继承国里,发现自己成为少数民族的人们经常会屈从于民族主义的煽动。例如在矛盾尖锐的西里西亚,布雷斯劳的弗里德里希·威廉大学成了德国民族主义风潮的中心。这所大学历来是德国最国际化的教育机构之一,也反映了这座城市的多民族特性。在整个 19 世纪,其学生群体中始终包括了相当比例的波兰人和大量犹太人。[74] 然而到 1918 年后,到处充满了对民族共处的深深敌视的气氛。年轻的德国民族主义者从各地蜂拥而至,他们特别容易受到沃尔特·库恩(Walter Kuhn)这样的右翼知识分子的吸引,他自称是"东方研究"的专家,讲学的重点就是推翻《凡尔赛和约》,收回在波兰和更为广大的中东欧的"失去"的德意志人口。[75] 这样的想法有着肥沃的土壤。一般来说,相比于西方中心城市的居民,居住在边境民族混居地区的德国人更倾向支持激进的右翼政党,并最终演变为接受某种形式的纳粹主义。[76] 纳粹德国及其在 30 年代末到 40 年代初公然实行的种族灭绝的国家计划,主要应归咎于巴黎和会建立继承国家的逻辑。[77]

《凡尔赛和约》使魏玛共和国比德国自 1871 年统一以来的任何时候都更具种族纯粹性,它几乎完全失去了大量讲法语和波兰语的少数民族。与此同时,《凡尔赛和约》创造了居住在德国之外的规模相当大的德意志人社区。塞尔维亚、克罗地亚及斯洛文尼亚王国（即将更名为南斯拉夫王国）的人口中有 14% 是德意志人，而新的捷克斯洛伐克中的德意志人（占总人口的 23%）多于斯洛伐克人。[78]

理论上，这些人口较多的少数族裔权利将受到所谓《少数族裔条约》的保护，它由一系列新兴国家签署的双边协议组成，以此作为他们得到国际联盟承认为主权国家的先决条件。[79] 后帝国时代的波兰本应提供这种模式。《波兰少数族裔条约》又称《小凡尔赛和约》，与《凡尔赛和约》同日签署。它为随后会议就这一主题发表的所有声明确立了方向，有不少于 7 个继承国家受到类似条约的约束。[80]《少数族裔条约》的目的是保护所有生活在中东欧继承国家中的少数民族和宗教人口的集体权利。[81] 这些新的民族国家必须保护政治组织和代表的权利，在法庭和学校可以使用少数民族的语言，以及在土地转让时给予相应的补偿。以捷克斯洛伐克为例，国际条约保证了少数民族的集体权利，在德意志人口占比超过 20% 的地区，他们有权使用自己的语言进行教育和处理公务。由于德意志人往往聚居在某一地区，这实际上意味着 90% 的德意志人可以享受这一妥协。[82]

涉嫌违反条约的情况，可以提交到国联委员会和国际法院。重要的是，边界线之外的母国可以代表陷入围困的少数民族进行交涉。例如，匈牙利政府可以代表马扎尔人、魏玛共和国也可以代表苏台德的德意志人起诉斯洛伐克。这是和会最重要的成果之一，因为它提供了一个法律框架，使得受害的少数民族可以（并有效地）纠正违反条约的行为。[83]

从许多德国人的角度来看，民族自决的原则遭到了公然违反，《少数族裔条约》仅仅是一块遮羞布，而他们还曾错误地认为民族自决原则将支撑世界新秩序。许多右翼人士认为，不惜一切代价也要让那些"流失"的民族同胞回归祖国，在纳粹登上政治舞台很久之前，这种修约主义就已经在政治生活中大行其道了。[84]

对于那些没有母国来保护利益的少数民族来说，形势变得更为迷茫。约有 600 万犹太人生活在前罗曼诺夫帝国西部边疆和前哈布斯堡王朝东半部的定居点。在他们所属的新的国家中，许多人指责他们为布尔什维克和反民族主义者，他们受到乌克兰人、俄国人甚至波兰人的大屠杀，他们在 1918 年后的处境更加岌岌可危，比 1914 年前更频繁地受到暴力威胁。[85] 就像德国犹太老兵和小说家阿诺德·茨威格在 1920 年所写下的那样，他可能是针对一起在平斯克（Pinsk）发生的证据确凿的屠杀："波兰人和大屠杀降临到东方的犹太人头上，他们有的聚集在大城市，有的分散在乡村小镇。从大城市会传来令人震惊的消息，但在没有铁路、没有电报局的乡村小镇，有的只是长久的沉默。慢慢地，才有人听说那里发生的事情:暗杀和屠杀。"[86]

许多受到中东欧日益恶劣的环境威胁的犹太人逃往西方，其中不少人逃到了德国。第一次世界大战前，德国可能有 8 万"东方犹太人"。"一战"后，激烈进行的俄国内战，引发了反革命沙皇分子对犹太人的大屠杀，新一轮的人潮涌入又开始了。

成千上万的东方犹太人的到来也在那些长期视自己的犹太同胞为二等公民的德国人中煽起了反犹太主义。当这些德国人看到拥有不同服饰、文化传统和语言的东方犹太人到来时，他们觉得自己长期以来对犹太人"他者"的先入之见得到了证明和强化。

　　甚至一些德国犹太人也认为自己的文化优于正统派犹太人。维克多·克莱普勒是一位柏林极端自由改革派犹太教拉比的儿子，但受洗成为一名新教徒。他代表了当时对待来自东方的正统派犹太人的一种普遍的态度，如果不能称之为轻蔑的话，也是一种优越感。1917 年，克莱普勒对同样被德国占领的城市维尔纽斯进行了一次长时间的访问，他经常遇到正统派犹太人，并认为正统派是"令人厌恶的狂热主义"。参观完当地的律法学校（Talmud Torah）后，他走上学校前面的院子，"深深地吸了一口气，就好像我刚才在水下游泳一样。不，我不属于这些人，即使已经被证明了一百次他们是血亲。即使我的父亲曾和他们一起学习，我也不属于他们。我属于欧洲，属于德国，我只不过是德国人，我感谢自己能生在德国"[87]。自 19 世纪初以来，德国犹太人发展了关于东欧犹太人与其"他者"的观念，以展示一种社会距离感，强调他们自身的文化和修养。[88] 具有讽刺意味的是，犹太教自由主义者和德国反犹主义者都将东方犹太人视为野蛮和原始的民族。19 世纪末，只有德国犹太复国主义者将东欧犹太人理想化为根植于真正犹太传统的人。当大批东方犹太人在"一战"后定居德国时，许多德国犹太人担心这些新移民会妨碍自己融入德国社会。德国犹太人社区认为自己有责任接受东方犹太人，但战后德国没有能力容纳太多的工人。[89]

　　如果一些德国犹太人对东方犹太人持有戒心，反犹主义者自

然会走得更远。当犹太大屠杀主要刽子手者莱因哈德·海德里希
未来的妻子莉娜·冯·奥斯滕 (Lina von Osten) 第一次遇到正统
派犹太难民时，她只感到厌恶。冯·奥斯滕曾在 20 世纪 20 年代
末介绍海德里希加入纳粹党，她在回忆录中写道，她曾将 1918 年
后大量抵达德国的东方犹太人视为"入侵者和不受欢迎的客人"，
并对他们的出现感到非常"愤怒"，以至于"憎恨他们"："我们
将与他们生活在一起比作强迫的婚姻，而其中一方完全无法忍受
另一方的气味。"[90]

俄国革命又给反犹太主义增加了一层意义，无论在德国还是
在别的地方都是这样。在 1919 年 5 月的慕尼黑，从波罗的海来的
德裔难民阿尔弗雷德·罗森堡 (Alfred Rosenberg，后来的纳粹东
方占领区事务部部长) 在一篇文章中评论道："列宁是人民委员
中唯一的非犹太人；可以这么说，他只是犹太商人的俄国店
面……但是可以观察到，对犹太人的仇恨在俄国不断蔓延，一切
恐怖高压都没有用，所有最近的新闻都证实了这一点……如果现
在的政府垮台，没有犹太人能在俄国生存；可以肯定地说，没死
的都将被赶走，他们能去哪里呢？波兰人已经把他们放在海湾，
因此他们都会来到古老的德国，我们太爱犹太人了，为他们准备
了温暖的席位。"[91]

犹太人是布尔什维克革命的主要发动者和受益人的观念显然
起源于俄国，尤其是来自白卫军分子的宣传，但这一想法迅速蔓
延到整个欧洲。事实上，有相当多的犹太人在随后的 1918—1919
年的中欧革命中扮演了突出的角色，例如柏林的罗莎·卢森堡、
慕尼黑的库尔特·艾斯纳、匈牙利的库恩·贝拉、维也纳的维克

多·阿德勒（Victor Adler）——似乎让这种指责变得似是而非，甚至英国和法国的旁观者们也开始信以为真。

在全世界广泛流传的伪书《犹太人贤士议定书》（*Protocols of the Elders of Zion*）进一步支撑了这种观点，这本书的内容是所谓 210 19 世纪末期犹太领导人的一次会议纪要，讨论的是如何在全球实现犹太人的统治。从 1919 年起，这本书被翻译成西欧的语言，如美国实业家亨利·福特这样的富翁经常给予资助，在美国他就赞助发行了 50 万本。1921 年，这本书被曝光是伪造的，但并未改变其在反革命分子头脑中的巨大影响。然而，反犹主义与反布尔什维主义的邪恶联姻在欧洲不同的社会背景下产生的结果截然不同。只有在莱茵河以东（更值得注意的是在易北河以东），"反犹太-布尔什维主义"会导致 1917—1923 年以及 1939 年后对犹太人的大屠杀。[92]

犹太人代表了极右翼所讨厌的一切事物，他们可以被同时（也是自相矛盾的）描绘成来自东方的泛斯拉夫革命的化身，威胁中欧基督教传统秩序，或是莫斯科的"红色代理"，或是含义模糊的资本主义"黄金时代"和西方民主势力的代理人。这些指责的共同点就是犹太人"天性"就是国际主义者，对民族国家及其"主体民族"有着天生的敌意。

甚至在战前，泛德意志联盟等右翼团体就不断提出类似控诉。认为犹太人是"不可靠"的爱国者的想法也推动了 1916 年 10 月的所谓犹太成分普查，这是由高级军官下令实施的，他们希望战争结束后，这次调查能给他们拒绝犹太人加入军官团提供证据。调查的目的是通过统计数据来证明犹太人在军队中无足轻重，而那些入伍的犹太人做的也大多是案头工作，从而揭示犹太人懦弱和不忠的本质。结果，调查的结果正相反：许多德国犹太人是坚定的民族主义者，对德国有着强烈的认同感。德国犹太人在武装部队和前线的人数很多。这大大出乎反犹太官员的意料，普查的结果被压了下来。但是，这次调查激起了德国犹太人的极大愤怒，即便它所揭示的结果还没有被大多数普通士兵所知。

　　除了极右翼宣传将 1918—1919 年的军事失败和革命归咎于犹太人之外，还出现了一种更受欢迎的反犹主义形式，主要是针对战时投机者和少数在战争期间和战后通货膨胀时期致富的金融家。贫困的犹太难民逃离俄国反犹暴力和内战的步伐日益加快，这也成为新的冲突根源。

211

　　俄国内战也使其他人移居德国，包括大量试图逃离布尔什维克的非犹太俄国人。成千上万的俄国难民通过向西迁移逃离了内战。难民的理想的欧洲目的地有伦敦、布拉格和法国。[93] 但去往德国的人数是最多的（包括移民社区的政治领导人），因为那里是距离最近的安全之地。到 1920 年秋，去德国的人数达到了 56万。柏林成为安置俄国难民社团的中心区域，尤其是舍恩贝格（Schöneberg）、威尔默斯多夫和夏洛滕堡（由此得到了一个昵称"夏洛滕格勒"）这几个地区。到 1922 年，他们在德国首都创办了大约 72 家俄文出版社。虽然有些人容易融入社会，但大部分人发现很难找到工作，因此他们被许多德国人视为负担。[94]

　　虽然不是出于直接的目的，巴黎和会对各国边界的大洗牌和俄国的动荡，助长了德国的仇外心理和反犹主义，而此时德国也因持续不断的街头暴力和对爆发内战的恐惧而屏着呼吸。

尾声　顽强的共和国：　1919—1923 年的德国

　　1919 年慕尼黑苏维埃垮台后，德国的革命和反革命动乱持续不断。次年 3 月，在《凡尔赛和约》规定将德国武装部队减少到 10 万人以及德国政府下令解散"自由军团"之后，德国右翼在柏林发动了政变。政变背后的关键人物之一是瓦尔特·冯·吕特维茨（Walther von Lüttwitz）将军，他拒绝服从解散命令并被解职。在发现了清楚地证明他参与阴谋的文件后，政府打算以叛国罪指控他。然而，吕特维茨得到了许多"自由军团"士兵的支持，尤其是臭名昭著的埃尔哈特旅。该旅以其领导人、海军上尉赫尔曼·埃尔哈特（Hermann Ehrhardt）的名字命名。确信了他们的忠诚后，吕特维茨向艾伯特总统发出了最后通牒，要求停止遣散军队和"自由军团"，并采取其他各种措施，包括举行新的选举和镇压所有罢工。[1] 艾伯特拒绝了最后通牒，于是埃尔哈特旅开始向柏林进军。3 月 13 日，吕特维茨和东普鲁士官员、战时极右的祖国党创立者之一沃尔夫冈·卡普（Wolfgang Kapp）博士宣布德国政府已经解散。[2]

　　艾伯特和他的政府逃离柏林前往斯图加特，中途在德累斯顿停留，他们未能说服德国国防军总参谋长汉斯·冯·塞克特

（Hans von Seeckt）动用常规部队为政府提供军事支持。可以肯定的是，有一些高级军官支持共和国（可能仅仅是出于现实利益），比如国防军总司令沃尔特·莱因哈特（Walther Reinhardt）将军，　213
他准备对卡普暴动进行军事干预。[3] 然而艾伯特转而举起了另一种武器——一种被证明极其强大的武器。政府与工会一起，在独立社会民主党的支持下，发起了一场总罢工：

> 工人们！同志们！我们进行革命并不是为了在今天屈服于一个血腥的雇佣军政权。我们不会与这些波罗的海罪犯合作！……一切都岌岌可危！这就是为什么需要最极端的抵抗手段……停下你的工作！罢工！不让这个反动集团呼吸！用一切手段维护共和国！抛开所有分歧……瘫痪所有经济生活！没有一只手应该劳动！任何无产阶级都不应该帮助军事独裁！全体罢工！无产者，团结起来！打倒反革命！[4]

就连德国共产党也在 3 月 14 日加入进来，呼吁他们的支持者参加总罢工。德国各地的工人放下手中的工具，令人敬畏地展示了社会民主党的基层力量。公共交通完全瘫痪，工厂和所有公共机构关闭，连首都的煤气厂、自来水厂也停止了运营。这是德国历史上规模最大的一次罢工，它使德国的日常生活突然陷入停顿。四天半之后，政变者投降了。[5]

卡普暴动失败后，工人们拒绝停止罢工。主张更彻底改革的左翼受到战胜极右势力的鼓励，看到了他们的机会，革命的火焰在不同的地方再次燃起。就像在 1918 年秋天一样，社会主义工人委员会很快在莱比锡、汉堡和开姆尼茨建立了。正如哈里·格拉夫·凯斯勒在 3 月 19 日日记中所记下的那样，卡普暴动失败了，但起义者和国防军在柏林、莱比锡、纽伦堡、开姆尼茨、德累斯顿和鲁尔区爆发了激烈的战斗。[6] 次日，他写道："在柏林的各个地方，暴徒们抓住了撤退的政变军官并杀死了他们。对抗军队的工人阶级的悲痛似乎是无边无际的，大罢工的成功大大地提高了他们的权力意识。"[7]

214 与此同时，在鲁尔工业区，一支由 5 万名工人组成的强大"红军"开始提出更彻底的政治要求，如将关键产业国有化和建立一个"苏维埃共和国"。这支"红军"最初是由左翼社会民主党人和共产党人建立的，作为对付柏林右翼政变分子的自卫手段。[8] 在 30 万矿工和工会的支持下，他们控制了整个鲁尔河谷，并要求对采矿业实行国有化。为了最大限度地降低持续大罢工的风险，成立了多数社会民主党人赫尔曼·穆勒领导的新政府。然而，3 月 26 日穆勒上任并没有缓解局势。到 3 月底，政府在艾伯特总统的授意下，派遣了由"自由军团"士兵协助的正规军进入鲁尔河谷。根据《凡尔赛和约》的规定，鲁尔山谷是一个非军事区，德国政府向该地区派遣军队的决定明显违反了和平条约。但艾伯特和穆勒坚持认为，他们是在应对全国性的紧急情况——一场反对民选政府的革命起义。在奥斯卡·冯·沃特斯（Oskar von Watters）中将的指挥下，政府部队和他们的非正规支持者开始暴力镇压罢工者和其他支持者（现在通常被称为"三月革命"）。政府的军事行动引发了一场名副其实的内战，1 000 多名"红军"

战士和约 250 名政府军士兵被打死。与卡普暴动期间不同，军队领导层完全支持向罢工工人开火。政府军中有许多人将镇压起义视为向那些阻止 1920 年右翼政变的人算账的机会。一位在鲁尔服役的年轻学生志愿兵在给父母的信中愉快地写道："没有赦免。我们甚至射杀伤员。热情是巨大的——令人难以置信。我们营死了两个人，红军死了两三百人。任何落入我们手中的人都会挨枪托，然后被枪决。"[9]

鲁尔区等地的暴乱给了法国政府一个借口占领非军事区，占领结束了这一地区的冲突。[10] 然而暴力仍在德国继续，尽管方式不同，但目标更为明确。1921 年 8 月 26 日，中央党政治家马蒂亚斯·埃茨贝格尔（Matthias Erzberger）在黑森林地区被枪杀。[11] 他签署了 1918 年 11 月的停战协议，这一事实使他在凶手眼里成了"十一月罪犯"。国家人民党议员卡尔·赫弗里奇（Karl Helfferich）一直在就此事对埃茨贝格尔进行诽谤，火上浇油。1920 年 1 月，一个名叫奥特威格·冯·赫希菲尔德（Oltwig von Hirschfeld）的学生就试图暗杀埃茨贝格尔，致其严重受伤。右翼军事组织不断警告埃茨贝格尔说，早晚要了他的命。1921 年夏天，两名前海军军官暗杀了埃茨贝格尔，他们一直为"执政官组织"等极端右翼秘密团体和恐怖组织工作。[12] 年轻的共和国的民选议员，第一次成为恐怖袭击的目标并被杀害。转年的 6 月 4 日，前德意志帝国总理菲利普·谢德曼遭到一次酸液袭击，侥幸生还。同月 24 日，外交部部长瓦尔特·拉特瑙在上班途中被"执政官组织"成员杀害，其中包括年轻的前"自由军团"士兵恩斯特·冯·萨洛蒙。[13] 事情很快就水落石出了，暗杀埃茨贝格

215

尔的右翼地下势力也是谋杀拉特瑙的幕后黑手。他们中的一些人曾是波罗的海地区和上西里西亚的"自由军团"运动志愿者，另一些人是民族主义学生，他们希望通过参与极右地下组织来证明自己的忠诚。[14]

　　在埃茨贝格尔和拉特瑙被谋杀后，政府采取了几项措施来保护共和国及其议员。根据《魏玛宪法》第 48 条，艾伯特总统在暗杀事件发生后立即发布了"恢复公共安全和秩序"的紧急法令。[15] 紧急法令将指责共和国或其机构和议员的行为定为应受惩罚的罪行，并允许查封反共和的出版物和集会。1921 年年底，在埃茨贝格尔遇袭后发布的紧急法令取消，但在拉特瑙谋杀案中，越来越多的民众支持出台保护共和国的法律。仅在柏林，就有大约 40 万人走上街头抗议暗杀事件，并表达对共和国的支持。此后不久，1922 年 7 月 21 日，《共和国保护法》获得通过，最初有效期为五年，取代了紧急法令。[16] 该法律甚至得到了在当年 9 月分裂的独立社会民主党的支持。该党的右翼与多数社会民主党重新合并，左翼加入了德国共产党。极少数成员留在了党内，之后从 1922 年中期到 1931 年该党最终解散，他们在德国政治史上没有发挥任何作用。

　　埃茨贝格尔和拉特瑙谋杀案也给右翼政党，特别是保守的德国国家人民党带来压力，他们的议员突然发现自己被指控支持恐怖主义。[17] 来自中央党的德国总理约瑟夫·维尔特（Joseph Wirth）坚定地认为他们是宪法的主要敌人，他们的活动已经被容忍太久了，"恐怖和虚无主义越发盛行，而且常常披着民族精神的外衣，对此绝不能再熟视无睹"。[18]

除了通过《共和国保护法》（该法还建立了德国法律史上第一个宪法法院，即莱比锡的"国家最高法院"）之外，德国国会多数党还批准了其他几项打击激进主义的法律。[19] 其中最重要的是《公务员法》，该法要求公务员忠于共和国，以此作为工作的先决条件。当然，对共和国的忠诚不是可以轻易通过法律判定的。这取决于经济和政治环境，而这些往往是国家无法控制的。为了使德国公民对他们的国家产生情感上的依恋，政府设立了国家艺术保护办公室，其职责包括组织每年一度的魏玛国庆日、宪法日（8 月 11 日）庆祝活动和其他象征新共和的国家庆祝活动。虽然说办公室长官埃德温·雷德斯洛布的工作成绩究竟如何无从得知，但毫无疑问，共和国在 20 世纪 20 年代的执政基础已经稳定了。[20] 1928 年，在大萧条前的最后一次大选中，很明显多数选民支持不反对共和的政党。那次选举的主要赢家是社会民主党，该党对共和的认同度最高。

然而在这幅全国图景中，存在着明显的地区差异。值得注意的是，在巴伐利亚，对 1919 年左翼革命威胁的恐惧变得根深蒂固，政治被保守的右翼所主导。尤其是慕尼黑，吸引了德国各地的极端民族主义者。阿道夫·希特勒正是在这里充分发展了纳粹主义的意识形态基础，这不是巧合。[21]

希特勒是奥地利因河畔小镇布劳瑙姆一名贫困的海关检查员的儿子，他在"一战"期间作为一名传令兵在西线服役。这场战 217 争，或者更具体地说，1918 年 11 月同盟国的失败使希特勒变得激进起来，但他不太确定自己的极端主义是左派还是右派。[22] 事实上，当他回到慕尼黑时，他短暂地担任了所在部队的代表，与艾斯纳革命政府宣传部联系，负责训练民主政府士兵，然后在 1919 年 4 月被选入一个士兵委员会。[23] 希特勒并不是第三帝国高级官员中唯一同情过左翼的人，塞普·迪特里希（Sepp Dietrich）后来是武装党卫队的一名将军和"警卫旗队"师师长，他于 1918 年 11 月被选为一个士兵委员会的主席。

然而希特勒对社会主义的兴趣是短暂的，他很快就转向了极右翼。1919 年 9 月，他第一次参加了激进的右翼德意志工人党（DAP）的啤酒馆会议，于当月晚些时候加入该党，之后迅速控制了该党，并在 1920 年 2 月将该党更名为民族社会主义德意志工人党（NSPAD）。希特勒后来的极端世界观，以及强调种族主义、生物学上的反犹太主义和暴力扩张主义，在这时还没有得到充分表现。在这个时候，塑造他的是从大战到战败再到革命的连续危机的经历，以及时人普遍认为德国正处于内战边缘的观念。[24]

希特勒的反布尔什维主义和民族复兴的激进理念找到了人数不多但深受影响的听众。然而，他在 1923 年效仿墨索里尼夺取政权的幼稚尝试悲惨地失败了。11 月 9 日中午，他的支持者在慕尼黑游行，巴伐利亚警方向他们开火，打死了 16 人。希特勒本人设法逃脱，但两天后被捕。[25] 就在几周前，莫斯科为德国的"无产阶级起义"制定的计划——"德国十月"，因缺乏公众支持而失败。[26]

尽管魏玛共和国经常被贴上"脆弱民主"的标签，但到 1923 年年底，它成功抵御了来自左翼和右翼的一些严重挑战——事实上，这些挑战比德意志联邦共和国在二十世纪七八十年代面临的挑战要严重得多（没有人认为联邦德国是"脆弱民主"）。到

1923 年年底，魏玛共和国的政治似乎比以往任何时候都更为稳定。

　　共和国面对的挑战还有从德意志帝国继承下来的极其严重的　218经济问题。在仍需偿还战时债务、德国经济资源和国内市场大幅萎缩的情况下，战争赔款是额外的、最不受欢迎的资源消耗。洛林和上西里西亚部分地区等重要工业区消失了，工业和农业生产不到战前的一半，而国家还不得不为受伤的军人和阵亡者家属支付大量额外费用。

　　与此同时，通胀似乎不可阻挡。1922 年 8 月兑换 1 美元需要 1 000 多马克，10 月需要 3 000 马克，12 月则需要 7 000 马克。正如理查德·埃文斯（Richard Evans）所指出的，德国货币贬值产生了灾难性的政治后果。德国政府无法再支付赔款，因为赔款必须用黄金支付，而国际市场上的黄金价格是它无法承受的。此外，到 1922 年年底，德国向法国运送煤炭严重迟缓，这是赔偿计划的一部分。因此，法国和比利时军队于 1923 年 1 月占领了德国的主要工业区鲁尔区，以夺取短缺的煤炭，并迫使德国人履行和约规定的义务。柏林政府几乎立即宣布了消极抵抗和不与法国合作的政策，不让占领者的设备获取鲁尔工业生产的成果。斗争直到 9 月底才停止。消极抵抗使经济形势恶化。任何人想在 1923 年 1 月兑换 1 美元都必须支付超过 1.7 万马克，4 月份是 2.4 万，7 月份是 35.3 万。这是一场真正的程度惊人的恶性通货膨胀，在彻底好转之前，情况极为糟糕：到 1923 年 10 月，1 美元的价格为 252.6 亿马克，12 月为 4.2 万亿马克。[27]

　　然而，魏玛共和国最终成功地应对了这一挑战，并通过精明的政治举措和巧妙的金融改革将自己从悬崖边缘拉了回来。古斯塔夫·施特雷泽曼（Gustav Stresemann）在 1923 年的几个月中任德国总理兼外交部部长，他在 9 月份通过谈判保证继续支付赔款，换取法国从鲁尔区撤军。

219　　　10 月 25 日，在美国政府的"鼓励"下，巴黎政府表示愿意让一个由美国银行家查尔斯·道威斯（Charles Dawes）担任主席的国际专家委员会审查赔偿问题。这带来了一段缓和时期，在此期间，法国和比利时军队从鲁尔区撤出。作为回报，德国将履行其对新支付计划的承诺，该计划于次年获得批准。[28]

　　为了稳定财政状况，内阁同意引入一种新的货币——"地租马克"（Rentenmark），其价值以黄金表示，从而阻碍通货膨胀。这一想法是为了恢复国际社会的信心，以促进外国投资。11 月中旬，新的货币发行了，结果出现了"地租马克奇迹"，证明措施是成功的。[29] 对美元的汇率稳定在战前水平。国家银行行长设法保护了临时的"地租马克"免受投机影响，最后用新的"德国马克"取而代之。恶性通货膨胀就这样结束了，共和国的财政比以往更加稳定。[30]

　　法国、比利时对鲁尔占领的结束以及 1923 年年底德国经济的巩固，开启了一个稳定的阶段，这也反映在国际关系中。早在1922 年，德国通过与苏俄签订《拉巴洛条约》，实现了关系正常化。两年后，随着道威斯计划的实施，德国的赔款偿付有了更为坚实的财政基础。国际贷款——尤其是来自美国的贷款——刺激了德国经济。1925 年，《洛迦诺公约》的签署反映了柏林与巴黎、伦敦的紧张关系有了明显缓解，德国借此确认了西部新边界。由于国际关系的这一变化，《洛迦诺公约》的主要缔结者——英国外交大臣奥斯汀·张伯伦（Austen Chamberlain）、德国的古斯塔夫·施特雷泽曼和法国人阿里斯蒂德·白里安（Aristide Briand）——在 1925 年和 1926 年获得诺贝尔和平奖。

到 1923 年年底，已经很难否认共和国在最困难的情况下坚持了自己的立场。德国有一个民主政府，一部赋予公民广泛的政治、经济基本权利的自由宪法，以及显著改善的经济形势。1923 年秋的政治危机已经被克服。左翼和右翼的极端少数群体被边缘化，他们暴力推翻共和国的企图失败了。尽管失去了领土，德国仍然作为一个统一的民族国家保存了下来——这说明法国的野心和德国内部的小规模分离主义运动都失败了。鉴于这个年轻的共和国在 1918—1923 年面临的大量挑战，德国社会党人本可以带着某种自豪感回顾他们的成就。

德国议会民主的支持者没有更积极地展示这些非常显著的成功，这与许多德国人自战争最后一年以来抱有的不切实际的期望有很大关系。1918 年上半年，德国的胜利似乎还在掌握之中。到下半年军事形势逆转后，许多人仍然在期待"妥协的和平"。此外，他们认为，新的政治秩序将迅速为共和国在 1918 年从旧帝国接盘的问题提供解决方案。更糟糕的是，关于德国政治的未来应该是什么样子，仍然存在不可调和的理念。右翼认为共和国是协约国强加给他们的"非德意志"的政府形式，少数极左翼人士为他们丧失了"真正的革命"带来的机会而感到悲哀。伟大的魏玛社会评论家和散文家库尔特·图霍夫斯基（Kurt Tucholsky）在他的讽刺诗《理想与现实》（1929 年）中更精辟地指出了幻想与现

220

实生活之间的矛盾：

> 寂静的夜晚，夫妻躺在床上。
> 你梦想着生命中所缺失的东西。
> 你的神经崩溃了。要是我们有就好了。
> 因为它不在那里，悄悄地折磨着我们。
> …… ……
> 在帝国的束缚下，我们梦见的
> 共和国，现在是这样！
> 人们总是喜欢高挑苗条的人，
> 最后却是个小胖子——
> 这就是生活！[31]

然而，即使是在 20 世纪 20 年代一直抱怨军队和司法系统中的民主缺陷的图霍夫斯基也很难否认，从民主主义者的角度来看，与帝国时期的政治环境相比，"小胖子"的进步是明显的。历史学家一再言之凿凿地指出民主的许多弱点，然而这些弱点都是事后诸葛亮的产物。但当他们评估革命的性质和成功与否时，却不断地拿这些弱点作为佐证。这导致出现了一种非常片面的印象——魏玛是一个胎死腹中的共和国。这种印象不属于 1918 年的民众，甚至不属于 1923 年的民众。事实上，在 1923 年年末，民主得到巩固的可能性要远远大于失败。魏玛共和国的未来是无限的。

注 释

引言 "就像一个美丽的梦"

[1] John C. G. Röhl, *Wilhelm II.: Der Weg in den Abgrund, 1900-1941* (Munich, 2008), 1246-7.

[2] 同上,1247. 关于当时人们对威廉的评价,参见: Martin Kohlrausch, *Der Monarch im Skandal: Die Logik der Massenmedien und die Transformation der wilhelminischen Monarchie* (Berli, 2005).

[3] Richard Bessel, *Germany after the First World War* (Oxford, 1993), I.

[4] Geoff Eley, Jennifer L. Jenkins, 和 Tracie Matysik (eds), *German Modernities from Wilhelm to Weimar: A Contest of Futures* (London, 2016); Frank-Lothar Kroll, *Geburt der Moderne: Politik, Gesellschaft und Kultur vor dem Ersten Weltkrieg* (Berlin, 2013); Sven O. Müller and Cornelius Torp (eds), *Das Deutsche Kaiserreich in der Kontroverse* (Göttingen, 2009); Geoff Eley and James Retallack (eds), *Wilhelminism and its Legacies: German Modernities, Imperialism, and the Meaning of Reform, 1890-1930: Essays for Hartmut Pogge von Strandmann* (Oxford, 2003); Matthew Jefferies, *Imperial Culture in Germany, 1871-1918* (Houndmills and New York, 2003); Wolfgang König, *Wilhelm II. und die Moderne: Der Kaiser und die technisch-industrielle Welt* (Paderborn: Schöningh-Verlag, 2007); Eberhard Straub, *Kaiser Wilhelm II. in der Politik seiner Zeit: Die Erfindung des Reiches aus dem Geist der Moderne* (Berlin: Landt-Verlag 2008). 还可参考: Robert Gerwarth and Dominik Geppert (eds), *Wilhelmine Germany and Edwardian Britain: Essays on Cultural Affinity* (Oxford and New York, 2008).

[5] Jeffrey R. Smith, *A People's War: Germany's Political Revolution, 1913-1918* (Lanham, Md, 2007), 25-49.

［6］Richard Bessel, 'Revolution', in Jay Winter (ed.), *The Cambridge History of the First World War*, vol. 2 (Cambridge, 2014), 127.

［7］Jeffrey Verhey, *The Spirit of 1914: Militarism, Myth, and Mobilization in Germany* (Cambridge, 2000).

［8］Holger Afflerbach, *Falkenhayn: Politisches Denken und Handeln im Kaiserreich* (Munich: Oldenbourg, 1994), 171; Barbara Tuchman, *August 1914* (Bern, Munich, Vienna, 1960), 150; Richard Dehmel, *Zwischen Volk und Menschheit: Kriegstagebuch* (Berlin, 1919), 9–13; 24.

224　［9］关于最新的"一战"全史,参见:Joern Leonhard, *Pandora's Box: A History of the First World War* (Cambridge, Mass., 2018).

［10］Alexander Watson, *Ring of Steel: Germany and Austria–Hungary at War, 1914–1918* (London, 2015).

［11］关于最新的叙述性报告,参见:Joachim Käppner, *1918: Aufstand für die Freiheit: Die Revolution der Besonnenen* (Munich, 2017).

［12］*Berliner Tageblatt*, 10 November 1918.

［13］同上.

［14］例如可参考 Eric Weitz, *Weimar Germany: Promise and Tragedy* (Princeton, 2007). 了解对于"危机"模式的重要定义,还可参考: Moritz Völlmer and Rüdiger Graf (eds), *Die 'Krise' der Weimarer Republik: Zur Kritik eines Deutungsmusters* (Frankfurt am Main, 2005). 学者们还强调,"没有共和主义者的共和国"这一概念具有误导性。参见: Andreas Wirsching and Jürgen Eder (eds), *Vernunftrepublikanismus in der Weimarer Republik: Politik, Literatur, Wissenschaft* (Stuttgart, 2008).

［15］Dieter Gosewinkel, *Einbürgern und Ausschließen: Die Nationalisierung der Staatsangehörigkeit vom Deutschen Bund bis zur Bundesrepublik Deutschland*(Gättingen, 2001), 345.

［16］Volker Ullrich, 'Kriegsalltag: Zur inneren Revolutionierung der Wilhelminischen Gesellschaft', in Wolfgang Michalka (ed.), *Der Erste Weltkrieg. Wirkung—Wahrnehmung—Analyse* (Weyarn, 1997), 610–611. 还可参考 Florence Hervé, *Geschichte der deutschen Frauenbewegung* (Cologne, 1995). Richard Evans, *Sozialdemokratie und Frauenemanzipation im Kaiserreich* (Berlin and Bonn, 1979), 表明社会民主党在这个问题上比以前想象的要更为模棱两可,以前的例子: Willy Albrecht, Friedhelm Boll, Beatrix W. Bouvier, Rosemarie Leuschen–Seppel, and Michael Schneider, 'Frauenfrage und deutsche Sozialdemokratie vom Ende des 19. Jahrhunderts bis zum Beginn der zwanziger Jahre', *Archiv für Sozialgeschichte 19*

(1979), 459-510.

[17] Adele Schreiber, *Revolution und Frauenwahlrecht: Frauen! Lernt wählen!* (Berlin, 1919), 14-15.

[18] Kathleen Canning, ' "Sexual Crisis," the Writing of Citizenship, and the State of Emergency in Germany, 1917–1922', in Alf Lüdtke and Michael Wildt (eds), *Staats-Gewalt: Ausnahmezustand und Sicherheitsregimes: Historische Perspektiven* (Göttingen, 2008), 167-213. 关于魏玛时代新型公众的形成: Kathleen Canning, Kerstin Barndt, and Kristin McGuire (eds), *Weimar Publics/Weimar Subject: Rethinking the Political Culture of Germany in the 1920s* (New York, 2010).

[19] Kathleen Canning, 'Das Geschlecht der Revolution: Stimmrecht und Staatsbürgertum 1918/1919', in Alexander Gallus (ed.), *Die vergessene Revolution von 1918/19* (Göttingen, 2010), 84-116.

[20] James D. Steakley, *The Homosexual Emancipation Movement in Germany* (New York, 1975); John C. Fout, 'Sexual Politics in Wilhelmine Germany: The Male Gender Crisis, Moral Purity, and Homophobia', *Journal of the History of Sexuality 2* (1992), 388-421.

[21] Magnus Hirschfeld, 'Situationsbericht', *Jahrbuch für sexuelle Zwischenstufen mit besonderer Berücksichtigung der Homosexualität 17* (1918), 159-60.

[22] Adam Seipp, *The Ordeal of Peace: Demobilization and the Urban Experience in Britain and Germany, 1917-1921* (Farnham, 2009); Scott Stephenson, *The Final Battle: Soldiers of the Western Front and the German Revolution of 1918* (Cambridge and New York, 2009), 320-6; Bessel, *Germany after the First World War*, 47; 74-6.

[23] Karl Hampe, *Kriegstagebuch 1914–1919*, ed. Folker Reichert and Eike Wolgast (second edition, Munich, 2007), 775 (entry of 10 November 1918).

[24] Ernst Troeltsch, 'Die Revolution in Berlin. 30. 11. 1918', 收于 Ernst Troeltsch, *Die Fehlgeburt einer Republik: Spektator in Berlin 1918 bis 1922* (Frankfurt am Main, 1994), 5-11, 此处在 10.

[25] Elard von Oldenburg-Januschau, 引自: Stephan Malinowski, *Vom König zum Führer: Sozialer Niedergang und politische Radikalisierung im deutschen Adel zwischen Kaiserreich und NS-Staat* (Berlin, 2003), 207.

[26] Eberhard Straub, *Albert Ballin: Der Reeder des Kaisers* (Berlin, 2001), 257-61.

[27] Heinrich August Winkler, *Weimar1918-1933: Die Geschichte der ersten deutschen Demokratie* (Munich, 1993), 25f. and 87ff.

[28] Lida Gustava Heymann 和 Anita Augspurg, *Erlebtes-Erschautes: Deutsche Frauen kaempften fuer Freiheit, Recht, und Frieden 1850-1950*, ed. Margit Twellmann

（Frankfurt am Main, 1992），此处在 178.

［29］Hermann Müller, *Die Novemberrevolution: Erinnerungen* (Berlin, 1928, 2nd edn, 1931), 41.

［30］Leonhard Frank, Links, wo das Herz ist (Berlin, 1952), as quoted in: Günther Albrecht (ed.), *Erlebte Geschichte von Zeitgenossen gesehen und geschildert. Erster Teil: Vom Kaiserreich zur Weimarer Republik* (East Berlin, 1967), 188–90.

［31］ Martin Buber (ed.), *Gustav Landauer: Sein Lebensgang in Briefen*, 2 vols (Frankfurt am Main, 1929), 322f.

［32］*Kreuzzeitung*, 12 November 1918.

［33］ Detlef Lehnert, *Sozialdemokratie und Novemberrevolution: Die Neuordnungsdebatte 1918/19 in der politischen Publizistik von SPD und USPD* (Frankfurt am Main, 1983), 18. 还可参见：Susanne Miller and Gerhard A. Ritter, ' Die November – Revolution im Herbst 1918 im Erleben und Urteil der Zeitgenossen ', *Aus Politik und Zeitgeschichte 18* (1968), 3–40.

［34］Reinhard Rurüp, ' Problems of the German Revolution 1918 – 19 ', *Journal of Contemporary History 3* (1968), 109 – 35; Eberhard Kolb, ' 1918/19: Die steckengebliebene Revolution ', 收于 Carola Stern 和 Heinrich August Winkler (eds), *Wendepunkte deutscher Geschichte 1848–1990* (new revised edn, Frankfurt am Main, 2001), 100–25; Frances L. Carsten, *Revolution in Central Europe 1918–19* (London, 1972); Heinrich August Winkler, *Die Sozialdemokratie und die Revolution von 1918/19: Ein Rückblick nach sechzig Jahren* (Berlin, 1979).

226 ［35］Eric J. Hobsbawm, ' Revolution ', in Roy Porter and Mikulas Teich (eds), *Revolution in History* (Cambridge, 1986), 5–6.

［36］Kolb, ' 1918/19: Die steckengebliebene Revolution ', 87f.

［37］Oskar Lafontaine, ' Rede auf dem Parteitag in Cottbus am 24. /25. Mai 2008 ', <https://archiv2017. die – linke. de/fileadmin/download/disput/ 2008/disput _ juni2008. pdf> (last accessed 22 November 2017).

［38］Andreas Wirsching 和 Jürgen Eder (eds), *Vernunftrepublikanismus in der Weimarer Republik: Politik, Literatur, Wissenschaft* (Stuttgart, 2008).

［39］Albert Einstein, *Einstein Papers*, vol. 7: *The Berlin Years: Writings, 1918–1921* (Princeton, 1998), 946.

［40］Ernst Troeltsch, ' Die Revolution in Berlin 30. 11. 1918 ', in Ernst Troeltsch, *Die Fehlgeburt einer Republik: Spektator in Berlin 1918 bis 1922* (Frankfurt am Main, 1994), 5–11, 此处见第 9 页.

［41］Thomas Mann, *Tagebücher 1918–1921*, ed. Peter de Mendelssohn (Franfurt am

Main, 1979), 67 (diary entry of 10 November 1918).

[42] Adolf Hitler, *Mein Kampf: Eine kritische Edition*, ed. Christian Hartmann, Thomas Vordermayer, Othmar Plöckinger, and Roman Töppel (Berlin and Munich, 2016), vol. 1, 553.

[43] Gerhard Pau, 'Der Sturm auf die Republik und der Mythos vom "Dritten Reich"', in Detlef Lehnert and Klaus Megerle (eds.), *Politische Identitä und nationale Gedenktage. Zur politischen Kultur der Weimarer Republik* (Opladen, 1989), 255–79, particularly 270–9.

[44] Alfred Rosenberg, *Dreißig Novemberköpfe* (Munich, 1927), 7.

[45] Michael Geyer, 'Endkampf 1918 und 1914: German Nationalism, Annihilation, and Self-Destruction', in Alf Lüke and Bernd Weisbrod (eds.), *No Man's Land of Violence: Extreme Wars in the 20th Century* (Göttingen, 2002), 37–67.

[46] Niess, Geschichtsschreibung, *Institut für Marxismus–Leninismus beim ZK der SED* (ed.), *Vorwärts und nicht vergessen: Erlebnisberichte aktiverTeilnehmer der Novemberrevolution 1918/19* (East Berlin, 1958); Arbeitskreis verdienter Gewerkschaftsveteranen beim Bundesvorstand des FDGB (ed.), *Erinnerungen von Veteranen der deutsche Gewerkschaftsbewegung an die Novemberrevolution* (2nd edn, East Berlin, 1960); Jakov S. Drabkin, *Die Novemberrevolution in Deutschland* (East Berlin, 1968); Institut für Marxismus–Leninismus beim ZK der SED (ed.), *Illustrierte Geschichte der deutschen Novemberrevolution 1918/19* (East Berlin, 1978).

[47] 可参见 Arthur Rosenberg, *Entstehung und Geschichte der Weimarer Republik* (Frankfurt am Main, 1955); Friedrich Stampfer, *Die 14 Jahre der Ersten Deutschen Republik* (Offenbach, 1947; 3rd edn Hamburg 1953); Ferdinand Friedensburg, *Die Weimarer Republik* (Berlin, 1946, 2nd edn, 1957); Leopold Schwarzschild, *Von Krieg zu Krieg* (Amsterdam, 1947); Erich Eyck, *Geschichte der Weimarer Republik*, vol. 1, *Vom Zusammenbruch des Kaisertums bis zur Wahl Hindenburgs* (Zurich, 1954), vol. II: *Von der Konferenz von Locarno bis zu Hitlers Machtübernahme* (Zurich, 1956). Friedrich Meinecke, *Die Deutsche Katastrophe* (Wiesbaden, 1947), 88, 'Notbau' 是一种出于需要而非计划临时搭建的建筑.

[48] Friedrich Balke and Benno Wagner (eds), *Vom Nutzen und Nachteil historischer Vergleiche: Der Fall Bonn—Weimar* (Frankfurt am Main, 1997); Christoph Gusy (ed.), *Weimars langer Schatten: 'Weimar' als Argument nach 1945* (Baden-Baden, 2003); Sebastian Ullrich, *Der Weimar-Komplex: Das Scheitern der ersten deutschen Demokratie und die politische Kultur der frühen Bundesrepublik 1945–1959* (Göttingen, 2009).

227

[49]关于史学的大趋势,可参见: Eberhard Kolb, *Die Weimarer Republik* (6th edn, Munich, 2002), 166-77; Ursula Büttner, *Weimar: Die überforderte Republik 1918-1933* (Stuttgart, 2008). 还可参考: Anthony McElligot (ed.), *Weimar Germany* (Oxford and New York, 2nd edn, 2011).

[50] Karl Dietrich Erdmann, ' Die Geschichte der Weimarer Republik als Problem der Wissenschaft ', *Vierteljahrshefte für Zeitgeschichte 3* (1955), 1-19, here pp. 6-8.

[51] Ulrich Kluge, *Soldatenräte und Revolution: Studien zur Militärpolitik in Deutschland 1918/19* (Göttingen, 1975); Eberhard Kolb, *Die Arbeiterräte in der deutschen Innenpolitik 1918/19* (Düsseldorf, 1962; 2nd edn, 1978); Walter Tormin, *Zwischen Rätediktatur und sozialer Demokratie: Die Geschichte der Rätebewegung in der deutschen Revolution 1918/19* (Düsseldorf, 1959); Peter von Oertzen, ' Die großen Streiks der Ruhrbergarbeiterschaft im Frühjahr 1919 ', in VfZ 6 (1958), 231 - 62; Peter von Oertzen , *Betriebsräte in der Novemberrevolution: Eine politikwissenschaftliche Untersuchung über Ideengehalt und Struktur der betrieblichen und wirtschaftlichen Arbeiterräte in der deutschen Revolution 1918/1919* (Düsseldorf, 1963; 2nd edn Berlin, 1976); Erich Matthias, *Zwischen Räten und Geheimräten: Die deutsche Revolutionsregierung 1918/19* (Düsseldorf, 1970); Reinhard Rürup, *Probleme der Revolution in Deutschland 1918/19* (Wiesbaden, 1968); Reinhard Rürup (ed.), *Arbeiter - und Soldatenräte im rheinisch - westfälischen Industriegebiet: Studien zur Geschichte der Revolution 1918/19* (Wuppertal, 1975). 这一争议已经反映在积极参与革命的人们的早期报告中, 例如, Emil Barth, *Aus der Werkstatt der deutschen Revolution* (1919); Eduard Bernstein, *Die deutsche Revolution* (1921).

[52] Haffner, ' Verratene Revolution ' (1969). The English translation oddly carries the title ' Failure of a Revolution ' —a more appropriate translation would be ' The Betrayed Revolution '.

[53] Kolb, *Weimarer Republik*, 22. On the notion of an ' arrested revolution ' (' gebremste Revolution '), see: Winkler, *Weimar*, 33 - 68; and Wolfgang Schieder, ' Die Umbrüche von 1918, 1933, 1945 und 1989 als Wendepunkte deutscher Geschichte ', in Dietrich Papenfuß and Wolfgang Schieder (eds), *Deutsche Umbrüche im 20. Jahrhundert* (Cologne, Weimar, and Vienna, 2000), 3-18.

[54] Gallus, *Vergessene Revolution*; Wolfgang Niess, *Die Revolution von 1918/19: Der wahre Beginn unserer Demokratie* (Berlin et al. , 2017), 589. New approaches to key aspects of Weimar history are presented in Anthony McElligott and Kirsten Heinsohn (eds), *Germany 1916-23: A Revolution in Context* (Bielefeld, 2015).

[55] 例如参见, Hans Ulrich Gumbrecht ' s literary history of the year 1926 which

228

impressively avoids the danger of reading history backwards from 1933. Hans Ulrich Gumbrecht, *1926: Living on the Edge of Time* (Cambridge, Mass. , 1997). For two recent, and more positive, accounts, see: Niess, *Die Revolution von 1918/19* and Joachim Käppner, *1918: Aufstand für die Freiheit. Die Revolution der Besonnenen* (Munich, 2017).

[56]关于魏玛时期"危机"一词的语境解释,可参见, Wolfgang Hardtwig, *Ordnungen in der Krise: Zur politischen Kulturgeschichte Deutschlands 1900–1933* (Munich, 2007), 特别是 Rüdiger Graf, 'Optimismus und Pessimismus in der Krise—der politisch-kulturelle Diskurs in der Weimarer Republik', 115–40, 以及 Peter Fritzsche, 'Historical Time and Future Experience in Postwar Germany', 141–64. 还可参考 Martin H. Geyer, ' "Die Gleichzeitigkeit des Ungleichzeitigen": Zeitsemantik und die Suche nach Gegenwart in der Weimarer Republik', 收于 Wolfgang Hardtwig (ed.), *Utopie und politische Herrschaft im Europa der Zwischenkriegszeit* (Munich, 2005), 75–100. Moritz Föllmer 和 Rüdiger Graf (eds), *Die 'Krise' der Weimarer Republik: Zur Kritik eines Deutungsmuster* (Frankfurt a. M. , 2005). 还可参见, McElligott, *Weimar*, 8ff.

[57]For an excellent survey on this subject, see: Heather Jones, 'The German Empire', in Robert Gerwarth and Erez Manela (eds), *Empires at War, 1911–1923* (Oxford, 2014), 52–72.

[58]Kristin Kopp, 'Gray Zones: On the Inclusion of "Poland" in the Study of German Colonialism', 收于 Michael Perraudin 和 Jürgen Zimmerer (eds), *German Colonialism and National Identity* (New York and London, 2011); Robert Lewis Koehl, 'Colonialism inside Germany: 1886–1918', *The Journal of Modern History* 25 (1953), 255–72. 关于人口数字可见: Barker, *The Submerged Nationalities of the German Empire*, 7. 在北石勒苏益格还有 15 万丹麦人. 关于歧视可见: Watson, 'Fighting for Another Fatherland'; Alan Kramer, 'Wackes at War: Alsace-Lorraine and the Failure of German National Mobilization, 1914–1918', in John Horne (ed.), *State, Society and Mobilization in Europe during the First World War* (Cambridge, 1997), 110–21. Kramer, 'Wackes at War', 110–21.

[59]Roger Chickering, *We Men Who Feel Most German: A Cultural Study of the Pan-German League, 1886–1914* (London, 1984).

[60]Gregor Thum (ed.), *Traumland Osten: Deutsche Bilder vom östlichen Europa im 20. Jahrhundert* (Göttingen, 2006); Philipp Ther, ' Deutsche Geschichte als imperiale Geschichte: Polen, slawophone Minderheiten und das Kaiserreich als kontinentales Empire', in Sebastian Conrad and Jürgen Osterhammel (eds), *Das*

Kaiserreich transnational：*Deutschland in der Welt*，*1871-1914* （second edition，G？ ttingen，2006），129-48.

229　［61］Peter Calvert，*A Study of Revolution*（Oxford，1970），183-4.

［62］目前关于这一主题有相当多的研究文章。概述性的文章请参见：Gerwarth，*The Vanquished.* On the refugees and expellees，see：Peter Gatrell，*A Whole Empire Walking*：*Refugees in Russia during World War I*（Bloomington，1999）；Vejas Gabriel Liulevicius，*War Land on the Eastern Front*：*Culture*，*National Identity*，*and German Occupation in World War I*（Cambridge，2000）；Pierre Purseigle，'"A Wave on to Our Shores"：The Exile and Resettlement of Refugees from the Western Front，1914- 1918'，*Contemporary European History 16*（2007），432.

［63］Peter Holquist，'Violent Russia，Deadly Marxism？Russia in the Epoch of Violence， 1905-21'，*Kritika*：*Explorations in Russian and Eurasian History* 4（2003），627- 52，此处在 p645.

［64］关于那个主题的大多数研究现在已经相当过时了，参见：Erich Matthias，*Die deutsche Sozialdemokratie und der Osten*（Tübingen，1954）；Peter Lösche，*Der Bolschewismus im Urteil der deutschen Sozialdemokratie 1903-1920*（West Berlin， 1967）；Karl-Heinz Luther，'Die nachrevolutionären Machtkämpfe in Berlin， November 1918 bis März 1919'，*Jahrbuch für Geschichte Mittel-und Ostdeutschlands* （1959），187-222.

［65］Käthe Kollwitz，*Die Tagebücher*，ed. Jutta Bohnke-Kollwitz（Berlin，1989），375.

1. 1917 年和所期待的革命

［1］Thomas Boghardt，*The Zimmermann Telegram*：*Intelligence*，*Diplomacy and America's Entry into World War I*（Annapolis，Md，2012），67 and 79.

［2］同上，182.

［3］关于 1916 年德国支持爱尔兰共和主义者，可参考：Jerome aan de Wiel，*The Irish Factor 1899-1919*：*Ireland's Strategic and Diplomatic Importance for Foreign Powers* （Dublin，2008）；Matthew Plowman，'Irish Republicans and the Indo-German Conspiracy of World War I'，*New Hibernia Review* 7（2003），81-105. 关于支持圣 战，可见 Tilman Lüdke，*Jihad Made in Germany*：*Ottoman and German Propaganda and Intelligence Operations in the First World War*（Münster，2005），117-25；Gerhard Höpp，*Muslime in der Mark*：*Als Kriegsgefangene und Internierte in Wünsdorf und Zossen*，*1914-1924*（Berlin，1997）；Rudolf A. Mark，*Krieg an Fernen Fronten*：*Die Deutschen in Zentralasien und am Hindukusch 1914-1924*（Paderborn，2013）， 17-42.

[4] Jörn Leonhard, *Die Büchse der Pandora: Geschichte des Ersten Weltkriegs* (Munich, 2014), 654. Gerd Koenen, *Der Russland-Komplex: Die Deutschen und der Osten, 1900-1945* (Munich, 2005), 63ff.

[5] Reinhard R. Doerries, *Prelude to the Easter Rising: Sir Roger Casement in Imperial Germany* (London and Portland, Ore., 2000); Mary E. Daly (ed.), *Roger Casement in Irish and World History* (Dublin, 2005).

[6] Burton J. Hendrick, *The Life and Letters of Walter Hines Page*, vol. 3 (Garden City, NY, 1925), 324 and 352; Barbara W. Tuchman, *The Zimmermann Telegram* (New York, 1958), 95.

[7] David Stevenson, *1917: War, Peace, and Revolution* (Oxford, 2017), 58-9.

[8] Friedrich Katz, *The Secret War in Mexico: Europe, the United States, and the Mexican Revolution* (Chicago, 1981), 327-83.

[9] Lawrence Sondhaus, *The Great War at Sea: A Naval History of the First World War* (Cambridge, 2014), 157; Lawrence Sondhaus, *German Submarine Warfare in World War I: The Onset of Total War at Sea* (Lanham, Md, 2017), 46-56; Anne Cipriano Venzon (ed.), *The United States in the First World War: An Encyclopedia* (New York and London, 1995), 45-7.

[10] 关于当时人的评价, 可见 Kurt Riezler, *Tagebücher, Aufsätze, Dokumente* (Göttingen, 2008), 395; 关于军事形势的较好总结, 可参考: Leonhard, *Pandora*, 616-17.

[11] Joachim Schröder, *Die U-Boote des Kaisers: Die Geschichte des deutschen U-Boot-Krieges gegen Großbritannien im Ersten Weltkrieg* (Bonn, 2003), 428-9.

[12] Adam Tooze, *The Deluge: The Great War, America, and the Remaking of the Global Order, 1916-1931* (London, 2015), 39.

[13] Günter Wollstein, *Theobald von Bethmann Hollweg: Letzter Erbe Bismarcks, erstes Opfer der Dolchstoßlegende* (Göttingen, 1995), 137.

[14] Stevenson, *1917*, 53.

[15] Cooper, 引自 Decie Denholm, 'Eine Australierin in Leipzig: Die heimlichen Briefe der Ethel Cooper 1914-1919', in Bernd Hüppauf (ed.), *Ansichten vom Krieg* (Königstein im Taunus, 1984), 132-52, 139 (letter of 4 February, 1917).

[16] Harry Graf Kessler, *Das Tagebuch 1880-1937*, ed. von Roland Kamzelak and Ulrich Ott, vol. 7: *1919-1923* (Stuttgart, 2007), 142 (entry of 1 February, 2017).

[17] Thomas J. Knock, *To End All Wars: Woodrow Wilson and the Quest for a New World Order* (New York, 1992), 121f.

[18] 关于神学对威尔逊的影响, 见 Mark Benbow, *Leading Them to the Promised Land:*

Woodrow Wilson, Covenant Theology, and the Mexican Revolutions, 1913 - 1915 (Kent, Oh. , 2010) ; Milan Babík, *Statecraft and Salvation*: *Wilsonian Liberal Internationalism as Secularized Eschatology* (Waco, Tex. , 2013). 关于威尔逊和自由主义更宽泛的介绍, 见 Niels Aage Thorsen, *The Political Thought of Woodrow Wilson* (Princeton, 1988) ; Knock, *To End All Wars*, 3–14.

[19] Klaus Schwabe, *Deutsche Revolution und Wilson - Frieden*: *Die amerikanische und deutsche Friedensstrategie zwischen Ideologie und Machtpolitik 1918/19* (Düsseldorf, 1971) , 13f. ; 16.

[20] 同上 23f. ; 56.

[21] Jennifer D. Keene, 'The United States', in John Horne (ed.), *Companion to World War I* (Malden, Mass. , 2010), 508–23, 510.

[22] Frederick C. Luebke, *Bonds of Loyalty*: *German Americans and World War I* (DeKalb, Ill. , 1974), 29–30.

231   [23] Keene, 'The United States', in Horne (ed.), *Companion to World War I*, 510. Richard Traxel, *Crusader Nation*: *The United States in Peace and the Great War 1898–1920* (New York, 2006), 147–8.

[24] Stevenson, *1917*, 46.

[25] Alexander Sedlmaier, *Deutschlandbilder und Deutschlandpolitik*: *Studien zur Wilson-Administration* (*1913–1921*) (Stuttgart, 2003), 65f. and 197; Knock, *To End All Wars*, 107.

[26] 'Permanent Peace: Address to the United States Senate, January 22, 1917', *War Addresses of Woodrow Wilson* (Boston, 1918), 8.

[27] Leonard V. Smith, *Sovereignty at the Paris Peace Conference* (Oxford, 2008), 24–8.

[28] 同上 .

[29] Robert Service, *Lenin*: *A Biography* (London, 2000), 256–64. Catherine Merridale, *Lenin on the Train* (London, 2016).

[30] Christopher Read, *Lenin*: *A Revolutionary Life* (Abingdon and New York, 2005), 30; Hélène Carrère D'Encausse, *Lenin*: *Revolution and Power* (New York and London, 1982) ; Service, *Lenin*, 109.

[31] Service, *Lenin*, 137.

[32] 同上 , 135–42; Read, *Lenin*, 56f.

[33] Leonhard, *Pandora*, 652.

[34] 关于这一时期的苏黎世和瑞士, 见 Georg Kreis, *Insel der unsicheren Geborgenheit*: *Die Schweiz in den Kriegsjahren 1914 - 1918* (Zurich, 2014) ; Roman Rossfeld, Thomas Buomberger, and Patrick Kury (eds), *14/18*: *Die Schweiz und der Große*

Krieg (Baden, 2014).

[35] 关于这次讨论, 见 David Priestland, *The Red Flag*: *A History of Communism* (London, 2009), 52 - 60; Robert Service, *Comrades*! *World History of Communism* (Cambridge, Mass. , 2007), 36 - 57.

[36] 关于 1914 年的社会主义, 见 Georges Haupt 的经典著作, *Socialism and the Great War*: *The Collapse of the Second International* (Oxford, 1972).

[37] Bebel's speech in: *Protokoll ueber die Verhandlungen des Parteitages der Sozialdemokratischen Partei Deutschlands*, *abgehalten zu Mannheim vom 23. bis 29. September 1906* (Berlin, 1906), 232.

[38] Eduard Bernstein, *Die Voraussetzungen des Sozialismus und die Aufgaben der Sozialdemokratie* (Stuttgart, 1899), 165.

[39] Kautsky 引自: Heinrich August Winkler, *Weimar1918 - 1933*: *Die Geschichte der ersten deutschen Demokratie* (Munich, 1993), 16.

[40] Walter Mühlhausen, *Friedrich Ebert, 1871 - 1925*: *Reichspräsident der Weimarer Republik* (Bonn, 2006), 42f. 另见, Dieter Dowe and Peter-Christian Witt, *Friedrich Ebert 1871-1925*: *Vom Arbeiterführer zum Reichspräsidenten* (Bonn, 1987).

[41] Dieter Engelmann und Horst Naumann, *Hugo Haase*: *Lebensweg und politisches Vermächtnis eines streitbaren Sozialisten* (Berlin, 1999).

[42] Ernst - Albert Seils, *Hugo Haase*: *Ein juedischer Sozialdemokrat im deutschen Kaiserreich. Sein Kampf fuer Frieden und soziale Gerechtigkeit* (Frankfurt am Main, 2016).

[43] 关于调查, 见 Eric D. Weitz, *Creating German Communism, 1890 - 1990*: *From Popular Protests to Socialist State* (Princeton, 1997); Dieter Engelmann and Horst Naumann, *Zwischen Spaltung und Vereinigung*: *Die Unabhaengige Sozialdemokratische Partei Deutschlands in den Jahren 1917-1922* (Berlin, 1993).

[44] Susanne Miller, *Burgfrieden und Klassenkampf*: *Die deutsche Sozialdemokratie im Ersten Weltkrieg* (Düsseldorf, 1974), 113-33; Uli Schöler and Thilo Scholle (eds), *Weltkrieg. Spaltung. Revolution. Sozialdemokratie 1916- 1922* (Bonn, 2018). Karl Christian Führer, Jürgen Mittag 和 Axel Schildt (eds), *Revolution und Arbeiterbewegung in Deutschland 1918-1920* (Essen, 2013).

[45] Walter Mühlhausen, 'Die Zimmerwalder Bewegung', in Gerhard Hirschfeldt, Gerd Krumeich, and Irina Renz (eds), *Enzyklopädie Erster Weltkrieg* (Paderborn, 2004), 977-8; R. Craig Nation, *War on War*: *Lenin, the Zimmerwald Left, and the Origins of Communist Internationalism* (Chicago, 2009); David Kirby, 'Zimmerwald and the Origins of the Third International', in Tim Rees and Andrew Thorpe (eds),

232

International Communism and the Communist International, *1919-43* (Manchester, 1998).

[46] Horst Lademacher (ed.), *Die Zimmerwalder Bewegung*: *Protokolle und Korrespondenz*, 2 vols. (Paris and The Hague, 1967), vol. 1, pp. 160-9.

[47] Mühlhausen, *Zimmerwalder Bewegung*, 977-8.

[48] Read, *Lenin*, 36-42.

[49] 关于这一时期的俄国,参见 Richard Pipes 的全景式著作 *The Russian Revolution* (New York, 1990), 和 Orlando Figes, *A People's Tragedy*: *The Russian Revolution*, *1891-1924* (London, 1996) 这两本书都提供了大量关于大战和俄国革命关系的史料和见解。对这一主题具有重要意义的是 Peter Gatrell 的开创性研究,*A Whole Empire Walking*: *Refugees in Russia in World War I* (Bloomington, Ind. , 1999), 以及 Peter Holquist, *Making War*, *Forging Revolution*: *Russia's Continuum of Crisis* (Cambridge, Mass. , 2002), 还有 Eric Lohr, *Nationalizing the Russian Empire*: *The Campaign against Enemy Aliens during World War I* (Cambridge, Mass. , 2003). 关于俄军的崩溃,见 A. K. Wildman, *The End of the Russian Imperial Army*: *The Old Army and the Soldiers' Revolt*, *March to April 1917* (Princeton, 1980) ; A. K. Wildman, *The End of the Russian Imperial Army II*: *The Road to Soviet Power and Peace* (Princeton, 1987).

[50] Peter Holquist, *Making War*, *Forging Revolution*: *Russia's Continuum of Crisis* (Cambridge, Mass. , 2002), 30, 44. 另见 Norman Stone, *The Eastern Front 1914-1917* (London, 1975), 291-301.

[51] 关于二月革命,见 Helmut Altrichter, *Rußland 1917*: *Ein Land auf der Suche nach sich selbst* (Paderborn, 1997), 110 - 40; Manfred Hildermeier, *Geschichte der Sowjetunion 1917-1991*: *Entstehung und Niedergang des ersten sozialistischen Staates* (Munich, 1998), 64-80; Peter Gatrell, *Russia's First World War*, *1914-1917*: *A Social and Economic History* (London, 2005), 197-220; Rex A. Wade, *The Russian Revolution*, *1917* (Cambridge and New York, 2000) ; Stephen Smith, *The Russian Revolution*: *A Very Short Introduction* (Oxford and New York, 2002) chapter 1; Christopher Read, *From Tsar to Soviets*: *The Russian People and their Revolution*, *1917-1921* (Oxford and New York, 1996); Tsuyoshi Hasegawa, 'The February Revolution', in Edward Acton, Vladimir Iu. Cherniaev, and William G. Rosenberg (eds), *Critical Companion to the Russian Revolution 1914-1921* (London, 1997), 48-61; Barbara Alpern Engel, 'Not by Bread Alone: Subsistence Riots in Russia during World War I', *Journal of Modern History*, 69 (1997) 696-721; Allan K. Wildman, *The End of the Russian Imperial Army*, vol. 1: *The Old Army and the*

Soldiers' Revolt (March–April 1917) (Princeton, 1980).

[52] W. Bruce Lincoln, *Passage through Armageddon: The Russians in War and Revolution* (New York, 1986), 321 – 5; Richard Pipes, *The Russian Revolution 1899–1919* (London, 1997), 274 – 5; Hans Rogger, *Russia in the Age of Modernisation and Revolution 1881–1917* (London, 1997), 266–7.

[53] Dominic Lieven, *Nicholas II: Emperor of all the Russians* (London, 1994), 226.

[54] Douglas Smith, *Former People: The Final Days of the Russian Aristocracy* (New York, 2012), 72; W. Bruce Lincoln, *Passage through Armageddon: The Russians in War and Revolution* (New York, 1986), 331 – 3; Pipes, *Russian Revolution*, 279 – 81; Figes, *People's Tragedy*, 320–1.

[55] Pipes, *Russian Revolution*, 307–17; Lincoln, *Passage*, 337–45.

[56] Lincoln, *Passage*, 334–44; Figes, *People's Tragedy*, 327–49; Robert Paul Browder and Alexander F. Kerensky (eds), *The Russian Provisional Government 1917: Documents*, 3 vols (Stanford, Calif. , 1961); William G. Rosenberg, *The Liberals in the Russian Revolution: The Constitutional Democratic Party, 1917–1921* (Princeton, 1974), 114–16.

[57] Marc Ferro, *October 1917: A Social History of the Russian Revolution* (London, 1980).

[58] Figes, *People's Tragedy*, 323–31.

[59] Lenin, 'First Letter from Afar' , in James E. Connor (ed.), *Lenin on Politics and Revolution: Selected Writings* (Indianapolis, 1968), here 151 – 5. Italics in the original.

[60] Service, *Lenin*, 260.

[61] Lincoln, *Passage*, 346–71; Altrichter, *Rußland 1917*, 166–70.

[62] Joshua Sanborn, *Imperial Apocalypse: The Great War and the Destruction of the Russian Empire* (Oxford and New York, 2014), 205–11.

[63] Andrejs Plakans, *The Latvians* (Stanford, Calif. , 1995), 108.

[64] Wildman, *End of the Russian Imperial Army*, vol, I, , 369; Mark von Hagen, *War in a European Borderland: Occupations and Occupation Plans in Galicia and Ukraine, 1914–1918* (Seattle, Wash. , 2007), 84–5.

[65] Allan K. Wildman, *The End of the Russian Imperial Army*, vol. 2: *The Road to Soviet Power and Peace* (Princeton, 1987), 225 – 31; Joshua A. Sanborn, *Drafting the Russian Nation: Military Conscription, Total War, and Mass Politics, 1905 – 1925* (DeKalb, 2003), 173–4. **234**

[66] Figes, *People's Tragedy*, 423–35; Ronald G. Suny, 'Toward a Social History of the

October Revolution', *American Historical Review* 88（1983），31-52.

[67] George Katkov, *The Kornilov Affair: Kerensky and the Breakup of the Russian Army*（London and New York, 1980）; Harvey Ascher, 'The Kornilov Affair: A Reinterpretation', *Russian Review* 29（1970），286-300.

[68] Ascher, 'The Kornilov Affair'.

[69] 关于托洛茨基，见 Isaac Deutscher, *The Prophet Armed: Trotsky, 1879-1921*（Oxford, 1954）; Robert Service, *Trotsky: A Biography*（Cambridge, Mass. , 2009）; Geoffrey Swain, *Trotsky and the Russian Revolution*（London and New York, 2014）; Joshua Rubenstein, *Leon Trotsky: A Revolutionary's Life*（New Haven and London, 2006）.

[70] Vladimir Ilyich Lenin, 'The State and Revolution', in Lenin, *Collected Works*, 45 vols（Moscow, 1964-74）, vol. 25, pp. 412ff. Heinrich August Winkler, *Age of Catastrophe: A History of the West, 1914-1945*（London and New Haven, 2015）, 26-7.

[71] Lincoln, *Passage*, 463-8.

[72] 莫斯科的情况不同，那里对布尔什维克的抵抗导致了更多的暴力。Leonhard, *Pandora*, 679. Hildermeier, *Geschichte*, 117. Rex A. Wade, 'The October Revolution, the Constituent Assembly, and the End of the Russian Revolution', in Ian D. Thatcher（ed. ）, *Reinterpreting Revolutionary Russia: Essays in Honour of James D. White*（London, 2006）, 72-85.

[73] Pipes, *Russian Revolution*, 541-55.

[74] Rosa Luxemburg to Marta Rosenbaum, 1917 年 4 月，引自: Peter Nettl, *Rosa Luxemburg*（Franfurt am Main, 1968）, 635.

[75] *Vorwäits*, 15 February 1918.

[76] Figes, *People's Tragedy*, 492-7; Alexander Rabinowitch, *The Bolsheviks in Power: The First Year of Soviet Rule in Petrograd*（Bloomingdon, Ind. , 2007）, 302-4.

[77] Smith, *Former People*, 118; Lincoln, *Passage*, 458-61; Pipes, *Russian Revolution*, 499.

[78] Orlando Figes, *Peasant Russia, Civil War: The Volga Countryside in Revolution, 1917-21*（Oxford and New York, 1989）, 296-7.

[79] Smith, *Former People*, 134; Graeme J. Gill, *Peasants and Government in the Russian Revolution*（London, 1979）, 154.

[80] Sean McMeekin, *History's Greatest Heist: The Looting of Russia by the Bolsheviks*（London and New Haven, 2009）, 12-13, 24-5, 73-91. 有关当地案例研究，见 Donald J. Raleigh, *Experiencing Russia's Civil War: Politics, Society and*

Revolutionary Culture in Saratov, 1917-1922 (Princeton, 2002).

2. 胜利的希望 235

[1]关于布列斯特-立托夫斯克, 见 Vejas Gabriel Liulevicius, *War Land on the Eastern Front: Culture, National Identity and German Occupation in World War I* (Cambridge and New York, 2000), 204-7; Joshua Sanborn, *Imperial Apocalypse: The Great War and the Destruction of the Russian Empire* (Oxford and New York, 2014), 232ff. ; and the classic account by Winfried Baumgart, *Deutsche Ostpolitik 1918: Von Brest-Litovsk bis zum Ende des Ersten Weltkriegs* (Vienna and Munich, 1966), 13-92.

[2]Baumgart, *Deutsche Ostpolitik 1918*, 16. 另见 John Wheeler-Bennett 早期但依旧吸引人的研究, *Brest-Litovsk: The Forgotten Peace. March 1918* (London, 1938), 以及 Borislav Chernev 最近的研究, *Twilight of Empire: The Brest-Litovsk Conference and the Remaking of EastCentral Europe, 1917-1918* (Toronto, 2017).

[3]引自 Annemarie H. Sammartino, *The Impossible Border: Germany and the East, 1914- 1922* (Ithaca, NY, 2010), 31.

[4]Sammartino, *The Impossible Border*, 18-44.

[5] Gregor Thum, ' Mythische Landschaften: Das Bild vom deutschen Osten und die Zäsuren des 20. Jahrhunderts', in Gregor Thum (ed.), *Traumland Osten: Deutsche Bilder vom östlichen Europa im 20. Jahrhundert* (Göttingen, 2006).

[6]见 Hoffmann 的文章, 收于 Karl Friedrich Nowak (ed.), *Die Aufzeichnungen des Generalmajors Max Hoffmann*, 2 vols (Berlin, 1929), here vol. 2, 190. 另一位参与起草《布列斯特-立托夫斯克和约》的德国高级外交官的报告见 Frederic von Rosenberg: Winfried Becker, *Frederic von Rosenberg (1874 - 1937): Diplomat vom späten Kaiserreich bis zum Dritten Reich, Außenminister der Weimarer Republik* (Göttingen, 2011), 26-40. 另可参考 Baumgart, *Deutsche Ostpolitik 1918*, 14.

[7]Richard von Kühlmann, *Erinnerungen* (Heidelberg,1948), 523f. ; Leon Trotsky, *My Life* (New York, 1930); Nowak, *Die Erinnerungen des Generalmajors*, 207ff. ; Werner Hahlweg, *Der Diktatfrieden von Brest - Litowsk 1918 und die bolschewistische Weltrevolution* (Münster, 1960); Christian Rust, ' Self-Determination at the Beginning of 1918 and the German Reaction', *Lithuanian Historical Studies* 13 (2008) 43-6.

[8]Ottokar Luban, ' Die Massenstreiks fuer Frieden und Demokratie im Ersten Weltkrieg', in Chaja Boebel and Lothar Wentzel (eds), *Streiken gegen den Krieg: Die Bedeutung der Massenstreiks in der Metallindustrie vom Januar 1918* (Hamburg, 2008), 11-27.

[9]Ernst Haase, *Hugo Haase: Sein Leben und Wirken* (Berlin, 1929), 157f.

[10] Ralf Hoffrogge, *Richard Müller: Der Mann hinter der Novemberrevolution* (Berlin,

2008）.

[11]同上.

[12]尽管谢德曼在德国革命中占有核心地位,但并没有关于他的传记,有关研究见

236   Manfred Kittel, 'Scheidemann, Philipp', in *Neue Deutsche Biographie* (Berlin, 2005), vol. 22, 630f. ; Christian Gellinek, *Philipp Scheidemann: Gedächtnis und Erinnerung* (Münster, 2006).

[13]Wilhelm Keil, *Elrlebnisse eines Sozialdemokraten*, vol. 2 (Stuttgart, 1948), 171.

[14] Philipp Scheidemann, *Memoiren eines Sozialdemokraten* (Dresden, 1928), vol. 1, 402f.

[15] Oleksii Kurayev, *Politika Nimechchini i Avstro-Uhorshchini v Pershii svitovij vijni: Ukrayins'kii napryamok* (Kiev, 2009), 220-46; Wolfdieter Bihl, *ÖsterreichUngarn und die Friedensschluesse von Brest-Litovsk* (Vienna, Cologne, and Graz, 1970), 60-2; Caroline Milow, *Die ukrainische Frage 1917-1923 im Spannungsfeld der europäischen Diplomatie* (Wiesbaden, 2002), 110-15; Stephan M. Horak, *The First Treaty of World War I: Ukraine's Treaty with the Central Powers of February 9, 1918* (Boulder, Colo. , 1988); Frank Golczewski, *Deutsche und Ukrainer 1914-1939* (Paderborn, 2010), 240-6.

[16] Oleh S. Fedyshyn, *Germany's Drive to the East and the Ukrainian Revolution, 1917-1918* (New Brunswick, NJ, 1971); Peter Borowsky, 'Germany's Ukrainian Policy during World War I and the Revolution of 1918-19', 收于 Hans-Joachim Torke and John-Paul Himka (eds), *German-Ukrainian Relations in Historical Perspective* (Edmonton, 1994), 84-94; Golczewski, *Deutsche und Ukrainer*, 289-306; Olavi Arens, 'The Estonian Question at Brest-Litovsk', *Journal of Baltic Studies* 25 (1994), 309; Rust, 'Self Determination'; Gert von Pistohlkors, *Deutsche Geschichte im Osten Europas: Baltische Länder* (Berlin, 1994), 452-60; Hans-Erich Volkmann, *Die deutsche Baltikumpolitik zwischen Brest-Litowsk und Compiègne* (Cologne and Vienna, 1970).

[17]Baumgart, *Deutsche Ostpolitik 1918*, 14f. ; Dietmar Neutatz, *Träume und Alpträume: Eine Geschichte Russlands im 20. Jahrhundert* (Munich, 2013), 158-60; Werner Hahlweg, *Der Diktatfrieden von Brest-Litowsk 1918 und die bolschewistische Weltrevolution* (Münster, 1960), 50-2.

[18] Leopold Prinz von Bayern, *Leopold Prinz von Bayern, 1846-1930: Aus den Lebenserinnerungen*, ed. Hans-Michael and Ingrid Körner (Regensburg, 1983), 310-19, 此处在 310 (entry of 3 March 1918).

[19] Hannes Leidinger and Verena Moritz, *Gefangenschaft, Revolution, Heimkehr: Die*

Bedeutung der Kriegsgefangenproblematik für die Geschichte des Kommunismus in Mittel-und Osteuropa 1917 - 1920 (Cologne and Vienna, 2003); Reinhard Nachtigal, *Russland und seine österreichisch - ungarischen Kriegsgefangenen* (*1914 - 1918*) (Remshalden, 2003). Alan Rachaminow, *POWs and the Great War: Captivity on the Eastern Front* (Oxford and New York, 2002).

[20]关于被俄国囚禁的大约 200 万哈布斯堡王朝战俘,见 Nachtigal, *Kriegsgefangenen* (*1914 - 1918*); Lawrence Sondhaus, *World War One: The Global Revolution* (Cambridge and New York,, 2011), 421. On Tito in particular: Vladimir Dedijer, *Novi prilozi za biografiju Josipa Broza Tita 1* (Zagreb and Rijeka, 1980), 57 - 9 (reprint of the original 1953 edition).

[21]Scott Stephenson, *The Final Battle: Soldiers of the Western Front and the German Revolution of 1918* (Cambridge and New York, 2009), 4 - 5;数据来自 Richard **237** Bessel, *Germany after the First World War* (Oxford, 1993), 68-74.

[22] Max Hoffmann, *Die Aufzeichnungen des Generalmajors Max Hoffmann*, ed. Karl Friedrich Nowak (Berlin, 1929), 214-24, 219 (entry of 19 November 1918).

[23]David Kennedy, *Over Here: The First World War and American Society* (Oxford and New York, 1980), 169.

[24]Keith Hitchins, *Rumania, 1866-1947* (Oxford and New York, 1994), 273f.

[25]Ludendorff, as quoted in Manfred Nebelin, *Ludendorff: Diktator im Ersten Weltkrieg* (Munich, 2010), 404.

[26]1917 年 12 月 31 日日记,见 Albrecht von Thaer, *Generalstabsdienst an der Front und in der OHL: Aus Briefen und Tagebuchaufzeichnungen, 1915 - 1919* (Göttingen, 1958), 150-1; Alexander Watson, *Ring of Steel: Germany and Austria-Hungary at War, 1914-1918* (London, 2015), 514.

[27]Adenauer, as quoted in Hans Peter Schwarz, *Adenauer: Der Aufstieg 1876 - 1952* (Stuttgart, 1986), 178.

[28]Watson, *Ring of Steel*, 514f.

[29] Heinz Hagenlücke, *Deutsche Vaterlandspartei: Die nationale Rechte am Ende des Kaiserreichs* (Düsseldorf, 1997).

[30]Martin Kitchen, *The Silent Dictatorship: The Politics of the German High Command under Hindenburg and Ludendorff, 1916-1918* (New York, 1976).

[31]Nicholas A. Lambert, *Planning Armageddon: British Economic Warfare and the First World War* (Cambridge, Mass. , 2012).

[32]Avner Offer, *The First World War: An Agrarian Interpretation* (Oxford, 1991), 341; Roger Chickering, *Imperial Germany and the Great War, 1914 - 1918* (Cambridge,

2004），41；Charles Paul Vincent, *The Politics of Hunger: The Allied Blockade of Germany, 1915 - 1919* （Athens, Oh. , 1985），20；Belinda Davis, *Home Fires Burning: Food, Politics, and Everyday Life in World War I Berlin* （Chapel Hill, NC, 2000），22.

［33］Alan Kramer, 'Blockade and Economic Warfare', in Jay Winter（ed. ）, *Cambridge History of the First World War*（Cambridge, 2014），vol. 2, 460-89, here 470.

［34］Kramer, "Blockade', 473.

［35］Volker Ullrich, *Kriegsalltag: Hamburg im Ersten Weltkrieg*（Cologne, 1982），40.

［36］Offer, *First World War*, 28.

［37］Kramer, 'Blockade', 此处在 461.

［38］引自 Watson, *Ring of Steel*, 352.

［39］Kramer, 'Blockade', 此处在 461.

［40］Jay Winter and Jean-Louis Robert（eds）, *Capital Cities at War: Paris, London, Berlin 1914-1919*（Cambridge, 1997），vol. 1, 517.

［41］Watson, *Ring of Steel*, 338-9.

［42］同上.

［43］同上.

238　［44］Report of Army Command in Karlsruhe, 引自 Richard Bessel, 'Revolution', in Jay Winter（ed. ）, *The Cambridge History of the First World War*, vol. 2: *The State*（Cambridge, 2014），126-44, 此处在 131.

［45］Guy Pedroncini, *Les Mutineries de 1917*（3rd edn, Paris, 1996）；关于 1917 年危机的概述，见 Leonard V. Smith, Stéphane Audoin - Rouzeau and Annette Becker, *France and the Great War*（Cambridge, 2003），113-45.

［46］Christopher Seton-Watson, *Italy from Liberalism to Fascism*（London, 1967），471.

［47］William H. Kautt, *The Anglo-Irish War, 1916-1921: A People's War*（Westport, Conn. , and London, 1999）.

［48］Michael S. Neiberg, *The Second Battle of the Marne*（Bloomington, Ind. , 2008），34；Michael Geyer, *Deutsche Rüstungspolitik 1860 - 1980*（Frankfurt am Main, 1984），83-96；Richard Bessel, *Germany after the First World War*（Oxford, 1993），5. 关于德国军队的转移，见 Giordan Fong, 'The Movement of German Divisions to the Western Front, Winter 1917-1918', *War in History* 7（2000），225-35, here 229-30.

［49］Jörn Leonhard, *Die Büchse der Pandora: Geschichte des Ersten Weltkriegs*（Munich, 2014），805.

［50］对这次进攻的详细描述载于 David T. Zabecki, *The German 1918 Offensives: A Case*

Study in the Operational Level of War (New York, 2006), 126 – 33. For a more concise and recent analysis, see Watson, *Ring of Steel*, 517ff.

[51] Ernst Jünger, *In Stahlgewittern: Ein Kriegstagebuch* (24th edn, Berlin, 1942), 244ff. 成书后的版本与原始日记记录没有本质区别: Ernst Jünger, *Kriegstagebuch 1914-1918*, ed. Helmuth Kiesel (Stuttgart, 2010), 375ff. (diary entry of 21 March 1918). 关于荣格的生平, 见 Helmuth Kiesel, *Ernst Jünger: Die Biographie* (Munich, 2007).

[52] Watson, *Ring of Steel*, 519f. ; Martin Middlebrook, *The Kaiser's Battle: The First Day of the German Spring Offensive* (London, 1978).

[53] J. Paul Harris, *Douglas Haig and the First World War* (Cambridge and New York, 2008), 454-6.

[54] Alan Kramer, *Dynamic of Destruction: Culture and Mass Killing in the First World War* (Oxford and New York, 2007), 269 – 71; Holger Herwig, *The First World War: Germany and Austria-Hungary, 1914-1918* (London, 1997), 400-16. 关于英法分歧的解决, 见 Elizabeth Greenhalgh, *Victory through Coalition: Politics, Command and Supply in Britain and France, 1914-1918* (Cambridge and New York, 2005).

[55] Georg Alexander von Müller, *The Kaiser and his Court: The Diaries, Note Books, and Letters of Admiral Alexander von Müller* (London, 1961), 344.

[56] Hugenberg as quoted in Nebelin, *Ludendorff*, 414-15.

[57] 社会民主党人和工会成员 Heinrich Aufderstrasse 给 Hermann Sachse 的信(1917 年 5 月 1 日), 引自 Benjamin Ziemann, ‘ Enttäuschte Erwartung und kollektive Erschöpfung: Die deutschen Soldaten an der Westfront 1918 auf dem Weg zur Revolution ’, 收于 Jörg Duppler 和 Gerhard P. Groß (eds), *Kriegsende 1918: Ereignis, Wirkung, Nachwirkung* (Munich, 1999), 165-82, 此处在 175.

[58] Watson, *Ring of Steel*, 520.

[59] Zabecki, *German 1918 Offensives*, 139-73; David Stevenson, *With our Backs to the Wall: Victory and Defeat in 1918* (London, 2011), 67.

[60] Wilhelm Deist, ‘ Verdeckter Militärstreik im Kriegsjahr 1918? ’, 收于 Wolfram Wette (ed.), *Der Krieg des kleinen Mannes: Eine Militärgeschichte von unten* (Munich and Zurich, 1998), 146-67, 此处在 149-50.

[61] Alexander Watson, *Enduring the Great War: Combat, Morale and Collapse in the German and British Armies, 1914-1918* (Cambridge and New York, 2008), 181.

[62] Zabecki, *German 1918 Offensives*, 184-205; Watson, *Ring of Steel*, 521; Robert Foley, ‘ From Victory to Defeat: The German Army in 1918 ’, in Ashley Ekins (ed.), *1918: Year of Victory* (Auckland and Wollombi, 2010), 69-88, 此处在 77.

239

[63] Eberhard Kessel (ed.), *Friedrich Meinecke, Werke*, vol. 8： *Autobiographische Schriften* (Stuttgart, 1969), 289–320, 此处在 292.

[64] Stevenson, *With our Backs to the Wall*, 78–88.

[65] Herwig, *First World War*, 414; Stéphane Audoin–Rouzeau, Annette Becker, and Leonard V. Smith, *France and the Great War, 1914–1918* (Cambridge and New York, 2003), 151; Stevenson, *With our Backs to the Wall*, 345.

[66] Stephenson, *Final Battle*, 25.

[67] Oliver Haller, 'German Defeat in World War I, Influenza and Postwar Memory', in Klaus Weinhauer, Anthony McElligott, and Kirsten Heinsohn (eds), *Germany 1916– 23：A Revolution in Context* (Bielefeld, 2015), 151–80, here 173f. 另见 Eckard Michels, ' "Die Spanische Grippe" 1918/19：Verlauf, Folgen und Deutungen in Deutschland im Kontext des Ersten Weltkriegs', *Vierteljahrshefte für Zeitgeschichte* (2010), 1–33; Frieder Bauer and Jörg Vögele, ' Die "Spanische Grippe" in der deutschen Armee 1918：Perspektive der Ärzte und Generäle, *Medizinhistorisches Journal* 48 (2013), 117–52; Howard Phillips and David Killingray (eds), *The Spanish Influenza Pandemic of 1918–19：New Perspectives* (London, 2003).

[68] Stephenson, *Final Battle*, 25.

[69] 有关前线部队最近几周的状态,参见报告 A. Philipp (ed.), *Die Ursachen des Deutschen Zusammenbruches im Jahre 1918 Zweite Abteilung： Der innere Zusammenbruch*, vol. 6 (Berlin, 1928), 321–86.

[70] Bernd Ulrich and Benjamin Ziemann (eds), *Frontalltag im Ersten Weltkrieg：Wahn und Wirklichkeit. Quellen und Dokumente* (Frankfurt am Main, 1994), 94 (report of 4 September 1918).

[71] Stevenson, *With our Backs to the Wall*, 112–69.

240 3. 停战

[1] Friederike Krüger and Michael Salewski, ' Die Verantwortung der militärischen Führung deutscher Streitkräfte in den Jahren 1918 und 1945', in Jörg Duppler and Gerhard Paul (eds), *Kriegsende 1918：Ereignis, Wirkung, Nachwirkung* (Munich, 1999), 377– 98, 此处在 390.

[2] Bernd Ulrich and Benjamin Ziemann (eds), *Frontalltag im Ersten Weltkrieg：Wahn und Wirklichkeit. Quellen und Dokumente* (Frankfurt, 1994), doc. 58, 203–4.

[3] Manfred Nebelin, *Ludendorff：Diktator im Ersten Weltkrieg* (Munich, 2010), 423–4. 关于兴登堡,见 Wolfram Pyta, *Hindenburg：Herrschaft zwischen Hohenzollern und Hitler* (Munich, 2007).

［4］关于多伊兰战役和纪念保加利亚参加"一战"，见 Nikolai Vukov, 'The Memory of the Dead and the Dynamics of Forgetting: "Post-Mortem" Interpretations of World War I in Bulgaria', 收于 Oto Luthar（ed.）, *The Great War and Memory in Central and South Eastern Europe*（Leiden, 2016）; 另见 Ivan Petrov, *Voynata v Makedonia*（*1915-1918*）（Sofia, 2008）; Nikola Nedev and Tsocho Bilyarski, *Doyranskata epopeia, 1915-1918*（Sofia, 2009）.

［5］关于突破多布罗，见 Richard C. Hall, *Balkan Breakthrough: The Battle of Dobro Pole 1918*（Bloomington, Ind., 2010）; Dimitar Azmanov and Rumen Lechev, 'Probivat na Dobro pole prez sptemvri 1918 godina', *Voennoistoricheski sbornik* 67（1998）, 154-75.

［6］细节见 Bogdan Kesyakov, *Prinos kym diplomaticheskata istoriya na Bulgaria*（*1918-1925*）: *Dogovori, konventsii, spogodbi, protokoli i drugi syglashenia i diplomaticheski aktove s kratki belejki*（Sofia, 1925）; Petrov, Voynata v Makedonia, 209-11.

［7］Eberhard Kessel（ed.）, *Friedrich Meinecke, Werke*, vol. 8: *Autobiographische Schriften*（Stuttgart, 1969）, 305（diary entry of 27 September 1918）.

［8］Käthe Kollwitz, *Die Tagebücher, ed. Jutta Bohnke-Kollwitz*（Berlin, 1989）, 374（diary entry of 1 October 1918）, 374.

［9］Andrej Mitrovic, *Serbia's Great War, 1914-1918*（London, 2007）, 312-19.

［10］Gunther Rothenberg, *The Army of Francis Joseph*（West Lafayette, Ind., 1997）, 212-13.

［11］Watson, *Ring of Steel*, 538.

［12］Mark Thompson, *The White War: Life and Death on the Italian Front 1915-19*（London, 2009）, 344-6; Mark Cornwall, *The Undermining of Austria-Hungary: The Battle for Hearts and Minds*（Basingstoke, 2000）, 287-99.

［13］Alexander Watson, *Ring of Steel: Germany and Austria-Hungary at War, 1914-1918*（London, 2015）, 538.

［14］同上, 540; Arthur May, *The Passing of the Hapsburg Monarchy*, vol. 2（Philadelphia, 1966）, 760-3.

［15］Rudolf Neck（ed.）, *Österreich im Jahre 1918: Berichte und Dokumente*（Vienna, 1968）, 104-13.

［16］引自 Mario Isnenghi and Giorgio Rochat, *La Grande Guerra* 1914-1918（Bologna, 2008）, 463-4.

［17］Erik-Jan Zürcher, 'The Ottoman Empire and the Armistice of Moudros', 收于 Hugh Cecil 和 Peter H. Liddle（eds）, *At the Eleventh Hour: Reflections, Hopes, and Anxieties at the Closing of the Great War, 1918*（London, 1998）, 266-75.

241

[18] Martin Albrecht, *Als deutscher Jude im Ersten Weltkrieg: Der Fabrikant und Offizier Otto Meyer* (Berlin, 2014), 122.

[19] Albrecht von Thaer, *Generalstabsdienst an der Front und in der OHL: Aus Briefen und Tagebuchaufzeichnungen, 1915 – 1919* (Göttingen, 1958), 234 (diary entry for 1 October 1918).

[20] 同上.

[21] Herbert Michaelis, Ernst Schraepler, and Günter Scheel (eds), *Ursachen und Folgen, vol. 2: Der militärische Zusammenbruch und das Ende des Kaiserreichs* (Berlin, 1959), 319-20 (doc. 365).

[22] 1918 年 2 月 11 日威尔逊国会演讲, 引自 Woodrow Wilson, *War and Peace: Presidential Messages, Addresses, and Public Papers (1917-1924)*, ed. Ray Stannard Baker and William E. Dodd (New York, 1927), 177-84, 此处在 180.

[23] Harry Rudolph Rudin, *Armistice 1918* (New Haven, 1944), 53-4.

[24] Lothar Machtan, *Prinz Max von Baden: Der letzte Kanzler des Kaisers* (Berlin, 2013).

[25] Ebert 引自 Heinrich August Winkler, *Weimar1918-1933: Die Geschichte der ersten deutschen Demokratie* (Munich, 1993), 22.

[26] Heinrich August Winkler, *Age of Catastrophe: A History of the West, 1914 – 1945* (London and New Haven, 2015), 61 – 2. 关于十月革命, 最新参考 Anthony McElligott, *Rethinking the Weimar Republic: Authority and Authoritarianism, 1916- 1936* (London, 2014), 19-26.

[27] Rudin, *Armistice 1918*, 53 and 56-80; Watson, *Ring of Steel*, 547-8.

[28] Alexander Sedlmaier, *Deutschlandbilder und Deutschlandpolitik: Studien zur Wilson- Administration (1913-1921)* (Stuttgart, 2003), 101. 关于德国与美国之间的换文, 另见 Klaus Schwabe, *Deutsche Revolution und Wilson-Frieden: Die amerikanische und deutsche Friedensstrategie zwischen Ideologie und Machtpolitik 1918/19* (Düsseldorf, 1971), 88-195. Edmund Marhefka (ed.), *Der Waffenstillstand 1918- 1919: Das Dokumenten-Material d. Waffenstillstands-Verhandlungen von Compiègne, Spa, Trier und Brüssel, vol. 1: Der Waffenstillstandsvertrag von Compiègne und seine Verlängerungen nebst den finanziellen Bestimmungen* (Berlin, 1928), 11.

[29] Eberhard Kessel (ed.), *Friedrich Meinecke, Werke*, vol. 8: *Autobiographische Schriften* (Stuttgart, 1969), 306 (diary entry of 3 October 1918).

[30] Karl Friedrich Nowak (ed.), *Die Aufzeichnungen des Generalmajors Max Hoffmann* (Berlin, 1929), 214 (entry of 7 October 1918).

[31] Klaus Schwabe, *Woodrow Wilson, Revolutionary Germany, and Peacemaking, 1918- 1919: Missionary Diplomacy and the Realities of Power* (Chapel Hill, NC, and

London, 1985), 47.

[32]同上,48.

[33]同上,48ff.

[34]Marhefka (ed.), *Der Waffenstillstand 1918-1919*, 12.

[35]同上,13f.

[36]同上.

[37]Sedlmaier, *Deutschlandbilder*, 217.

[38]Bullit Lowry, *Armistice 1918* (Kent, Oh. , and London, 1996), 77.

[39]Schwabe, *Woodrow Wilson*, *Revolutionary Germany*, 55ff.

[40]Käthe Kollwitz, *Die Tagebücher*, ed. Jutta Bohnke-Kollwitz (Berlin, 1989), 376
(diary entry of 15 October 1918).

[41]Marhefka (ed.), *Der Waffenstillstand 1918-1919*, 14f.

[42]Sedlmaier, *Deutschlandbilder*, 105.

[43]同上,155.

[44]Schwabe, *Woodrow Wilson*, *Revolutionary Germany*, 66.

[45] Memorandum by F. K. Lane (23 October 1918), 引自 Sedlmaier,
Deutschlandbilder, 105.

[46]Schwabe, *Woodrow Wilson*, *Revolutionary Germany*, 67.

[47]引自 Rudin, *Armistice 1918*, 173; Watson, *Ring of Steel*, 550-1.

[48]Nebelin, *Ludendorff*, 479f.

[49] Max Hoffmann, *Die Aufzeichnungen des Generalmajors Max Hoffmann*, ed. Karl
Friedrich Nowak (Berlin, 1929), 215 (entry of 8 October 1918).

[50]Nebelin, *Ludendorff*, 489ff. ; Prinz Max von Baden to Wilhelm II, 25 October 1918,
收于 Erich Matthias and Rudolf Morsey, *Die Regierung des Prinzen Max von Baden.
Quellen zur Geschichte des Parlamentarismus und der politischen Parteien*, vol. 2
(Düsseldorf, 1962) doc. no. 94.

[51]Nebelin, *Ludendorff*, 493.

[52]同上,497-8.

[53] *Die Aufzeichnungen des Generalmajors Max Hoffmann*, ed. Karl Friedrich Nowak
(Berlin, 1929), 216f. (entry of 27 October 1918).

[54]Marhefka (ed.), *Der Waffenstillstand 1918-1919*, 17f.

[55]Winkler, *Age of Catastrophe*, 61-2; McElligott, *Rethinking the Weimar Republic*, 19-
26.

[56]Auer 引自 Joachim Käppner, *1918：Aufstand für die Freiheit. Die Revolution der
Besonnenen* (Munich, 2017), 152.

242

[57] Martin Kitchen, *The Silent Dictatorship: The Politics of the German High Command under Hindenburg and Ludendorff, 1916-1918* (New York, 1976). Richard Bessel, 'Revolution', 收于 Jay Winter (ed.), *The Cambridge History of the First World War*, vol. 2 (Cambridge and New York, 2014), 126-44.

4. 水兵们的暴动

[1] Wilhelm Deist, 'Die Politik der Seekriegsleitung und die Rebellion der Flotte Ende Oktober 1918', *Vierteljahrshefte für Zeitgeschichte* 14 (1966), 341-68.

243　[2] Gerhard Groß, 'Eine Frage der Ehre? Die Marineführung und der letzte Flottenvorstoß? 1918', 收于 Jörg Duppler 和 Gerhard P. Groß (eds), *Kriegsende 1918: Ereignis, Wirkung, Nachwirkung* (Munich, 1999), 349 - 65, 此处在 354 - 65; Alexander Watson, *Ring of Steel: Germany and Austria-Hungary at War, 1914-1918* (London, 2015), 552.

[3] Richard Stumpf, *Warum die Flotte zerbrach: Kriegstagebuch eines christlichen Arbeiters* (Berlin, 1927), 25, as cited in Groß, 'Frage der Ehre?', 349.

[4] Dirk Dähnhardt, *Revolution in Kiel* (Neumünster, 1984), 48, on the events of 1917; 另见 *Das Werk des Untersuchungsausschusses der Verfassunggebenden Deutschen Nationalversammlung und des Deutschen Reichstages 1919 - 1928: Verhandlungen, Gutachten, Urkunden*, ed. Walter Schücking et al. ; *Die Ursachen des Deutschen Zusammenbruchs im Jahre 1918*, ed. by Albrecht Philipp (Berlin, 1928-9), vol. 9/1 and 2: 'Entschließung und Verhandlungsbericht: Marine und Zusammenbruch', vol. 10/1: 'Gutachten der Sachverständigen Alboldt, Stumpf, v. Trotha zu den Marinevorgängen 1917 und 1918'; vol. 10/2: 'Tagebuch des Matrosen Richard Stumpf'; *Marinestreiks—Meuterei— Revolutionäre Erhebung 1917/1918*, ed. Stephan Huck and Frank Nägler (Munich, 2009).

[5] Dähnhardt, Revolution, 35 and 48; 另见 Detlef Siegfried, *Das radikale Milieu: Kieler Novemberrevolution, Sozialwissenschaft und Linksradikalismus 1917-1922* (Wiesbaden, 2004).

[6] Wilhelm Deist, 'Die Politik der Seekriegsleitung und die Rebellion der Flotte Ende Oktober 1918', *Vierteljahrshefte für Zeitgeschichte* 14 (1966), 341 - 368, 此处在 347f.

[7] Dähnhardt, *Revolution*, 50; Deist, *Politik*, 351; *Quellen zur Geschichte des Parlamentarismus und der politischen Parteien*, vol. 2: 'Die Regierung des Prinzen Max von Baden', ed. E. Matthias 和 R. Morsey (Düsseldorf, 1962), 220ff.

[8] 引自 Deist, *Politik*, 352.

[9]同上,352f.

[10]Trotha's 'Überlegungen in ernster Stunde' for Levetzow, 6 October 1918 with a cover letter from 8 October1918, 引自 Deist, *Politik*, 352f.

[11] Holger H. Herwig, '*Luxury*' *Fleet*: *The Imperial German Navy*, *1888 - 1918* (London, 1980), 247 和 250; Watson, *Ring of Steel*, 552.

[12]Dähnhardt, *Revolution*, 52; Groβ, *Frage*, 351f.

[13]关于该计划的细节、军事合理性以及海军最高司令部动机的讨论,见 Groβ, *Frage*, 351ff.

[14]Bernhard Rausch, *Am Springquell der Revolution*: *Die Kieler Matrosenerhebung* (Kiel, 1918), 7.

[15]Dähnhardt, *Revolution*, 52; on the leaflet text, see: Hugo von WaldeyerHartz, *Die Meuterei der Hochseeflotte*: *Ein Beitrag zur Geschichte der Revolution* (Berlin, 1922), 29.

[16]Dähnhardt, *Revolution*, 53.

[17] 'Sammlung Unruhen in Kiel', BA - MA F4076/64914, 引自 Dähnhardt, *Revolution*, 54. 244

[18] *Das Werk des Untersuchungsausschusses der Verfassungsgebenden Deutschen Nationalversammlung und des Deutschen Reichstages 1919 - 1928* (= WUA): *Verhandlungen*, *Gutachten*, *Urkunden*, ed. Walter Schücking, Johannes Bell, et al., Reihe 4, *Die Ursachen des Deutschen Zusammenbruchs im Jahre 1918*, ed. Albrecht Philipp (Berlin, 1928-9), vol. 9/1, 486.

[19]Dähnhardt, *Revolution*, 54.

[20]'Bericht Konteradmiral Küsel, Eintreffen und Aufenthalt III. Geschwader', BA-MA F 7590/vol. 2, 引自 Dähnhardt, *Revolution*, 55.

[21] Lothar Popp, *Ursprung und Entwicklung der Novemberrevolution 1918* (Kiel, 1918), 10.

[22]1918 年 11 月 2 日警察报告, BA - MA Rm 31/v. 2373, fos 10 - 14, 引自 Dähnhardt, *Revolution*, 56.

[23]Dähnhardt, *Revolution*, 56.

[24]同上.

[25]Popp, *Ursprung*, 11; Dähnhardt, *Revolution*, 57.

[26]Hannes Leidinger, 'Der Kieler Aufstand und die deutsche Revolution', in Verena Moritz and Hannes Leidinger (eds), *Die Nacht des Kirpitschnikow*: *Eine andere Geschichte des Ersten Weltkriegs* (Vienna, 2006), 220-35; Daniel Horn, *Mutiny on the High Seas*: *Imperial German Naval Mutinies of World War One* (London, 1973),

234 - 46; Watson, *Ring of Steel*, 553; Dirk Liesemer, *Aufstand der Matrosen:*
Tagebuch einer Revolution (Hamburg, 2018); Martin Rackwitz, *Kiel 1918:*
Revolution. Aufbruch zu Demokratie und Republik (Kiel, 2018).

[27] Dähnhardt, *Revolution*, 58f.

[28] 'Kriegstagebuch des Munitionsdepots (Ostufer der Kieler Förde)', in: BA - MA F
3979/63961, as quoted in Dähnhardt, *Revolution*, 60.

[29] 'Kriegstagebuch der Kommandatur', BA - MA F. 4077/64921, as quoted in
Dähnhardt, *Revolution*, 60.

[30] Erich Matthias and Hans Meier - Welcher (eds), *Quellen zur Geschichte des*
Parlamentarismus und der politischen Parteien. 2nd ser. : *Militär und Politik: Militär*
und Innenpolitik im Weltkrieg 1914 - 1918, ed. Wilhelm Deist, 2 vols (Düsseldorf,
1970), no. 502, 1361.

[31] Philipp Scheidemann, *Der Zusammenbruch* (Berlin, 1921), 190.

[32] Wolfram Wette, *Gustav Noske: Eine politische Biographie* (Düsseldorf, 1987), 203;
Gustav Noske, *Von Kiel bis Kapp* (Berlin, 1920), 8.

[33] 'Kriegstagebuch der Stadtkommandantur', BA - MA RM 3 1/v. 2373, fo. 70, as
quoted in Dähnhardt, *Revolution*, 62.

[34] Dähnhardt, *Revolution*, 63.

[35] Popp, *Ursprung*, 14.

[36] Dähnhardt, *Revolution*, 64.

[37] Souchon Papers, BA-MAN 156/31, 引自 Dähnhardt, *Revolution*, 65.

[38] 'Bericht Steinhäusers über die Ereignisse in der Karlstraβe am 3. 11. 1918', BA-MA
RM 31/v. 2373, fos 23f. , 引自 Dähnhardt, *Revolution*, 65.

245　[39] Dähnhardt, Revolution, 65. According to Popp's depiction, the procession was shot
at without previous warning. Popp, *Ursprung*, 13.

[40] Dähnhardt, *Revolution*, 66.

[41] 'Kriegstagebuch der Station', BA - MA F 3974a/63919, as quoted in Dähnhardt,
Revolution, 66.

[42] 同上.

[43] 同上.

[44] Popp, *Ursprung*, 16.

[45] Dähnhardt, *Revolution*, 82.

[46] 同上, 75.

[47] Popp, *Ursprung*, 16; Rausch, *Springquell*, 16.

[48] Rausch, *Springquell*, 20.

[49] 'Souchon's report of 7 March 1920', BA-MA, F 1660/0, as quoted in Dähnhardt, *Revolution*, 76.

[50] Dähnhardt, *Revolution*, 76.

[51] Noske, *Kiel bis Kapp*, Io; Conrad Haussmann, *Schlaglichter: Reichstagsbriefe und Aufzeichnungen*, ed. Ulrich Zeller (Frankfurt am Main, 1924), 265; Wette, *Noske*, 203.

[52] Noske, *Kiel bis Kapp*, 11.

[53] Wette, *Noske*, 206.

[54] 同上.

[55] Dähnhardt, *Revolution*, 87; Wette, *Noske*, 208.

[56] Dähnhardt, *Revolution*, 86f.

[57] 同上, 23. Wette, *Noske*, 554.

[58] Eberhard Kessel (ed.), *Friedrich Meinecke, Werke*, vol. 8: *Autobiographische Schriften* (Stuttgart, 1969), 309f. (diary entry of 10 November 1918).

5. 革命蔓延

[1] Ulrich Kluge, 'Militärrevolte und Staatsumsturz: Ausbreitung und Konsolidierung der Räteorganisation im rheinisch-westfälischen Industriegebiet', 收于 Reinhard Rürup (ed.), *Arbeiter- und Soldatenräte im rheinisch-westfälischen Industriegebiet* (Wuppertal, 1975), 39–82. 最新的研究见 Hans-Jörg Czech, Olaf Matthes 和 Ortwin Pelc (eds), *Revolution? Revolution! Hamburg 1918/19* (Hamburg, 2018).

[2] Hermann Müller, *Die Novemberrevolution: Erinnerungen* (Berlin, 1928), 29.

[3] Jan Rüger, *Helgoland. Deutschland, England und ein Felsen in der Nordsee* (Berlin, 2017), 152.

[4] 关于驻扎在本土的军队在十一月革命中的作用, 见 Ernst-Heinrich Schmidt, *Heimatheer und Revolution 1918: Die militärischen Gewalten im Heimatgebiet zwischen Oktoberreform und Novemberrevolution* (Stuttgart, 1981).

[5] Michael Geyer, 'Zwischen Krieg und Nachkrieg: Die deutsche Revolution 1918/19 im Zeichen blockierter Transnationalität', 收于 Alexander Gallus (ed.), *Die vergessene Revolution von 1918/19* (Göttingen, 2010), 187–222, 此处在 193–5.

[6] *Harry Graf Kessler, Das Tagebuch 1880–1937*, ed. Günter Riederer 和 Roland Kamzelak, vol. 6 (Stuttgart, 2006), 619.

[7] Roger Chickering, *Imperial Germany and the Great War, 1914–1918* (2nd edn, Cambridge, 2004), 195; Adam R. Seipp, *The Ordeal of Peace: Demobilization and the Urban Experience in Britain and Germany, 1917–1921* (Farnham, 2009).

[8] Hans Beyer, *Die Revolution in Bayern 1918/1919* (East Berlin, 1988), 13.

246

［9］Heinrich Hillmayr, ' München und die Revolution 1918/1919 ', 收 于 Karl Bosl（ ed. ）, *Bayern im Umbruch. Die Revolution von 1918, ihre Voraussetzungen, ihr Verlauf und ihre Folgen*（Munich and Vienna, 1969）, 453–504,此处在 471.

［10］同上; Beyer, *Revolution*, 13.

［11］Günter Hortzschansky（ ed. ）, *Illustrierte Geschichte der deutschen Novemberrevolution 1918/ 19*（East Berlin, 1978）, 107.

［12］Allan Mitchell, *Revolution in Bayern 1918/1919: Die Eisner – Regierung und die Räterepublik*（Munich, 1967）, 79; Beyer, Revolution, 15.

［13］' Resolution der Theresienwiesen–Versammlung vom 7. November 1918 ', reprinted in *Münchner Post*, 8 November 1918; 也引自 Beyer, *Revolution*, 161f.

［14］Franz Schade, *Kurt Eisner und die bayerische Sozialdemokratie*（Hanover, 1961）; Peter Kritzer, *Die bayerische Sozialdemokratie und die bayerische Politik in den Jahren 1918–1923*（Munich, 1969）. 见 Bernhard Grau, *Kurt Eisner 1867 – 1919: Eine Biographie*（Munich, 2001）.

［15］Mitchell, *Revolution*, 30–55.

［16］同上.

［17］Anthony Read, *The World on Fire: 1919 and the Battle with Bolshevism*（London, 2009）, 33–7.

［18］Beyer, *Revolution*, 12f.

［19］Hillmayr, *München*; Grau, *Eisner*, 344; Mitchell, *Revolution*, 100; David Clay Large, *Where Ghosts Walked: Munich's Road to the Third Reich*（New York, 1997）, 78–9; Read, *The World on Fire*, 35.

［20］*Dokumente und Materialien zur Geschichte der deutschen Arbeiterbewegung*, second series（East Berlin, 1957）, 280.

［21］Hilde Kramer, *Rebellin in Munich, Moskau und Berlin: Autobiographie 1901–1924*, ed. Egon Günther（Berlin, 2011）, 49.

［22］Beyer, *Revolution*, 16; Hillmayr, *München*, 472; Hortzschansky, *Illustrierte Geschichte der deutschen November revolution*, 107.

［23］Felix Fechenbach, *Der Revolutionär Kurt Eisner: Aus persönlichen Erlebnissen*（Berlin, 1929）, 42f., 引 自 Hortzschansky, *Illustrierte Geschichte der deutschen November revolution*, 109.

［24］Ulrich Kluge, *Soldatenräte und Revolution: Studien zur Militärpolitik in Deutschland 1918/19*（Göttingen, 1975）, 48–56.

［25］Rainer Maria Rilke to Clara, 7 November 1918, in Heinrich August Winkler and Alexander Cammann（ eds ）, *Weimar: Ein Lesebuch zur deutschen Geschichte 1918–*

1933（Munich, 1997）, 44-5.

[26] Oswald Spengler, 引自同上, 57-8.　　　　　　　　　　　　　　**247**

[27] Lothar Machtan, *Die Abdankung*: *Wie Deutschlands gekrönte Häupter aus der Geschichte fielen*（Berlin, 2008）, 此处在 15. 还可见 Karina Urbach（ed.）, *European Aristocracies and the Radical Right*, *1918-1939*（Oxford, 2007）. Stephan Malinowski, *Vom König zum Führer*: *Sozialer Niedergang und politische Radikalisierung im deutschen Adel zwischen Kaiserreich und NS-Staat*（Berlin, 2003）, 20-8.

[28] 关于德累斯顿的革命, 见 Freya Klier, *Dresden 1919*: *Die Geburt einer neuen Epoche*（Freiburg, 2018）. 关于萨克森革命的概述, 见 John Ondrovcik ' "*All the Devils Are Loose*": *The Radical Revolution in the Saxon Vogtland*, *1918-1920*'（unpublished Ph. D. thesis, Harvard, 2008）.

[29] Decie Denholm, ' Eine Australierin in Leipzig: Die heimlichen Briefe der Ethel Cooper 1914-1919', in Bernd Hüppauf（ed.）, *Ansichten vom Krieg*（Königstein im Taunus, 1984）, 132-52, 此处在 150. 关于莱比锡的革命, 见 Werner Bramke and Silvio Reisinger, *Leipzig in der Revolution von 1918/19*（Leipzig, 2009）; Silvio Reisinger, ' *Die Revolution von 1918/19 in Leipzig*', 收于 *Ulla Plener*（ed.）, *Die Novemberrevolution 1918/19 in Deutschland*: *Für bürgerliche und sozialistische Demokratie. Allgemeine, regionale und biographische Aspekte. Beiträge zum 90. Jahrestag der Revolution*（Berlin, 2009）, 163-80.

[30] 引自 Eberhard Kolb, *Umbrüche deutscher Geschichte 1866/71*, *1918/19*, *1929/33*: *Ausgewählte Aufsätze*, ed. Dieter Langewiesche and Klaus Schänhoven（Munich, 1993）, 246-7.

[31] Oliver Bernhardt, *Alfred Döblin*（Munich, 2007）.

[32] Alfred Döblin, ' Revolutionstage im Elsaβ', *Die Neue Rundschau I*（February 1919）, 164-72, 再版于 Alfred Döblin, *Schriften zur Politik und Gesellschaft*（Olten and Freiburg im Breisgau, 1972）, 59-70, 此处在 p. 60.

[33] 同上, 61f.

[34] 同上, 64.

[35] Walter Nojowski, *Victor Klemperer*（*1881-1960*）: *Romanist—Chronist der Vorhoelle*（Berlin, 2004）.

[36] Victor Klemperer, *Curriculum Vitae*, *Erinnerungen 1881-1918*, vol. 2（Berlin, 1996）, 689.

[37] 同上, 690.

[38] *Die Aufzeichnungen des Generalmajors Max Hoffmann*, ed. Karl Friedrich Nowak（Berlin, 1929）, 214-24, 此处在 218（entry of 12 November 1918）.

[39] Klemperer, *Curriculum Vitae*, 703.

[40] Max von Baden, *Erinnerungen und Dokumente*（Berlin, 1927）,588. 关于其中一些
事件的地方性研究包括 Martin Gohlke, 'Die Räte in der Revolution 1918/19 in
Magedeburg'（unpublished Ph. D. thesis, Oldenburg, 1999）; Reinhard Bein,
*Braunschweig zwischen rechts und links: Der Freistaat 1918 bis 1930. Materialien zur
Landesgeschichte*（Braunschweig, 1991）; Reinhold Weber, *Baden und Württemberg
1918/19: Kriegsende—Revolution—Demokratie*（Stuttgart, 2018）; Detlef Lehnert
（ed.）, *Revolution 1918/19 in Norddeutschland*（Berlin, 2018）.

248   [41] 关于德国王朝终结的详细叙述, 见 Lothar Machtan, *Die Abdankung: Wie
Deutschlands gekrönte Häupter aus der Geschichte fielen*（Berlin, 2008）.

[42] Käthe Kollwitz, *Die Tagebücher*, ed. Jutta Bohnke – Kollwitz（Berlin, 1989）, 378
（entry of 8 November 1918）.

[43] Eberhard Kessel（ed.）, *Friedrich Meinecke, Werke*, vol. 8: *Autobiographische
Schriften*（Stuttgart, 1969）, 300.

[44] 关于这方面的主要资料来源, 见 Erich Matthias 和 Rudolf Morsey（eds）, *Die
Regierung des Prinzen Max von Baden*（Düsseldorf, 1962）. 关于对短暂君主立宪时
期的评价, 见 Wolfram Pyta, 'Die Kunst des rechtzeitigen Thronverzichts: Neue
Einsichten zur Überlebenschance der parlamentarischen Monarchie in Deutschland im
Herbste 1918', in Bernd Sösemann and Patrick Merziger, *Geschichte, Öffentlichkeit,
Kommunikation: Festschrift für Bernd Sösemann zum 65. Geburtstag*（Stuttgart,
2010）, 363–82.

[45] Wolfgang Sauer, 'Das Scheitern der parlamentarischen Monarchie', in Eberhard
Kolb, *Vom Kaiserreich zur Weimarer Republik*（Cologne, 1972）, 77–102; Alexander
Sedlmaier, *Deutschlandbilder und Deutschlandpolitik: Studien zur Wilson –
Administration*（1913 – 1921）（Stuttgart, 2003）, 103; Klaus Schwabe, *Deutsche
Revolution und Wilson – Frieden: Die amerikanische und deutsche Friedensstrategie
zwischen Ideologie und Machtpolitik 1918/19*（Düsseldorf, 1971）, 134.

[46] Cecil Lamar, *Wilhelm II., vol. 2: Emperor and Exile, 1900 – 1941*（Chapel Hill,
NC, and London, 1996）, 286f.

[47] Martin Kohlrausch, *Der Monarch im Skandal: Die Logik der Massenmedien und die
Transformation der wilhelminischen Monarchie*（Berlin, 2005）, 326. 有许多迹象表
明, 皇帝象征性地战死曾是一个严肃的选项.

[48] Baden, *Erinnerungen und Dokumente*, 530.

[49] John C. G. Röhl, *Wilhelm II., vol 3: Der Weg in den Abgrund 1900–1941*（Munich,
2008）, 1239; Sedlmaier, *Deutschlandbilder*, 103; Schwabe, *WilsonFrieden*, 134.

［50］'Bericht Wilhelm Drews über seinen Besuch bei Wilhelm II. an Max von Baden', in Erich Matthias and Rudolf Morsey（eds）, *Die Regierung des Prinzen Max von Baden*（Düsseldorf, 1962）, doc. no. 115.

［51］Wilhelm as quoted in: Röhl, *Wilhelm*, vol. 3, 1242 和 1540, note 225.

［52］Alfred Niemann, *Kaiser und Revolution: Die entscheidenden Ereignisse im Großen Hauptquartier im Herbst 1918*（Berlin, 1922）, 126.

［53］尼曼（Niemann）对这次旅行描绘了一幅更加矛盾的画面,他提到一些士兵对皇帝表现出冷漠甚至敌意。Niemann, *Kaiser und Revolution*, 129–31; Alfred Niemann, *Revolution von Oben—Umsturz von unten: Entwicklung und Verlauf der Staatsumwälzung in Deutschland 1914–1918*（Berlin, 1927）, 389.

［54］Baden, *Erinnerungen*, 597.

［55］Niemann, *Kaiser und Revolution*, 134; Harry R. Rudin, *Armistice 1918*（New Haven, 1944）, 327–9 and 349–51.

［56］Groener's testimony in the 1925 'stab-in-the-back trial', as quoted in Christof von Ebbinghaus, *Die Memoiren des Generals von Ebbinghaus*（Stuttgart, 1928）, 29.

［57］Hünicken, 'Das Frontheer und der 9. November: Erlebnisse eines Regimentskommandeurs in Spa', appendix to Niemann, *Revolution von Oben*, 437–44.

［58］Hünicken, 'Das Frontheer', 439; Westarp protocol, in Gerhard A. Ritter, and Susanne Miller（eds）, *Die deutsche Revolution 1918–1919: Dokumente*（Hamburg, 1975）, 71.

［59］兴登堡的讲话来自目击者贝克少校和罗登贝克上尉的描述,再版于 Kuno Graf Westarp, *Das Ende der Monarchie*, ed. Werner Cnze（Berlin, 1952）, 64–5.

［60］Westarp, *Das Ende der Monarchie*, 65–6; Hünicken 'Das Frontheer', 439.

［61］Wilhelm Groener, *Lebenserinnerungen: Jugend, Generalstab, Weltkrieg*（Göttingen, 1957）, 457–8.

［62］同上, 438; Röhl, *Wilhelm*, vol. 3, 1244.

［63］Groener, *Lebenserinnerungen*, 460.

249

6. 柏林的最后较量

［1］Richard Müller, *Geschichte der deutschen Revolution*, vol. 2: *Die Novemberrevolution*（Berlin, 1974）, 10. 还可见 Heinrich August Winkler, *Von der Revolution zur Stabilisierung: Arbeiter und Arbeiterbewegung in der Weimarer Republik, 1918 bis 1924*（Berlin, 1984）, 45.

［2］Adolf Wermuth, *Ein Beamtenleben*（Berlin, 1922）, 412.

［3］Richard Müller, *Geschichte der deutschen Revolution*, vol. 1: *Vom Kaiserreich zur*

Republik (Vienna, 1924; reprint Berlin, 1979), 178f.

[4] Müller, *Geschichte der deutschen Revolution*, vol. 2, 12.

[5] ' Anordnung General von Linsingens, 7. 11. 1918 ', 收 于 Gerhard A. Ritter 和 Susanne Miller (eds), *Die deutsche Revolution 1918 – 1919：Dokumente* (Hamburg, 1975), 62.

[6] Heinrich August Winkler, *Weimar 1918–1933* (Munich, 1993), 29.

[7] 这至少是冯・巴登对形势的令人信服的评价。Max von Baden, *Erinnerungen und Dokumente* (Stuttgart, Berlin, and Leipzig, 1927), 579f.

[8] Winkler, *Von der Revolution zur Stabilisierung*, 41.

[9] Erich Matthias 和 Rudolf Morsey (eds), *Die Regierung Max von Baden* (Düsseldorf, 1964), 620–7; Baden, *Erinnerungen und Dokumente*, 581.

[10] *Vorwärts*, 9 November 1918, 晨版.

[11] Winkler, *Von der Revolution zur Stabilisierung*, 42.

250   [12] Emil Barth, *Aus der Werkstatt der Revolution* (Berlin, 1919), 53; Wilhelm Pieck, *Gesammelte Reden und Schriften*, vol. 1 (August 1904 – 1 January 1919) (East Berlin, 1959), 413ff. ; Ritter and Miller, *Revolution*, 64ff.

[13] ' Aufruf des Vollzugsauschusses des Arbeiter – und Soldatenrates Berlin vom 8. 11. 1918 ', reprinted in Günter Hortzschansky (ed.), *Illustrierte Geschichte der deutschen Novemberrevolution 1918/19* (Berlin (GDR), 1978), 141.

[14] ' Flugblatt der Spartakusgruppe, 8. 11. 1918 ', reprinted in Hortzschansky (ed.), *Illustrierte Geschichte der deutschen Novemberrevolution*, 140.

[15] Barth, *Aus der Werkstatt der Revolution*, 54.

[16] Cläre Casper – Derfert, ' Steh auf, Arthur, heute ist Revolution ', in Institut für Marxismus – Leninismus beim ZK der SED (ed.), *Vorwärts und nicht vergessen：Erlebnisberichte aktiver Teilnehmer der Novemberrevolution 1918/19* [Berlin (GDR), 1958], 293–300, 此处在 298f.

[17] Ingo Materna, ' 9. November 1918—der erste Tag der Republik：Eine Chronik ', *Berlinische Monatsschrift* 4/2000, 140–7, here 141.

[18] Müller, *Geschichte der deutschen Revolution*, vol. 2, 11.

[19] < http://www. dhm. de/lemo/zeitzeugen/m% C3% BCnsterbergnovemberrevolution – 1918> (最后一次访问 于 2018 年 1 月 11 日).

[20] Winkler, *Von der Revolution zur Stabilisierung*, 42; Hans Adolph, *Otto Wels und die Politik der deutschen Sozialdemokratie 1894–1939：Eine politische Biographie* (Berlin, 1971), 77.

[21] Pieck, *Gesammelte Reden und Schriften*, vol. 1, 425f. 迪特曼对同一事件的描述不

同。据他说,在多数社会民主党议会小组会议之前,来自多数社会民主党的艾伯特、谢德曼和爱德华·戴维会见了来自独立社会民主党的莱德布尔、迪特曼和埃瓦尔德·沃格希尔(Ewald Vogtheer),讨论了组建联合政府的可能性。迪特曼和沃格希尔对此持同意态度,而与革命工会保持密切关系的莱德布尔则"以最直言不讳的措辞"拒绝了这一建议。Winkler, *Von der Revolution zur Stabilisierung*, 50.

［22］Ernst Troeltsch, *Spektator Briefe: Aufsätze über die deutsche Revolution und die Weltpolitik 1918/22* (Tübingen, 1924), 22f.

［23］Winkler, *Von der Revolution zur Stabilisierung*, 45.

［24］Müller, *Geschichte der deutschen Revolution*, vol. 2, 10.

［25］Hans Adolph, *Otto Wels und die Politik der deutschen Sozialdemokratie 1894−1939: Eine politische Biographie* (Berlin, 1971), 71f.; Winkler, *Von der Revolution zur Stabilisierung*, 46.

［26］Joachim Petzold, *Der 9. November 1918 in Berlin: Berliner Arbeiterveteranen berichten über die Vorbereitung der Novemberrevolution und ihren Ausbruch am 9. November 1918 in Berlin* (East Berlin, 1958), 33.

［27］Müller, *Geschichte der deutschen Revolution*, vol. 2, 11ff. Materna, '9. November 1918', 141.

［28］Aussage Hans Pfeiffers in Petzold, Der 9. *November 1918 in Berlin*, 34.

［29］Casper-Derfert, ' "Steh auf, Arthur, heute ist Revolution" ', 300.

［30］Sebastian Haffner, *Failure of a Revolution: Germany 1918 − 1919* (Chicago, 1986), 74.

［31］Baden, *Erinnerungen und Dokumente*, vol. 2, 630-1.

［32］再版于 Wilhelm Stahl (ed.), *Schulthess' Europäischer Geschichtskalender*, 34 (1918), (Munich, 1922), 450f. 这里的翻译引自 Haffner, *Failure of a Revolution*, 74f.

［33］Decie Denholm, 'Eine Australierin in Leipzig: Die heimlichen Briefe der Ethel Cooper 1914-1919', in Bernd Hüppauf (ed.), *Ansichten vom Krieg* (Königstein im Taunus, 1984), 150.

［34］Harry Graf Kessler, *Das Tagebuch 1880-1937*, ed. von Roland Kamzelak and Ulrich Ott, vol. 6: *1916-1918* (Stuttgart, 2007), 622-5,此处在 624.

［35］Winkler, *Von der Revolution zur Stabilisierung*, 46f.

［36］Materna, 9. *November 1918*, 142.

［37］Winkler, *Von der Revolution zur Stabilisierung*, 46f.

［38］同上.

［39］同上,39.

251

［40］Bernd Braun,'Die "Generation Ebert"', 收于 Bernd Braun and Klaus Schönhoven
（eds）, *Generationen in der Arbeiterbewegung*（Munich, 2005）, 69-86.

［41］Robert Gerwarth, and John Horne,'Vectors of Violence: Paramilitarism in Europe
after the Great War, 1917-1923', *The Journal of Modern History* 83（2011）, 489-
512, 此处在 497.

［42］Robert Gerwarth, and John Horne,'Bolshevism as Fantasy: Fear of Revolution and
Counter-Revolutionary Violence, 1917-1923', 收于 Robert Gerwarth and John Horne
（eds）, *War in Peace: Paramilitary Violence in Europe after the Great War*（Oxford,
2012）, 40-51, 40ff.

［43］引自 Mark Jones, *Founding Weimar: Violence and the German Revolution of 1918-
1919*（Cambridge, 2016）, 10.

［44］Robert Gerwarth and Martin Conway,'Revolution and Counterrevolution', 收于
Donald Bloxham 和 Robert Gerwarth（eds）, *Political Violence in Twentieth-Century
Europe*（Cambridge and New York, 2011）, 140-75.

［45］David Kirby, *A Concise History of Finland*（Cambridge and New York, 2006）, 152f.

［46］Pertti Haapala and Marko Tikka,'Revolution, Civil War and Terror in Finland in
1918', 收于 Robert Gerwarth 和 John Horne（eds）, *War in Peace: Paramilitary
Violence in Europe after the Great War*（Oxford, 2012）, 71-83.

［47］关于芬兰内战的英文著作：Anthony Upton, *The Finnish Revolution, 1917-18*
（Minneapolis, 1980）; Risto Alapuro, *State and Revolution in Finland*（Berkeley,
1988）; Tuomas Hoppu and Pertti Haapala（eds）, *Tampere 1918: A Town in the Civil
War*（Tampere, 2010）; Jason Lavery,'Finland 1917-19: Three Conflicts, One
Country', *Scandinavian Review* 94（2006）, 6-14; Evan Mawdsley, *The Russian Civil
War*（London, 2000）, 27-9.

［48］Müller, *Geschichte der deutschen Revolution*, vol. 2, 10. *Vorwärts*, 9 November 1918,
再版于 Hortzschansky（ed.）, *Illustrierte Geschichte der deutschen November revolution*,
142.

［49］Friedrich Ebert's appeal of 9 November 1918, 收于 Ritter and Miller, *Revolution*, 79f.

［50］Philipp Scheidemann, *Der Zusammenbruch*（Berlin, 1921）, 173.

［51］Scheidemann , 引自 Manfred Jessen-Klingenberg,'Die Ausrufung der Republik
durch Philipp Scheidemann am 9. November 1918', *Geschichte in Wissenschaft und
Unterricht 19*（1968）, 649-56, 此处在 653f.

［52］Käthe Kollwitz, *Die Tagebücher*, ed. Jutta Bohnke-Kollwitz（Berlin, 1989）, 378-9
（entry of 9 November 1918）.

［53］Dominik Juhnke, Judith Prokasky 和 Martin Sabrow: *Mythos der Revolution: Karl*

252

Liebknecht, das Berliner Schloss und der 9. November 1918 (Munich, 2018).

［54］引自 'Karl Liebknecht proklamiert am 09. 11. 1918 die Sozialistische Republik Deutschland (Auszug)', 收于 Ritter and Miller, *Revolution*, 79.

［55］Heinrich August Winkler, *Age of Catastrophe: A History of the West, 1914 – 1945* (London and New Haven, 2015), 67.

［56］Eberhard Kessel (ed.), *Friedrich Meinecke, Werke*, vol. 8: *Autobiographische Schriften* (Stuttgart, 1969), 此处在 310 (diary entry of 11 November 1918).

7. 西线媾和

［1］'Protokoll der Sitzung der Reichsregierung unter Teilnahme von Generalleutnant Groener am 5. 11. 1918', 部分重印于 Hellmut Otto and Karl Schmiedel, *Der Erste Weltkrieg. Dokumente* (East Berlin, 19772), 330–4; 另见 Erich Matthias and Rudolf Morsey (eds), *Die Regierung des Prinzen Max von Baden* (Düsseldorf, 1962), 526ff. Matthias Erzberger, *Erlebnisse im Weltkrieg* (Stuttgart and Berlin, 1920), 325f. ; Matthias and Morsey (eds), *Die Regierung des Prinzen Max von Baden*, 557.

［2］Edmund Marhefka (ed.), *Der Waffenstillstand 1918–1919: Das DokumentenMaterial. Waffenstillstands-Verhandlungen von Compiègne, Spa, Trier und Brüssel, vol. 1: Der Waffenstillstandsvertrag von Compiègne und seine Verlängerungen nebst den finanziellen Bestimmungen* (Berlin, 1928), 18f.

［3］以下几段主要是根据 1920 年埃尔茨伯格的自传写成的: Erzberger, *Erlebnisse im Weltkrieg*.

［4］Maxime Weygand, as quoted in 'Amis de l'Armistice' (eds), *Der 11. November 1918: Unterzeichnung eines Waffenstillstands im Wald von Compiègne* (Compiègne, n. d.), 5.

［5］同上.

［6］同上, 7.

［7］Ferdinad Foch, *Mémoire pour servir à l'histoire de la guerre 1914 – 1918*, vol. 2 (Paris, 1931), 248ff. ; Maxime Weygand, Le Onze novembre (Paris, 1947), 'Amis de l'Armistice' (eds), *Der 11. November 1918*, 9ff. ; Erzberger, Erlebnisse im Weltkrieg, 330ff.

［8］'Amis de l'Armistice' (ed.), *Der 11. November 1918*, 9; Erzberger, *Erlebnisse*, 331.

［9］Margaret MacMillan, *Peacemakers: Six Months That Changed the World* (London, 2001), 177.

［10］Erzberger, *Erlebnisse*, 330.

［11］Erzberger, *Erlebnisse*, 332; Bullit Lowry, *Armistice 1918* (Kent, Oh. , and London,

253

1996），157f.

[12] Erzberger, *Erlebnisse*, 333.

[13] Marhefka（ed.），*Der Waffenstillstand 1918-1919*, 58f.

[14]'Amis de l'Armistice', *Der 11. November 1918*, 10; Erzberger, *Erlebnisse*, 334; Lowry, *Armistice*, 158.

[15] Lowry, *Armistice*, 159.

[16] 同上.

[17] Erzberger, *Erlebnisse*, 336.

[18] Lowry, *Armistice*, 159f.

[19] Marhefka（ed.），*Der Waffenstillstand 1918-1919*, 59.

[20] Lowry, *Armistice*, 160.

[21] Marhefka（ed.），*Der Waffenstillstand 1918-1919*, 60.

[22] Lowry, *Armistice*, 160f.

[23] Harry R. Rudin, *Armistice 1918*（New Haven, 1944），427-32; Alexander Watson, *Ring of Steel: Germany and Austria - Hungary at War, 1914 - 1918*（London, 2015），556.

[24] Käthe Kollwitz, *Die Tagebücher*, ed. Jutta Bohnke-Kollwitz（Berlin, 1989），381.

[25] Alfred Döblin, 'Revolutionstage im Elsaβ', *in Die Neue Rundschau*（February 1919），vol. 1, 164 - 72, repr. 收于 Alfred Döblin, *Schriften zur Politik und Gesellschaft*（Olten and Freiburg im Breisgau, 1972），59-70, 此处在 68.

[26] 同上, 69.

[27] Prinz Rohan, as quoted in Stephan Malinowski, *Vom König zum Führer: Sozialer Niedergang und politische Radikalisierung im deutschen Adel zwischen Kaiserreich und NS-Staat*（Berlin, 2003），211.

[28] Victor Klemperer, *Man möchte immer weinen und lachen in einem: Revolutionstagebuch 1919*（Berlin, 2015），26.

[29] Klemperer, *Curriculum Vitae*, 708.

[30] 同上, 690.

[31] 同上, 712.

8. 年轻的共和国面临的挑战

[1] Klaus Hock, *Die Gesetzgebung des Rates der Volksbeauftragten*（Pfaffenweiler, 1987）; Friedrich-Carl Wachs, *Das Verordnungswerk des Reichsdemobilmachungsamtes*（Frankfurt am Main, 1991）; Richard Bessel, *Germany after the First World War*（Oxford, 1993）.

[2] Statistics from Bessell, Germany after the First World War, 5 - 6, and Willibald

Gutsche, Fritz Klein, and Joachim Petzold, *Der Erste Weltkrieg: Ursachen und Verlauf* (Cologne, 1985), 292.

[3] 关于战争创伤和集体记忆,见 Jay Winter, *Sites of Memory*, *Sites of Mourning: The Great War in European Cultural History* (Cambridge and New York, 1995); Stefan Goebel, 'Re‑Membered and Re‑Mobilized: The "Sleeping Dead" in Interwar Germany and Britain', *Journal of Contemporary History* 39 (2004), 487‑501; Benjamin Ziemann, *Contested Commemorations: Republican War Veterans and Weimar Political Culture* (Cambridge and New York, 2013); Claudia Siebrecht, *The Aesthetics of Loss: German Women's Art of the First World War* (Oxford and New York, 2013).

[4] Bessell, *Germany after the First World War*, 79.

[5] Alfred Döblin, 'Revolutionstage im Elsaß', in *Die Neue Rundschau* (February 1919), vol. 1, 164‑72, repr. in Alfred Döblin, *Schriften zur Politik und Gesellschaft* (Olten and Freiburg im Breisgau, 1972), vol. 1, 64‑72, 70‑1.

[6] Ernst Willi Hansen, 'Vom Krieg zum Frieden: Probleme der Umstellung nach dem ersten "gesamtgesellschaftlichen" Krieg', in Bernd Wegner (ed.), *Wie Kriege enden: Wege zum Frieden. von der Antike bis zur Gegenwart* (Paderborn, 2002), 163‑86.

[7] Erich Maria Remarque, *All Quiet on the Western Front*, trans. A. W. Wheen (German original 1928; New York, 1975), 294.

[8] Iris von Hoyningen‑Huene, *Adel in der Weimarer Republik: Die rechtlichsoziale Situation des reichsdeutschen Adels 1918‑1933* (Limburg, 1992), 20‑3; Marcus Funck, 'Schock und Chance: Der preußische Militäradel in der Weimarer Republik zwischen Stand und Profession', 收于 Heinz Reif and René Schiller (eds), *Adel und Bürgertum in Deutschland*, vol. 2: *Entwicklungslinien und Wendepunkte im 20. Jahrhundert* (Berlin, 2001), 127‑72, 此处在 139‑41; Walter Görlitz, *Die Junker, Adel und Bauer im deutschen Osten: Geschichtliche Bilanz von 7 Jahrhunderten* (Glücksburg, 1957), 318‑20; Stephan Malinowski, *Vom König zum Führer: Sozialer Niedergang und politische Radikalisierung im deutschen Adel zwischen Kaiserreich und NS‑Staat* (Berlin, 2003), 200.

[9] 关于炮弹震伤的文献现在相当多。例如 Paul Frederick Lerner, *Hysterical Men: War, Psychiatry, and the Politics of Trauma in Germany, 1890‑1930* (Ithaca, 2003); Ben Shephard, *A War of Nerves: Soldiers and Psychiatrists, 1914‑1994* (London, 2002); Robert Whalan, *Bitter Wounds: German Victims of the Great War, 1914‑1939* (Ithaca and London, 1984).

[10] Vicky Baum, *Menschen im Hotel* (Frankfurt am Main, 1929), 9.

[11] 同上,307.

[12] Käthe Kollwitz, *Die Tagebücher*, ed. Jutta Bohnke–Kollwitz (Berlin, 1989), 389 (entry of 12 December 1918).

[13] Scott Stephenson, *The Final Battle: Soldiers of the Western Front and the German Revolution of 1918* (Cambridge, 2009), 3.

[14] Heinz Hürten (ed.), *Zwischen Revolution und Kapp–Putsch: Militär und Innenpolitik, 1918–1920* (Düsseldorf, 1977).

255　[15] Albrecht von Thaer, *Generalstabsdienst an der Front und in der O. H. L. Aus Briefen und Tagebuchaufzeichnungen* (Göttingen, 1958),此处在 274f.

[16] Wilhelm Groener, *Lebenserinnerungen: Jugend, Generalstab, Weltkrieg* (Göttingen, 1957), 467f.

[17]同上,471f.

[18] *Die Aufzeichnungen des Generalmajors Max Hoffmann*, ed. Karl Friedrich Nowak (Berlin, 1929), 219 (entry of 21 November 1918).

[19] Susanne Rouette, ' Frauenerwerbsarbeit in Demobilisierung und Inflation 1918–1923: Struktur und Entwicklung des Arbeitsmarktes in Berlin ', in Klaus Tenfelde (ed.), *Arbeiter im 20. Jahrhundert* (Stuttgart, 1991), 32–65.

[20] Ute Daniel, *The War from Within: German Working–Class Women in the First World War* (Oxford, 1997).

[21] Helen Boak, *Women in the Weimar Republic* (Manchester, 2013), 20.

[22] Henriette Fürth, *Die deutschen Frauen im Kriege* (Tübingen, 1917). 另见 Angelika Eppele, *Henriette Fürth und die Frauenbewegung im deutschen Kaiserreich: Eine Sozialbiographie* (Pfaffenweiler, 1999); Laurie Marhoefer, ' Degeneration, Sexual Freedom, and the Politics of the Weimar Republic, 1918–1933 ', *German Studies Review* 34 (2011), 529–50.

[23] Helga Grebing, *Frauen in der deutschen Revolution 1918/19* (Heidelberg, 1994), 26. Renate Bridenthal and Claudia Koonz, ' Beyond Kinder, Küche, Kirche: Weimar Women in Politics and Work ', in Renate Bridenthal et al. (eds), *When Biology Became Destiny: Women in Weimar and Nazi Germany* (New York, 1984), 33–65.

[24] Gerald D. Feldman, *The Great Disorder: Politics, Economic, and Society in the German Inflation, 1914–1924* (New York, 1993); Harold James, ' The Weimar Economy ',收于 Anthony McElligott (ed.), *Weimar Germany* (Oxford, 2009), 102–26, here 108–9; Theo Balderston, *Economics and Politics in the Weimar Republic* (London, 2002), 34–60; Stephen B. Webb, *Hyperinflation and Stabilization in Weimar Germany* (Oxford, 1989).

[25] James, ' Weimar Economy ', 110.

[26] Knut Borchardt, *Perspectives on Modern German Economic History and Policy* (Cambridge, 1991); Feldman, *Great Disorder*, 837-9.

[27] Gerald D. Feldman, 'Das deutsche Unternehmertum zwischen Krieg und Revolution: Die Entstehung des Stinnes – Legien – Abkommens', in Feldman, *Vom Weltkrieg zur Weltwirtschaftskrise: Studien zur deutschen Wirtschafts-und Sozialgeschichte 1914-1932* (Göttingen, 1984), 100-27. Gerald D. Feldman and *Irmgard Steinisch, Industrie und Gewerkschaften 1918-1924: Die überforderte Zentralarbeitsgemeinschaft* (Stuttgart, 1985), 135-7.

[28] 'Bekanntmachung des Rats der Volksbeauftragten vom 15. 11. 1918', as printed in Gerhard Ritter and Susanne Miller (eds), *Die deutsche Revolution 1918 - 1919: Dokumente* (Frankfurt am Main, 19832), 229. 关于艾伯特在革命中的作用,见 Walther Mühlhausen, *Friedrich Ebert 1871 - 1925: Reichspräsident in der Weimarer Republik* (Bonn, 2006), 150-64.

[29] Martin Buber (ed.), *Gustav Landauer: Sein Lebensgang in Briefen*, 2 vols (Frankfurt am Main, 1929), vol. 2, 296.

[30] 关于主观性和德国革命,见 Moritz Föllmer, 'The Unscripted Revolution: Male Subjectivities in Germany, 1918-19', *Past & Present* 240 (2018), 161-92.

9. 镇压左翼革命

[1] Heinrich August Winkler, *Von der Revolution zur Stabilisierung: Arbeiter und Arbeiterbewegung in der Weimarer Republik, 1918 bis 1924* (Berlin, 1984), 122-3; Heinrich August Winkler, *Weimar1918 - 1933: Die Geschichte der ersten deutschen Demokratie* (Munich, 1993), 58.

[2] 关于卡尔·李卜克内西,见 Helmut Trotnow, *Karl Liebknecht: Eine Politische Biographie* (Cologne, 1980); Heinz Wohlgemuth, *Karl Liebknecht: Eine Biographie* (East Berlin, 1975); Annelies Laschitza and Elke Keller, *Karl Liebknecht: Eine Biographie in Dokumenten* (East Berlin, 1982); Annelies Laschitza, *Die Liebknechts: Karl und Sophie, Politik und Familie* (Berlin, 2009); Anthony Read, *The World on Fire: 1919 and the Battle with Bolshevism* (London, 2009), 29.

[3] Read, *World on Fire*, 29. Mark Jones, 'Violence and Politics in the German Revolution, 1918-19' (Dissertation, European University Institute, 2011), 91.

[4] 关于拉狄克的生平,见 Wolf-Dietrich Gutjahr, *Revolution muss sein: Karl Radek—Die Biographie* (Cologne, Weimar, and Vienna, 2012).

[5] 关于拉狄克的内容,引自 Gutjahr, *Revolution muss sein*, 333.

[6] Peter Nettl, Rosa Luxemburg (*Frankfurt am Main*, 1968), 67 (on her def orm ation);

256

Annelies Laschitza, *Im Lebensrausch*, *trotz alledem*. *Rosa Luxemburg*: *Eine Biographie* (Berlin, 1996/2002), 25; Jason Schulman (ed.), *Rosa Luxemburg*: *Her Life and Legacy* (New York, 2013); Mathilde Jacob, *Rosa Luxemburg*: *An Intimate Portrait* (London, 2000); *Read, World on Fire*, 29f.

[7] 同上, 109.

[8] Laschitza, *Rosa Luxemburg*, 584.

[9] Rosa Luxemburg 给 Clara Zetkin 的信, 1918 年 11 月 18 日, 收于 Georg Adler, Peter Hudis, 和 Annelies Laschitza (eds), *The Letters of Rosa Luxemburg* (London and New York, 2011), 480.

[10] Rosa Luxemburg, *Gesammelte Werke*, vol. 4: *August 1914 – Januar 1919* (East Berlin, 1974), 399; Karl Egon Lönne (ed.), *Die Weimarer Republik*, *1918-1933*: *Quellen zum politischen Denken der Deutschen im 19. und 20. Jahrhundert* (Darmstadt, 2002), 79-82.

[11] Martin Buber (ed.), *Gustav Landauer*: *Sein Lebensgang in Briefen*, 2 vols (Frankfurt am Main, 1929), 336.

[12] Max Cohen, 'Rede für die Nationalversammlung vor dem Allgemeinen Kongress der Arbeiter-und Soldatenräte', 19 December 1918, in Peter Wende (ed.), *Politische Reden III*, *1914-1945* (Berlin, 1990), 97-121.

[13] 同上, 109(原文斜体).

[14] Ernst Däumig, 'Rede gegen die Nationalversammlung vor dem Allgemeinen Kongress der Arbeiter-und Soldatenräte', 19 December 1918, in *Politische Reden III*, 122-41, quotation 122.

[15] Ulrich Kluge, *Soldatenräte und Revolution*: *Studien zur Militärpolitik in Deutschland 1918/19* (Göttingen, 1975), 241-3; Winkler, *Von der Revolution*, 109-10; Scott Stephenson, *The Final Battle*: *Soldiers of the Western Front and the German Revolution of 1918* (Cambridge and New York, 2009), 262-71. 关于革命这一阶段的暴力, 参见'Violence and Politics', 177-96.

[16] Käthe Kollwitz, *Die Tagebücher*, ed. Jutta Bohnke-Kollwitz (Berlin, 1989), 390-1 (entry of 24 December 1918).

[17] Eduard Bernstein, *Die deutsche Revolution*, vol. 1: *Ihr Ursprung, ihr Verlauf und ihr Werk* (Berlin, 1921), 131-5; Winkler, *Von der Revolution*, 120.

[18] David W. Morgan, *The Socialist Left and the German Revolution*: *A History of the German Independent Social Democratic Party*, *1917-1922* (Ithaca, 1976), 213-40.

[19] Mark Jones, *Founding Weimar*: *Violence and the German Revolution of 1918-1919* (Cambridge and New York, 2016), 173ff.

257

[20] Winkler, *Weimar*, 58.

[21] Liebknecht ,引自 Jones, *Founding Weimar*, 177-8.

[22] Harry Graf Kessler, *Das Tagebuch 1880-1937*, ed. von Roland Kamzelak and Ulrich Ott, vol. 7: 1919-1923 (Stuttgart, 2007), 52.

[23] Kollwitz, *Tagebücher*, 396 (entry of 5 January 1919).

[24] 同上,397 (entry of 6 January 1919).

[25] Betty Scholem 给 Gershom Scholem 的信,1919 年 1 月 7 日, 收于 Itta Shedletzky 和 Thomas Sparr (eds), *Betty Scholem—Gershom Scholem, Mutter und Sohn im Briefwechsel 1917-1946* (Munich, 1989), 30-1.

[26] Betty Scholem 给 Gershom Scholem 的信, 1919 年 1 月 13 日,同上,32-3.

[27] Winkler, *Von der Revolution*, 122.

[28] Gustav Noske, *Von Kiel bis Kapp: Zur Geschichte der deutschen Revolution* (Berlin, 1920), 66-7.

[29] Scheidemann, 引自 Jones, *Founding Weimar*, 185.

[30] 同上.

[31] Andreas Wirsching, *Vom Weltkrieg zum Bürgerkrieg: Politischer Extremismus in Deutschland und Frankreich 1918-1933/39. Berlin und Paris im Vergleich* (Munich, 1999), 134; Winkler, *Von der Revolution*, 124; Noske, *Von Kiel bis Kapp*, 68.

[32] 关于"自由军团",见 Hagen Schulze, *Freikorps und Republik, 1918-1920* (Boppard am Rhein, 1969); Hannsjoachim W. Koch, *Der deutsche Bürgerkrieg: Eine Geschichte der deutschen und österreichischen Freikorps 1918-1923* (Berlin, 1978). Wolfram Wette, *Gustav Noske: Eine politische Biographie* (Düsseldorf, 1987). Bernhard Sauer, 'Freikorps und Antisemitismus', *Zeitschrift für Geschichtswissenschaft 56* (2008), 5-29; Klaus Theweleit, *Männerphantasien*, 2 vols (Frankfurt am Main, 1977); Rüdiger Bergien, 'Republikschützer oder Terroristen? Die Freikorpsbewegung in Deutschland nach dem Ersten Weltkrieg', *Militärgeschichte* (2008), *14-17*; Rüdiger Bergien, *Die bellizistische Republik: Wehrkonsens und 'Wehrhaftmachung in Deutschland, 1918-1933* (Munich, 2012), 64-9.

[33] Ernst Rüdiger Starhemberg, 'Aufzeichnungen des Fürsten Ernst Rüdiger Starhemberg im Winter 1938/39 in Saint Gervais in Frankreich', in Nachlass Starhemberg, Oberösterreichisches Landesarchiv Linz, 26.

[34] Robert Gerwarth, 'The Central European Counter-Revolution: Paramilitary Violence in Germany, Austria and Hungary after the Great War', *Past & Present* 200 (2008), 175-209.

[35] 同上.

[36]关于性别层面,见 Theweleit, *Maennerphantasien.*

[37]James D. Steakley, *The Homosexual Emancipation Movement in Germany* (New York, 1975); John C. Fout, 'Sexual Politics in Wilhelmine Germany: The Male Gender Crisis, Moral Purity, and Homophobia', *Journal of the History of Sexuality* 2 (1992), 388-421. Kathleen Canning, 'Das Geschlecht der Revolution: Stimmrecht und Staatsbürgertum 1918/1919', 收于 Alexander Gallus (ed.), *Die vergessene Revolution von 1918/19* (Göttingen, 2010) 84-116.

[38]Jens Dobler, 'Zensur von Büchern und Zeitschriften mit homosexueller Thematik in der Weimarer Republik', *Invertito: Jahrbuch für die Geschichte der Homosexualitäten* 2 (2000) ('Homosexualitaeten in der Weimarer Republik 1919-1933'), 83-104.

[39] Magnus Hirschfeld, 'Die Homosexualität', 收于 Leo Schidrowitz (ed.), *Sittengeschichte des Lasters* (Vienna, 1927), 310, 引自 James D. Steakley, *The Homosexual Emancipation Movement in Germany* (Salem, NH, 1993), 78. 更新的见 Laurie Marhoefer, *Sex and the Weimar Republic: German Homosexual Emancipation and the Rise of the Nazis* (Toronto, 2015).

[40]Jürgen Reulecke, '*Ich möchte einer werden so wie die...* ': *Männerbünde im 20. Jahrhundert* (Frankfurt am Main, 2001), 89ff.

[41]Ernst von Salomon, *Die Geächteten* (Berlin, 1923), 10-11. On the autobiographical Freikorps literature, see, in particular, Matthias Sprenger, *Landsknechte auf dem Weg ins Dritte Reich? Zu Genese und Wandel des Freikorps-Mythos* (Paderborn, 2008).

[42]引自 Richard Evans, *The Coming of the Third Reich* (London, 2003), vol. 1, 69.

[43]Joseph Roth, *Das Spinnennetz* (first serialized in 1923, first book edition: Cologne and Berlin, 1967), 6.

[44]Friedrich Wilhelm Heinz, *Sprengstoff* (Berlin, 1930), 7.

[45] Boris Barth, *Dolchstoßlegenden und politische Disintegration: Das Trauma der deutschen Niederlage im Ersten Weltkrieg* (Düsseldorf, 2003). 另见 Gerd Krumeich, 'Die Dolchstoβ-Legende', in Étienne François and Hagen Schulze (eds), *Deutsche Erinnerungsorte* (Munich, 2001), vol. 1, 585-99; Wolfgang Schivelbusch, *Die Kultur der Niederlage: Der amerikanische Süden 1865, Frankreich 1871, Deutschland 1918* (Berlin, 2001), 203-47.

[46] 'Kriegsübersicht für November', 收于 *Die Baracke. Zeitschrift des Kriegsgefangenenlagers Bando*, 15 December 1918 (11/64), 184. Bando 集中营关押囚犯非常宽松,参见 Mahon Murphy, *Colonial Captivity during the First World War: Internment and the Fall of the German Empire, 1914-1919* (Cambridge, 2017).

[47]Manfred von Killinger, *Der Klabautermann: Eine Lebensgeschichte* (3rd edn, Munich,

1936), 263. On Killinger, see Bert Wawrzinek, *Manfred von Killinger* (*1886 – 1944*): *Ein politischer Soldat zwischen Freikorps und Auswaertigem Amt* (Preussisch Oldendorf, 2004).

[48] Volker Ullrich, *Die Revolution von 1918/19* (Munich, 2016), 72.

[49] 见 Steinbrink: Helga Grebing, *Frauen in der deutschen Revolution 1918/19* (Heidelberg, 1994), 6.

[50] 普鲁士议会的报告收于 *Sammlung der Drucksachen der Verfassunggebenden Preußischen Landesversammlung*, *Tagung 1919/21*, vol. 15 (Berlin, 1921), 7705; 另见 Dieter Baudis and Hermann Roth, 'Berliner Opfer der Novemberrevolution 1918/19', *Jahrbuch für Wirtschaftsgeschichte* (1968), 73–149, 此处在 79.

[51] Kollwitz, *Die Tagebücher*, 396 (entry of 12 January 1919), 110.

[52] Eberhard Kessel (ed.), *Friedrich Meinecke*, *Werke*, *vol. 8: Autobiographische Schriften* (Stuttgart, 1969), 289–320, 313–14.

[53] Rosa Luxemburg, 'Versäumte Pflichten', *Rote Fahne*, 8 January 1919.

[54] Karl Liebknecht, *Ausgewählte Reden, Briefe und Aufsätze* (East Berlin, 1952), 526–30.

[55] Rosa Luxemburg, *Politische Schriften*, ed. Ossip K. Flechtheim (Frankfurt am Main, 1975), vol. 3, 此处在 209.

[56] 关于发现和逮捕的情况, 见 Klaus Gietinger, *Eine Leiche im Landwehrkanal: Die Ermordung Rosa Luxemburgs* (Hamburg, 2008), 18. 关于帕布斯特, 见 Klaus Gietinger, *Der Konterrevolutionär: Waldemar Pabst—eine deutsche Karriere* (Hamburg, 2009).

[57] Gietinger, *Leiche*, 66.

[58] 关于救治李卜克内西, 见 the summary of evidence contained in BA–MA Ph8v/2 Bl. 206 – 20: 'Schriftsatz in der Untersuchungsache gegen von Pflugk – Harttung und Genossen. Berlin, den 15 März 1919' and further Bl. 221–7. 我感谢 Mark Jones 提供这些参考资料.

[59] 关于卢森堡是如何在蒂尔加滕被杀害的(正如第二天 Pflugk – Harttung 告诉 Wiezsäcker 的那样), 见 Leonidas E. Hill (ed.), *Die Wiezsäcker-Papiere 1900-1934* (Berlin, 1982), 325; 另见 Gietinger, *Leiche*, 37 and 134 (annexe document 1). 另见 BA–MA PH8v/10, esp. Bl. 1–3, 'Das Geständnis. Otto Runge, 22 Jan. 1921'. 我感谢 Mark Jones 给我提供了一份文件的副本。同样, 请参阅 John Peter Nettl, *Rosa Luxemburg* (Oxford, 1966). 文章发表的时间很早但依然优秀.

[60] Kollwitz, *Tagebücher*, 401–2 (entry of 25 January 1919).

[61] 关于拉特瑙及其被暗杀, 见 Martin Sabrow, *Die verdrängte Verschwörung: Der*

260   *Rathenaumord und die deutsche Gegenrevolution* (Frankfurt am Main, 1999) ; Shulamit
       Volkov, *Walter Rathenau: Weimar's Fallen Statesman* (New Haven, 2012)。关于谢
       德曼担任卡塞尔市市长，见 Walther Mühlhausen, ' *Das große Ganze im Auge
       behalten* ': *Philipp Scheidemann als Oberbürgermeister von Kassel* (1920 – 1925)
       (Marburg, 2011).

[62] Tânia Puschnerat, *Clara Zetkin: Bürgerlichkeit und Marxismus. Eine Biographie*
       (Essen, 2003).

[63] ' Protokoll über die Verhandlungen des ausserordentlichen Parteitages vom 2. bis 6.
       März 1919 in Berlin ', 收于 *Protokolle der Unabhängigen Sozialdemokratischen Partei
       Deutschlands*, vol. 1: 1917–1919 (Glashütten im Taunus, 1975), 140.

10. 自由主义的胜利

[1] Heinrich August Winkler, *Weimar 1918 – 1933: Die Geschichte der ersten deutschen
      Demokratie* (Munich, 1993), 69.

[2] ' Verordnung des Rats der Volksbeauftragten über die Wahlen zur Verfassunggebenden
      Deutschen Nationalversammlung (Reichswahlgesetz) vom 30. 11. 1918 ', 收于 Gerhard
      A. Ritter 和 Susanne Miller (eds), *Die deutsche Revolution 1918–1919: Dokumente*
      (Hamburg, 1975), 369–71; Siegfried Heimann, *Der Preußische Landtag 1899–1947:
      Eine politische Geschichte* (Berlin, 2011), 266f. Gisela Bock, *Geschlechtergeschichten
      der Neuzeit: Ideen, Politik, Praxis* (Göttingen, 2014), 230ff.

[3] Ritter and Miller, *Die deutsche Revolution*, 104.

[4] Weber, 引自 Ina Hochreuther, *Frauen im Parlament: Südwestdeutsche Parlamen-
      tarierinnen von 1919 bis heute* (Stuttgart, 2002), 73.

[5] Christiane Streubel, *Radikale Nationalistinnen: Agitation und Programmatik rechter
      Frauen in der Weimarer Republik* (Frankfurt and New York, 2006).

[6] Adele Schreiber, *Revolution und Frauenwahlrecht: Frauen! Lernt wählen!* (Berlin,
      1919), 14–15; Hans–Ulrich Wehler, *Deutsche Gesellschafts–geschichte*, vol. 4: *Vom
      Beginn des Ersten Weltkrieges bis zur Gründung der beiden deutschen Staaten 1914–1949*
      (Munich, 2003), 232 f.

[7] Helga Grebing, *Frauen in der deutschen Revolution 1918/19* (Heidelberg, 1994), 17–
      18.

[8] Christl Wickert, *Unsere Erwaehlten: Sozialdemokratische Frauen im Deutschen Reichstag
      und im Preussischen Landtag 1919 bis 1932*, 2 vols (Göttingen, 1986), vol. 2, 64–9.

[9] Heidemarie Lauterer, *Parlamentarierinnen in Deutschland 1918/19–1949* (Königstein
      im Taunus, 2002).

[10] Verhandlungen der verfassunggebenden Deutschen Nationalversammlung（NV）vol. 326. Stenographische Berichte（Berlin, 1920）, 177D.

[11] Grebing, *Frauen*, 15.

[12] Lothar Albertin, *Liberalismus und Demokratie am Anfang der Weimarer Republik*: *Eine vergleichende Analyse der Deutschen Demokratischen Partei und der Deutschen Volkspartei* （Düsseldorf, 1972）; Ernst Portner, *Die Verfassungspolitik der Liberalen 1919*: *Ein Beitrag zur Deutung der Weimarer Reichsverfassung*（Bonn, 1973）; Rudolf Morsey, *Die Deutsche Zentrumspartei 1917 – 1923*（Bonn, 1966）, 196 – 245; Wolfgang Luthardt, *Sozialdemokratische Verfassungstheorie in der Weimarer Republik*（Opladen, 1986）; Sigrid Vestring, *Die Mehrheitssozialdemokratie und die Entstehung der Reichsverfassung von Weimar 1918/1919*（Münster, 1987）.   **261**

[13] Heiko Holste, *Warum Weimar*? *Wie Deutschlands erste Republik zu ihrem Geburtsort kam*（Vienna, 2017）.

[14] Käthe Kollwitz, *Die Tagebücher*, ed. Jutta Bohnke–Kollwitz（Berlin, 1989）, 406 （entry of 6 February 1919）.

[15] Friedrich Ebert, *Rede zur Eröffnung der Verfassunggebenden Nationalversammlung*, 6 February 1919, 收于 Peter Wende（ed.）, *Politische Reden III, 1914 – 1945* （Frankfurt am Main, 1990）, 244–53.

[16] 同上, 246.

[17] 同上.

[18] Stanley Suval, *The Anschluß Question in Germany and Austria in the Weimar Era*: *A Study of Nationalism in Germany and Austria 1918 – 1932*（Baltimore and London, 1974）.

[19] ' Gesetz über die Staats – und Regierungsform Deutsch – Österreichs ', in Ernst R. Huber, *Deutsche Verfassungsgeschichte seit 1789*, vol. 5: *Weltkrieg, Revolution und Reicherneuerung 1914 – 1919*（Stuttgart, 1978）, 1175. 另见 Otto Bauer, *Die österreichische Revolution*（Vienna, 1923）, 143.

[20] Erich Matthias and Susanne Miller（eds）, *Die Regierung der Volksbeauftragten 1918/ 19*, 2 vols（Düsseldorf, 1969）, vol. 1, 45.

[21] Susanne Miller, ' Das Ringen um ' die einzige großdeutsche Republik ': Die Sozialdemokratie in Österreich und im Deutschen Reich zur Anschlußfrage 1918/19 ', *Archiv für Sozialgeschichte* 11（1971）, 1–68.

[22] Berliner Tageblatt, 10 November 1918, morning edition; Max Weber, ' Deutschlands künftige Staatsform '（November 1918）, 收于 Weber, *Gesammelte politische Schriften*, 2nd edn, ed. J. Winckelmann（Tübingen, 1958）, 436–71, 此处在 441.

[23] Wilhelm Heile, 'Der deutsche Neubau', *Die Hilfe* 24 (1918), 559f.

262   [24] Elisabeth Fehrenbach, 'Die Reichsgründung in der deutschen Geschichtsschreibung',
in Theodor Schieder and Ernst Deuerlein (eds), *Reichsgründung1870/71: Tatsachen,
Kontroversen, Interpretationen* (Stuttgart, 1970), 259–90, 此处在 261.

[25] Hermann Oncken, 'Die Wiedergeburt der großdeutschen Idee', in Oncken, *Nation
und Geschichte: Reden und Aufsätze 1919–1935* (Berlin, 1935), 45–70, 此处在 61.
文章首刊于 *Österreichische Rundschau* 63 (1920), 97–114.

[26] 同上, 64.

[27] Suval, *Anschluss Question*, 9ff. ; 也可见 Dieter Fricke et al. (eds), *Lexikon zur
Parteiengeschichte: Die bürgerlichen und kleinbürgerlichen Parteien und Verbände in
Deutschland (1789–1945)*, 4 vols (Leipzig, 1983–6), 此处在 vol. 3, 566ff. 关于
公众舆论, 可见 Duane P. Myers, Germany and the Question of Austrian Anschluss
1918–1922 (New Haven, 1968).

[28] *Berliner Tageblatt*, 4 February 1919, 晨版.

[29] Stanley Suval, 'Overcoming Kleindeutschland: The Politics of Historical Mythmaking
in the Weimar Republic', *Central European History* 2 (1969), 312–30, 此处在 321.

[30] NV, 24 February 1919, vol. 326, 292. Preuß's constitutional draft was published in
Deutscher Reichs–und Preußischer Staatsanzeiger, 20 January 1919.

[31] Gerhard Anschütz (ed.), *Die Verfassung des Deutschen Reiches vom 11. August 1919*
(2nd edn, Berlin, 1921), 30 (Art. 2) 和 119f. (Art. 61).

[32] Fritz Klein, 'Between Compiègne and Versailles: The Germans on the Way from a
Misunderstood Defeat to an Unwanted Peace', 收于 Manfred F. Boemeke et al.
(eds), *The Treaty of Versailles: A Reassessment after 75 Years* (Cambridge and New
York, 1998), 203–20.

[33] *Treaty of Peace between the Allied and Associated Powers and Germany* (London,
1925), 51. 措辞几乎与 Treaty of Saint–Germain 的 Article 88 相同. 见 *Der
Staatsvertrag von St. Germain* (Vienna, 1919), 58.

[34] Grebing, *Frauen*, 22; Ute Frevert, *Women in Germany History: From Bourgeois
Emancipation to Sexual Liberation* (Oxford, 1989).

[35] Cornelie Usborne, *Cultures of Abortion in Weimar Germany* (New York and Oxford,
2007).

[36] Helen Boak, *Women in the Weimar Republic* (Manchester, 2013), 212.

[37] 同上, 292.

[38] Enno Eimers, *Das Verhältnis von Preußen und Reich in den ersten Jahren der Weimarer
Republik 1918 – 1923* (Berlin, 1969); Wolfgang Benz, *Süddeutschland in der*

Weimarer Republik: *Ein Beitrag zur deutschen Innenpolitik 1918 – 1923* （Berlin, 1970）; Gerhard Schulz, *Zwischen Demokratie und Diktatur*: *Verfassungspolitik und Reichsreform in der Weimarer Republik*, vol. 1: *Die Periode der Konsolidierung und der Revision des Bismarckschen Reichsaufbaus 1919 – 1930* （2nd edn, Berlin, 1987）. Manfred Peter Heimers, *Unitarismus und süddeutsches Selbstbewußtsein*: *Weimarer Koalition und SPD in Baden in der Eichsreformdiskussion 1918 – 1933* （Düsseldorf, 1992）; Waldemar Besson, *Württemberg und die deutsche Staatskrise 1928–1933*: *Eine Studie zur Auflösung der Weimarer Republik* （Stuttgart, 1959）; Ulrich Reuling, ' Reichsreform und Landesgechichte: Thüringen und Hessen in der Länderneugliederungsdiskussion der Weimarer Republik ', 收于 *Aspekte thüringisch– hessischer Geschichte* （Marburg, 1992）, 257–308; Franz Menges, *Reichsreform und Finanzpolitik*: *Die Aushöhlung der Eigenstaatlichkeit Bayerns auf finanzpolitischem Wege in der Zeit der Weimarer Republik* （Berlin, 1971）.

[39] Eberhard Schanbacher, *Parlamentarische Wahlen und Wahlsystem in der Weimarer Republik* （Düsseldorf, 1982）.

[40] 在关于魏玛共和国所谓天生存在缺陷的辩论中,第 48 条尤为突出,因为它使总 统能够在紧急情况下颁布法令进行统治。Ludwig Richter, ' Die Vorgeschichte des Art. 48 der Weimarer Reichsverfassung ', *Der Staat* 37 （1998）, 1 – 26; Ludwig Richter , ' Reichspräsident und Ausnahmegewalt: Die Genese des Art. 48 in den Beratungen der Weimarer Nationalversammlung ', Der Staat 37 （1998）, 221 – 47; Ludwig Richter ' Notverordnungsrecht ', 收于 Eberhard Kolb （ ed. ）, *Friedrich Ebert als Reichspräsident*: *Amtsführung und Amtsverständnis* （Munich, 1997）, 250–7.

[41] Sebastian Ullrich, ' Mehr als Schall und Rauch: Der Streit um den Namen der ersten deutschen Demokratie 1918 – 1949 ', 收于 Moritz Völlmer and Rüdiger Graf, *Die ' Krise' der Weimarer Republik*: *Zur Kritik eines Deutungsmusters* （Frankfurt am Main, 2005）, 187–207, 此处在 199.

[42] Christoph Gusy, ' Die Grundrechte in der Weimarer Republik ', *Zeitschrift für neuere Rechtsgeschichte* 15 （1993）, 163–83.

[43] NV, vol. 7, 353.

[44] James Sheehan, *Where Have All the Soldiers Gone? The Transformation of Modern Europe* （New York, 2008）, 94.

[45] Kollwitz, *Tagebücher*, 392–3 （entry of 31 December 1918）.

[46] Kathleen Canning, ' The Politics of Symbols, Semantics, and Sentiments in the Weimar Republic ', *Central European History* 43 （2010）, 567–80.

[47] Andreas Wirsching 和 Jürgen Eder （eds）, *Vernunftrepublikanismus in der Weimarer*

Republik：Politik，Literatur，Wissenschaft（Stuttgart，2008）.

[48]Hermann Müller，*Die November-Revolution：Erinnerungen*（Berlin，1928），7.

[49]Christian Welzbacher，*Der Reichskunstwart：Kulturpolitik und Staatsinszenierung in der Weimarer Republik 1918-1933*（Weimar，2010）.

11. 被围困的民主

[1]引自 Andreas Wirsching，*Vom Weltkrieg zum Bürgerkrieg? Politischer Extremismus in Deutschland und Frankreich 1918-1933/39*（Munich，1999），134. 也可见 Dietmar Lange，*Massenstreik und Schießbefehl：Generalstreik und Märzkämpfe in Berlin 1919*（Berlin，2012）.

[2]Mark Jones，*Founding Weimar：Violence and the German Revolution of 1918-1919*（Cambridge and New York，2016），136ff.

[3]Heinrich August Winkler，*Von der Revolution zur Stabilisierung：Arbeiter und Arbeiterbewegung in der Weimarer Republik，1918 bis 1924*（Berlin，1984），171-82；Jones，Founding Weimar，136-72.

[4]Allan Mitchell，*Revolution in Bavaria 1918/19：The Eisner Regime and the Soviet Republic*（Princeton，1965），171-2；Freya Eisner，*Kurt Eisner：Die Politik des libertären Sozialismus*（Frankfurt am Main，1979），175-80.

[5]Holger Herwig，'Clio Deceived：Patriotic Self-Censorship in Germany after the Great War'，*International Security* 12（1987），5-22，引文在 p. 9.

[6]Bernhard Grau，*Kurt Eisner 1867-1919：Eine Biographie*（Munich，2001），397ff.

[7]Alois Schmid（ed.），*Handbuch der bayerischen Geschichte*，vol. 4. 2：*Das neue Bayern von 1800 bis zur Gegenwart*（2nd rev. edn，Munich，2007），742.

[8]*Leopold Prinz von Bayern，1846-1930：Aus den Lebenserinnerungen*，ed. HansMichael 和 Ingrid Körner（Regensburg，1983），314.

[9]Susanne Miller，*Die Bürde der Macht：Die deutsche Sozialdemokratie 1918-1920*（Düsseldorf，1978），457；Grau，Eisner，439；Hans von Pranckh，*Der Prozeß gegen den Grafen Anton Arco-Valley，der den bayerischen Ministerpräsidenten Kurt Eisner erschossen hat*（Munich，1920）.

[10]Allan Mitchell，*Revolution in Bavaria 1918-19：The Eisner Regime and the Soviet Republic*（Princeton，1965），271；Heinrich August Winkler，*Weimar1918-1933：Die Geschichte der ersten deutschen Demokratie*（Munich，1993），77；Pranckh，*Der Prozeß gegen den Grafen Anton Arco-Valley*.

[11]Wilhelm Böhm，*Im Kreuzfeuer zweier Revolutionen*（Munich，1924），297；Wolfgang Maderthaner，'Utopian Perspectives and Political Restraint：The Austrian Revolution

in the Context of Central European Conflicts', 收于 Günter Bischof, Fritz Plasser 和 Peter Berger (eds), *From Empire to Republic: Post World War I Austria* (Innsbruck, 2010), 52–66, 此处在 58.

[12] Victor Klemperer, *Man möchte immer weinen und lachen in einem: Revolutionstagebuch 1919* (Berlin, 2015), 89.

[13] Mühsam, 引自 Anthony Read, *The World on Fire: 1919 and the Battle with Bolshevism* (London, 2009), 151.

[14] Read, *World On Fire*, 152.

[15] 引自 Richard M. Watt, *The Kings Depart: The German Revolution and Treaty of Versailles 1918-19* (New York, 1968), 364. Hans Beyer, *Von der Novemberrevolution zur Räterepublik in München* (East Berlin, 1957), 77–8.

[16] Martin Buber (ed.), *Gustav Landauer: Sein Lebensgang in Briefen*, 2 vols (Frankfurt am Main, 1929), 此处在 vol. 2, 413–14.

[17] Klemperer, *Revolutionstagebuch 1919*, 134.

[18] 同上, 24.

[19] Zinoviev, 引自 David J. Mitchell, *1919: Red Mirage* (London, 1970), 165.

[20] Thomas Mann, *Diaries 1919-1939*, trans. Richard and Clare Winston (London, 1983), 44 (entry for 7 April 1919). See, too, Ralf Höller, *Das Wintermärchen: Schriftsteller erzählen die bayerische Revolution und die Münchner Räterepublik 1918/1919* (Berlin, 2017).

[21] Lansing as quoted in Alan Sharp, 'The New Diplomacy and the New Europe', in Nicholas Doumanis, *The Oxford Handbook of Europe 1914-1945* (Oxford and New York, 2016).

[22] 关于飞往班贝格的情况,见 Wolfram Wette, *Gustav Noske: Eine politische Biographie* (Düsseldorf, 1987), 431. 关于圣枝主日的事件,请参阅 Heinrich Hillmayr, *Roter und Weißer Terror in Bayern nach 1918* (Munich, 1974), 43; Wette, *Noske*, 434; Mitchell, *Revolution in Bavaria*, 316–17.

[23] Mitchell, *Revolution in Bavaria*, 304–31.

[24] Watt, *The Kings Depart*, 366–8. For a more recent account, see Martin H. Geyer, *Verkehrte Welt: Revolution, Inflation und Modern München 1914-1924* (Kritische Studien zur Geschichtswissenschaft, 128) (Göttingen, 1998).

[25] Ernst Toller, *I was a German: The Autobiography of Ernst Toller* (New York, 1934), 180–9; Mitchell, Revolution in Bavaria, 320.

[26] Wolfgang Zorn, *Geschichte Bayerns im 20. Jahrhundert* (Munich, 1986), 194.

[27] Read, *World on Fire*, 154; Allan Mitchell, *Revolution in Bavaria*, 322.

265

[28]Mitchell, *Revolution in Bavaria*, 322; Read, *World on Fire*, 155.

[29]关于这些传言,见 Jones, *Founding Weimar*, 286-23; Hillmayr, *Roter und Weißer Terror in Bayern*, 136-7.

[30]引自 Wette, *Noske*, 440.

[31] Hermann Gilbhard, *Die Thule - Gesellschaft: Vom okkulten Mummenschanz zum Hakenkreuz* (Munich, 1994), 116; Detlev Rose, *Die Thule-Gesellschaft: Legende— Mythos—Wirklichkeit* (3rd. edn, Tübingen, 2017), 58-66.

[32]这些照片的复制品可见 Rudolf Herz 和 Dirk Halfbrodt, *Revolution und Fotografie: München 1918/19* (Berlin, 1988), 183-92. 引自 *Bayerischer Kurier* 3-4 May 1919, 亦引自 Herz and Halfbrodt, *Revolution und Fotografie*, 184. 关于上下文,见 Geyer, *Verkehrte Welt*.

[33]Hillmayr, *Roter und Weißer Terror*, 108-10.

[34]Klemperer, *Revolutionstagebuch 1919*, 168.

[35]Buber (ed.) *Landauer*, vol. 2, 394.

[36]Jones, *Founding Weimar*, 286.

[37]Manfred von Killinger, *Der Klabautermann: Eine Lebensgeschichte* (3rd edn, Munich, 1936), 13ff. 和 52f.

[38]Mitchell, *Revolution in Bavaria*, 331, fn. 51.

[39]引自 Wolfgang Niess, *Die Revolution von 1918/19: Der wahre Beginn unserer Demokratie* (Berlin et al., 2017), 383.

[40]Thomas Mann, *Thomas Mann: Tagebücher 1918-1921*, ed. Peter de Mendelsohn (Frankfurt am Main, 1979), 218.

[41]关于战后慕尼黑的政治氛围如何塑造了希特勒的详细讨论,见 Thomas Weber, *Becoming Hitler: The Making of a Nazi* (Oxford, 2017).

12. 对魏玛政权的削弱:《凡尔赛和约》

[1]David Lloyd George, *The Truth About the Peace Treaties*, 2 vols (London, 1938), vol. 1, 565; Margaret MacMillan, *Peacemakers: Six Months That Changed the World* (London, 2001), 5.

[2]MacMillan, *Peacemakers*, 7; 关于金融危机,同上, 302-21.

[3]Bruno Cabanes, *La Victoire endeuillée: la sortie de guerre des soldats français (1918-1920)* (Paris, 2004).

[4]Robert E. Bunselmeyer, *The Cost of War 1914-1919: British Economic War Aims and the Origins of Reparation* (Hamden, Conn., 1975), 141; MacMillan, *Peacemakers*, 100; David Reynolds, *The Long Shadow: The Great War and the Twentieth Century*

266

（London，2013），93；Heinrich August Winkler，*Age of Catastrophe*：*A History of the West*，*1914-1945*（London and New Haven，2015），125.

[5]Leonard V. Smith，'The Wilsonian Challenge to International Law'，*The Journal of the History of International Law* 13（2011），179-208. 另见 Leonard V. Smith，'Les États-Unis et l'échec d'une seconde mobilisation'，Stéphane Audoin-Rouzeau and Christophe Prochasson（eds），*Sortir de la Guerre de 14-18*（Paris，2008），69-91. Manfred F. Boemeke，'Woodrow Wilson's Image of Germany，the War-Guilt Question and the Treaty of Versailles'，收于 Gerald D. Feldman 和 Elisabeth Glaser（eds），*The Treaty of Versailles*：*A Reassessment after 75 Years*（Cambridge and New York，1998），603-14. 另见 Alexander Sedlmaier，*Deutschlandbilder und Deutschlandpolitik*：*Studien zur Wilson-Administration*（1913-1921）（Stuttgart，2003）.

[6]Leonard V. Smith，'Empires at the Paris Peace Conference'，in Robert Gerwarth and Erez Manela（eds），*Empires at War*，*1911-1923*（Oxford，2014），254-76.

[7]Adam Tooze，*The Deluge*：*The Great War and the Re-Making of Global Order*（London，2014）.

[8]尤其需要参考 Manfred F. Boemeke，Gerald D. Feldman 和 Elisabeth Glaser（eds），*The Treaty of Versailles*：*A Reassessment after 75 Years*（Cambridge and New York，1998）；David A. Andelman，*A Shattered Peace*：*Versailles 1919 and the Price We Pay Today*（Hoboken，NJ，2008）；MacMillan，*Peacemakers*；Alan Sharp，*The Versailles Settlement*：*Peacemaking after the First World War*，*1919-1923*（2nd edn，London，2008）. 更新的见 Eckart Conze，*Die grosse Illusion*：*Versailles und die Neuordnung der Welt*（Munich，2018）.

[9]MacMillan，*Peacemakers*，470.

[10]同上，470-1.

[11]引自同上，474.

[12]同上，475；Erich Eyck，*A History of the Weimar Republic*，vol. 1：*From the Collapse of the Empire to Hindenburg's Election*（German original 1954；Cambridge，Mass. ，1964），92-5.

[13]Laird Boswell，'From Liberation to Purge Trials in the "Mythic Provinces"：Recasting French Identities in Alsace and Lorraine，1918-1920'，*French Historical Studies* 23（2000），129-62，此处在 141.

[14]Alan Sharp，'The Paris Peace Conference and its Consequences'，见"1914-1918 在线". *International Encyclopedia of the First World War*：<https:// encyclopedia. 1914-1918-online. net/article/the_paris_peace_conference_ and_its_consequences>（最近一次访问在 2018 年 3 月 3 日）.

[15] MacMillan, *Peacemakers*, 217.

[16] Gotthold Rhode, 'Das Deutschtum in Posen und Pommerellen in der Zeit der Weimarer Republik', in Senatskommission für das Studium des Deutschtums im Osten an der Rheinischen Friedrich-Wilhelms-Universität Bonn, *Studien zum Deutschtum im Osten* (Cologne and Graz, 1966), 99. 其他的评估更高。见 Richard Blanke, *Orphans of Versailles: The Germans in Western Poland, 1918-1939* (Lexington, Ky, 1993), 32-4.

[17] 如欲了解上西里西亚的相关内容，请参阅 James E. Bjork, *Neither German nor Pole: Catholicism and National Indifference in a Central European Borderland, 1890-1922* (Ann Arbor, 2008); T. Hunt Tooley, 'German Political Violence and the Border Plebiscite in Upper Silesia, 1919 - 1921', *Central European History* 21 (1988), 56-98 and T. Hunt Tooley, *National Identity and Weimar Germany: Upper Silesia and the Eastern Border, 1918-22* (Lincoln, Neb., and London, 1997). 另见 Tim K. Wilson, 'The Polish-German Ethnic Dispute in Upper Silesia, 1918-1922: A Reply to Tooley', *Canadian Review of Studies in Nationalism* 32 (2005), 1-26.

[18] MacMillan, *Peacemakers*, 230.

[19] Waldemar Grosch, *Deutsche und polnische Propaganda während der Volksabstimmung in Oberschlesien 1919-1921* (Dortmund, 2003).

[20] 英国和法国瓜分德属喀麦隆、多哥兰。比利时获得了德属东非西北部的卢旺达-乌隆迪，德属西南非洲(纳米比亚)被南非托管。在太平洋上，日本获得了德国赤道以北的岛屿(马绍尔群岛、加罗林群岛、马里亚纳群岛、帕劳群岛)并强占了中国的胶州湾。德属萨摩亚被分给新西兰，德属新几内亚、俾斯麦群岛和瑙鲁给了澳大利亚。Sharp, *Versailles*, 109-38.

[21] Smith, 'Empires at the Paris Peace Conference'.

[22] 关于托管制度，见 Susan Pedersen, 'The Meaning of the Mandates System: An Argument', *Geschichte und Gesellschaft* 32 (2006), 1-23; Susan Pedersen, *The Guardians: The League of Nations and the Crisis of Empire* (Oxford and New York, 2015), 17-44. 另见 Nadine Méouchy 和 Peter Sluglett (eds), *The British and French Mandates in Comparative Perspective* (Leiden, 2004); 以及 David K. Fieldhouse, *Western Imperialism in the Middle East, 1914-1958* (Oxford and New York, 2006), 3-20; 还可见 Lutz Raphael, *Imperiale Gewalt und Mobilisierte Nation: Europa 1914-1945* (Munich, 2011), 74-5.

[23] MacMillan, *Peacemakers*; Boemeke et al., *The Treaty*, 11-20; Zara Steiner, 'The Treaty of Versailles Revisited', in Michael Dockrill and John Fisher (eds), *The Paris Peace Conference 1919: Peace without Victory?* (Basingstoke, 2001), 13-33; Mark Mazower, 'Two Cheers for Versailles', *History Today* 49 (1999); Alan Sharp,

Consequences of Peace. The Versailles Settlement：*Aftermath and Legacy 1919-2010* (London, 2010), 1-40; Sally Marks, 'Mistakes and Myths：The Allies, Germany and the Versailles Treaty, 1918-1921', *Journal of Modern History* 85 (2013), 632-59.

[24] 例如可见 David Andelman, *A Shattered Peace*：*Versailles 1919 and the Price We Pay Today* (Hoboken, NJ, 2008); Norman Graebner and Edward Bennett, *The Versailles Treaty and its Legacy*：*The Failure of the Wilsonian Vision* (Cambridge and New York, 2011). **268**

[25] Aviel Roshwald, *Ethnic Nationalism and the Fall of Empires*：*Central Europe, Russia and the Middle East, 1914-1923* (London, 2001).

[26] On this, see the introduction and chapter contributions to Robert Gerwarth and Erez Manela (eds), *Empires at War,1911-1923* (Oxford, 2014); on the German case in particular, see Annemarie H. Sammartino, *The Impossible Border*：*Germany and the East, 1914-1922* (Ithaca, NY, 2010); Vejas G. Liulevicius, 'Der Osten als apokalyptischer Raum：Deutsche Fronterfahrungen im und nach dem Ersten Weltkrieg', in Gregor Thum (ed.), *Traumland Osten*：*Deutsche Bilder vom östlichen Europa im 20. Jahrhundert* (Göttingen, 2006), 47-65.

[27] Ian Kershaw, "*To Hell and Back*：*Europe, 1914-1949* (London, 2015), 122.

[28] Wolfgang Elz, 'Versailles und Weimar', *Aus Politik und Zeitgeschichte* 50/1 (2008), 31-8.

[29] Sally Marks, 'The Myths of Reparations', *Central European History* 11 (1978), 231-9; Niall Ferguson, *The Pity of War*：*Explaining World War I* (London, 1998), 399-432. "伦敦赔款时间表"也要经历两次修订,分别是在 1924 年(道威斯计划)和 1929 年(扬格计划),之后在大萧条期间暂时中止。希特勒上台后,停止继续赔付。1919—1932 年,德国支付了略高于 200 亿马克的赔款(1921 年)作为 A、B 类型债券的 500 亿金马克中的一部分,见 Boemeke et al. , *The Treaty*, 424.

[30] Richard Evans, *The Coming of the Third Reich* (London, 2003), 65; Alan Sharp, 'The Paris Peace Conference and its Consequences', in：*1914-1918-online. International Encyclopedia of the First World War*; MacMillan, Peacemakers, 186.

[31] Andreas Krause, *Scapa Flow*：*Die Selbstversenkung der Wilhelminischen Flotte* (Berlin, 1999).

[32] Verhandlungen der verfassunggebenden Deutschen Nationalversammlung. Stenographische Berichte (Berlin, 1920), vol. 327, 1082-3.

[33] 同上, 1084.

[34] Arthur Graf von Posadowsky - Wehner, 'Gegen die Unterzeichnung des

Friedensvertrages', 22 June 1919, in *Stenographische Berichte*, vol. 327, 1120-5.

[35] Alexander Watson, *Ring of Steel: Germany and Austria-Hungary at War, 1914-1918* (London, 2015), 561; MacMillan, *Peacemakers*, 475-81.

[36] 引自 Peter Longerich, *Deutschland 1918-1933: Die Weimarer Republik. Handbuch zur Geschichte* (Hanover, 1995), 99.

[37] Sharp, *Versailles*, 37-9.

[38] Stéphane Audoin-Rouzeau, 'Die Delegation der "Gueules cassées" in Versailles am 28. Juni 1919', 收于 Gerd Krumeich et al. (eds), *Versailles 1919: Ziele, Wirkung, Wahrnehmung* (Essen, 2001), 280-7.

[39] Edward M. House, *The Intimate Papers of Colonel House Arranged as a Narrative by Charles Seymour* (Boston and New York, 1926-8), 此处在 vol. 4, 487.

[40] 引自 Bruno Cabanes, '1919: Aftermath', in Jay Winter (ed.), *Cambridge History of the First World War*, vol. 1, 172-98.

[41] Evans, *Coming of Third Reich*, 66.

[42] Winkler, *Age of Catastrophe*, 888.

[43] John Maynard Keynes, *The Economic Consequences of the Peace* (London, 1919).

[44] Elz, 'Versailles und Weimar', 33.

[45] 关于 Treaty of Saint-Germain, see Nina Almond and Ralph Haswell Lutz (eds), *The Treaty of St. Germain: A Documentary History of its Territorial and Political Clauses* (Stanford, Calif., 1935); Isabella Ackerl 和 Rudolf Neck (eds), *Saint-Germain 1919: Protokoll des Symposiums am 29. und 30. Mai 1979 in Wien* (Vienna, 1989); Fritz Fellner, 'Der Vertrag von St. Germain', 收于 Erika Weinzierl 和 Kurt Skalnik (eds), *Österreich 1918-1938*, vol. 1. (Graz, 1983), 85-106; Lorenz Mikoletzky, 'Saint-Germain und Karl Renner: Eine Republik wird diktiert', 收于 Helmut Konrad 和 Wolfgang Maderthaner (eds), *Das Werden der Ersten Republik ... der Rest ist Österreich* (Vienna, 2008), vol. 1, 179-86. Erich Zöllner, *Geschichte Österreichs: Von den Anfängen bis zur Gegenwart* (8th edn, Vienna, 1990), 499.

[46] S. W. Gould, 'Austrian Attitudes toward Anschluss: October 1918 - September 1919', *Journal of Modern History* 22 (1950), 220-31; Walter Rauscher, 'Die Republikgründungen 1918 und 1945', 收于 Klaus Koch, Walter Rauscher, Arnold Suppan 和 Elisabeth Vyslonzil (eds), *Außenpolitische Dokumente der Republik Österreich 1918-1938, special vol.: Von Saint-Germain zum Belvedere: Österreich und Europa 1919-1955* (Vienna and Munich, 2007), 9-24. 关于德奥合并的讨论, 见 Robert Gerwarth, 'Republik und Reichsgründung: Bismarcks kleindeutsche Lösung im Meinungsstreit der ersten deutschen Demokratie', in Heinrich August Winkler (ed.),

Griff nach der Deutungsmacht: *Zur Geschichte der Geschichtspolitik in Deutschland* (Göttingen, 2004), 115-33.

[47] Ivan T. Berend, *Decades of Crisis*: *Central and Eastern Europe before World War II* (Berkeley, Los Angeles, and London, 1998), 224-6.

[48] *Vorwärts*, 18 March 1919.

[49] *Die Tradition* 1 (1919), 19f.

[50] *Kreuzzeitung*, 7 September 1919.

[51] Verhandlungen der verfassunggebenden Deutschen Nationalversammlung (NV), 22 June 1919, vol. 327 (Berlin, 1920), pp. 1117.

[52] Evans, *Coming of Third Reich*, 62f; Gerwarth, 'Republik und Reichsgründung'.

[53] 关于《特里亚农条约》导致的后果,可见 Robert Evans, 'The Successor States', in Robert Gerwarth (ed.), *Twisted Paths*: *Europe 1914-45* (Oxford and New York, 2007), 210 - 36; Raymond Pearson, 'Hungary: A State Truncated, a Nation Dismembered', in Seamus Dunn and T. G. Fraser, *Europe and Ethnicity*: *World War I and Contemporary Ethnic Conflict* (London and New York, 1996), 88 - 109, here 95-6. Ignác Romsics, *A trianoni békeszerz dés* (Budapest, 2008); Dániel Ballabás, *Trianon 90 év távlatából*: *Konferenciák, műhelybeszélgetések* (Eger, 2011).

[54] Berend, *Decades of Crisis*, 224-6.

[55] Georgi P. Genov, *Bulgaria and the Treaty of Neuilly* (Sofia, 1935), 31. MacMillan, *Peacemakers*, 248-50. .

[56] Richard J. Crampton, *Aleksandur Stamboliiski*: *Bulgaria* (Chicago, 2009), 75-109. Nejiski Mir, *Vojna enciklopedija* (Belgrade, 1973), 19.

[57] MacMillan, *Peacemakers*, 151.

[58] 同上.

[59] Doncho Daskalov, *1923*: *Sadbonosni resheniya isabitiya* (Sofia, 1983), 23.

[60] Theodora Dragostinova, 'Competing Priorities, Ambiguous Loyalties: Challenges of Socioeconomic Adaptation and National Inclusion of the Interwar Bulgarian Refugees', *Nationalities Papers* 34 (2006), 549-74, 此处在 553. 早期关于两次世界大战间保加利亚难民危机的详细分析和深刻解释,见 Dimitar Popnikolov, *Balgarite ot Trakiya i spogodbite na Balgaria s Gartsia i Turtsia* (Sofia, 1928).

[61] 关于第一次世界大战后保加利亚收容难民的社会和经济困难的详情,见 Georgi Dimitrov, *Nastanyavane i ozemlyavane na balgarskite bezhantsi*, (Blagoevgrad, 1985); Karl Hitilov, *Selskostopanskoto nastanyavane na bezhantsite 1927-1932* (Sofia, 1932).

[62] Alexander Stambolijski 给 Georges Clemanceau 的信,1919 年 11 月 22 日. 见 Tsocho Bilyarski and Grigorov Nikola (eds), *Nyoiskiyat pogrom i terorat na bulgarite*: *Sbornik*

270

dokumenti i materiali (Sofia, 2009) , 312.

[63] Erik Jan Zürcher, 'The Ottoman Empire and the Armistice of Moudros', in Hugh Cecil and Peter H. Liddle (eds), *At the Eleventh Hour: Reflections, Hopes, and Anxieties at the Closing of the Great War, 1918* (London, 1998), 266–75.

[64] 引自 George Goldberg, *The Peace to End Peace: The Paris Peace Conference of 1919* (London, 1970), 196.

[65] Michael A. Reynolds, 'Ottoman – Russian Struggle for Eastern Anatolia and the Caucasus, 1908 – 1918: Identity, Ideology and the Geopolitics of World Order', Ph. D. thesis (Princeton, 2003), 377. 从民族主义者视角的观察, 可见 Justin McCarthy, Death and Exile: *The Ethnic Cleansing of Ottoman Muslims 1821 – 1922* (Princeton, 2004), 198 – 200; Salahi Sonyel, *The Great War and the Tragedy of Anatolia: Turks and Armenians in the Maelstrom of Major Powers* (Ankara, 2000), 161–3.

[66] Gingeras Ryan, *Fall of the Sultanate: The Great War and the End of the Ottoman Empire 1908–1922* (Oxford, 2016), 255.

[67] A. E. Montgomery, 'The Making of the Treaty of Sevres of 10 August 1920', *The Historical Journal* 15 (1972), 775–87.

271　[68] Hasan Kayali, 'The Struggle for Independence', in Resat Kasaba (ed.), *The Cambridge History of Turkey*, vol. 4: *Turkey in the Modern World* (Cambridge and New York, 2008), 118ff.

[69] 同上; Smith, 'Empires at the Paris Peace Conference'. 另见 Paul C. Helmreich, *From Paris to Sèvres: The Partition of the Ottoman Empire at the Paris Peace Conference of 1919–1920* (Columbus, Oh. , 1974).

[70] Gerd Krumeich et al. , *Versailles 1919: Ziele, Wirkung, Wahrnehmung* (Essen, 2001).

[71] Henryk Batowski, 'Nationale Konflikte bei der Entstehung der Nachfolgestaaten', 收于 Richard Georg Plaschka 和 Karlheinz Mack (eds), *Die Auflösung des Habsburgerreiches: Zusammenbruch und Neuorientierung im Donauraum* (Munich, 1970), 338–49.

[72] Dudley Kirk, *Europe's Population in the Interwar Years* (New York, 1946); Pearson, 'Hungary', 98 – 9. István I. Mócsy, *The Effects of World War I: The Uprooted: Hungarian Refugees and their Impact on Hungary's Domestic Politics, 1918–1921* (New York, 1983), 10.

[73] Arendt Hannah, *Elemente und Ursprünge totaler Herrschaft* (Frankfurt am Main, 1955), 260; 关于这一总的主题, 另见 Karen Barkey and Mark von Hagen (eds),

After Empires: *Multiethnic Societies and Nation - Building. The Soviet Union*, *and the Russian*, *Ottoman*, *and Habsburg Empires* (Boulder, Colo. , 1997), 以及 Smith, 'Empires at the Paris Peace Conference', 收于 Gerwarth and Manela (eds), *Empires at War*, 254-76.

[74] Norman Davies, *Microcosm*: *A Portrait of a Central European City* (London, 2003), 337.

[75] 同上,389-90.

[76] 正如 Michael Mann 指出的那样,那些在战争结束时随着国界变动而失去家园的人数是大屠杀的 6 倍。Michael Mann, *The Dark Side of Democracy*: *Explaining Ethnic Cleansing* (Cambridge, 2005), 223-8.

[77] 见 Mark Mazower, *Hitler's Empire*: *How the Nazis Ruled Europe* (New York, 2008).

[78] 统计数据来自 M. C. Kaser and E. A. Radice (eds), *The Economic History of Eastern Europe*, *1919-1975*, vol. 1 (Oxford, 1985), 25. 对这一问题的详细讨论另见 Alexander Victor Prusin, *The Lands Between*: *Conflict in the East European Borderlands*, *1870-1992* (Oxford, 2010), 11-124.

[79] Mark Levene, *The Crisis of Genocide*, vol. 1: *Devastation*: *The European Rimlands 1912-1938* (Oxford, 2016), 230-40.

[80] 关于文本,见 'Treaty of Peace between the United States of America, the British Empire, France, Italy, and Japan and Poland', *American Journal of International Law* 13, Supplement, Official Documents (1919), 423-40. Carole Fink, 'The Minorities Question at the Paris Peace Conference: The Polish Minority Treaty, June 28, 1919', 收于 Manfred Boemeke, Gerald Feldman 和 Elisabeth Glaser (eds), *The Treaty of Versailles*: *A Reassessment after 75 Years* (Cambridge, 1998), 249-74.

[81] Fink, 'The Minorities Question'.

[82] Jaroslav Kucera, *Minderheit im Nationalstaat*: *Die Sprachenfrage in den tschechisch - deutschen Beziehungen 1918-1938* (Munich, 1999), 307.

[83] Carole Fink, *Defending the Rights of Others*: *The Great Powers*, *the Jews*, *and International Minority Protection* (New York, 2004), 260; Zara Steiner, *The Lights that Failed*: *European International History 1919 - 1933* (Oxford and New York, 2005), 86.

[84] 关于修约主义,见以下论文集: Marina Cattaruzza, Stefan Dyroff 和 Dieter Langewiesche (eds), *Territorial Revisionism and the Allies of Germany in the Second World War*: *Goals*, *Expectations*, *Practices* (New York and Oxford, 2012).

[85] Jerzy Borzecki, 'German Anti - Semitism à la Polonaise: A Report on Poznanian Troops' Abuse of Belarusian Jews in 1919', *East European Politics and Societies and*

272

Cultures 26（2012），693–707.

［86］Arnold Zweig, *Das ostjüdische Antlitz*（Berlin, 1920），9–11.

［87］Victor Klemperer, *Curriculum Vitae, Erinnerungen 1881–1918*, vol. 2, 687–712（Berlin, 1996），686–7.

［88］Steven E. Aschheim, *Brothers and Strangers: The East European Jew in German and German–Jewish Consciousness, 1800–1923*（Madison, 1982）.

［89］Trude Maurer, *Ostjuden in Deutschland, 1918–1933*（Hamburg, 1990）.

［90］Lina Heydrich, *Leben mit einem Kriegsverbrecher*（Pfaffenhofen, 1976），42f.

［91］Alfred Rosenberg, ' Die russisch – jüdische Revolution ', *Auf gut Deutsch*, 24 May 1919.

［92］Norman Cohn, *Warrant for Genocide: The Myth of the Jewish World–Conspiracy and the Protocols of the Elders of Zion*（New York, 1966）.

［93］Marc Raeff, *Russia Abroad: A Cultural History of the Russian Emigration, 1919–1939*（Oxford and New York, 1990）. On France: Catherine Goussef, *L' Exil russe: la fabrique du réfugié apatride（1920–1939）*（Paris, 2008）. On Prague: Catherine Andreyev and Ivan Savicky, *Russia Abroad: Prague und the Russian Diaspora 1918–1938*（New Haven and London, 2004）.

［94］Robert C. Williams, *Culture in Exile: Russian Emigrés in Germany, 1881–1941*（Ithaca, NY, 1972），114; Fritz Mierau, *Russen in Berlin, 1918–1933*（Berlin, 1988），298; Karl Schlögel（ed.）, *Chronik russischen Lebens in Deutschland, 1918 bis 1941*（Berlin, 1999）.

尾声 顽强的共和国：1919—1923 年的德国

［1］Johannes Erger, *Der Kapp–Lüttwitz–Putsch: Ein Beitrag zur deutschen Innenpolitik, 1919–20*（Düsseldorf, 1967）; Erwin Könnemann and Gerhard Schulze（eds）, *Der Kapp–Lüttwitz–Putsch: Dokumente*（Munich, 2002）; Anthony Read, *The World on Fire: 1919 and the Battle with Bolshevism*（London, 2009），319f.

273 ［2］Read, *World on Fire*, 320.

［3］Rüdiger Bergien, *Die bellizistische Republik: W ehrkonsens und "Wehrhaftmachung" in Deutschland 1918 – 1933*（Munich, 2012）; Peter Keller, ' Die Wehrmacht der deutschen Republik ist die Reichswehr ': *Die deutsche Armee 1918–1921*（Paderborn, 2014）; William Mulligan, *The Creation of the Modern German Army: General Walther Reinhardt and the Weimar Republic, 1914–1930*（New York, 2005）.

［4］Könnemann 和 Schulze（eds）, *Kapp–Lüttwitz–Putsch*.

［5］Read, World on Fire, 321.

[6] Harry Graf Kessler, *Das Tagebuch 1880 - 1937*, ed. von Roland Kamzelak and Ulrich Ott. vol. 7: *1919 - 1923* (Stuttgart, Klaus Tenfelde, ' Burgerkrieg im Ruhrgebiet *1918 - 1920* ', in Karl - Peter Ellerbrock (ed.), *Erster, Bürgerkrieg und Ruhrbesetzung. Dortmund und das Ruhrgebiet 1914/18 - 1924* (Dortmund, 2010), 19 - 66. 2007), 294 (diary entry of I9 March 1920).

[7] 同上, 295 (diary entry of 20 March 1920).

[8] Klaus Tenfelde, ' Bürgerkrieg im Ruhrgebiet 1918 - 1920 ', in Karl - Peter Ellerbrock (ed.), *Erster Weltkrieg, Bürgerkrieg und Ruhrbesetzung. Dortmund und das Ruhrgebiet 1914/18 - 1924* (Dortmund, 2010), 19 - 66.

[9] Max Zeller, as quoted in Nigel H. Jones, *Hitler's Heralds: The Story of the Freikorps 1918 - 1923* (London, 1987), 50.

[10] Read, World on Fire, 323.

[11] *Christian Leitzbach, Matthias Erzberger: Ein kritischer Beobachter des Wilhelminischen Reiches 1895 - 1914* (Frankfurt am Main, 1998); Martin Sabrow, *Die verdrängte Verschwörung: Der Rathenau - Mord und die deutsche Gegenrevolution* (Frankfurt am Main, 1999).

[12] 埃茨贝格尔谋杀案是更广泛的政治暴力文化的一部分, 特别是极右翼(但不限于他们)。关于统计数字, 见 Emil J. Gumbel, *Vier Jahre politischer Mord* (Berlin, 1924), 73 - 5.

[13] Anselm Döring - Manteuffel, ' Der politische Mord als Anschlag auf die Demokratie: Das Attentat auf Walther Rathenau ', 收于 Georg Schild 和 Anton Schindling (eds), *Politische Morde in der Geschichte: Von der Antike bis zur Gegenwart* (Paderborn, 2012), 113 - 28; Sabrow, Rathenau - Mord.

[14] 关于对这些恐怖主义行为负责的"执政官组织", 应参见收于当代历史研究所 (the Institut für Zeitgeschichte, Munich) 的文件, Fa 163/1 和 MA 14412. 另见 Sabrow, *Rathenau - Mord*.

[15] *Verhandlungen des Reichstags: Stenographische Berichte*, 24 June 1922, p. 8037 (D) - 8039 (B).

[16] Christoph Gusy, *Weimar—die wehrlose Republik? Verfassungsschutzrecht und Verfassungsschutz in der Weimarer Republik* (Tübingen, 1991); Gotthard Jasper, *Der Schutz der Republik. Studien zur staatlichen Sicherung der Demokratie in der Weimarer Republik 1922 - 1930* (Tübingen, 1963).

[17] Christine Hikel, ' Unsichere Republik? Terrorismus und politischer Mord in der Weimarer Republik und der BRD ', ZfAS, special issue 1 (2011), 125 - 49.

[18] Verhandlungen des Reichstags, 1. Wahlperiode, Stenographische Berichte, 235. **274**

Sitzung, 24/6/1922, p. 8037 (B).

[19]Wolfgang Wehler, 'Der Staatsgerichtshof für das Deutsche Reich: Die politische Rolle der Verfassungsgerichtsbarkeit in der Zeit der Weimarer Republik' unpublished Ph. D. thesis, Bonn, 1979.

[20]Christian Welzbacher, *Der Reichskunstwart: Kulturpolitik und Staatsinszenierung in der Weimarer Republik 1918-1933* (Weimar, 2010).

[21]Martin H. Geyer, *Verkehrte Welt: Revolution, Inflation und Modern München 1914- 1924* (Kritische Studien zur Geschichtswissenschaft, 128) (Göttingen, 1998), 112-17.

[22]Thomas Weber, *Hitler's First War: Adolf Hitler, the Men of the List Regiment, and the First World War* (Oxford and New York, 2010).

[23] Othmar Plöckinger, *Unter Soldaten und Agitatoren: Hitlers prägende Jahre im deutschen Militär 1918-1920* (Paderborn, 2013).

[24]Peter Longerich, *Hitler: Biographie* (Munich, 2015); Thomas Weber, *Wie Adolf Hitler zum Nazi wurde: Vom unpolitischen Soldaten zum Autor von Mein Kampf* (Berlin, 2016).

[25] Ernst Deuerlein (ed.), *Der Hitler - Putsch: Bayerische Dokumente zum 8. /9. November 1923* (Stuttgart, 1962); Hans Mommsen, 'Hitler und der 9. November 1923', in Johannes Willms (ed.), *Der 9. November: Fünf Essays zur deutschen Geschichte* (Munich, 1995), 33-48, 33-48.

[26]Harald Jentsch, *Die KPD und der 'deutsche Oktober' 1923* (Rostock, 2005); Bernhard B. Bayerlein et al. (eds), *Deutscher Oktober 1923: Ein Revolutionsplan und sein Scheitern* (Berlin, 2003).

[27]Richard Evans, *The Coming of the Third Reich* (London, 2003), 104; Gerald D. Feldman, *The Great Disorder: Politics, Economic, and Society in the German Inflation, 1914-1924* (New York, 1993), 5 (table 1). 关于鲁尔危机，见 Conan Fischer, *The Ruhr Crisis 1923 - 1924* (Oxford, 2003); Hermann J. Rupieper, *The Cuno Government and Reparations 1922-1923: Politics and Economics* (The Hague, 1979); 以及 Klaus Schwabe (ed.), *Die Ruhrkrise 1923: Wendepunkt der internationalen Beziehungen nach dem Ersten Weltkrieg*(Paderborn, 1985).

[28] Bruce Kent, *The Spoils of War: The Politics, Economics, and Diplomacy of Reparations 1918-1932* (Oxford, 2011), 245-8. .

[29]同上,778-793.

[30]同上,754-835.

[31]Kurt Tucholsky 以假名 "Theobald Tiger" 发表了这首诗，见 *Die Weltbühne*, 5 November 1929, 710.

插图来源

0. 1. INTERFOTO/Alamy Stock Photo

1. 1. Granger Historical Picture Archive/Alamy Stock Photo

3. 1. Science History Images/Alamy Stock Photo

3. 2. INTERFOTO/Alamy Stock Photo

4. 1. akg-images/Alamy Stock Photo

4. 2. dpa picture alliance/Alamy Stock Photo

5. 1. INTERFOTO/Alamy Stock Photo

6. 1. Heritage Image Partnership Ltd/Alamy Stock Photo

8. 1. Everett Collection Historical/Alamy Stock Photo

9. 1. INTERFOTO/Alamy Stock Photo

9. 2. INTERFOTO/Alamy Stock Photo

10. 1. The History Collection/Alamy Stock Photo

11. 1. INTERFOTO/Alamy Stock Photo

参考文献

报纸和杂志

Die Baracke: *Zeitschrift des Kriegsgefangenenlagers Bando*, *Bayerischer Kurier*, *Berliner Tageblatt*, *Deutscher Reichs-und Preußischer Staatsanzeiger*, *Kreuzzeitung*, *Rote Fahne*, *The Times*, Die Tradition: *Wochenschrift der Vereinigten Vaterländischen Verbände Deutschlands*, *Vorwärts*.

史料和回忆录

Albrecht, Martin, *Als deutscher Jude im Ersten Weltkrieg: Der Fabrikant und Offizier Otto Meyer*, ed. Andreas Meyer, Berlin, be. bra wissenschaft verlag, 2014.

Amis de l'Armistice (ed.), *Der 11. November 1918: Unterzeichnung eines Waffenstillstands im Wald von Compiègne*, Compiègne, Imprimerie Bourson, undated.

Arbeitskreis verdienter Gewerkschaftsveteranen beim Bundesvorstand des FDGB (ed.), *Erinnerungen von Veteranen der deutschen Gewerkschaftsbewegung an die Novemberrevolution*, 2nd edn, Berlin (GDR), Tribüne, 1960.

Baden, Max von, *Erinnerungen und Dokumente*, Stuttgart, Berlin, and Leipzig, Deutsche Verlags-Anstalt, 1927.

Baker, Ray Stannard, and William E. Dodded (eds), *Woodrow Wilson, War and Peace: Presidential Messages, Addresses, and Public Papers (1917-1924)*, New York, Harper, 1927.

Balla, Erich, *Landsknechte wurden wir: Abenteuer aus dem Baltikum*, Berlin, Kolk, 1932.

Barth, Emil, *Aus der Werkstatt der Revolution*, Berlin, Hoffmann, 1919.

Bauer, Otto, *Die österreichische Revolution*, Vienna, Volksbuchhandlung, 1923.

Bernstein, Eduard, *Die Voraussetzungen des Sozialismus und die Aufgaben der Sozialdemokratie*, Stuttgart, Dietz, 1899.

Bernstein, Eduard, *Die deutsche Revolution*, vol. 1: *Ihr Ursprung, ihr Verlauf und ihr*

Werk, Berlin, Verlag Gesellschaft und Erziehung, 1921.

Bilyarski, Tsocho, and Grigorov *Nikola* (eds), *Nyoiskiyat pogrom i terorat na bulgarite*: *Sbornik dokumenti i materiali*, Sofia, Aniko, 2009.

Bischoff, Josef, *Die letzte Front*: *Geschichte der Eisernen Division*, Berlin, Schützen-Verlag 1935.

Böhm, Wilhelm, *Im Kreuzfeuer zweier Revolutionen*, Munich, Verlag für **278** Kulturpolitik, 1924.

Cohen, Max, 'Rede für die Nationalversammlung vor dem Allgemeinen Kongress der Arbeiter-und Soldatenräte', 19 December 1918, in Peter Wende (ed.), *Politische Reden III, 1914-1945*, Berlin, Deutscher Klassiker Verlag, 1990, 97-121.

Das Werk des Untersuchungsausschusses der Verfassungsgebenden Deutschen Nationalversammlung und des Deutschen Reichstages 1919 - 1928. Verhandlungen, Gutachten, Urkunden, ed. Walter Schücking; series 4, Die Ursachen des deutschen Zusammenbruchs im Jahre 1918, Berlin, Deutsche Verlagsgesellschaft für Politik und Geschichte, 1928.

Die Verfassung des Deutschen Reiches vom 11. August 1919, ed. Gerhard Anschütz, 2nd edn, Berlin, Stilke, 1921.

Däumig, Ernst, 'Rede gegen die Nationalversammlung vor dem Allgemeinen Kongress der Arbeiter-und Soldatenräte', 19 December 1918, in Peter Wende (ed.), *Politische Reden III, 1914-1945*, Frankfurt am Main, Deutscher Klassiker Verlag, 1990, 122-41.

Dehmel, Richard, *Zwischen Volk und Menschheit*: *Kriegstagebuch*, Berlin, Fischer, 1919.

Deppe, Ludwig, *Mit Lettow-Vorbeck durch Ostafrika*, Berlin, Scherl, 1921.

Deuerlein, Ernst (ed.), *Der Hitler - Putsch*: *Bayerische Dokumente zum 8. /9. November 1923*, Stuttgart, Deutsche Verlags-Anstalt, 1962.

Döblin, Alfred, ' Revolutionstage im Elsaß ', in *Die Neue Rundschau* (February 1919), vol. 1, 164-72, reprinted in Alfred Döblin, *Schriften zur Politik und Gesellschaft*, Olten and Freiburg im Breisgau, Walter, 1972, 59-70.

Ebbinghaus, Christof von, *Die Memoiren des Generals von Ebbinghaus*, Stuttgart, Berger, 1928.

Ebert, Friedrich, *Rede zur Eröffnung der Verfassunggebenden Nationalversammlung*, 6 February 1919, in Peter Wende (ed.), *Politische Reden III, 1914-1945*, Frankfurt am Main, Deutscher Klassiker Verlag, 1990, 244-53.

Einstein, Albert, *Einstein Papers*, vol. 7: *The Berlin Years*: *Writings, 1918-1921*, Princeton, Princeton University Press, 1998.

Erzberger, Matthias, *Erlebnisse im Weltkrieg*, Stuttgart und Berlin, Deutsche Verlags Anstalt, 1920.

Fendall, Charles Pearce, *The East African Force 1915–1919: An Unofficial Record of its Creation and Fighting Career*, London, Witherby, 1921.

Foch, Ferdinand, *Mémoire pour servir à l' histoire de la guerre 1914–1918*, vol. 2, Paris, Librairie Pion, 1931.

Foerster, Wolfgang (ed.), *Kämpfer an vergessenen Fronten*, Berlin, Deutsche Buchvertriebsstelle, 1931.

Goltz, Rüdiger von der, *Meine Sendung in Finnland und im Baltikum*, Leipzig, K. F. Koehler, 1920.

Groener, Wilhelm, *Lebenserinnerungen: Jugend, Generalstab, Weltkrieg*, Göttingen, Vandenhoeck & Ruprecht, 1957.

Heinz, Friedrich Wilhelm, *Sprengstoff*, Berlin, Frundsberg–Verlag, 1930.

Hendrick, Burton J. , *The Life and Letters of Walter Hines Page*, vol. 3, Garden City, NY, Doubleday, Page & Co. , 1925.

Heydrich, Lina, *Leben mit einem Kriegsverbrecher*, Pfaffenhofen, Ludwig, 1976.

Heymann, Lida Gustava, and Anita Augspurg, *Erlebtes—Erschautes: Deutsche Frauen kämpften für Freiheit, Recht und Frieden 1850–1950*, ed. Margit Twellmann, Frankfurt am Main, Helmer, 1992.

Hill, Leonidas E. (ed.), *Die Weizsäcker – Papiere 1900 – 1934*, Berlin, Propyläen, 1982.

Hitilov, Karl, *Selskostopanskoto nastanyavane na bezhantsite 1927 – 1932*, Sofia, Glavna direktsiya na bezhantsite, 1932.

Hitler, Adolf, *Mein Kampf: Eine kritische Edition*, ed. Christian Hartmann, Thomas Vordermayer, Othmar Plöckinger, and Roman Töppel, Berlin and Munich, Institut für Zeitgeschichte, 2016.

Höss, Rudolf, *Kommandant in Auschwitz: Autobiographische Aufzeichnungen*, ed. Martin Broszat, Stuttgart, Deutsche Verlags–Anstalt, 1958.

House, Edward M. , *The Intimate Papers of Colonel House Arranged as a Narrative by Charles Seymour*, Boston and New York, Houghton Mifflin Company, 1926–8.

Institut für Marxismus–Leninismus beim Zentralkomitee der SED (ed.), *Dokumente und Materialien zur Geschichte der deutschen Arbeiterbewegung*, 2nd ser. , Berlin (GDR), Dietz, 1957.

Institut für Marxismus–Leninismus beim Zentralkomitee der SED (ed.), *Vorwärts und nicht vergessen: Erlebnisberichte aktiver Teilnehmer der Novemberrevolution 1918/19*, Berlin

279

(GDR), Dietz, 1958.

Institut für Marxismus Leninismus beim Zentralkomitee der SED (ed.), *Wladimir Iljitsch Lenin. Werke*, vol. 23: August 1916–March 1917, 7th edn, Berlin (GDR), Dietz, 1975.

Jünger, Ernst, *In Stahlgewittern: Ein Kriegstagebuch*, Berlin, Verlag Mittler & Sohn, 1942.

Jünger, Ernst, *Kriegstagebuch 1914 – 1918*, ed. Helmuth Kiesel, Stuttgart, KlettCotta, 2010.

Kessel, Eberhard (ed.), *Friedrich Meinecke*, *Werke*, vol. 8: *Autobiographische Schriften*, Stuttgart, K. F. Koehler Verlag, 1969.

Kessler, Harry Graf, *Das Tagebuch 1880 – 1937*, ed. Roland Kamzelak and Ulrich Ott, vol. 6: *1916–1918*, vol. 7: *1919–1923*, Stuttgart, Klett–Cotta, 2007.

Kesyakov, Bogdan, *Prinos kym diplomaticheskata istoriya na Bulgaria (1918–1925): Dogovori, konventsii, spogodbi, protokoli i drugi syglashenia i diplomaticheski aktove s kratki belejki*, Sofia, Pecatnica Rodopi, 1925.

Keynes, John Maynard, *The Economic Consequences of the Peace*, London, Macmillan, 1919.

Killinger, Manfred von, *Der Klabautermann: Eine Lebensgeschichte*, 3rd edn, Munich, Eher, 1936.

Klemperer, Victor, *Curriculum Vitae: Erinnerungen 1881 – 1918*, vol. 2, Berlin, Rütten & Loening, 1996.

Klemperer, Victor, *Man möchte immer weinen und lachen in einem: Revolutionstagebuch 1919*, Berlin, Aufbau–Verlag, 2015.

Köhl, Franz, *Der Kampf um Deutsch – Ostafrika 1914 – 1918*, Berlin, Kameradschaft, 1920.

Kollwitz, Käthe, *Die Tagebücher*, ed. Jutta Bohnke–Kollwitz, Berlin, Siedler, 1989.

Körner, Hans–Michael, and Ingrid Körner (eds), *Leopold Prinz von Bayern, 1846– 1930: Aus den Lebenserinnerungen*, Regensburg, Pustet, 1983.

Kramer, Hilde, *Rebellin in Munich, Moskau und Berlin: Autobiographie 1901–1924*, ed. Egon Günther, Berlin, Basisdruck, 2011.

Kühlmann, Richard von, *Erinnerungen*, Heidelberg, Lambert Schneider, 1948.

Lafontaine, Oskar, ' Rede auf dem Parteitag in Cottbus am 24./25. Mai 2008 ', <https://archiv2017. dielinke. de/fileadmin/download/disput/2008/ disput_juni2008. pdf > (last accessed 22 November 2017).

Lettow – Vorbeck, Paul von, *Meine Erinnerungen an Ostafrika*, Leipzig, K. F.

280

Koehler, 1920.

Linket, Arthur S. (ed.), *The Papers of Woodrow Wilson*, vol. 40 (20 November 1916–23 January 1917), Princeton, Princeton University Press, 1982.

Lloyd George, David, *The Truth about the Peace Treaties*, 2 vols, London, Victor Gollancz, 1938.

Lönne, Karl Egon (ed.), *Die Weimarer Republik, 1918 – 1933: Quellen zum politischen Denken der Deutschen im 19. und 20. Jahrhundert*, Darmstadt, Wissenschaftliche Buchgesellschaft, 2002.

Luxemburg, Rosa, *Gesammelte Werke*, vol. 4: *August 1914 – Januar 1919*, Berlin (GDR), Dietz, 1974.

Luxemburg, Rosa, *Politische Schriften*, ed. Ossip K. Flechtheim, Frankfurt am Main, Europäische Verlagsanstalt, 1975.

Mann, Thomas, *Tagebücher 1918 – 1921*, ed. Peter de Mendelssohn, paperback edition, Frankfurt am Main, Fischer, 2003.

Marhefka, Edmund (ed.), *Der Waffenstillstand 1918 – 1919: Das DokumentenMaterial. Waffenstillstands – Verhandlungen von Compiègne, Spa, Trier und Brüssel*, vol. 1: *Der Waffenstillstandsvertrag von Compiègne und seine Verlängerungen nebst den finanziellen Bestimmungen*, Berlin, Deutsche Verlagsgesellschaft für Politik und Geschichte, 1928.

Marx–Engels–Lenin–Institut beim ZK der SED (ed.), Karl Liebknecht, *Ausgewählte Reden, Briefe und Aufsätze*, Berlin (GDR), Dietz, 1952.

Matthias, Erich, and Hans Meier – Welcher (eds), *Quellen zur Geschichte des Parlamentarismus und der politischen Parteien. 2nd ser. : Militär und Politik: Militär und Innenpolitik im Weltkrieg 1914 – 1918*, ed. Wilhelm Deist, 2 vols, Düsseldorf, Droste, 1970.

Matthias, Erich, and Susanne Miller (eds), *Die Regierung der Volksbeauftragten 1918/19*, 2 vols, Düsseldorf, Droste, 1969.

Matthias, Erich, and Rudolf Morsey (eds), *Quellen zur Geschichte des Parlamentarismus und der politischen Parteien*, vol. 2: *Die Regierung des Prinzen Max von Baden*, Düsseldorf, Droste, 1962.

Meinecke, Friedrich, *Die Deutsche Katastrophe*, Wiesbaden, Brockhaus, 1947.

Michaelis, Herbert, Ernst Schraepler, and Günter Scheel (eds), *Ursachen und Folgen*, vol. 2: *Der militärische Zusammenbruch und das Ende des Kaiserreichs*, Berlin, Wendler, 1959.

Müller, Hermann, *Die Novemberrevolution: Erinnerungen*, Berlin, Der Bücherkreis, 1928.

Müller, Richard, *Geschichte der deutschen Revolution*, vol. 1: *Vom Kaiserreich zur* **281** *Republik*, Vienna, 1924; repr. Berlin, Olle und Wolter, 1979.

Müller, Richard, *Geschichte der deutschen Revolution*, vol. 2: *Die Novemberrevolution*, Berlin, Olle und Wolter, 1974.

Neck, Rudolf (ed.), *Österreich im Jahre 1918: Berichte und Dokumente*, Vienna, Verlag für Geschichte und Politik, 1968.

Niemann, Alfred, *Revolution von Oben – Umsturz von unten: Entwicklung und Verlauf der Staatsumwälzung in Deutschland 1914–1918*, Berlin, Verlag für Kulturpolitik, 1927.

Noske, Gustav, *Von Kiel bis Kapp: Zur Geschichte der deutschen Revolution*, Berlin, Verlag für Politik und Wirtschaft, 1920.

Oncken, Hermann, 'Die Wiedergeburt der großdeutschen Idee', in Oncken, *Nation und Geschichte: Reden und Aufsätze 1919–1935*, Berlin, Grote'sche Verlagsbuchhandlung, 1935, 45–70. \[First published in Österreichische Rundschau 63 (1920), 97–114. \]

Otto, Hellmut, and Karl Schmiedel, *Der Erste Weltkrieg: Dokumente*, 2nd edn, Berlin (GDR), Militärverlag, 1977.

Pieck, Wilhelm, *Gesammelte Reden und Schriften*, vol. 1: *August 1904 – 1. Januar 1919*, Berlin (GDR), Dietz, 1959.

Popp, Lothar, *Ursprung und Entwicklung der Novemberrevolution 1918*, Kiel, Hermann Behrens, 1918.

Protokoll über die Verhandlungen des Parteitages der Sozialdemokratischen Partei Deutschlands, abgehalten zu Mannheim vom 23. bis 29. September 1906 sowie Bericht über die 4. Frauenkonferenz am 22. und 23. September 1906 in Mannheim 1906, Berlin, Buchhandlung Vorwärts, 1906.

Rausch, Bernhard, *Am Springquell der Revolution: Die Kieler Matrosenerhebung*, Kiel, Haase, 1918.

Remarque, Erich Maria, *Im Westen nichts Neues*, Cologne, Kiepenheuer & Witsch, 2010.

Riddell, George A. Baron, *Lord Riddell's Intimate Diary of the Peace Conference and After, 1918–1923*, London, Gollancz, 1933.

Riezler, Kurt, *Tagebücher, Aufsätze, Dokumente*, Göttingen, Vandenhoeck & Ruprecht, 2008.

Ritter, Gerhard A. , and Susanne Miller (eds), *Die deutsche Revolution 1918–1919: Dokumente*, Hamburg, Hoffmann und Campe, 1975.

Rosenberg, Alfred, 'Die russisch-jüdische Revolution', *Auf gut Deutsch 1* (1919), 120–4 (21 February 1919).

Rosenberg, Alfred, *Dreißig Novemberköpfe*, Munich, Kampfverlag, 1927.

Roth, Joseph, *Das Spinnennetz*, Cologne and Berlin, Kiepenheuer & Witsch,1967.

Ruckteschell, Walter von, 'Der Feldzug in Ostafrika', in Paul von LettowVorbeck (ed.), *Um Vaterland und Kolonie: Ein Weckruf an die deutsche Nation*, Berlin – Lichterfelde, Bermühler, 1919.

Salomon, Ernst von, *Die Geächteten*, Berlin, Rowohlt, 1923.

282   *Sammlung der Drucksachen der Verfassunggebenden Preußischen Landesversammlung, Tagung 1919/21*, vol. 15, Berlin, Preussische Verlags Anstalt, 1921.

Samson – Himmelstjerna, Alfred von, 'Meine Erinnerungen an die Landwehrzeit', Herder Institut, Marburg, n. d. , DSHI 120 BR BLW 9.

Scheidemann, Philipp, *Der Zusammenbruch*, Berlin, Verlag für Sozialwissenschaft, 1921.

Schnee, Heinrich, *Deutsch – Ostafrika im Weltkriege: Wie wir lebten und kämpften*, Leipzig, Quelle & Meyer, 1919.

Schreiber, Adele, *Revolution und Frauenwahlrecht: Frauen! Lernt wählen!*, Berlin, Arbeitsgemeinschaft für staatsbürgerliche und wirtschaftliche Bildung, 1919.

Shedletzky, Itta, and Thomas Sparr (eds), *Betty Scholem—Gershom Scholem: Mutter und Sohn im Briefwechsel 1917–1946*, Munich, C. H. Beck, 1989.

Der Staatsvertrag von St. Germain, Vienna, Österreichische Staatsdruckerei, 1919.

Stahl, Wilhelm (ed.), *Schulthess' Europäischer Geschichtskalender*, 34 (1918), Munich, C. H. Beck, 1922.

Stampfer, Friedrich, *Die 14 Jahre der Ersten Deutschen Republik*, Offenbach, Drott, 1947.

Starhemberg, Ernst Rüdiger, 'Aufzeichnungen des Fürsten Ernst Rüdiger Starhemberg im Winter 1938/39 in Saint Gervais in Frankreich', in Nachlass Starhemberg, Oberösterreichisches Landesarchiv Linz.

Toller, Ernst, *I was a German: The Autobiography of Ernst Toller*, New York, Morrow, 1934.

Treaty of Peace between the Allied and Associated Powers and Germany, London, H. M. Stationery Office, 1925.

'Treaty of Peace between the United States of America, the British Empire, France, Italy, and Japan and Poland', *American Journal of International Law* 13, Supplement, Official Documents (1919), 423–40.

Troeltsch, Ernst, *Spektator – Briefe: Aufsätze über die deutsche Revolution und die Weltpolitik 1918/22*, Tübingen, Mohr, 1924.

Verhandlungen der verfassunggebenden Deutschen Nationalversammlung: *Stenographische Berichte*, vol. 327, Berlin, Norddeutsche Buchdruckerei und Verlags-Anstalt, 1920.

Weber, Max, 'Deutschlands künftige Staatsform' (November 1918), in Weber, *Gesammelte politische Schriften*, 2nd edn, ed. J. Winckelmann, Tübingen, J. C. B. Mohr, 1958, 436-71.

Wenig, Richard, *Kriegs - Safari*: *Erlebnisse und Eindrücke auf den Zügen LettowVorbecks durch das östliche Afrika*, Berlin, Scherl, 1920.

Wermuth, Adolf, *Ein Beamtenleben*, Berlin, Scherl, 1922. **283**

Westarp, Kuno Graf von, *Das Ende der Monarchie am 9. November 1918*, ed. Werner Conze, Berlin, Helmut Rauschenbusch Verlag, 1952.

Wilson, Woodrow, *The War Addresses of Woodrow Wilson*, with an introduction and notes by Arthur Roy Leonard, Boston, Ginn, 1918.

Weygand, Maxime, *Le onze Novembre*, Paris, Flammarion, 1947.

Yourcenar, Marguerite, *Le coup de grâce*, Paris, Gallimard, 1939.

Zweig, Arnold, *Das ostjüdische Antlitz*, Berlin, Welt-Verlag, 1920.

二级文献

Ackerl, Isabella, and Rudolf Neck (eds), *Saint - Germain 1919*: *Protokoll des Symposiums am 29. und 30. Mai 1979 in Wien*, Vienna, Verlag für Geschichte und Politik, 1989.

Adolph, Hans, *Otto Wels und die Politik der deutschen Sozialdemokratie 1894-1939*: *Eine politische Biographie*, Berlin, de Gruyter, 1971.

Afflerbach, Holger, *Falkenhayn*: *Politisches Denken und Handeln im Kaiserreich*, Munich, Oldenbourg, 1994.

Alapuro, Risto, *State and Revolution in Finland*, Berkeley, Univ. of California Press, 1988.

Albertin, Lothar, *Liberalismus und Demokratie am Anfang der Weimarer Republik*: *Eine vergleichende Analyse der Deutschen Demokratischen Partei und der Deutschen Volkspartei*, Düsseldorf, Droste, 1972.

Albrecht, Günther (ed.), *Erlebte Geschichte von Zeitgenossen gesehen und geschildert. Erster Teil*: *Vom Kaiserreich zur Weimarer Republik*, Berlin (GDR), Verlag der Nation, 1967.

Albrecht, Willy, Friedhelm Boll, Beatrix W. Bouvier, Rosemarie LeuschenSeppel, and Michael Schneider, 'Frauenfrage und deutsche Sozialdemokratie vom Ende des 19. Jahrhunderts bis zum Beginn der zwanziger Jahre', *Archiv für Sozialgeschichte 19* (1979),

459-510.

Almond, Nina, and Ralph Haswell Lutz (eds), *The Treaty of St. Germain: A Documentary History of its Territorial and Political Clauses*, Stanford, Calif. , Stanford University Press, 1935.

Alpern, Engel Barbara, ' Not by Bread Alone: Subsistence Riots in Russia during World War I ', *Journal of Modern History* 69 (1997), 696-721.

Altrichter, Helmut, *Rußland 1917: Ein Land auf der Suche nach sich selbst*, Paderborn, Schöningh, 1997.

Andelman, David A. , *A Shattered Peace: Versailles 1919 and the Price We Pay Today*, Hoboken, NJ, J. Wiley, 2008.

Andreyev, Catherine, and Ivan Savicky, *Russia Abroad: Prague und the Russian Diaspora 1918-1938*, New Haven and London, Yale University Press, 2004.

Arendt, Hannah, *Elemente und Ursprünge totaler Herrschaft*, Frankfurt am Main, Europäische Verlagsanstalt, 1955.

284   Arens, Olavi, ' The Estonian Question at Brest-Litovsk ', *Journal of Baltic Studies* 25 (1994), 305-30.

Ascher, Harvey, ' The Kornilov Affair: A Reinterpretation ', *Russian Review* 29 (1970), 235-52.

Aschheim, Steven E. , *Brothers and Strangers: The East European Jew in German and German-Jewish Consciousness, 1800 - 1923*, Madison, Wis. , University of Wisconsin Press, 1982.

Audoin-Rouzeau, Stéphane, ' Die Delegation der "Gueulescassées" in Versailles am 28. Juni 1919 ', in Gerd Krumeich (ed.), *Versailles 1919: Ziele, Wirkung, Wahrnehmung*, Essen, Klartext-Verlag, 2001, 280-7.

Audoin-Rouzeau, Stéphane, Annette Becker, and Leonard V. Smith, *France and the Great War, 1914-1918*, Cambridge and New York, Cambridge University Press, 2003.

Azmanov, Dimitar, and Rumen Lechev, ' Probivat na Dobropole prezsptemvri 1918g odina ', *Voenno-istoricheski sbornik* 67 (1998), 154-75.

Babík, Milan, *Statecraft and Salvation: Wilsonian Liberal Internationalism as Secularized Eschatology*, Waco, Baylor University Press, 2013.

Balke, Friedrich, and Benno Wagner (eds), *Vom Nutzen und Nachteil historischer Vergleiche: Der Fall Bonn-Weimar*, Frankfurt am Main, Campus, 1997.

Balkelis, Tomas, ' Turning Citizens into Soldiers: Baltic Paramilitary Movements after the Great War ', in Robert Gerwarth and John Horne (eds), *War in Peace: Paramilitary Violence in Europe after the Great War*, Oxford, Oxford University Press, 2012, 126-44.

Ball, Alan, 'Building a New State and Society: NEP, 1921-1928', in Ronald Grigor Suny (ed.), *The Cambridge History of Russia*, vol. 3, Cambridge, Cambridge University Press, 2006, 168-91.

Ballabás, Dániel, *Trianon 90 évtávlatából: Konferenciák, műhelybeszélgetések*, Cheb, Líceum, Kiadó, 2011.

Barker, Ernest, *The Submerged Nationalities of the German Empire*, Oxford, Clarendon Press, 1915.

Barkey, Karen, and Mark von Hagen (eds), *After Empires: Multiethnic Societies and Nation-Building. The Soviet Union, and the Russian, Ottoman, and Habsburg Empires*, Boulder, Colo., Westview Press, 1997.

Baron, Nick, and Peter Gatrell, 'Population Displacement, State-Building and Social Identity in the Lands of the Former Russian Empire, 1917-1923', *Kritika: Explorations in Russian and Eurasian History* 4 (2003), 51-100.

Barth, Boris, *Dolchstoßlegenden und politische Desintegration: Das Trauma der deutschen Niederlage im Ersten Weltkrieg*, Düsseldorf, Droste, 2003.

Batowski, Henryk, 'Nationale Konflikte bei der Entstehung der Nachfolgestaaten', in Richard Georg Plaschka and Karlheinz Mack (eds), *Die Auflösung des Habsburgerreiches: Zusammenbruch und Neuorientierung im Donauraum*, Munich, Oldenbourg, 1970, 338-49.

Baudis, Dieter, and Hermann Roth, 'Berliner Opfer der Novemberrevolution 1918/19', *Jahrbuch für Wirtschaftsgeschichte* (1968), 73-149.

Bauer, Frieder, and Jörg Vögele, 'Die "Spanische Grippe" in der deutschen Armee 1918: Perspektive der Ärzte und Generäle', *Medizinhistorisches Journal* 48 (2013), 117-52.

Baumgart, Winfried, *Deutsche Ostpolitik 1918: Von Brest-Litovsk bis zum Ende des Ersten Weltkriegs*, Vienna and Munich, Oldenbourg, 1966.

Bayerlein, Bernhard B., et al. (eds), *Deutscher Oktober 1923: Ein Revolutionsplan und sein Scheitern*, Berlin, Aufbau-Verlag, 2003.

Becker, Winfried, *Frederic von Rosenberg (1874-1937): Diplomat vom späten Kaiserreich bis zum Dritten Reich, Außenminister der Weimarer Republik*, Göttingen, Vandenhoeck & Ruprecht, 2011.

Bein, Reinhard, *Braunschweig zwischen rechts und links: Der Freistaat 1918 bis 1930. Materialien zur Landesgeschichte*, Braunschweig, Döring-Druck, 1991.

Benbow, Mark, *Leading Them to the Promised Land: Woodrow Wilson, Covenant Theology, and the Mexican Revolutions, 1913-1915*, Kent, Oh., Kent State University

285

Press, 2010.

Bendikowski, Tillmann, *1914: Zwischen Begeisterung und Angst—wie Deutsche den Kriegsbeginn erlebten*, Munich, C. Bertelsmann Verlag, 2014.

Benz, Wolfgang, *Süddeutschland in der Weimarer Republik: Ein Beitrag zur deutschen Innenpolitik 1918–1923*, Berlin, Duncker & Humblot, 1970.

Berend, Ivan T. , *Decades of Crisis: Central and Eastern Europe before World War II*, Berkeley, Los Angeles, and London, University of California Press, 1998.

Bergien, Rüdiger, ' Republikschützer oder Terroristen? Die Freikorpsbewegung in Deutschland nach dem Ersten Weltkrieg', *Militärgeschichte* 3 (2008), 15–17.

Bergien, Rüdiger, *Die bellizistische Republik: Wehrkonsens und ' Wehrhaftmachung' in Deutschland, 1918–1933*, Munich, Oldenbourg, 2012.

Bernhardt, Oliver, *Alfred Döblin*, Munich, Deutscher Taschenbuch–Verlag, 2007.

Bessel, Richard, *Germany after the First World War*, Oxford, Clarendon Press, 1993.

Bessel, Richard, 'Revolution', in Jay Winter (ed.), *The Cambridge History of the First World War*, vol. 2, Cambridge and New York, Cambridge University Press, 2014.

Besson, Waldemar, *Württemberg und die deutsche Staatskrise 1928–1933: Eine Studie zur Auflösung der Weimarer Republik*, Stuttgart, Deutsche VerlagsAnstalt, 1959.

Beyer, Hans, *Die Revolution in Bayern 1918/1919*, Berlin (GDR), Deutscher Verlag der Wissenschaften, 1988.

Bieber, Hans–Joachim, *Bürgertum in der Revolution*, Hamburg, Christians, 1992.

Bihl, Wolfdieter, *Österreich – Ungarn und die Friedensschlüße von Brest – Litovsk*, Vienna, Cologne, and Graz, Böhlau, 1970.

Bjork, James E. , *Neither German nor Pole: Catholicism and National Indifference in a Central European Borderland, 1890 – 1922*, Ann Arbor, University of Michigan Press, 2008.

Blanke, Richard, *Orphans of Versailles: The Germans in Western Poland, 1918–1939*, Lexington, University Press of Kentucky, 1993.

Boak, Helen, *Women in the Weimar Republic*, Manchester, 2013.

286   Boebel, Chaja, and Lothar Wentzel (eds), *Streiken gegen den Krieg: Die Bedeutung der Massenstreiks in der Metallindustrie vom Januar 1918*, Hamburg, VSA, 2008.

Boell, Ludwig, *Die Operationen in Ostafrika. Weltkrieg 1914 – 1918*, Hamburg, Dachert, 1951.

Boell, Ludwig, ' Der Waffenstillstand 1918 und die ostafrikanische Schutztruppe: Eine Berichtigung', *Wehrwissenschaftliche Rundschau* 14 (1964), 324–36.

Boemeke, Manfred F. , ' Woodrow Wilson's Image of Germany, the War – Guilt

Question and the Treaty of Versailles,' in Boemeke, Gerald D. Feldman, and Elisabeth Glaser (eds), *The Treaty of Versailles: A Reassessment after 75 Years*, Cambridge and New York, Cambridge University Press, 1998, 603–14.

Boemeke, Manfred F. , Gerald D. Feldman, and Elisabeth Glaser (eds), *The Treaty of Versailles: A Reassessment after 75 Years*, Cambridge and New York, Cambridge University Press, 1998.

Boghardt, Thomas, *The Zimmermann Telegram: Intelligence, Diplomacy and America's Entry into World War I*, Annapolis, Md, Naval Institute Press, 2012.

Borowsky, Peter, 'Germany's Ukrainian Policy during World War I and the Revolution of 1918–19', in Hans–Joachim Torke and John–Paul Himka (eds), *German–Ukrainian Relations in Historical Perspective*, Edmonton, Canadian Institute of Ukrainian Studies Press, 1994, 84–94.

Borzecki, Jerzy, 'German Anti Semitism à la Polonaise: A Report on Poznanian Troops' Abuse of Belarusian Jews in 1919', *East European Politics and Societies and Cultures* 26 (2012), 693–707.

Boswell, Laird, 'From Liberation to Purge Trials in the "Mythic Provinces": Recasting French Identities in Alsace and Lorraine, 1918–1920', *French Historical Studies* 23 (2000), 129–62.

Bramke, Werner, and Silvio Reisinger, *Leipzig in der Revolution von 1918/19*, Leipzig, Leipziger Universitäts–Verlag, 2009.

Braun, Bernd, 'Die "Generation Ebert"', in Braun and Klaus Schönhoven (eds), *Generationen in der Arbeiterbewegung*, Munich, Oldenbourg, 2005, 69–86.

Browder, Robert Paul, and Alexander F. Kerensky (eds), *The Russian Provisional Government 1917: Documents*, 3 vols. , Stanford, Calif. , Stanford University Press, 1961.

Buber, Martin (ed.), *Gustav Landauer: Sein Lebensgang in Briefen*, 2 vols, Frankfurt am Main, Rütten & Loening, 1929.

Bührer, Tanja, *Die Kaiserliche Schutztruppe für Deutsch – Ostafrika: Koloniale Sicherheitspolitik und transkulturelle Kriegführung, 1885 bis 1918*, Munich, Oldenbourg, 2011.

Bunselmeyer, Robert E. , *The Cost of War 1914–1919: British Economic War Aims and the Origins of Reparation*, Hamden, Conn. , Archon Books, 1975.

Burleigh, Michael, *The Third Reich: A New History*, London, Macmillan, 2001.

Büttner, Ursula, *Weimar: Die überforderte Republik 1918–1933*, Stuttgart, KlettCotta, 2008.

Cabanes, Bruno, *La victoire en deuillée: la sortie de guerre des soldats français (1918–*

1920）, Paris, Seuil, 2004.

287 Cabanes, Bruno, '1919: Aftermath', in Jay Winter（ed.）, *Cambridge History of the First World War*, vol. 1, Cambridge and New York, Cambridge University Press, 2014, 172-98.

Calvert, Peter, *A Study of Revolution*, Oxford, Clarendon Press, 1970.

Canning, Kathleen, '"Sexual Crisis," the Writing of Citizenship, and the State of Emergency in Germany, 1917-1922', in Alf Lüdtke and Michael Wildt（eds）, *Staats-Gewalt: Ausnahmezustand und Sicherheitsregimes. Historische Perspektiven*, Göttingen, Wallstein Verlag, 2008, 167-213.

Canning, Kathleen, 'The Politics of Symbols, Semantics, and Sentiments in the Weimar Republic', *Central European History* 43（2010）, 567-80.

Canning, Kathleen, Kerstin Barndt, and Kristin McGuire（eds）, *Weimar Publics/Weimar Subject: Rethinking the Political Culture of Germany in the 1920s*, New York, Berghahn Books, 2010.

Carrère D'Encausse, Hélène, *Lenin: Revolution and Power*, New York and London, Longman Higher Education, 1982.

Carsten, Frances L., *Revolution in Central Europe 1918-19*, London, Maurice Temple Smith, 1972.

Casper-Derfert, Cläre, 'Steh auf, Arthur, heute ist Revolution', in Institut für Marxismus-Leninismus beim Zentralkomitee der SED（ed.）, *Vorwärts und nicht vergessen: Erlebnisberichte aktiver Teilnehmer der November revolution 1918/1919*, Berlin（GDR）, Dietz, 1960, 293-300.

Cattaruzza, Marina, Stefan Dyroff, and Dieter Langewiesche（eds）, *Territorial Revisionism and the Allies of Germany in the Second World War: Goals, Expectations, Practices*, New York and Oxford, Berghahn Books, 2012.

Chernev, Borislav, *Twilight of Empire: The Brest-Litovsk Conference and the Remaking of East-Central Europe, 1917-1918*, Toronto, University of Toronto Press, 2017.

Chickering, Roger, *We Men Who Feel Most German: A Cultural Study of the PanGerman League, 1886-1914*, London, HarperCollins, 1984.

Chickering, Roger, *Imperial Germany and the Great War, 1914-1918*, Cambridge, Cambridge University Press, 2004.

Cipriano Venzon, Anne（ed.）, *The United States in the First World War: An Encyclopedia*, New York and London, Garland, 1995.

Cohn, Norman, *Warrant for Genocide: The Myth of the Jewish World-Conspiracy and the Protocols of the Elders of Zion*, New York, Harper & Row, 1966.

Connor, James E. (ed.), *Lenin on Politics and Revolution: Selected Writings*, Indianapolis, Pegasus, 1968.

Conrad, Sebastian, and Jürgen Osterhammel (eds), *Das Kaiserreich transnational: Deutschland in der Welt, 1971-1914*, Göttingen, Vandenhoeck & Ruprecht, 2006.

Conze, Eckart, *Die grosse Illusion: Versailles und die Neuordnung der Welt*, Munich, Siedler Verlag, 2018.

Cornwall, Mark, *The Undermining of Austria - Hungary: The Battle for Hearts and Minds*, Basingstoke, Macmillan, 2000.

Crampton, Richard J. , *Aleksandur Stamboliiski: Bulgaria*, Chicago and London, Haus **288** Publishing, 2009.

Czech, Hans-Jörg, Olaf Matthes, and Ortwin Pelc (eds), *Revolution? Revolution! Hamburg 1918/19*, Hamburg, Wachholtz Verlag, 2018.

Dähnhardt, Dirk, *Revolution in Kiel*, Neumünster, Wachholtz, 1984.

Daly, Mary E. (ed.), *Roger Casement in Irish and World History*, Dublin, Royal Irish Academy, 2005.

Daniel, Ute, *The War from Within: German Working-Class Women in the First World War*, Oxford, Berg Publishers, 1997.

Daskalov, Doncho, *1923: Sadbonosni resheniya isabitiya*, Sofia, BZNS, 1983.

Davies, Norman, *Microcosm: A Portrait of a Central European City*, London, Pimlico, 2003.

Davis, Belinda, *Home Fires Burning: Food, Politics, and Everyday Life in World War I Berlin*, Chapel Hill, NC, University of North Carolina Press, 2000.

Dedijer, Vladimir, *Novi priloziza biografiju Josipa Broza Tita 1*, Zagreb and Rijeka, Liburnija, 1980 (reprint).

Deist, Wilhelm, ' Die Politik der Seekriegsleitung und die Rebellion der Flotte Ende Oktober 1918', *Vierteljahrshefte für Zeitgeschichte* 14 (1966), 341-68.

Deist, Wilhelm, ' Verdeckter Militärstreik im Kriegsjahr 1918?', in Wolfram Wette (ed.), *Der Krieg des kleinen Mannes: Eine Militärgeschichte von unten*, Munich and Zurich, Piper, 1995, 146-67.

Denholm, Decie, ' Eine Australierin in Leipzig: Die heimlichen Briefe der Ethel Cooper 1914 - 1919', in Bernd Hüppauf (ed.), *Ansichten vom Krieg*, Königstein im Taunus, Athenäum, 1984, 132-52.

Deutscher, Isaac, *The Prophet Armed: Trotsky, 1879 - 1921*, Oxford, Oxford University Press, 1954.

Dimitrov, Georgi, *Nastanyavane i ozemlyavane na balgarskite bezhantsi*, Blagoewgrad,

VPI, 1985.

Doerries, Reinhard R. , *Prelude to the Easter Rising*: *Sir Roger Casement in Imperial Germany*, London and Portland, Ore. , Frank Cass, 2000.

Dowe, Dieter, and Peter – Christian Witt, *Friedrich Ebert 1871 – 1925*: *Vom Arbeiterführer zum Reichspräsidenten*, Bonn, Forschungsinst. der FriedrichEbert – Stiftung, Historisches Forschungszentrum, 1995.

Drabkin, Jakov S. , *Die Novemberrevolution in Deutschland*, Berlin (GDR) , Deutscher Verlag der Wissenschaften, 1968.

Dragostinova, Theodora, ' Competing Priorities, Ambiguous Loyalties: Challenges of Socioeconomic Adaptation and National Inclusion of the Interwar Bulgarian Refugees ' , *Nationalities Papers* 3/4 (2006) , 549–74.

Dragostinova, Theodora, *Between Two Motherlands*: *Nationality and Emigration among the Greeks of Bulgaria*, *1900–1949*, Ithaca, NY, Cornell University Press, 2011.

Eimers, Enno, *Das Verhältnis von Preußen und Reich in den ersten Jahren der Weimarer Republik 1918–1923*, Berlin, Duncker & Humblot, 1969.

Eley, Geoff, and James Retallack (eds) , *Wilhelminism and its Legacies*: *German Modernities*, *Imperialism*, *and the Meaning of Reform*, *1890 – 1930*: *Essays for Hartmut Pogge von Strandmann*, Oxford, Berghahn Books, 2003.

Eley, Geoff, Jennifer L. Jenkin, and Tracie Matysik (eds) , *German Modernities from Wilhelm to Weimar*: *A Contest of Futures*, London, Bloomsbury Academic, 2016.

Elz, Wolfgang, ' Versailles und Weimar ' , *Aus Politik und Zeitgeschichte* 50/1 (2008) , 31–8.

Engelmann, Dieter, and Horst Naumann, *Hugo Haase*: *Lebensweg und politisches Vermächtnis eines streitbaren Sozialisten*, Berlin, Edition Neue Wege,1999.

Erdmann, Karl Dietrich, ' Die Geschichte der Weimarer Republik als Problem der Wissenschaft ' , *Vierteljahrshefte für Zeitgeschichte* 3 (1955) ,1–19.

Erger, Johannes, *Der Kapp–Lüttwitz–Putsch*: *Ein Beitrag zur deutschen Innenpolitik*, *1919–20*, Düsseldorf, Droste, 1967.

Evans, Richard, *The Coming of the Third Reich*, London, Penguin, 2003.

Eyck, Erich, *Geschichte der Weimarer Republik*, vol. 1: *Vom Zusammenbruch des Kaisertums bis zur Wahl Hindenburgs*, Zurich, Rentsch, 1954.

Eyck, Erich, *Geschichte der Weimarer Republik*, vol. 2: *Von der Konferenz von Locarno bis zu Hitlers Machtübernahme*, Zurich, Rentsch, 1956.

Fedyshyn, Oleh S. , *Germany's Drive to the East the Ukrainian Revolution*, *1917– 1918*, New Brunswick, NJ, Rutgers University Press, 1971.

289

Fehrenbach, Elisabeth, 'Die Reichsgründung in der deutschen Geschichtsschreibung', in Theodor Schieder and Ernst Deuerlein (eds), *Reichsgründung 1870/71: Tatsachen, Kontroversen, Interpretationen*, Stuttgart, Seewald, 1970.

Feldman, Gerald D. , 'Das deutsche Unternehmertum zwischen Krieg und Revolution: Die Entstehung des Stinnes – Legien – Abkommens', in Feldman, *Vom Weltkrieg zur Weltwirtschaftskrise: Studien zur deutschen Wirtschafts – und Sozialgeschichte 1914 – 1932*, Göttingen, Vandenhoeck & Ruprecht, 1984.

Feldman, Gerald D. , *The Great Disorder: Politics, Economic, and Society in the German Inflation, 1914–1924*, New York, Oxford University Press, 1993.

Feldman, Gerald D. , and Irmgard Steinisch, *Industrie und Gewerkschaften 1918 – 1924: Die überforderte Zentralarbeitsgemeinschaft*, Stuttgart, Deutsche Verlags – Anstalt, 1985.

Fellner, Fritz, 'Der Vertrag von St. Germain', in Erika Weinzierl and Kurt Skalnik (eds), *Österreich 1918–1938*, vol. 1, Graz, Styria, 1983, 85–106.

Ferguson, Niall, *The Pity of War: Explaining World War I*, London, Allen Lane, 1998.

Ferro, Marc, *October 1917: A Social History of the Russian Revolution*, London, Routledge & Kegan Paul, 1980.

Fieldhouse, David K. , *Western Imperialism in the Middle East, 1914–1958*, Oxford and New York, Oxford University Press, 2006.

Figes, Orlando, *Peasant Russia, Civil War: The Volga Countryside in Revolution, 1917–21*, Oxford and New York, Clarendon Press, 1989.

Figes, Orlando, *Die Tragödie eines Volkes: Die Epoche der russischen Revolution 1891 bis 1924*, Berlin, Berlin–Verlag, 1998.

Fink, Carole, 'The Minorities Question at the Paris Peace Conference: The Polish Minority Treaty, June 28, 1919', in Manfred Boemeke, Gerald Feldman, and Elisabeth Glaser (eds), *The Treaty of Versailles: A Reassessment after 75 Years*, Cambridge, Cambridge University Press, 1998.

Fink, Carole, *Defending the Rights of Others: The Great Powers, the Jews, and International Minority Protection*, New York, Cambridge University Press, 2004.

Foley, Robert, 'From Victory to Defeat: The German Army in 1918', in Ashley Ekins (ed.), *1918: Year of Victory*, Auckland and Wollombi, Exisle, 2010.

Föllmer, Moritz, 'The Unscripted Revolution: Male Subjectivities in Germany, 1918–19', *Past & Present* 240 (2018), 161–92.

Föllmer, Moritz, and Rüdiger Graf (eds), *Die 'Krise' der Weimarer Republik: Zur*

290

Kritik eines Deutungsmusters, Frankfurt am Main, Campus, 2005.

Fong, Giordan, 'The Movement of German Divisions to the Western Front, Winter 1917–1918', *War in History* 7 (2000), 225–35.

Fricke, Dieter, et al. (eds), *Lexikon zur Parteiengeschichte: Die bürgerlichen und kleinbürgerlichen Parteien und Verbände in Deutschland (1789–1945)*, 4 vols, Leipzig, Bibliographisches Institut, 1983–6.

Friedensburg, Ferdinand, *Die Weimarer Republik*, 2nd edn, Berlin, Hanover, Norddeutsche Verlags–Anstalt, 1957.

Fritzsche, Peter, 'Historical Time and Future Experience in Postwar Germany', in Wolfgang Hardtwig (ed.), *Ordnungen in der Krise: Zur politischen Kulturgeschichte Deutschlands 1900–1933*, Munich, Oldenbourg, 2007, 141–64.

Führer, Karl Christian, Jürgen Mittag, and Axel Schildt (eds), *Revolution und Arbeiterbewegung in Deutschland 1918–1920*, Essen, Klartext Verlag, 2013.

Funck, Marcus, 'Schock und Chance: Der preußische Militäradel in der Weimarer Republik zwischen Stand und Profession', in Heinz Reif and René Schiller (eds), *Adel und Bürgertum in Deutschland, vol. 2: Entwicklungslinien und Wendepunkte im 20. Jahrhundert*, Berlin, Akademie–Verlag, 2001, 127–72.

Gallus, Alexander, *Die vergessene Revolution von 1918/19*, Göttingen, V andenhoeck & Ruprecht, 2010.

Gatrell, Peter, *A Whole Empire Walking: Refugees in Russia during World War I*, Bloomington, Ind., Indiana University Press, 1999.

Gatrell, Peter, *Russia's First World War, 1914–1917: A Social and Economic History*, London, Routledge, 2005.

Gautschi, Willi, *Lenin als Emigrant in der Schweiz*, Zurich, Benziger, 1973.

Gellinek, Christian, *Philipp Scheidemann: Gedächtnis und Erinnerung*, Münster, Waxmann, 2006.

Genov, Georgi P., *Bulgaria and the Treaty of Neuilly*, Sofia, Danov & Co., 1935.

Gentile, Emilio, *The Sacralization of Politics in Fascist Italy*, Cambridge, Mass., Harvard University Press, 1996.

Georg, Kreis, *Insel der unsicheren Geborgenheit: Die Schweiz in den Kriegsjahren 1914–1918*, Zurich, Verlag Neue Zürcher Zeitung, 2014.

Ģērmanis, Uldis, *Oberst Vācietis und die lettischen Schützen im Weltkrieg und in der Oktoberrevolution*, Stockholm, Almqvist & Wiksell, 1974.

Gerwarth, Robert, 'Republik und Reichsgründung: Bismarcks kleindeutsche Lösung im Meinungsstreit der ersten deutschen Demokratie', in Heinrich August Winkler (ed.),

291

Griff nach der Deutungsmacht: *Zur Geschichte der Geschichtspolitik in Deutschland*, Göttingen, Wallstein-Verlag, 2004, 115-33.

Gerwarth, Robert, 'The Central European Counter-Revolution: Paramilitary Violence in Germany, Austria and Hungary after the Great War', *Past & Present* 200 (2008), 175-209.

Gerwarth, Robert, *The Vanquished*: *Why the First World War Failed to End*, London, Allen Lane, 2016.

Gerwarth, Robert, and Martin Conway, 'Revolution and Counterrevolution', in Donald Bloxham and Robert Gerwarth (eds), *Political Violence in Twentieth Century Europe*, Cambridge and New York, Cambridge University Press, 2011, 140-75.

Gerwarth, Robert and Dominik Geppert (eds), *Wilhelmine Germany and Edwardian Britain*: *Essays on Cultural Affinity*, Oxford and New York, Oxford University Press, 2008.

Gerwarth, Robert, and John Horne, 'Vectors of Violence: Paramilitarism in Europe after the Great War, 1917-1923', *The Journal of Modern History* 83 (2011), 489-512.

Gerwarth, Robert, and John Horne, 'Bolshevism as Fantasy: Fear of Revolution and Counter-Revolutionary Violence, 1917-1923', in Robert Gerwarth and John Horne (eds), *War in Peace*: *Paramilitary Violence in Europe after the Great War*, Oxford, Oxford University Press, 2012, 40-51.

Gerwarth, Robert, and Erez Manela (eds), *Empires at War*, *1911-1923*, Oxford, Oxford University Press, 2014.

Geyer, Martin H., *Verkehrte Welt*: *Revolution, Inflation und Modern München 1914-1924* (Kritische Studien zur Geschichtswissenschaft, 128), Göttingen, Vandenhoeck und Ruprecht, 1998.

Geyer, Martin H., 'Die Gleichzeitigkeit des Ungleichzeitigen: Zeitsemantik und die Suche nach Gegenwart in der Weimarer Republik', in Wolfgang Hardtwig (ed.), *Utopie und politische Herrschaft im Europa der Zwischenkriegszeit*, Munich, Oldenbourg, 2003, 75-100.

Geyer, Michael, *Deutsche Rüstungspolitik 1860-1980*, Frankfurt am Main, Suhrkamp, 1984.

Geyer, Michael, 'Zwischen Krieg und Nachkrieg: Die deutsche Revolution 1918/19 im Zeichen blockierter Transnationalität', in Alexander Gallus (ed.), *Die vergessene Revolution von 1918/19*, Göttingen, Vandenhoeck & Ruprecht, 2010, 187-222.

Gietinger, Klaus, *Eine Leiche im Landwehrkanal*: *Die Ermordung Rosa Luxemburgs*, Hamburg, Nautilus, 2008.

Gietinger, Klaus, *Der Konterrevolutionär*: *Waldemar Pabst—eine deutsche Karriere*,

Hamburg, Nautilus, 2009.

292   Gilbhard, Hermann, *Die Thule – Gesellschaft*: *Vom okkulten Mummenschanz zum Hakenkreuz*, Munich, Kiessling, 1994.

Gill, Graeme J. , *Peasants and Government in the Russian Revolution*, London, Macmillan, 1979.

Gingeras, Ryan, *Fall of the Sultanate*: *The Great War and the End of the Ottoman Empire 1908-1922*, Oxford, Oxford University Press, 2016.

Glenny, Michael, and Norman Stone, *The Other Russia*: *The Experience of Exile*, London, Faber and Faber, 1990.

Glenny, Misha, *The Balkans, 1804-1999*: *Nationalism, War and the Great Powers*, London, Granta Books, 1999.

Goebel, Stefan, ' Re-Membered and Re-Mobilized: The "Sleeping Dead" in Interwar Germany and Britain' , *Journal of Contemporary History* 39 (2004) , 487-501.

Gohlke, Martin, ' Die Räte in der Revolution 1918/19 in Magedeburg' (unpublished Ph. D. thesis, Oldenburg, 1999).

Golczewski, Frank, *Deutsche und Ukrainer*, Paderborn, Schöningh, 2010.

Goldberg, George, *The Peace to End Peace*: *The Paris Peace Conference of 1919*, London, Pitman, 1970.

Görlitz, Walter, *Die Junker, Adel und Bauer im deutschen Osten*: *Geschichtliche Bilanz von 7 Jahrhunderten*, Glücksburg, Starke, 1957.

Gosewinkel, Dieter, *Einbürgern und Ausschließen*: *Die Nationalisierung der Staatsangehörigkeit vom Deutschen Bund bis zur Bundesrepublik Deutschland*, Göttingen, Vandenhoeck & Ruprecht, 2001.

Gould, S. W. , ' Austrian Attitudes toward Anschluss: October 1918 – September 1919' , *Journal of Modern History* 22 (1950) , 220-31.

Goussef, Catherine, *L' exil russe*: *la fabrique du réfugié apatride (1920 - 1939)*, Paris, CNRS Édition, 2008.

Graebner, Norman, and Edward Bennett, *The Versailles Treaty and its Legacy*: *The Failure of the Wilsonian Vision*, Cambridge and New York, Cambridge University Press, 2011.

Graf, Rüdiger, ' Optimismus und Pessimismus in der Krise: Der politischkulturelle Diskurs in der Weimarer Republik' , in Wolfgang Hardtwig (ed.) , *Ordnungen in der Krise*: *Zur politischen Kulturgeschichte Deutschlands 1900 - 1933*, Munich, Oldenbourg, 2007, 115-40.

Grau, Bernhard, *Kurt Eisner 1867 - 1919*: *Eine Biographie*, Munich, C. H.

Beck, 2001.

Grebing, Helga, *Frauen in der deutschen Revolution 1918/19*, Heidelberg, Stiftung Reichspräsident-Friedrich-Ebert-Gedenkstätte, 1994.

Greenhalgh, Elizabeth, *Victory through Coalition: Politics, Command and Supply in Britain and France, 1914 - 1918*, Cambridge and New York, Cambridge University Press, 2005.

Grosch, Waldemar, *Deutsche und polnische Propaganda während der Volksabstimmung in Oberschlesien 1919–1921*, Dortmund, Forschungsstelle Ostmitteleuropa, 2002.

Groß, Gerhard, 'Eine Frage der Ehre? Die Marineführung und der letzte Flottenvorstoß 1918', in Jörg Duppler and Gerhard P. Groß (eds), *Kriegsende 1918: Ereignis, Wirkung, Nachwirkung*, Munich, Oldenbourg, 1999.

Gueslin, Julien, 'Riga, de la métropole russe à la capitale de la Lettonie 1915 - 1919', in Philippe Chassaigne and Jean-Marc Largeaud (eds), *Villes en guerre (1914–1945)*, Paris, Colin, 2004, 185–95.

Gumbrecht, Hans Ulrich, *1926: Living on the Edge of Time*, Cambridge, Mass., Harvard University Press, 1997.

Gusy, Christoph, 'Die Grundrechte in der Weimarer Republik', *Zeitschrift für neuere Rechtsgeschichte* 15 (1993), 163–83.

Gusy, Christoph (ed.), *Weimars langer Schatten: 'Weimar' als Argument nach 1945*, Baden-Baden, Nomos Verlags-Gesellschaft, 2003.

Gutjahr, Wolf-Dietrich, *Revolution muss sein: Karl Radek—Die Biographie*, Cologne, Weimar, and Vienna, Böhlau, 2012.

Gutsche, Willibald, Fritz Klein, and Joachim Petzold, *Der Erste Weltkrieg: Ursachen und Verlauf*, Cologne, Pahl-Rugenstein, 1985.

Haapala, Pertti, and Marko Tikka, 'Revolution, Civil War and Terror in Finland in 1918', in Robert Gerwarth and John Horne (eds), *War in Peace: Paramilitary Violence in Europe after the Great War*, Oxford, Oxford University Press, 2012, 71–83.

Haase, Ernst, *Hugo Haase: Sein Leben und Wirken*, Berlin, J. J. Ottens, 1929.

Haffner, Sebastian, *Die verratene Revolution: Deutschland 1918/19*, Bern, Munich, and Vienna, Scherz, 1969.

Hagen, Mark von, *War in a European Borderland: Occupations and Occupation Plans in Galicia and Ukraine, 1914–1918*, Seattle, University of Washington Press, 2007.

Hagenlücke, Heinz, *Deutsche Vaterlandspartei: Die nationale Rechte am Ende des Kaiserreichs*, Düsseldorf, Droste, 1997.

Hahlweg, Werner, *Der Diktatfrieden von Brest-Litowsk 1918 und die bolschewistische*

Weltrevolution, Münster, Aschendorff, 1960.

Hall, Richard C. , *Balkan Breakthrough*: *The Battle of Dobro Pole 1918*, Bloomington, Ind. , Indiana University Press, 2010.

Haller, Oliver, 'German Defeat in World War I, Influenza and Postwar Memory', in Klaus Weinhauer, Anthony McElligot, and Kirsten Heinsohn (eds), *Germany 1916-23*: *A Revolution in Context*, Bielefeld, Transcript, 2015, 151-80.

Hampe, Karl, *Kriegstagebuch 1914-1919*, ed. Folker Reichert and Eike Wolgast, Munich, Oldenbourg, 2007.

Hardtwig, Wolfgang, *Ordnungen in der Krise*: *Zur politischen Kulturgeschichte Deutschlands 1900-1933*, Munich, Oldenbourg, 2007.

Harris, J. Paul, *Douglas Haig and the First World War*, Cambridge and New York, Cambridge University Press, 2008.

Hasegawa, Tsuyoshi, 'The February Revolution', in Edward Acton, Vladimir Cherniaev, and William G. Rosenberg (eds), *Critical Companion to the Russian Revolution 1914-1921*, London, Arnold, 1997, 48-61.

Haupt, Georges, *Socialism and the Great War*: *The Collapse of the Second International*, Oxford, Clarendon Press, 1972.

Haussmann, Conrad, *Schlaglichter*: *Reichstagsbriefe und Aufzeichnungen*, ed. Ulrich Zeller, Frankfurt am Main, Frankfurter Societäts-Druckerei, 1924.

Hawkins, Nigel, *The Starvation Blockades*: *Naval Blockades of World War I*, Barnsley, Seaforth Publishing, 2002.

Heimers, Manfred Peter, *Unitarismus und süddeutsches Selbstbewußtsein*: *Weimarer Koalition und SPD in Baden in der Reichsreformdiskussion 1918-1933*, Düsseldorf, Droste, 1992.

Helbig, Rolf, Wilhelm Langbein, and Lothar Zymara, 'Beiträge zur Lage des weiblichen Proletariats und dessen aktive Einbeziehung in den Kampf der deutschen Arbeiterklasse gegen Imperialismus, Militarismus und Krieg in der dritten Hauptperiode der Geschichte der deutschen Arbeiterbewegung', unpubl. graduate thesis, Leipzig, 1973.

Helmreich, Paul C. , *From Paris to Sèvres*: *The Partition of the Ottoman Empire at the Paris Peace Conference of 1919-1920*, Columbus, Oh. , Ohio State University Press, 1974.

Hermens, Ferdinand, *Mehrheitswahlrecht oder Verhältniswahlrecht?*, Berlin, Duncker & Humblot, 1949.

Hervé, Florence, *Geschichte der deutschen Frauenbewegung*, Cologne, Papyrossa, 1995.

Herwig, Holger H. , *'Luxury' Fleet*: *The Imperial German Navy, 1888-1918*,

London, Allen & Unwin, 1980.

Herwig, Holger, 'Clio Deceived: Patriotic Self-Censorship in Germany after the Great War', *International Security* 12 (1987), 5-22.

Herwig, Holger, *The First World War: Germany and Austria-Hungary, 1914-1918*, London, Arnold, 1997.

Herz, Rudolf, and Dirk Halfbrodt, *Revolution und Fotografie: München 1918/19*, Berlin, Nishen, 1988, 183-92.

Hiden, John, *The Baltic States and Weimar Ostpolitik*, Cambridge and New York, Cambridge University Press, 1987.

Hiden, John, and Martyn Housden, *Neighbours or Enemies? Germans, the Baltic, and Beyond*, Amsterdam and New York, Rodopi, 2008.

Hildebrand, Klaus, *Das vergangene Reich: Deutsche Außenpolitik von Bismarck bis Hitler 1871-1945*, Stuttgart, Deutsche Verlags-Anstalt, 1995.

Hildermeier, Manfred, *Geschichte der Sowjetunion 1917 - 1991: Entstehung und Niedergang des ersten sozialistischen Staates*, Munich, C. H. Beck, 1998.

Hillmayr, Heinrich, 'Munich und die Revolution 1918/1919', in Karl Bosl (ed.), *Bayern im Umbruch: Die Revolution von 1918, ihre Voraussetzungen, ihr Verlauf und ihre Folgen*, Munich and Vienna, Oldenbourg, 1969.

Hillmayr, Heinrich, *Roter und Weißer Terror in Bayern nach 1918*, Munich, Nusser, 1974.

Hobsbawm, Eric J. , 'Revolution', in Roy Porter and Mikulas Teich (eds), *Revolution in History*, Cambridge, Cambridge University Press, 1986.

Hock, Klaus, *Die Gesetzgebung des Rates der Volksbeauftragten*, Pfaffenweiler, Centaurus-Verlagsgesellschaft, 1987.

Hoffrogge, Ralf, *Richard Müller: Der Mann hinter der Novemberrevolution*, Berlin, Dietz, 2008.

Holquist, Peter, *Making War, Forging Revolution: Russia's Continuum of Crisis*, Cambridge, Mass. , Harvard University Press, 2002. **295**

Holquist, Peter, 'Violent Russia, Deadly Marxism? Russia in the Epoch of Violence, 1905-21', *Kritika: Explorations in Russian and Eurasian History* 4 (2003), 627-52.

Holste, Heiko, Warum Weimar? *Wie Deutschlands erste Republik zu ihrem Geburtsort kam*, Vienna, Böhlau, 2018.

Höpp, Gerhard, *Muslime in der Mark: Als Kriegsgefangene und Internierte in Wünsdorf und Zossen, 1914-1924*, Berlin, Das Arabische Buch, 1997.

Hoppu, Tuomas, and Pertti Haapala (eds), *Tampere 1918: A Town in the Civil War*,

Tampere, Museum Centre Vapriikki, 2010.

Horak, Stephan M. , *The First Treaty of World War I: Ukraine's Treaty with the Central Powers of February 9, 1918*, Boulder, Colo. , Columbia University Press, 1988.

Horn, Daniel, *Mutiny on the High Seas: Imperial German Naval Mutinies of World War One*, London, Frewin, 1973.

Hortzschansky, Günter (ed.), *Illustrierte Geschichte der deutschen Novemberrevolution 1918/19*, Berlin (GDR), Dietz, 1978.

Howard, N. P. , 'The Social and Political Consequences of the Allied Food Blockade of Germany, 1918-19', *German History* 11 (1993), 161-88.

Hoyningen-Huene, Iris von, *Adel in der Weimarer Republik: Die rechtlich-soziale Situation des reichsdeutschen Adels 1918-1933*, Limburg, C. A. Starke Verlag, 1992.

Huber, Ernst R. , *Deutsche Verfassungsgeschichte seit 1789, vol. 5: Weltkrieg, Revolution und Reichserneuerung 1914-1919*, Stuttgart, Kohlhammer, 1978.

Huck, Stephan, and Frank Nägler (eds), *Marinestreiks - Meuterei Revolutionäre Erhebung 1917/1918*, Munich, Oldenbourg, 2009.

Hürten, Heinz (ed.), *Zwischen Revolution und Kapp - Putsch: Militär und Innenpolitik, 1918-1920*, Düsseldorf, Droste, 1977.

Isnenghi, Mario, and Giorgio Rochat, *La Grande Guerra 1914 - 1918*, Bologna, Società ed. il Mulino, 2008.

Jacob, Mathilde, *Rosa Luxemburg: An Intimate Portrait*, London, Lawrence & Wishart, 2000.

James, Harold, 'The Weimar Economy', in Anthony McElligott (ed.), *Weimar Germany*, Oxford, Oxford University Press, 2009, 102-26.

Jefferies, Matthew, *Imperial Culture in Germany, 1871-1918*, Houndmills and New York, Macmillan, 2003.

Jentsch, Harald, *Die KPD und der 'Deutsche Oktober' 1923*, Rostock, Koch, 2005.

Jessen - Klingenberg, Manfred, ' Die Ausrufung der Republik durch Philipp Scheidemann am 9. November 1918 ', *Geschichte in Wissenschaft und Unterricht* 19 (1968), 649-56.

Jones, Mark, ' Violence and Politics in the German Revolution, 1918 - 19 ', Dissertation, European University Institute, 2011.

Jones, Mark, *Founding Weimar: Violence and the German Revolution of 1918-1919*, Cambridge and New York, Cambridge University Press, 2016.

Jones, Nigel H. , *Hitler's Heralds: The Story of the Freikorps 1918-1923*, London, Murray, 1987.

296

Juhnke, Dominik, Judith Prokasky, and Martin Sabrow, *Mythos der Revolution: Karl Liebknecht, das Berliner Schloss und der 9. November 1918*, Munich, Carl Hanser Verlag GmbH & Co. KG, 2018.

Käppner, Joachim, *1918: Aufstand für die Freiheit. Die Revolution der Besonnenen*, Munich, Piper, 2017.

Kasekamp, Andres, *A History of the Baltic States*, New York, Palgrave, 2010.

Kaser, M. C., and E. A. Radice (eds), *The Economic History of Eastern Europe, 1919-1975*, vol. 1, Oxford, Clarendon Press, 1985.

Katkov, George, *The Kornilov Affair: Kerensky and the Breakup of the Russian Army*, London and New York, Longman, 1980.

Katz, Friedrich, *The Secret War in Mexico: Europe, the United States, and the Mexican Revolution*, Chicago, University of Chicago Press, 1981.

Kautt, William H., *The Anglo-Irish War, 1916-1921: A People's War*, Westport, Conn., and London, Praeger, 1999.

Kayali, Hasan, 'The Struggle for Independence', in Resat Kasaba (ed.), *The Cambridge History of Turkey*, vol. 4: *Turkey in the Modern World*, Cambridge and New York, Cambridge University Press, 2008.

Keene, Jennifer D., 'The United States', in John Horne (ed.), *Companion to World War I*, Malden, Mass., Wiley-Blackwell, 2010, 508-23.

Keller, Peter, '*Die Wehrmacht der deutschen Republik ist die Reichswehr*': *Die deutsche Armee 1918-1921*, Paderborn, Schöningh, 2014.

Kellogg, Michael, *The Russian Roots of Nazism: White Russians and the Making of National Socialism, 1917 - 1945*, Cambridge and New York, Cambfridge University Press, 2005.

Kennedy, David, *Over Here: The First World War and American Society*, Oxford and New York, Oxford University Press, 1980.

Kent, Bruce, *The Spoils of War: The Politics, Economics, and Diplomacy of Reparations 1918-1932*, Oxford, Clarendon Press, 2011.

Kershaw, Ian, *Höllensturz: Europa von 1914 - 1949*, Munich, Deutsche VerlagsAnstalt, 2017.

Kiesel, Helmuth, *Ernst Jünger: Die Biographie*, Munich, Siedler, 2007.

Kirby, David, *A Concise History of Finland*, Cambridge and New York, Cambridge University Press, 2006.

Kirk, Dudley, *Europe's Population in the Interwar Years*, New York, Gordon & Breach, 1967.

Kitchen, Martin, *The Silent Dictatorship: The Politics of the German High Command under Hindenburg and Ludendorff, 1916–1918*, New York, Croom Helm, 1976.

Kittel, Manfred, 'Scheidemann, Philipp', in *Neue Deutsche Biographie*, vol. 22, Berlin: Duncker & Humblot, 2005, 630f.

297　　Klein, Fritz, 'Between Compiègne and Versailles: The Germans on the Way from a Misunderstood Defeat to an Unwanted Peace', in Manfred F. Boemeke et al. (eds), *The Treaty of Versailles: A Reassessment after 75 Years*, Cambridge and New York, Cambridge University Press, 1998, 203–20.

Klier, Freya, *Dresden 1919: Die Geburt einer neuen Epoche*, Freiburg, Verlag Herder, 2018.

Kluge, Ulrich, 'Militärrevolte und Staatsumsturz: Ausbreitung und Konsolidierung der Räteorganisation im rheinisch–westfälischen Industriegebiet', in Reinhard Rürup (ed.), *Arbeiter–und Soldatenräte im rheinisch–westfälischen Industriegebiet*, Wuppertal, Hammer, 1975, 39–82.

Kluge, Ulrich, *Soldatenräte und Revolution: Studien zur Militärpolitik in Deutschland 1918/19*, Göttingen, Vandenhoeck & Ruprecht, 1975.

Knock, Thomas J., *To End All Wars: Woodrow Wilson and the Quest for a New World Order*, New York, Oxford University Press, 1992.

Koch, Hannsjoachim W., *Der deutsche Bürgerkrieg: Eine Geschichte der deutschen und österreichischen Freikorps 1918–1923*, Berlin, Ullstein, 1978.

Koch–Baumgarten, Sigrid, *Aufstand der Avantgarde: Die Märzaktion der KPD 1921*, Cologne, Campus, 1986.

Koehl, Robert Lewis, 'Colonialism inside Germany: 1886–1918', *The Journal of Modern History* 25 (1953), 255–72.

Koenen, Gerd, *Der Russland–Komplex: Die Deutschen und der Osten, 1900–1945*, Munich, C. H. Beck, 2005.

Kohlrausch, Martin, *Der Monarch im Skandal: Die Logik der Massenmedien und die Transformation der wilhelminischen Monarchie*, Berlin, Akademie–Verlag, 2005.

Kolb, Eberhard, *Die Arbeiterräte in der deutschen Innenpolitik 1918/19*, 2nd. edn, Düsseldorf, Ullstein, 1978.

Kolb, Eberhard, '1918/19: Die steckengebliebene Revolution', in Carola Stern und Heinrich A. Winkler (eds), *Wendepunkte deutscher Geschichte 1848 – 1990*, reprint, Frankfurt am Main, Fischer, 2001, 100–25.

Kolb, Eberhard, *Die Weimarer Republik*, Munich, Oldenbourg, 2002.

König, Wolfgang, *Wilhelm II. und die Moderne: Der Kaiser und die technischindustrielle Welt*, Paderborn, Schöningh, 2007.

Könnemann, Erwin, and Gerhard Schulze (eds), *Der Kapp – Lüttwitz – Putsch*: *Dokumente*, Munich, Olzog, 2002.

Kopp, Kristin, ' Gray Zones: On the Inclusion of " Poland" in the Study of German Colonialism' , in Michael Perraudin and Jürgen Zimmerer (eds), *German Colonialism and National Identity*, New York and London, Routledge, 2011, 33–42.

Kozuchowski, Adam, *The Afterlife of Austria – Hungary*: *The Image of the Habsburg Monarchy in Interwar Europe*, Pittsburgh, University of Pittsburgh Press, 2013.

Kramer, Alan, ' Wackes at War: Alsace–Lorraine and the Failure of German National Mobilization, 1914–1918' , in John Horne (ed.), *State, Society and Mobilization in Europe during the First World War*, Cambridge, Cambridge University Press, 1997, 110–21.

Kramer, Alan, *Dynamic of Destruction*: *Culture and Mass Killing in the First World War*, Oxford and New York, Oxford University Press, 2007. 298

Kramer, Alan, ' Deportationen' , in Gerhard Hirschfeld, Gerd Krumeich, and Irina Renz (eds.), *Enzyklopädie Erster Weltkrieg*, Paderborn, Schöningh, 2009, 434–5.

Kramer, Alan, ' Blockade and Economic Warfare' , in Jay Winter (ed.), *Cambridge History of the First World War*, vol. 2, Cambridge, Cambridge University Press, 2014, 460–89.

Krause, Andreas, *Scapa Flow*: *Die Selbstversenkung der Wilhelminischen Flotte*, Berlin, Ullstein, 1999.

Kritzer, Peter, *Die bayerische Sozialdemokratie und die bayerische Politik in den Jahren 1918–1923*, Munich, Stadtarchiv, 1969.

Kroll, Frank – Lothar, *Geburt der Moderne*: *Politik, Gesellschaft und Kultur vor dem Ersten Weltkrieg*, Berlin, Be. bra–Verlag, 2013.

Krüger, Friederike, and Michael Salewski, ' Die Verantwortung der militärischen Führung deutscher Streitkräfte in den Jahren 1918 und 1945' , in Jörg Duppler and Gerhard Paul (eds), *Kriegsende 1918*: *Ereignis, Wirkung, Nachwirkung*, Munich, Oldenbourg, 1999, 377–98.

Krüger, Fritz Konrad, *Government and Politics of the German Empire*, London, World Book Company, 1915.

Krumeich, Gerd, ' Die Dolchstoß–Legende' , in Étienne François and Hagen Schulze (eds), *Deutsche Erinnerungsorte*, vol. 1, Munich, C. H. Beck, 2001, 585–99.

Krumeich, Gerd (ed.). , *Versailles 1919*: *Ziele, Wirkung, Wahrnehmung*, Essen, Klartext, 2001.

Kucera, Jaroslav, *Minderheit im Nationalstaat*: *Die Sprachenfrage in den tschechischdeutschen Beziehungen 1918-1938*, Munich, Oldenbourg, 1999.

Lademacher, Horst (ed.), *Die* Zimmerwalder Bewegung: Protokolle und *Korrespondenz*, 2 vols. , Paris and The Hague, Mouton, 1967.

Lamar, Cecil, *Wilhelm II.* , *vol.* 2: *Emperor and Exile*, *1900-1941*, Chapel Hill and London, University of North Carolina Press, 1996.

Lambert, Nicholas A. , *Planning Armageddon: British Economic Warfare and the First World War*, Cambridge, Mass. , Harvard University Press, 2012.

Lange, Dietmar, *Massenstreik und Schießbefehl: Generalstreik und Märzkämpfe in Berlin 1919*, Berlin, edition assemblage, 2012.

Large, David Clay, *Where Ghosts Walked: Munich's Road to the Third Reich*, New York, Norton, 1997.

Laschitza, Annelies, *Im Lebensrausch, trotz alledem. Rosa Luxemburg: Eine Biographie*, Berlin, Aufbau, 1996.

Laschitza, Annelies, *Die Liebknechts: Karl und Sophie, Politik und Familie*, Berlin, Aufbau, 2009.

Laschitza, Annelies, and Elke Keller, *Karl Liebknecht: Eine Biographie in Dokumenten*, Berlin (GDR), Dietz, 1982.

Lavery, Jason, ' Finland 1917 – 19: Three Conflicts, One Country' , *Scandinavian Review* 94 (2006), 6-14.

Lehnert, Detlef, *Sozialdemokratie und Novemberrevolution: Die Neuordnungsdebatte 1918/19 in der politischen Publizistik von SPD und USPD*, Frankfurt am Main, Campus, 1983.

Lehnert, Detlef (ed.), *Revolution 1918/19 in Norddeutschland*, Berlin, MetropolVerlag, 2018.

Leidinger, Hannes, ' Der Kieler Aufstand und die deutsche Revolution' , in Verena Moritz and Hannes Leidinger (eds), *Die Nacht des Kirpitschnikow: Eine andere Geschichte des Ersten Weltkriegs*, Vienna, Deuticke, 2006.

Leidinger, Hannes, and Verena Moritz, *Gefangenschaft, Revolution: Heimkehr. Die Bedeutung der Kriegsgefangenproblematik für die Geschichte des Kommunismus in Mittel-und Osteuropa 1917-1920*, Cologne and Vienna, Böhlau, 2003.

Leonhard, Jörn, *Die Büchse der Pandora: Geschichte des Ersten Weltkriegs*, Munich, C. H. Beck, 2014.

Lerner, Paul Frederick, *Hysterical Men: War, Psychiatry, and the Politics of Trauma in Germany, 1890-1930*, Ithaca, NY, Cornell University Press, 2003.

Levene, Mark, *The Crisis of Genocide, vol. 1: Devastation: The European Rimlands*

1912-1938, Oxford, Oxford University Press, 2016.

Liesemer, Dirk, *Aufstand der Matrosen: Tagebuch einer Revolution*, Hamburg, Mare Verlag, 2018.

Lieven, Dominic, *Nicholas II. Emperor of All the Russias*, London, Murray, 1994.

Lincoln, W. Bruce, *Passage through Armageddon: The Russians in War and Revolution*, New York, Simon & Schuster, 1986.

Liulevicius, Vejas G., *War Land on the Eastern Front: Culture, National Identity and German Occupation in World War I*, Cambridge and New York, Cambridge University Press, 2000.

Liulevicius, Vejas G., 'Der Osten als apokalyptischer Raum: Deutsche Fronterfahrungen im und nach dem Ersten Weltkrieg', in Gregor Thum (ed.), *Traumland Osten: Deutsche Bilder vom östlichen Europa im 20. Jahrhundert*, Göttingen, Vandenhoeck & Ruprecht, 2006, 47-65.

Lohr, Eric, *Nationalizing the Russian Empire: The Campaign against Enemy Aliens during World War I*, Cambridge, Mass., Harvard University Press, 2003.

Longerich, Peter, *Deutschland 1918 - 1933: Die Weimarer Republik. Handbuch zur Geschichte*, Hanover, Fackelträger-Verlag, 1995.

Longerich, Peter, *Hitler: Biographie*, Munich, Siedler, 2015.

Lösche, Peter, *Der Bolschewismus im Urteil der deutschen Sozialdemokratie 1903 - 1920*, Berlin, Colloquium-Verlag, 1967.

Lowry, Bullit, *Armistice 1918*, Kent, Oh., and London, Kent State University Press, 1996.

Luban, Ottokar, 'Die Massenstreiks für Frieden und Demokratie im Ersten Weltkrieg', in Chaja Boebel and Lothar Wentzel (eds), *Streiken gegen den Krieg: Die Bedeutung der Massenstreiks in der Metallindustrie vom Januar 1918*, Hamburg, VSA - Verlag, 2008, 11-27.

Lüdke, Tilman, *Jihad made in Germany: Ottoman and German Propaganda and Intelligence Operations in the First World War*, Münster, Lit, 2005, 117-25.

Luebke, Frederick C., *Bonds of Loyalty: German Americans and World War I*, DeKalb, Ill., Northern Illinois University Press, 1974.   **300**

Luthardt, Wolfgang, *Sozialdemokratische Verfassungstheorie in der Weimarer Republik*, Opladen, Westdeutscher Verlag, 1986.

Luther, Karl-Heinz, 'Die nachrevolutionären Machtkämpfe in Berlin, November 1918 bis März 1919', *Jahrbuch für Geschichte Mittel-und Ostdeutschlands* 8 (1959), 187-222.

Lutz, Raphael, *Imperiale Gewalt und mobilisierte Nation: Europa 1914 - 1945*,

Munich, C. H. Beck, 2011.

McCarthy, Justin, *Death and Exile*: *The Ethnic Cleansing of Ottoman Muslims 1821-1922*, Princeton, Darwin Press, 2004.

McElligot, Anthony (ed.), *Weimar Germany*, Oxford and New York, Oxford University Press, 2011.

McElligott, Anthony, *Rethinking the Weimar Republic*: *Authority and Authoritarianism*, *1916-1936*, London, Bloomsbury, 2014.

McElligott, Anthony, and Kirsten Heinsohn (eds), *Germany 1916-23*: *A Revolution in Context*, Bielefeld, transcript Verlag, 2015.

Machtan, Lothar, *Die Abdankung*: *Wie Deutschlands gekrönte Häupter aus der Geschichte fielen*, Berlin, Propyläen, 2008.

Machtan, Lothar, *Prinz Max von Baden*: *Der letzte Kanzler des Kaisers*, Berlin, Suhrkamp, 2013.

McMeekin, Sean, *History's Greatest Heist*: *The Looting of Russia by the Bolsheviks*, London and New Haven, Yale University Press, 2009.

MacMillan, Margaret, *Peacemakers*: *Six Months That Changed the World*, London, John Murray, 2001.

Maderthaner, Wolfgang, ' Utopian Perspectives and Political Restraint: The Austrian Revolution in the Context of Central European Conflicts ' , in Günter Bischof, Fritz Plasser, and Peter Berger (eds), *From Empire to Republic*: *Post World War I Austria*, Innsbruck, Innsbruck University Press, 2010, 52-66.

Malinowski, Stephan, *Vom König zum Führer*: *Sozialer Niedergang und politische Radikalisierung im deutschen Adel zwischen Kaiserreich und NS-Staat*, Berlin, Akademie, 2003.

Mann, Michael, *The Dark Side of Democracy*: *Explaining Ethnic Cleansing*, Cambridge, Cambridge University Press, 2005.

Mark, Rudolf A. , *Krieg an fernen Fronten*: *Die Deutschen in Zentralasien und am Hindukusch 1914-1924*, Paderborn, Schöningh, 2013.

Marks, Sally, ' The Myths of Reparations ' , *Central European History* 11 (1978), 231-9.

Marks, Sally, ' Mistakes and Myths: The Allies, Germany and the Versailles Treaty, 1918-1921 ' , *Journal of Modern History* 85 (2013), 632-59.

Materna, Ingo, ' 9. November1918—der erste Tag der Republik: Eine Chronik ' , *Berlinische Monatsschrift* 4 (2000), 139-46.

Matthias, Erich, *Die deutsche Sozialdemokratie und der Osten*, Tübingen,

Arbeitsgemeinschaft für Osteuropaforschung, 1954.

Matthias, Erich, *Zwischen Räten und Geheimräten: Die deutsche Revolutionsregierung* 301
1918/19, Düsseldorf, Droste, 1970.

Maurer, Trude, *Ostjuden in Deutschland, 1918–1933*, Hamburg, Christians, 1990.

Mawdsley, Evan, *The Russian Civil War*, Edinburgh, Birlinn, 2000.

May, Arthur, *The Passing of the Hapsburg Monarchy*, vol. 2. , Philadelphia,
University of Pennsylvania Press, 1966.

Mazower, Mark, *Dark Continent: Europe's Twentieth Century*, New York,
Knopf, 1999.

Mazower, Mark, 'Two Cheers for Versailles', *History Today* 49 (1999), 8–14.

Mazower, Mark, *Hitler's Empire: How the Nazis Ruled Europe*, New York, Penguin
Press, 2008.

Melzer, Liane, *Die Gesetzgebung des Rats der Volksbeauftragten (1918/19):*
Entstehungsgeschichte und Weitergeltung, Frankfurt am Main, Peter Lang, 1988.

Menges, Franz, *Reichsreform und Finanzpolitik: Die Aushöhlung der Eigenstaatlichkeit*
Bayerns auf finanzpolitischem Wege in der Zeit der Weimarer Republik, Berlin, Duncker &
Humblot, 1971.

Méouchy, Nadine, and Peter Sluglett (eds), *The British and French Mandates in*
Comparative Perspective, Leiden, Brill, 2004.

Merridale, Catherine, *Lenin on the Train*, London, Allen Lane, 2016.

Michels, Eckard, '*Der Held von Deutsch–Ostafrika*' : *Paul von Lettow–Vorbeck. Ein*
preußischer Kolonialoffizier, Paderborn, Schöningh, 2008.

Michels, Eckard, '" Die Spanische Grippe " 1918/19: Verlauf, Folgen und
Deutungen in Deutschland im Kontext des Ersten Weltkriegs ', *Vierteljahrshefte für*
Zeitgeschichte 58 (2010), 1–33.

Middlebrook, Martin, *The Kaiser's Battle: The First Day of the German Spring*
Offensive, London, Allen Lane, 1978.

Mierau, Fritz, *Russen in Berlin, 1918–1933*, Berlin, Quadriga, 1988.

Mikoletzky, Lorenz, 'Saint–Germain und Karl Renner: Eine Republik wird diktiert ',
in Helmut Konrad and Wolfgang Maderthaner (eds), *Das Werden der Ersten Republik... der*
Rest ist Österreich, vol. 1, Vienna, Gerold, 2008, 179–86.

Miller, Susanne, ' Das Ringen um " die einzige großdeutsche Republik ": Die
Sozialdemokratie in Österreich und im Deutschen Reich zur Anschlußfrage 1918/19 ',
Archiv für Sozialgeschichte 11 (1971), 1–68.

Miller, Susanne, *Burgfrieden und Klassenkampf: Die deutsche Sozialdemokratie im*

Ersten Weltkrieg, Düsseldorf, Droste, 1974.

Miller, Susanne, *Die Bürde der Macht： Die deutsche Sozialdemokratie 1918 - 1920*, Düsseldorf, Droste, 1978.

Miller, Susanne, and Gerhard A. Ritter, 'Die November-Revolution im Herbst 1918 im Erleben und Urteil der Zeitgenossen', *Aus Politik und Zeitgeschichte* 18 (1968), 3-40.

Milow, Caroline, *Die ukrainische Frage 1917-1923 im Spannungsfeld der europäischen Diplomatie*, Wiesbaden, Harrassowitz, 2002.

Mitchell, Allan, *Revolution in Bayern 1918/1919： Die Eisner - Regierung und die Räterepublik*, Munich, C. H. Beck, 1967.

Mitchell, David J., *1919： Red Mirage*, London, Cape, 1970.

Mitrovic, Andrej, *Serbia's Great War, 1914-1918*, London, Hurst, 2007.

Mócsy, István, *The Effects of World War I： The Uprooted： Hungarian Refugees and their Impact on Hungary's Domestic Politics, 1918-1921*, New York, Columbia University Press, 1983.

Mommsen, Hans, 'Hitler und der 9. November 1923', in Johannes Willms (ed.), *Der 9. November： Fünf Essays zur deutschen Geschichte*, Munich, C. H. Beck, 1995, 33-48.

Montgomery, A. E., 'The Making of the Treaty of Sevres of 10 August 1920', *The Historical Journal* 15 (1972), 775-87.

Morgan, David W., *The Socialist Left and the German Revolution： A History of the German Independent Social Democratic Party, 1917-1922*, Ithaca, NY, Cornell University Press, 1976.

Morsey, Rudolf, *Die Deutsche Zentrumspartei 1917-1923*, Düsseldorf, Droste, 1966.

Mosley, Leonard, *Duel for Kilimandjaro： The East African Campaign 1914 - 1918*, London, Weidenfeld and Nicolson, 1963.

Moyd, Michelle '"We don't want to die for nothing"： askari at War in German East Africa', in Santanu Das (ed.), *Race, Empire and First World War Writing*, Cambridge, Cambridge University Press, 2011, 90-107.

Moyd, Michelle, *Violent Intermediaries： African Soldiers, Conquest, and Everyday Colonialism in German East Africa*, Athens, Oh., Ohio University Press, 2014.

Mühlhausen, Walter, 'Die Zimmerwalder Bewegung', in Gerhard Hirschfeldt, Gerd Krumeich, and Irina Renz (eds), *Enzyklopädie Erster Weltkrieg*, Paderborn, Schöningh, 2004.

Mühlhausen, Walther, *Friedrich Ebert 1871 - 1925： Reichspräsident in der Weimarer*

302

Republik, Bonn, Dietz, 2006.

Mühlhausen, Walther, '*Das große Ganze im Auge behalten*' : *Philipp Scheidemann als Oberbürgermeister von Kassel (1920–1925)*, Marburg, Historische Kommission für Hessen, 2011.

Müller, Georg Alexander von, *The Kaiser and his Court*: *The Diaries*, *Note Books*, *and Letters of Admiral Alexander von Müller*, London, Macdonald, 1961.

Müller, Sven O. , and Cornelius Torp (eds), *Das Deutsche Kaiserreich in der Kontroverse*, Göttingen, Vandenhoeck & Ruprecht, 2009.

Mulligan, William, *The Creation of the Modern German Army*: *General Walther Reinhardt and the Weimar Republic, 1914–1930*, New York, Berghahn, 2005.

Murphy, Mahon, *Colonial Captivity during the First World War*: *Internment and the Fall of the German Empire, 1914–1919*, Cambridge, Cambridge University Press, 2017.

Myers, Duane P. , *Germany and the Question of Austrian Anschluss 1918–1922*, New Haven, Yale University Press, 1968.

Nachtigal, Reinhard, *Russland und seine österreichisch–ungarischen Kriegsgefangenen (1914–1918)*, Remshalden, Greiner, 2003.

Nebelin, Manfred, *Ludendorff*: *Diktator im Ersten Weltkrieg*, Munich, Siedler, 2010.   303

Neiberg, Michael S. , *The Second Battle of the Marne*, Bloomington, Ind. , Indiana University Press, 2008.

Nettl, John Peter, *Rosa Luxemburg*, Oxford, Oxford University Press, 1968.

Neutatz, Dietmar, *Träume und Alpträume*: *Eine Geschichte Russlands im 20. Jahrhundert*, Munich, C. H. Beck, 2013.

Niemann, Alfred, *Kaiser und Revolution*: *Die entscheidenden Ereignisse im Großen Hauptquartier im Herbst 1918*, Berlin, Verlag für Kulturpolitik, 1928.

Niess, Wolfgang, *Die Revolution von 1918/19*: *Der wahre Beginn unserer Demokratie*, Berlin et al. , Europa Verlag, 2017.

Nivet, Philippe, *Les réfugiés français de la Grande Guerre, 1914–1920*: *les ' boches du nord'* , Paris, Institut de Stratégie Comparée, 2004.

Nojowski, Walter, *Victor Klemperer (1881–1960)* : *Romanist–Chronist der Vorhölle*, Berlin, Hentrich und Hentrich, 2004.

Nowak, Karl Friedrich (ed.), *Die Aufzeichnungen des Generalmajors Max Hoffmann*, Berlin, Verlag für Kulturpolitik, 1929.

Oertzen, Peter von, ' Die großen Streiks der Ruhrbergarbeiterschaft im Frühjahr 1919' , *Vierteljahrshefte für Zeitgeschichte* 6 (1958), 231–62.

Oertzen, Peter von, *Betriebsräte in der Novemberrevolution*: *Eine politik wissenscha-*

ftliche Untersuchung über Ideengehalt und Struktur der betrieblichen und wirtschaftlichen Arbeiterräte in der deutschen Revolution 1918/1919, 2nd edn, Berlin, Dietz, 1976.

Offer, Avner, *The First World War: An Agrarian Interpretation*, Oxford, Oxford University Press, 1991.

Ondrovcik, John, ' "All the Devils Are Loose": The Radical Revolution in the Saxon Vogtland, 1918–1920' (unpublished Ph. D. thesis, Harvard, 2008).

Osborne, Eric W., *Britain's Economic Blockade of Germany, 1914–1919*, London and New York, Cass, 2004.

Pearson, Raymond, 'Hungary: A State Truncated, a Nation Dismembered', in Seamus Dunn and T. G. Fraser, *Europe and Ethnicity: World War I and Contemporary Ethnic Conflict*, London and New York, Routledge, 1996, 88–109.

Pedersen, Susan, 'The Meaning of the Mandates System: An Argument', *Geschichte und Gesellschaft* 32 (2006), 1–23.

Pedersen, Susan, *The Guardians: The League of Nations and the Crisis of Empire*, Oxford and New York, Oxford University Press, 2015.

Pedroncini, Guy, *Les Mutineries de 1917*, 3rd edn, Paris, 1996.

Petrov, Ivan, *Voynata v Makedonia (1915–1918)*, Sofia, SEMARŠ, 2008.

Petzold, Joachim, *Der 9. November 1918 in Berlin: Berliner Arbeiterveteranen berichten über die Vorbereitung der Novemberrevolution und ihren Ausbruch am 9. November 1918 in Berlin*, Berlin (GDR), Bezirksleitung der SED Groß-Berlin, 1958.

Phillips, Howard, and David Killingray (eds), *The Spanish Influenza Pandemic of 1918–19: New Perspectives*, London and New York, Routledge, 2003.

Pipes, Richard, *The Russian Revolution 1899–1919*, London, Harvill, 1997.

Pistohlkors, Gert von (ed.), *Deutsche Geschichte im Osten Europas: Baltische Länder*, Berlin, Siedler, 1994.

Plakans, Andrejs, *The Latvians*, Stanford, Calif., Hoover Institution Press, 1995.

Plakans, Andrejs, *A Concise History of the Baltic States*, Cambridge and New York, Cambridge University Press, 2011.

Plöckinger, Othmar, *Unter Soldaten und Agitatoren: Hitlers prägende Jahre im deutschen Militär 1918–1920*, Paderborn, Schöningh, 2013.

Plowman, Matthew, 'Irish Republicans and the Indo-German Conspiracy of World War I', *New Hibernia Review* 7 (2003), 81–105.

Poljakov, Jurij Aleksandrovic, and Valentina Borisovna Žiromskaja (eds), *Naselenie Rossii v XX veke*, vol. 1: *1900–1939*, Moscow, ROSSP'N, 2000.

Portner, Ernst, *Die Verfassungspolitik der Liberalen 1919: Ein Beitrag zur Deutung der*

304

Weimarer Reichsverfassung, Bonn, Röhrscheid, 1973.

Pourchier – Plasseraud, Suzanne, ' Riga 1905 – 2005: A City with Conflicting Identities ', *Nordost-Archiv* 15 (2006), 175-94.

Pranckh, Hans von, *Der Prozeß gegen den Grafen Anton Arco – Valley, der den bayerischen Ministerpräsidenten Kurt Eisner erschossen hat*, Munich, Lehmann, 1920.

Priestland, David, *The Red Flag: A History of Communism*, New York, Grove, 2009.

Prusin, Alexander Victor, *The Lands Between: Conflict in the East European Borderlands, 1870-1992*, Oxford, Oxford University Press, 2010.

Purseigle, Pierre, ' "A Wave on to our Shores": The Exile and Resettlement of Refugees from the Western Front, 1914 – 1918 ', *Contemporary European History* 16 (2007), 427-44.

Pyta, Wolfram, *Hindenburg: Herrschaft zwischen Hohenzollern und Hitler*, Munich, Siedler, 2007.

Pyta, Wolfram, ' Die Kunst des rechtzeitigen Thronverzichts: Neue Einsichten zur Überlebenschance der parlamentarischen Monarchie in Deutschland im Herbst 1918 ', in Bernd Sösemann and Patrick Merziger, *Geschichte, Öffentlichkeit, Kommunikation: Festschrift für Bernd Sösemann zum 65. Geburtstag*, Stuttgart, Steiner, 2010.

Rabinowitch, Alexander, *The Bolsheviks in Power: The First Year of Soviet Rule in Petrograd*, Bloomington, Ind., Indiana University Press, 2007.

Rachaminow, Alan, *POWs and the Great War: Captivity on the Eastern Front*, Oxford and New York, Berg, 2002.

Rackwitz, Martin, *Kiel 1918: Revolution. Aufbruch zu Demokratie und Republik*, Kiel, Wachholtz, 2018.

Raeff, Marc, *Russia Abroad: A Cultural History of the Russian Emigration, 1919-1939*, Oxford and New York, Oxford University Press, 1990.

Raleigh, Donald J., *Experiencing Russia ' s Civil War: Politics, Society and Revolutionary Culture in Saratov, 1917 – 1922*, Princeton, Princeton University Press, 2002.

Raleigh, Donald J., ' The Russian Civil War 1917-1922 ', in Ronald Grigor Suny (ed.), *The Cambridge History of Russia*, vol. 3, Cambridge, Cambridge University Press, 2006, 140-67. **305**

Rappaport, Helen, *Conspirator: Lenin in Exile*, New York, Basic Books, 2010.

Rauch, Georg von, The Baltic States: *The Years of Independence: Estonia, Latvia, Lithuania, 1917-1940*, Berkeley, Calif., University of California Press, 1974.

Rauscher, Walter, ' Die Republikgründungen 1918 und 1945 ', in Klaus Koch,

Walter Rauscher, Arnold Suppan, and ElisabethV yslonzil (eds), *Außenpolitische Dokumente der Republik Österreich 1918 – 1938*, Sonderband, *Von Saint – Germain zum Belvedere*: *Österreich und Europa 1919 – 1955*, Vienna and Munich, Verlag für Geschichte und Politik, 2007, 9 – 24.

Raymond, Boris, and David R. Jones, *The Russian Diaspora 1917 – 1941*, Lanham, Md, Scarecrow Press, 2000.

Read, Anthony, *The World on Fire*: *1919 and the Battle with Bolshevism*, London, Pimlico, 2009.

Read, Christopher, *From Tsar to Soviets*: *The Russian People and their Revolution*, *1917 – 1921*, Oxford and New York, Oxford University Press, 1996.

Read, Christopher, *Lenin*: *A Revolutionary Life*, London and New York, Routledge, 2005.

Reisinger, Silvio, 'Die Revolution von 1918/19 in Leipzig', in Ulla Plener (ed.), *Die Novemberrevolution 1918/19 in Deutschland*: *Für bürgerliche und sozialistische Demokratie. Allgemeine, regionale und biographische Aspekte. Beiträge zum 90. Jahrestag der Revolution*, Berlin, Dietz, 2009, 163 – 80.

Reulecke, Jürgen, '*Ich möchte einer werden so wie die...*': *Männerbünde im 20. Jahrhundert*, Frankfurt am Main, Campus, 2001.

Reuling, Ulrich, 'Reichsreform und Landesgeschichte: Thüringen und Hessen in der Länderneugliederungsdiskussion der Weimarer Republik', in Michael Gockel (ed.), *Aspekte thüringisch – hessischer Geschichte*, Marburg, Hessisches Landesamt für Geschichtliche Landeskunde, 1992, 257 – 308.

Reynolds, David, *The Long Shadow*: *The Great War and the Twentieth Century*, London, Simon & Schuster, 2013.

Reynolds, Michael A. , 'Ottoman – Russian Struggle for Eastern Anatolia and the Caucasus, 1908 – 1918: Identity, Ideology and the Geopolitics of World Order', Thesis, Princeton, 2003.

Rhode, Gotthold, 'Das Deutschtum in Posen und Pommerellen in der Zeit der Weimarer Republik', in Senatskommission für das Studium des Deutschtums im Osten an der Rheinischen Friedrich–Wilhelms–Universität Bonn (ed.), *Studien zum Deutschtum im Osten*, Cologne and Graz, Böhlau, 1966, 88 – 132.

Riasanovsky, Nicholas, and Mark Steinberg, *A History of Russia*, New York, Oxford University Press, 2005.

Richter, Ludwig, 'Notverordnungsrecht', in Eberhard Kolb (ed.), *Friedrich Ebert als Reichspräsident*: *Amtsführung und Amtsverständnis*, Munich, Oldenbourg, 1997, 250 – 7.

Richter, Ludwig, 'Reichspräsident und Ausnahmegewalt: Die Genese des Art. 48 in **306** den Beratungen der Weimarer Nationalversammlung', *Der Staat* 37 (1998), 221-47.

Richter, Ludwig, 'Die V orgeschichte des Art. 48 der Weimarer Reichsverfassung', *Der Staat* 37 (1998), 1-26.

Ritter, Gerhard A. (ed.), *Geschichte der Arbeiter und Arbeiterbewegung in Deutschland seit dem Ende des 18. Jahrhunderts*, vol. 6, Berlin and Bonn, Dietz, 1985.

Rogger, Hans, *Russia in the Age of Modernisation and Revolution 1881 - 1917*, London, Longman, 1997.

Röhl, John C. G., *Wilhelm II. : Der Weg in den Abgrund, 1900-1941*, Munich, C. H. Beck, 2008.

Rose, Detlev, *Die Thule - Gesellschaft: Legende—Mythos—Wirklichkeit*, 3rd. edn, Tübingen, Grabert, 2017.

Rosenberg, Arthur, *Entstehung und Geschichte der Weimarer Republik*, Frankfurt am Main, Europäische Verlagsanstalt, 1955.

Rosenberg, William G., *The Liberals in the Russian Revolution: The Constitutional Democratic Party, 1917-1921*, Princeton, Princeton University Press, 1974.

Roshwald, Aviel, *Ethnic Nationalism and the Fall of Empires: Central Europe, Russia and the Middle East, 1914-1923*, London, Routledge, 2001.

Rossfeld, Roman, Thomas Buomberger, and Patrick Kury (eds), *14/18: Die Schweiz und der Große Krieg*, Baden, Hier und Jetzt, 2014.

Rothenberg, Gunther, *The Army of Francis Joseph*, West Lafayette, Ind. , Purdue University Press, 1976.

Rubenstein, Joshua, *Leon Trotsky: A Revolutionary's Life*, New Haven and London, Yale University Press, 2011.

Rudin, Harry R. , *Armistice 1918*, New Haven, Yale University Press, 1944.

Rüger, Jan, *Helgoland: Deutschland, England und ein Felsen in der Nordsee*, Berlin, Propyläen, 2017.

Rürup, Reinhard, *Probleme der Revolution in Deutschland 1918/19*, Wiesbaden, Steiner, 1968.

Rurüp, Reinhard, 'Problems of the German Revolution 1918 - 19', *Journal of Contemporary History* 3 (1968), 109-35.

Rürup, Reinhard (ed.), *Arbeiter - und Soldatenräte im rheinisch - westfälischen Industriegebiet: Studien zur Geschichte der Revolution 1918/19*, Wuppertal, Hammer, 1975.

Rust, Christian, 'Self - Determination at the Beginning of 1918 and the German Reaction', *Lithuanian Historical Studies* 13 (2008), 43-6.

Sabrow, Martin, *Die verdrängte Verschwörung: Der Rathenau-Mord und die deutsche Gegenrevolution*, Frankfurt am Main, Fischer, 1999.

Sammartino, Annemarie H. , *The Impossible Border: Germany and the East, 1914-1922*, Ithaca, NY, Cornell University Press, 2010.

Sanborn, Joshua A. , *Drafting the Russian Nation: Military Conscription, Total War, and Mass Politics, 1905-1925*, DeKalb, Northern Illinois University Press, 2003.

307   Sanborn, Joshua A. , ' Unsettling the Empire: Violent Migrations and Social Disaster in Russia during World War I ' , *The Journal of Modern History* 77 (2005) , 290-324.

Sanborn, Joshua, *Imperial Apocalypse: The Great War and the Destruction of the Russian Empire*, Oxford and New York, Oxford University Press, 2014.

Sauer, Bernhard, ' Vom "Mythos eines ewigen Soldatentums": Der Feldzug deutscher Freikorps im Baltikum im Jahre 1919 ' , *Zeitschrift für Geschichtswissenschaft* 43 (1995) , 869-902.

Sauer, Bernhard, ' Freikorps und Antisemitismus ' , *Zeitschrift für Geschichtswissenschaft* 56 (2008) , 5-29.

Sauer, Wolfgang, ' Das Scheitern der parlamentarischen Monarchie ' , in Eberhard Kolb (ed.) , *Vom Kaiserreich zur Weimarer Republik*, Cologne, Kiepenheuer und Witsch, 1972.

Schade, Franz, *Kurt Eisner und die bayerische Sozialdemokratie*, Hanover, Verlag für Literatur und Zeitgeschehen, 1961.

Schanbacher, Eberhard, *Parlamentarische Wahlen und Wahlsystem in der Weimarer Republik*, Düsseldorf, Droste, 1982.

Schieder, Wolfgang, ' Die Umbrüche von 1918, 1933, 1945 und 1989 als Wendepunkte deutscher Geschichte ' , in Dietrich Papenfuß and Wolfgang Schieder (eds) , *Deutsche Umbrüche im 20. Jahrhundert*, Cologne, Weimar, and Vienna, Böhlau, 2000, 3-18.

Schivelbusch, Wolfgang, *Die Kultur der Niederlage: Der amerikanische Süden 1865, Frankreich 1871, Deutschland 1918*, Berlin, Fest, 2001.

Schlögel, Karl (ed.) , *Chronik russischen Lebens in Deutschland, 1918 bis 1941*, Berlin, De Gruyter, 1999.

Schmidt, Ernst-Heinrich, *Heimatheer und Revolution: Die militärischen Gewalten im Heimatgebiet zwischen Oktoberreform und Novemberrevolution*, Stuttgart, Deutsche Verlags-Anstalt, 1981.

Schöler, Uli, and Thilo Scholle (eds) , *Weltkrieg. Spaltung. Revolution: Sozialdemokratie 1916-1922*, Bonn, Dietz, 2018.

Schröder, Joachim, *Die U – Boote des Kaisers: Die Geschichte des deutschen U – BootKrieges gegen Großbritannien im Ersten Weltkrieg*, Bonn, Bernard und Graefe, 2003.

Schulman, Jason (ed.), *Rosa Luxemburg: Her Life and Legacy*, New York, Palgrave Macmillan, 2013.

Schulz, Gerhard, *Zwischen Demokratie und Diktatur: Verfassungspolitik und Reichsreform in der Weimarer Republik*, vol. *1: Die Periode der Konsolidierung und der Revision des Bismarckschen Reichsaufbaus 1919–1930*, Berlin, de Gruyter, 1987.

Schulze, Hagen, *Freikorps und Republik, 1918 – 1920*, Boppard am Rhein, Boldt, 1969.

Schwabe, Klaus, *Deutsche Revolution und Wilson – Frieden: Die amerikanische und deutsche Friedensstrategie zwischen Ideologie und Machtpolitik 1918/19*, Düsseldorf, Droste, 1971.

Schwarz, Hans Peter, *Adenauer: Der Aufstieg 1876 – 1952*, Stuttgart, Deutsche Verlags–Anstalt, 1986. **308**

Schwarzschild, Leopold, *Von Krieg zu Krieg*, Amsterdam, Querido–Verlag, 1947.

Sedlmaier, Alexander, *Deutschlandbilder und Deutschlandpolitik: Studien zur Wilson – Administration (1913–1921)*, Stuttgart, Steiner, 2003.

Seipp, Adam R. , *The Ordeal of Peace: Demobilization and the Urban Experience in Britain and Germany, 1917–1921*, Farnham, Ashgate, 2009.

Service, Robert, *Lenin: A Biography*, London, Macmillan, 2000.

Service, Robert, *Comrades! World History of Communism*, Cambridge, Mass. , Harvard University Press, 2007.

Service, Robert, *Trotsky: A Biography*, Cambridge, Mass. , Belknap Press of Harvard University Press, 2009.

Seton–Watson, Christopher, *Italy from Liberalism to Fascism*, London, Methuen, 1967.

Sharp, Alan, *The Versailles Settlement: Peacemaking after the First World War, 1919–1923*, 2nd edn, London, Palgrave Macmillan, 2008.

Sharp, Alan, *Consequences of Peace. The Versailles Settlement: Aftermath and Legacy 1919–2010*, London, Haus, 2010.

Sharp, Alan, ' The Paris Peace Conference and its Consequences ', in < https:// encyclopedia. 1914- 1918 – online. net/article/the _ paris _ peace _ conference _ and _ its _ consequences>.

Sharp, Alan, ' The New Diplomacy and the New Europe ', in Nicholas Doumanis (ed.), *The Oxford Handbook of Europe 1914 – 1945*, Oxford and New York, Oxford University Press, 2016, 119–37.

Sheehan, James, *Where Have All the Soldiers Gone? The Transformation of Modern Europe*, Boston et al. , Houghton Mifflin, 2008.

Shephard, Ben, *A War of Nerves: Soldiers and Psychiatrists, 1914-1994*, London, Pimlico, 2002.

Siebrecht, Claudia, *The Aesthetics of Loss: German Women's Art of the First World War*, Oxford and New York, Oxford: University Press, 2013.

Siegfried, Detlef, *Das radikale Milieu: Kieler Novemberrevolution, Sozialwissenschaft und Linksradikalismus 1917-1922*, Wiesbaden, Deutscher Universitäts-Verlag, 2004.

Smith, Douglas, *Former People: The Final Days of the Russian Aristocracy*, New York, Farrar, Straus and Giroux, 2012.

Smith, Jeffrey R. , *A People's War: Germany's Political Revolution, 1913-1918*, Lanham, Md, University Press of America, 2007.

Smith, Leonard V. , 'Les États-Unis et l'échec d'une seconde mobilisation', in Stéphane Audoin-Rouzeau and Christophe Prochasson (eds) , *Sortir de la grande guerre: le monde et l'après-1918*, Paris, Éditions Tallandier, 2008 , 69-91.

Smith, Leonard V. , 'The Wilsonian Challenge to International Law', *The Journal of the History of International Law* 13 (2011) , 179-208.

Smith, Leonard V. , 'Empires at the Paris Peace Conference', in Robert Gerwarth and Erez Manela (eds) , *Empires at War, 1911-1923*, Oxford, Oxford University Press, 2014, 254-76.

Smith, Leonard V, *Sovereignty at the Paris Peace Conference of 1919*, Oxford, Oxford University Press, 2018.

Smith, Leonard V. , Stéphane Audoin-Rouzeau, and Annette Becker, *France and the Great War*, Cambridge, Cambridge University Press, 2003.

Smith, Stephen, *The Russian Revolution: A Very Short Introduction*, Oxford and New York, Oxford University Press, 2002.

Snyder, Timothy, *The Reconstruction of Nations: Poland, Ukraine, Lithuania, Belarus, 1569-1999*, New Haven and London, Yale University Press, 2004.

Sondhaus, Lawrence, *World War One: The Global Revolution*, Cambridge and New York, Cambridge University Press, 2011.

Sondhaus, Lawrence, *The Great War at Sea: A Naval History of the First World War*, Cambridge, Cambridge University Press, 2014.

Sondhaus, Lawrence, *German Submarine Warfare in World War I: The Onset of Total War at Sea*, Lanham, Md, Rowman & Littlefield, 2017.

Sonyel, Salahi R. , *The Great War and the Tragedy of Anatolia: Turks and Armenians in the Maelstrom of Major Powers*, Ankara, Turkish Historical Society Printing House, 2000.

Sprenger, Matthias, *Landsknechte auf dem Weg ins Dritte Reich? Zu Genese und Wandel des Freikorps-Mythos*, Paderborn, Schöningh, 2008.

Steakley, James D. , *The Homosexual Emancipation Movement in Germany*, New York, Arno Press, 1975.

Steiner, Zara, 'The Treaty of Versailles Revisited', in Michael Dockrill and John Fisher (eds), *The Paris Peace Conference 1919: Peace without Victory?*, Basingstoke, Palgrave, 2001, 13-33.

Steiner, Zara, *The Lights that Failed: European International History 1919-1933*, Oxford and New York, Oxford University Press, 2005.

Stephenson, Scott, *The Final Battle: Soldiers of the Western Front and the German Revolution of 1918*, Cambridge and New York, Cambridge University Press, 2009.

Stevenson, David, *With our Backs to the Wall: Victory and Defeat in 1918*, London, Allen Lane, 2011.

Stevenson, David, *1917: War, Peace, and Revolution*, Oxford, Oxford University Press, 2017.

Stone, Norman, *The Eastern Front 1914-1917*, London, Hodder and Stoughton, 1975.

Strachan, Hew, *The First World War in Africa*, Oxford, Oxford University Press, 2004.

Straub, Eberhard, *Albert Ballin: Der Reeder des Kaisers*, Berlin, Siedler, 2001.

Straub, Eberhard, *Kaiser Wilhelm II. In der Politik seiner Zeit: Die Erfindung des Reiches aus dem Geist der Moderne*, Berlin, Landtverlag, 2008.

Sullivan, Charles L. , 'The 1919 German Campaign in the Baltic: The Final Phase', in Stanley Vardys and Romuald Misiunas, *The Baltic States in Peace and War, 1917-1945*, University Park, Pa, Pennsylvania State University Press, 1978, 31-42.

Suny, Ronald G. , 'Toward a Social History of the October Revolution', *American Historical Review* 88 (1983) , 31-52.

Suval, Stanley, 'Overcoming Kleindeutschland: The Politics of Historical Mythmaking in the Weimar Republic', *Central European History*, 2 (1969) , 312-30.

Suval, Stanley, *The Anschluß Question in Germany and Austria in the Weimar Era: A Study of Nationalism in Germany and Austria 1918-1932*, Baltimore and London, Johns Hopkins University Press, 1974.

Suzzi Valli, Roberta, 'The Myth of Squadrismo in the Fascist Regime', *Journal for*

310

Contemporary History 35 (2000), 131-50.

Swain, Geoffrey, *Trotsky and the Russian Revolution*, London and New York, Routledge, 2014.

Tachjian, Vahé, *La France en Cilicie et en Haute - Mésopotamie: aux confins de la Turquie, de la Syrie et de l' Irak, 1919-1933*, Paris, Édition Karthala, 2004.

Tasca, Angelo, *La naissance du fascism*, Paris, Gallimard, 1938.

Thaer, Albrecht von, *Generalstabsdienst an der Front und in der OHL: Aus Briefen und Tagebuchaufzeichnungen, 1915-1919*, Göttingen, Vandenhoeck & Ruprecht, 1958.

Ther, Philipp, ' Deutsche Geschichte als imperiale Geschichte: Polen, slawophone Minderheiten und das Kaiserreich als kontinentales Empire ' , in Sebastian Conrad and Jürgen Osterhammel (eds) , *Das Kaiserreich transnationa l: Deutschland in der Welt, 1871-1914*, 2nd edn, Göttingen, Vandenhoeck & Ruprecht, 2006, 129-48.

Theweleit, Klaus, *Männerphantasien*, 2 vols, Frankfurt am Main, Verlag Roter Stern, 1977.

Thompson, Mark, *The White War: Life and Death on the Italian Front 1915 - 19*, London, Faber and Faber, 2009.

Thorsen, Niels Aage, *The Political Thought of Woodrow Wilson*, Princeton, Princeton University Press, 1988.

Thum, Gregor, ' Mythische Landschaften: Das Bild vom deutschen Osten und die Zäsuren des 20. Jahrhunderts ' , in Thum (ed.), *Traumland Osten: Deutsche Bilder vom östlichen Europa im 20. Jahrhundert*, Göttingen, Vandenhoeck & Ruprecht, 2006, 181-212.

Thum, Gregor (ed.), *Traumland Osten: Deutsche Bilder vom östlichen Europa im 20. Jahrhundert*, Göttingen, Vandenhoeck & Ruprecht, 2006.

Tooley, Terry Hunt, ' German Political Violence and the Border Plebiscite in Upper Silesia, 1919-1921 ' , *Central European History* 21 (1988), 56-98.

Tooley, Terry Hunt, *National Identity and Weimar Germany: Upper Silesia and the Eastern Border, 1918-22*, Lincoln and London, University of Nebraska Press, 1997.

Tooze, Adam, *Sintflut: Die Neuordnung der Welt 1916 - 1931*, Munich, Siedler, 2015.

Tormin, Walter, *Zwischen Rätediktatur und sozialer Demokratie: Die Geschichte der Rätebewegung in der deutschen Revolution 1918/19*, Düsseldorf, Droste, 1959.

Traxel, Richard, *Crusader Nation: The United States in Peace and the Great War 1898-1920*, New York, Knopf, 2006.

Trippe, Christian F. , *Konservative Verfassungspolitik 1918 - 1923: Die DNVP als Opposition in Reich und Ländern*, Düsseldorf, Droste, 1995.

311

Trotnow, Helmut, *Karl Liebknecht: Eine Politische Biographie*, Cologne, Kiepenheuer & Witsch, 1980.

Tuchman, Barbara W. , *The Zimmermann Telegram*, New York, Viking Press, 1958.

Tuchman, Barbara W. , *August 1914*, Bern, Munich, and Vienna, Scherz, 1960.

Ullrich, Sebastian, ' Mehr als Schall und Rauch: Der Streit um den Namen der ersten deutschen Demokratie 1918-1949', in Moritz Völlmer and Rüdiger Graf, *Die 'Krise' der Weimarer Republik: Zur Kritik eines Deutungsmusters*, Frankfurt am Main, Campus, 2005, 187-207.

Ullrich, Sebastian, *Der Weimar - Komplex: Das Scheitern der ersten deutschen Demokratie und die politische Kultur der frühen Bundesrepublik 1945 - 1959*, Göttingen, Wallstein, 2009.

Ullrich, Volker, *Kriegsalltag: Hamburg im Ersten Weltkrieg*, Cologne, Prometh Verlag, 1982.

Ullrich, Volker, ' Kriegsalltag: Zur inneren Revolutionierung der Wilhelminischen Gesellschaft ', in Wolfgang Michalka (ed.), *Der Erste Weltkrieg: Wirkung—Wahrnehmung—Analyse*, Weyarn, Seehamer, 1997, 603-21.

Ullrich, Volker, *Die Revolution von 1918/19*, Munich, C. H. Beck, 2016.

Ulrich, Bernd, and Benjamin Ziemann (eds), *Frontalltag im Ersten Weltkrieg: Wahn und Wirklichkeit. Quellen und Dokumente*, Frankfurt am Main, Fischer, 1994.

Upton, Anthony, *The Finnish Revolution, 1917-1918*, Minneapolis, University of Minnesota Press, 1980.

Urbach, Karina (ed.), *European Aristocracies and the Radical Right, 1918-1939*, Oxford, Oxford University Press, 2007.

Verhey, Jeffrey, *The Spirit of 1914: Militarism, Myth, and Mobilization in Germany*, Cambridge, Cambridge University Press, 2000.

Vestring, Sigrid, *Die Mehrheitssozialdemokratie und die Entstehung der Reichsverfassung von Weimar 1918/1919*, Münster, Lit, 1987.

Vincent, Charles Paul, *The Politics of Hunger: The Allied Blockade of Germany, 1915-1919, Athens, Oh. *, Ohio University Press, 1985.

Vivarelli, Roberto, *Storia delle origini del fascism: l' Italia dalla grande Guerra alla marcia su Roma*, Bologna, Società editrice il Mulino, 2012.

Volkmann, Hans - Erich, *Die deutsche Baltikumpolitik zwischen Brest - Litovsk und Compiègne*, Cologne and Vienna, Böhlau, 1970.

Volkov, Shulamit, *Walter Rathenau: Weimar' s Fallen Statesman*, New Haven, Yale University Press, 2012.

Völlmer, Moritz, and Rüdiger Graf (eds), *Die 'Krise' der Weimarer Republik: Zur Kritik eines Deutungsmusters*, Frankfurt am Main, Campus, 2005.

312   Vukov, Nikolai, 'The Memory of the Dead and the Dynamics of Forgetting: "Post-Mortem" Interpretations of World War I in Bulgaria', in Oto Luthar (ed.), *The Great War and Memory in Central and South Eastern Europe*, Leiden, Brill, 2016.

Wachs, Friedrich – Carl, *Das Verordnungswerk des Reichsdemobilmachungsamtes*, Frankfurt am Main, Lang, 1991.

Wade, Rex A. *The Russian Revolution, 1917*, Cambridge and New York, Cambridge University Press, 2000.

Wade, Rex A. , 'The October Revolution, the Constituent Assembly, and the End of the Russian Revolution', in Ian D. Thatcher, *Reinterpreting Revolutionary Russia: Essays in Honor of James D. White*, Basingstoke, Palgrave Macmillan, 2006, 72–85.

Waite, Robert G. L. , *Vanguard of Nazism: The Free Corps Movement in Postwar Germany, 1918–1923*, Cambridge, Mass. , Harvard University Press, 1952.

Waldeyer-Hartz, Hugo von, *Die Meuterei der Hochseeflotte: Ein Beitrag zur Geschichte der Revolution*, Berlin, Universitas, 1922.

Walker, Christopher J. , *Armenia: The Survival of a Nation*, 2nd edn, London, St Martin's Press, 1990.

Watson, Alexander, *Enduring the Great War: Combat, Morale and Collapse in the German and British Armies, 1914–1918*, Cambridge and New York, Cambridge University Press, 2008.

Watson, Alexander, 'Fighting for Another Fatherland: The Polish Minority in the German Army, 1914–1918', *The English Historical Review* 126 (2011), 1137–66.

Watson, Alexander, *Ring of Steel: Germany and Austria – Hungary at War, 1914–1918*, London, Penguin, 2015.

Watt, Richard M. , *The Kings Depart: The German Revolution and Treaty of Versailles 1918–19*, New York, Simon & Schuster, 1968.

Wawrzinek , Bert, *Manfred von Killinger (1886–1944) : Ein politischer Soldat zwischen Freikorps und Auswärtigem Amt*, Preußisch Oldendorf, Deutsche Verlags – Gesellschaft, 2004.

Weber, Reinhold, *Baden und Württemberg 1918/19: Kriegsende—Revolution—Demokratie*, Stuttgart, Landeszentrale für politische Bildung BadenWürttemberg, 2018.

Weber, Thomas, *Hitler's First War: Adolf Hitler, the Men of the List Regiment, and the First World War*, Oxford and New York, Oxford University Press, 2010.

Weber, Thomas, *Becoming Hitler: The Making of a Nazi*, Oxford, Oxford University

Press, 2017.

Weitz, Eric, *Weimar Germany*: *Promise and Tragedy*, Princeton, Princeton University Press, 2007.

Wette, Wolfram, *Gustav Noske*: *Eine politische Biographie*, Düsseldorf, Droste, 1987.

Whalan, Robert, *Bitter Wounds*: *German Victims of the Great War, 1914 - 1939*, Ithaca, NY, and London, 1984.

Wheeler-Bennett, John, *Brest-Litovsk*: *The Forgotten Peace. March 1918*, London, **313** W. W. Norton & Co. Inc. , 1938.

White, James D. , ' National Communism and World Revolution: The Political Consequences of German Military Withdrawal from the Baltic Area in 1918 - 19 ' , *Europe-Asia Studies* 8 (1994) , 1349 - 69.

Wickert, Christl, *Unsere Erwählten*: *Sozialdemokratische Frauen im Deutschen Reichstag und im Preußischen Landtag 1919 bis 1932*, vol. 2. , Göttingen, Sovec, 1986.

Wiel, Jerome aan de, *The Irish Factor 1899-1919*: *Ireland's Strategic and Diplomatic Importance for Foreign Powers*, Dublin, Irish Academic Press, 2008.

Wildman, Allan K. , *The End of the Russian Imperial Army*: *The Old Army and the Soldiers' Revolt, March to April 1917*, Princeton, Princeton University Press, 1980.

Wildman, Allan K. , *The End of the Russian Imperial Army II*: *The Road to Soviet Power and Peace*, Princeton, Princeton University Press, 1987.

Williams, Robert C. , *Culture in Exile*: *Russian Emigrés in Germany, 1881 - 1941*, Ithaca, NY, Cornell University Press, 1972.

Wilson, Tim K, ' The Polish-German Ethnic Dispute in Upper Silesia, 1918-1922: A Reply to Tooley' , *Canadian Review of Studies in Nationalism* 32 (2005) , 1-26.

Winkler, Heinrich August, *Die Sozialdemokratie und die Revolution von 1918/19*: *Ein Rückblick nach sechzig Jahren*, Berlin, Dietz, 1979.

Winkler, Heinrich August, *Von der Revolution zur Stabilisierung*: *Arbeiter und Arbeiterbewegung in der Weimarer Republik, 1918 bis 1924*, Berlin, Dietz, 1984.

Winkler, Heinrich August, *Weimar 1918 - 1933*: *Die Geschichte der ersten deutschen Demokratie*, Munich, C. H. Beck, 1993.

Winkler, Heinrich August, *Age of Catastrophe*: *A History of the West, 1914 - 1945*, London and New Haven, Yale University Press, 2015.

Winkler, Heinrich August, and Alexander Cammann (eds) , *Weimar*: *Ein Lesebuch zur deutschen Geschichte 1918-1933*, Munich, C. H. Beck, 1997.

Winter, Jay, *Sites of Memory, Sites of Mourning*: *The Great War in European Cultural History*, Cambridge and New York, Cambridge University Press, 1995.

Winter, Jay, and Jean-Louis Robert (eds), *Capital Cities at War: Paris, London, Berlin 1914-1919*, Cambridge, Cambridge University Press, 1997.

Wirsching, Andreas, *Vom Weltkrieg zum Bürgerkrieg: Politischer Extremismus in Deutschland und Frankreich 1918 - 1933/39. Berlin und Paris im Vergleich*, Munich, Oldenbourg, 1999.

Wirsching, Andreas, and Jürgen Eder (eds), *Vernunftrepublikanismus in der Weimarer Republik: Politik, Literatur, Wissenschaft*, Stuttgart, Steiner, 2008.

Wohlgemuth, Heinz, *Karl Liebknecht: Eine Biographie*, Berlin (GDR), Dietz, 1975.

Wollstein, Günter, *Theobald von Bethmann Hollweg: Letzter Erbe Bismarcks, erstes Opfer der Dolchstoßlegende*, Göttingen, Muster-Schmidt, 1995.

Zabecki, David T. , *The German 1918 Offensives: A Case Study in the Operational Level of War*, New York, Routledge, 2006.

Ziemann, Benjamin, 'Enttäuschte Erwartung und kollektive Erschöpfung: Die deutschen Soldaten an der Westfront 1918 auf dem Weg zur Revolution', in Jörg Duppler and Gerhard P. Groß (eds), *Kriegsende 1918: Ereignis, Wirkung, Nachwirkung*, Munich, Oldenbourg, 1999, 165-82.

Ziemann, Benjamin, 'The German Revolution in 1918/1919: Romance, Tragedy or Satire?', unpublished lecture given at conference: 'Approaching Revolutions', University of Virginia, 25-7 March 2010.

Ziemann, Benjamin, *Contested Commemorations: Republican War Veterans and Weimar Political Culture*, Cambridge and New York, Cambridge University Press, 2013.

Zöllner, Erich, *Geschichte Österreichs: Von den Anfängen bis zur Gegenwart*, 8th edn, Vienna, Böhlau, 1990.

Zorn, Wolfgang, *Bayerns Geschichte im 20. Jahrhundert: Von der Monarchie zum Bundesland*, Munich, C. H. Beck, 1986.

Zürcher, Erik Jan, 'The Ottoman Empire and the Armistice of Moudros', in Hugh Cecil and Peter H. Liddle (eds), *At the Eleventh Hour: Reflections, Hopes, and Anxieties at the Closing of the Great War, 1918*, London, Leo Cooper, 1998, 266-75.

Zürcher, Erik Jan, *Turkey: A Modern History*, London and New York, Tauris, 2004.

314

索 引

（索引页码为原著页码，即本书边码）

Note: Figures are indicated by an italic "*f*", and notes are indicated by "n" following the page numbers.

For the benefit of digital users, indexed terms that span two pages (e.g., 52–53) may, on occasion, appear on only one of those pages.

图书在版编目（CIP）数据

1918年11月：德国革命 /（德）罗伯特·格瓦特著；朱任东译. —
北京：中国工人出版社，2022.11
书名原文：*November 1918: The German Revolution*
ISBN 978-7-5008-7990-9

Ⅰ.①1⋯ Ⅱ.①罗⋯②朱⋯ Ⅲ.①德国十一月革命 Ⅳ.①K516.43

中国版本图书馆CIP数据核字（2022）第216733号

著作权合同登记号：图字 01-2020-7306
Copyright © Robert Gerwarth 2020

1918年11月：德国革命

出 版 人	董　宽
责任编辑	杨　轶　董芳璐
责任校对	丁洋洋
责任印制	黄　丽
出版发行	中国工人出版社
地　　址	北京市东城区鼓楼外大街45号　邮编：100120
网　　址	http://www.wp-china.com
电　　话	（010）62005043（总编室）　（010）62005039（印制管理中心）
	（010）62001780（万川文化项目组）
发行热线	（010）82029051　62383056
经　　销	各地书店
印　　刷	北京盛通印刷股份有限公司
开　　本	880毫米×1230毫米　1/32
印　　张	12.25
字　　数	300千字
版　　次	2023年2月第1版　2023年2月第1次印刷
定　　价	86.00元

本书如有破损、缺页、装订错误，请与本社印制管理中心联系更换
版权所有　侵权必究